# 유통경로관리

MARKETING CHANNEL
MANAGEMENT

# MARKETING CHANNEL MANAGEMENT



1 2 3 4 5 6 7 8 9 0 MHE-KOREA 20 15

**Korean ISBN 979-11-321-0084-3 93320**

**Printed in Korea**

# 유통경로관리

**발 행 일** / 2015년 9월 1일 1쇄 발행
**저 자** / 신종국, 천명환, 박민숙, 문민경
**발 행 처** / 맥그로힐에듀케이션코리아 유한회사
**주 소** / 서울시 마포구 동교로 18길 38, 2-3층
(서교동, 지우빌딩)
**전 화** / (02)325-2351
**발 행 인** / 신디존스(CINDY JONES)
**등록번호** / 제 2013-000122호(2012.12.28)
**편 집** / 디자인콤마
**인 쇄** / (주)성신프린팅

**I S B N** 979-11-321-0084-3

**판 매 처** / (주)한경사
**문 의** / (02)717-7264
**가 격** / 26,000원

# 유통경로관리

# MARKETING CHANNEL MANAGEMENT

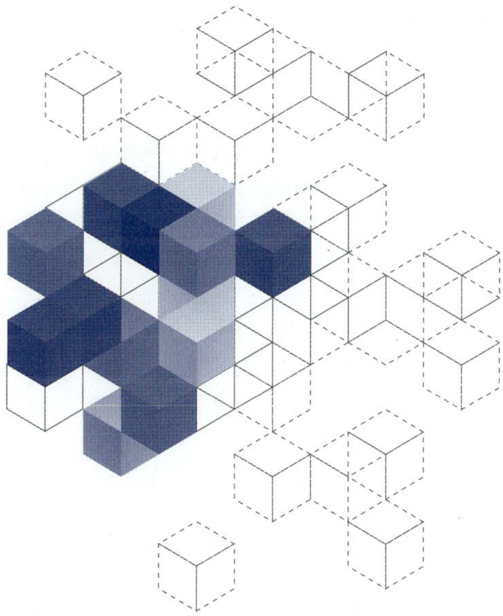

신종국 | 천명환 | 박민숙 | 문민경 지음

McGraw Hill Education

## 저자소개

**신종국** 부산대학교 경영대학 경영학과 교수로 재직 중이며 마케팅, 유통관리, 소매관리, 광고론 등을 강의하고 있다. Journal of Business Research, Psychology & Marketing, 경영학 연구 등의 국내외 주요학술지에 유통경로 관리, 소매관리 및 유통업체 브랜드 등에 대한 다수의 논문을 발표하였으며 한국마케팅관리학회 회장과 한국경영학회 부회장으로 활동하였다. 저서로는 현대마케팅(대명출판사), 유통관리(법문사), 마케팅원론(대명출판사), 최신유통원론(맥그로힐 코리아), 마케팅(시그마프레스)이 있다.

**천명환** 목원대학교 사회과학대학 경영학과에 재직 중이며 마케팅과 유통관리론을 강의하고 있다. 주요학술지에 인터넷 마케팅, 스포츠마케팅 등에 관한 논문을 발표하였으며, 저서로는 인터넷마케팅(학현사), 현대마케팅(무역경영사), 유통상식 · 유통법규(대명출판사)등이 있다.

**박민숙** 부산가톨릭대학교 유통경영학과에 재직 중이며 유통원론, 유통사례연구, 소매관리, 온라인쇼핑몰창업 등을 강의하고 있다. Global Marketing Conference, The Institute for Business and Finance Research 등 다수 국내외학회에서 논문을 발표하고 우수논문상, 베스트리뷰어상 등을 수상하였고, JBR, P&M 등에 여러 편의 논문을 게재하였다.

**문민경** 부산대학교에서 석 · 박사 과정을 마쳤고 현재 동 대학에서 유통관리, 광고론, 마케팅특강 등을 강의하고 있다. 주요학술지에 유통경로 관리, 광고관리, 소매관리 등에 대한 다수의 논문을 발표하였으며 한국마케팅과학회에서 최우수논문상을 수상한바 있다.

PREFACE

# 머리말

우리는 지금 세계의 유통시장이 하나가 되는 시대에 살고 있다. 정보기술IT, 세계화Globalization, 인터넷 기반의 사회, 거래 단순화, 제조업자와 유통업자의 역할 변화, 소비자의 구매패턴과 소비자 만족요인의 변화 등으로 유통환경과의 유통의 역할은 급변하고 있다. 제조업자, 도매상, 소매상, 소비자 간의 관계의 본질적인 변화를 요구하는 것이 신기술, 신제품, 신유통방식, 소비자의 신사고이다. 특히 정보기술의 발달에 근거한 스마트사회가 계속적으로 뿜어내는 하드웨어 및 소프트웨어 측면의 변화하는 아이디어는 유통환경, 유통기구, 유통방식, 유통관리, 유통경로 구성원, 유통전략 등에 큰 영향을 미치고 있다.

유통은 너무나 다양하고 복잡한 형태를 띠기 때문에 학생들이 유통에 대해 체계적으로 이해하는데 많은 어려움을 겪고 있는 것 또한 사실이다. 본서는 대학에서 강의를 듣는 학생들이 유통에 대해 보다 현실적이고 쉬운 내용으로 지식을 습득할 수 있도록 내용을 꾸미려고 노력하였다.

본서의 특징은 다음과 같다. 첫째, 본서는 유통관리를 처음으로 접하는 학생들이나 유통관련 실무자들이 유통의 개념과 핵심 주제를 체계적으로 이해할 수 있도록 구성되어 있다. 우선 기본적인 유통구조를 파악하고 유통경로의 개념을 이해할 수 있도록 유통경로의 정의 및 유형 그리고 유통기구와 유통산업에 대한 내용들을 정리함으로써 이론과 실제를 보다 쉽게 이해하도록 서술하였다.

둘째, 기존의 유통 교재들이 방대한 내용들을 다루고 있기 때문에 학생들이 이해하는데 상당한 어려움을 겪었다. 따라서 본서는 유통과 유통산업에 대해 학생들이 반드시 알아두어야 할 필수적인 요소들만 간추려 정리하고자 노력하였다. 특히 사례를 보충하여 보다 쉽게 이론을 이해할 수 있도록 구성하였다.

셋째, 유통경로관리의 각 부분별로 균형있게 내용을 구성하였다. 1부의 유통경로시스템에서는 각 유통경로 구성원의 역할과 특징을 설명하였다. 2부의 유통경로설계전략에서는 유통경로계열화를 중심으로 유통경로의 본질적인 메커니즘을 설명하였다. 3부의 유통경로관리전략에서는 유통경로의 핵심관리사항인 힘과 갈등관리에 대한 깊이 있는 토론을 정리하였다. 4부의 유통경로운영전략에서는 실무자들도 관심을 가지는 상권분석과 성과평가까지 다루고 있다.

넷째, 최근에 발표된 유통관련 논문과 보고서 및 기사 등의 내용을 추가하여 보다 풍부한 이론과 지식을 제공하고, 최근의 유통산업에 관한 사례와 동향을 통계자료를 사용하여 변화하고 있는 유통의 흐름을 파악할 수 있도록 하였다.

본서를 준비하는데 도움을 주신 많은 분들께 심심한 감사를 드린다. 저자들의 까다로운 요구를 기꺼이 수락하고 모든 재정적 · 정신적 지원을 아끼지 않으신 한국맥그로힐에듀케이션에 진심으로 감사의 말씀을 드린다. 또한 자료정리와 교정작업 등에 수고를 아끼지 않고 도움을 준 제자 정성진, 박훈재, 한희라 학생에게 고마운 마음을 전하고 싶다. 또한 유통실무현장에서 열심히 일하며 자문해준 졸업생 신학동 군에게도 감사의 인사를 전한다. 마지막으로 여러 가지 어려움 속에서도 교재를 완성할 수 있는 추진력을 심어주신 저자들의 부모님과 가족에게 이 한권의 책을 바친다.

2015. 9.

저자들

BRIEF CONTENTS

# 차례요약

CONTENTS

# 차례

# PART 2 유통경로 설계전략

# PART 3 유통경로 관리전략

# PART 4 유통경로 운영전략

PART

# 1

# 유통경로시스템

CHAPTER

# 01

# 유통경로

1. 유통과 유통경로의 개념
2. 유통경로의 유형
3. 유통경로의 흐름과 본질
4. 유통경로의 존립 근거
5. 유통경로의 변화와 발전

# 1 유통과 유통경로의 개념

## 1.1 유통과 유통경로

현대 경제사회는 상품 및 서비스가 생산자로부터 소비자 또는 사용자에게 전달되는 유통현상에 의하여 영위되고 있다. 우리들은 경제생활을 통해 상품을 생산하며 구입하고 교환하며 소비하지만 상품의 소비는 장소와 시간에 따라 각기 다르며 수량 · 품질 · 기능에 대한 욕구와 만족이 반드시 일치하지 않는 것이 일반적이다. 그래서 생산과 소비를 원활하게 연결시켜 주는 유통은 수요와 공급의 적합성을 추구하고 재화의 효용성 증가를 꾀하는 데 큰 의미를 가지고 계속 발전해 오고 있다.

유통流通, distribution은 높은 곳에서 낮은 곳으로 흘러 두루 미친다는 의미로, 한자로는 흐를 류流와 통할 통通이 더해진 것이며, 영어의 어원은 뿔뿔이 떨어진apart, away 의미의 'dis–'와 나누어준다to give, assign는 의미의 'tribute'가 더해진 것이다. 기업의 유통활동은 자사의 제품이나 서비스의 마케팅 과정에서 표적고객에게 어떤 유통경로를 통해 제공할 것인지를 결정하고 실행하는 것이다. 단순히 제품을 전달하는 기능에 그치는 것이 아니라 생산과 소비과정에 개입하는 중간상들이 유통시스템을 구축하여 소유권의 이전, 물류관리, 금융 및 결제, 주문 및 촉진, 협상 등의 활동을 통해 새로운 가치와 소비를 창출하게 되며, 사회적 유통과 이동에 의해 상품의 사용가치와 경제적 효용을 높여 부가가치를 창출한다.

이 과정에서 제조업자는 자사제품을 판매하는 데 있어 최적의 유통경로를 구성하기 위해 다양한 형태의 중간상을 이용하게 되는데, 그러한 중간상들의 연결을 유통경로라 할 수 있다. 유통경로marketing channel는 제품이나 서비스를 생산자로부터 최종소비자에게 이동시키는 과정에 참여하는 기업과 개인들의 집합을 의미한다. 생산자와 도매업자, 도매업자와 소매업자, 그리고 소매업자와 소비자/사용자 등 여러 관계의 결합으로 구성되어 있어, 수도관이나 가스관과 같은 파이프라인으로도 비유할 수 있다. 유통경로의 어원은 흐르는 물流水의 자연적 또는 인공적 노반路盤이라는 데 연유하고 있다고 보고, 상품과 서비스의 소유권 이전 및 물리적 이전을 하천河川의 흐름에 비유하고 있다. 즉 유통경로는 구매자의 수요를 충족시키기 위해서 판매자가 보유한 제품과 용역을 공급하는 과정에 필요한 하나의 연결고리로 이해할 수 있는 것이다.

생산자가 제품을 바로 소비자에게 연결하기도 하고, 소매기관만 거치기도 하고, 도매기관 소매기관을 모두 경유하기도 한다. 또한 유통기관도 하나의 단계만 거치는 것이 아니라 여러 단계를 거치게 되는 경우도 있다. 개별 기업의 입장에서 보면 유통경로는 제품에 따라, 판매지역에 따라 그리고 기업의 마케팅전략에 따라 다양한 유형으로 나타날 수 있다. 또한 대부분의 경우 유통경로는 판매자나 구매자 외에도 구성원들의 연결고리 사이에서 제품의 흐름을 촉진시키는 운송, 창고, 보험, 금융 등의 기능을 수행하는 물적유통기구 혹은 유통촉진기구와 같은 보조기구가 개입하게 된다.

유통경로라고 말할 때 그것을 사회경제적 입장에서 보느냐 개별기업의 입장에서 보느냐에 따라 그 의미가 달라질 수 있다. 보통 전자의 입장에서는 유통경로로 불리며, 후자의 입장에서는 판매경로, 마케팅경로 또는 배급경로 등으로 불리기도 한다. 예를 들면 소맥이 빵으로 만들어져 최종소비자에게 전달되는 유통경로는 소맥의 마케팅경로, 소맥분의 마케팅경로, 빵의 마케팅경로가 각각 존재하는 것이라 표현할 수 있다. 특정상품의 유통경로를 표현할 때 원료의 생산자로부터 시작하여 완제품이 최종소비자에 이르기까지 단일의 경로로 생각할 것이 아니라, 어떠한 재화가 제조과정에 의하여 그 형태가 변할 때마다 하나의 경로가 끝나고 또 다른 경로가 시작된다고 볼 수 있으므로 소맥의 배급경로는 농민에서 시작하여 제분업자에서 끝나며, 소맥분의 배급경로는 제분업자에서 시작하여 제빵업자에서 끝난다. 그리하여 농민이 생산한 소맥이 제분업자와 제빵업자를 거쳐 소비자에게 빵이라는 상품이 제공되는 데는 3개의 제품과 3개의 마케팅경로를 포함하고 있다. 사회경제적 입장에서 소맥의 유통경로는 거시macro유통의 관점이며 개별기업 입장에서 소맥의 마케팅경로, 소맥분의 마케팅경로, 빵의 마케팅경로는 각각 미시micro유통의 관점이라고 볼 수 있는 것이다.

## 1.2 유통의 효용과 기능

생산자가 공장에서 제품을 생산하면 그 제품을 구매하려는 소비자와는 물리적으로 멀리 떨어져 있을 뿐만 아니라 시간, 소유, 형태에 대한 차이gap가 생기게 된다. 그림 1–1과 같이 유통은 소비자가 원하는 장소에서 원하는 시간에 원하는 형태의 제품을 소유할 수 있도록 하는 기능을 하게 되며, 이러한 기능을 효용utility 창출이라 한다. 효용은 소비자가 재화나 서비스를 소비하면서 얻는 만족인데, 유통과정에서 이러한 차이를 채워 소비자들의 만족을 창출하는 것이라 볼 수 있다. 중간상이 거래, 물적유통 및 촉진 등의 기능을 적극적으로 수행하여 새로운 가치와 소비를 창출하게 되며, 사회적 유통과 이동에 의해 상품의 사용가치와 경제적 효용을 창출함으로써 채워지는 것이다. 유통은 장소효용, 시간효용, 소유효용 그리고 형태효용을 창출한다.

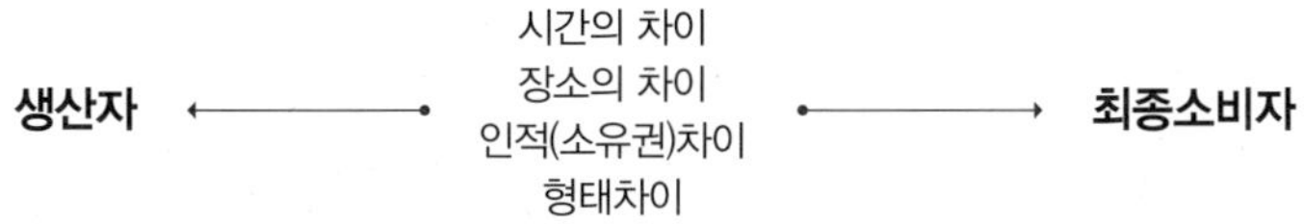


**그림 1–1 생산자와 소비자 간의 갭(gap)**

중간상이 제품이 만들어지는 장소에서 소비자에게 가까운 장소나 구매하기 좋은 장소로 유통함으로써 소비자는 제품 생산지까지 직접 가지 않아도 편하게 제품을 구매할 수 있게 된다. 이러한 효용이 생산자로부터 소비자에게 재화 및 서비스를 이전시키는 장소효용place utility이다. 유통이 이루어지지 않는다면 소비자는 생산자를 일일이 방문하여 필요한 제품을 구매해야 하는데, 이를 대신하여 중간상들이 적절한 곳에 물류센터와 도 · 소매상을 운영하여 운반의 효율성, 신속성 등을 강화하고 소비자의 편의에 맞는 장소에서 쉽게 제품을 구매할 수 있는 시스템을 갖추어 장소효용을 제공하는 것이다.

제품이 생산되고 소비되기까지는 시간의 차이도 존재한다. 소비자가 원하는 시점에 제품을 소비할 수 있도록 하는 것이 시간효용time utility이다. 편의점은 24시간 운영하여 소비자가 원하는 시간 언제든 제품을 구매할 수 있도록 하는 시간효용이 높은 소매점이라 볼 수 있다. 또한 중간상이 재고를 보유하고 있다가 소비자가 원하는 시점에 판매를 하는 기능도 시간효용을 창출한다. 여름 의류 생산자는 겨울에 미리 제품을 만들어 두면 중간상이 재고를 보유하고 있다가 여름에 제품을 소비자에게 적극적으로 판매하는 역할을 한다거나, 이미 시즌이 지난 재고도 보유하고 있다가 다음해 시즌에 재판매하는 역할도 한다. 언제든 접속 가능한 온라인쇼핑몰이나 모바일쇼핑몰도 오프라인에 비해 시간효용이 높다고 볼 수 있다. 물론 이들은 장소효용도 높은 사례에 해당한다.

소유효용possession utility은 생산된 제품의 소유권을 소비자에게 이전함으로써 상거래상의 효용을 창출하는 것이다. 결제시스템을 도입하고 현금 · 신용카드 · 계좌이체 · 모바일결제 등의 다양한 결제수단을 적용하고 있으며 신용 · 할부 · 임대 · 리스 판매 등 다양한 방법으로 제품을 소유하거나 이용할 수 있도록 하는 효용을 창출한다. 또한 소유권 이전 과정에서 필요한 배달 · 설치 · 이용교육 · 보증 등도 제공하며 이용 중의 애프터서비스도 제공한다. 이러한 기능들을 제조업자가 아닌 유통경로 내의 중간상들이 제공하고 있다. 만약 중간상이 소유효용을 창출하지 않는다면 생산자와 소비자는 일대일로 만나 상거래를 하게 되는 과정에서 많은 거래횟수가 필요하고 거래비용이 높아질 것인데, 중간상이 생산자로부터 대량으로 제품을 구매함으로써 생산자의 거래횟수와 비용을 단순화시키며, 소비자에게는 원하는 방식으로 원하는 수량을 소유할 수 있도록 한다.

유통은 형태효용form utility도 창출한다고 볼 수 있다. 원래 형태를 만드는 기능은 제조업자가 제품이나 서비스를 생산하는 과정에서 이루어지지만, 생산과정 못지않게 유통과정에서도 다양한 형태가 창출되는 것을 흔히 볼 수 있다. 가장 기본적인 유통의 형태효용은 유통경로를 거치면서 소비자가 원하는 수량으로 분할하는 것이다. 생산자는 대량판매를 중심으로 도 · 소매상에 판매하지만 소비자는 소량으로 구매하고자 하기 때문에 구매단위의 형태가 달라지는 것이다. 채소나 과일 같은 경우는 소비자가 원하는 만큼을 무게로 재어 판매하거나 생선이나 육고기는 원하는 부위를 원하는 만큼 잘라 판매하기도 한다. 유통과정에서 소비자의 이용 용도에 맞게 형태가 바뀌기도 한다. 선물을 위한 포장이나 운반을 위한 박스 · 비닐 포장이 이루어지기도 하고, 즉시 이용을 위해 음식물을 데운다거나, 선식을 만들어 주는 경우 등 아주 다양한 형태효용의 창출을 볼 수 있다.

유통은 이러한 효용을 창출하기 위해 다음과 같은 기능을 한다고 정리해 볼 수 있다. 먼저 유통은 소비자와 제조업자를 연결하여 제품의 구매와 판매가 가능하도록 거래 기능과 물적유통 기능을 한다. 다수의 제조업자와 다수의 소비자가 개별적으로 만나 거래해야 하는 불편함을 제거하여 서로의 탐색비용을 줄여주고 양자를 효율적으로 연결시켜주는 기능을 하는 것이다. 다시 말해, 유통은 소수의 중간상을 통해 다수의 소비자에게 판매하는 것을 가능하게 하므로 교환과정을 촉진시킨다.

또한 유통은 소비자가 소매점포에서 다양한 제조업자가 판매하는 상품을 한 번에 구매할 수 있게 다양한 구색의 제품을 효율적으로 구매할 수 있도록 도와준다. 즉 제조업자는 한정된 구색을 생산하지만 소비자는 한 번에 다양한 구색의 제품을 구매하려고 하기 때문에 발생하는 구색의 불일치를 완화시켜주는 기능도 하고 있는 것이다.

마지막으로 유통은 제조업자로부터 공급받은 제품을 그대로 소비자에게 전달하는 단순한 역할을 수행하는 것이 아니라 제품이 지닌 가치에 새로운 가치를 주가하여 구매 및 판매를 용이하게 하는 역할을 수행한다. 예를 들어 유통은 제조업자를 대신하여 소비자에게 애프터서비스를 제공하거나 제품의 배달, 설치, 사용방법의 교육 등을 제공함으로써 고객서비스라는 새로운 가치를 제공하기도 하는 것이다.

# 2 유통경로의 유형

## 2.1 직접유통과 간접유통

유통경로는 생산자로부터 소비자까지의 전과정을 볼 때 수집과정, 중계과정, 분산과정의 3단계로 되어 있다고 할 수 있다. 그런데 상품에 따라서 이 가운데 하나 또는 두 가지가 생략되거나 혹은 더욱 세분되기도 한다. 또한 생산자에서 소비자까지의 중간과정이 생략되고 생산자가 직접 소비자에게 유통시키는 경우에는 직접유통 direct marketing channel의 형태가 되어 0단계의 유통경로가 형성된다. 그 외에 한 단계라도 중간에 유통업자를 거치는 경우는 간접유통indirect marketing channel이 된다.

유통경로는 동일한 상품종류의 경로라 해도 중간상의 종류에 따라 달라지며 또한 유통기관이 어떠한 경로를 선택하느냐에 따라 여러 개의 유형으로 나타날 수 있다. 따라서 유통경로의 유형은 수많은 형태로 다양하게 나타날 수 있으나 그 중에서 가장 기본적이고 대표적인 유형은 그림 1-2와 같이 유통경로상 단계 수에 따른 경로의 길이를 기준으로 유통경로를 유형화하는 것이다.

❶ 생산자 — 소비자
❷ 생산자 — 소매상 — 소비자
❸ 생산자 — 도매상 — 소매상 — 소비자
❹ 생산자 — 대리상 — 도매상 — 소매상 — 소비자

그림 1-2 유통경로 단계

**0단계 경로**zero-level channel 직접유통경로로 제조업자가 직접 소비자에게 판매하는 경로이다. 여기에는 생산자 직판, 방문판매, 우편주문, 텔레마케팅 등이 해당된다.

**1단계 경로**one-level channel 소비용품의 제조업자로부터 백화점, 슈퍼마켓, 편의점 등과 같은 소매상 하나의 단계만 거쳐서 소비자에 이르는 유형이다.

**2단계 경로**two-level channel 두 개의 유통기관이 개입하는 경로로서 소비용품의 경우는 도매상과 소매상이 개입하게 된다. 이 유형은 가장 전형적이고 전통적인 유통경로 유형이다. 대부분의 상품이 이러한 유통경로를 거치고 있다.

**3단계 경로**three-level channel 세 개의 유통기관을 거치는 경로로서 2단계 경로에 도매상이 한 단계 더 개입하는 것이다. 이 때 주로 개입하는 도매상 중의 하나는 중매상이다. 이들은 도매상으로부터 상품을 구입하여 보통 소규모 소매상에 판매하는 도매상으로, 제조업자가 독립된 판매 부문을 설치할 수 없는 경우에 생산품을 경매회사에 위탁하거나 거간 내지 객주에게 위탁하여 이 경로를 거치게 된다. 여기에서 알 수 있듯이 경로의 길이가 늘어나는 것은 도매상이 추가적으로 개입하는 것이다.

## 2.2 제품유형별 유통경로 유형

기업들이 선택할 수 있는 유통경로의 유형은 제품 및 소비자의 특성, 기업의 마케팅 목표 및 가용자원에 따라 달라질 수 있으며, 동일한 제품을 취급하는 경로라 해도 중간상의 유형에 따라서 상이하며 유통기관이 어떠한 경로를 선택하느냐에 따라 여러 개의 유형으로 나타날 수 있다. 일반적으로 유통경로는 소비재 유통경로, 산업재 유통경로, 서비스 유통경로로 구분해 볼 수 있다.

### 1) 소비재 유통경로

소비재consumption goods는 최종소비자가 일상생활에서 직접 소비하기 위해 구매하는 제품을 말한다. 구매 시 관여도와 구매빈도에 따라 편의품, 선매품, 전문품으로 구분하는데 편의품은 필수품, 충동품, 긴급품을 말하는 것으로 일상에서 많이 사용하는 제품이고 자주 구매하기 때문에 사전 구매지식이 많아서 구매정보탐색 및 구매노력이 낮은 편이다. 그러므로 손쉽게 구매할 수 있는 제품을 선택하며 대체제품 수용가 높다. 반대로 전문품은 구매 시 전문지식이 필요하며 자주 구매하는 제품이 아니기 때문에 관여도가 높고 자신이 선호하는 특정 브랜드에 대한 충성도가 형성되는 경향이 강하다. 선매품은 구매 시 비교를 하여 최저가를 구매하거나(동질적

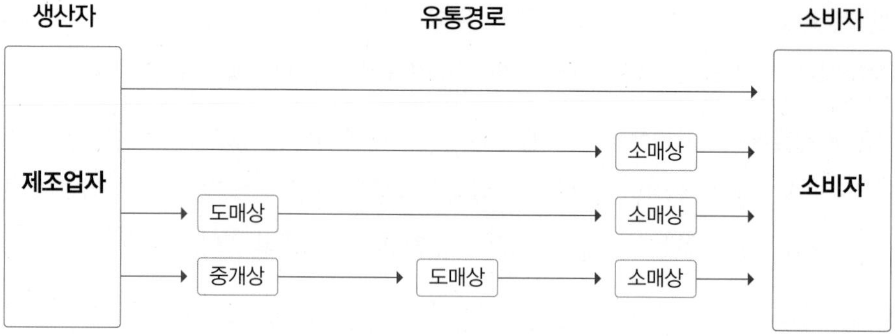


그림 1-3 소비재 유통경로

선매품), 가장 선호하는 품질의 제품을 선택(이질적 선매품)하게 되는 제품으로 관여도나 구매빈도는 편의품과 전문품의 중간수준이지만 구매정보탐색을 많이 하고 구매시점에서 제품들 간의 비교를 통한 최적구매를 하게 된다. 소비재는 이러한 구분 외에도 내구성에 따라 내구재/비내구재로 분류할 수 있고 제품의 유형성과 무형성 정도에 따라 탐색재, 경험재, 신용재로 구분될 수도 있다.

이러한 소비재 제조업자가 선택할 수 있는 유통경로의 유형은 그림 1-3과 같이 크게 4가지로 분류될 수 있다. 일반적으로 제조업자는 하나의 유통경로만을 사용하는 것이 아니라 몇 개의 유통경로를 같이 사용하는 경우가 많다. 첫 번째 경로는 직접마케팅 경로라고도 하는데, 제조업자 → 소비자로 직접 제품을 판매하는 형태로 화장품회사가 방문판매원을 통해 소비자에게 제품을 판매하는 경우가 이에 해당된다. 두 번째 경로는 제조업 → 소매상 → 소비자로 연결되는 경로로, 주로 대규모 소매상이 제조업자로부터 직접 제품을 공급받아 소비자에게 판매하는 경우이며, 대형 할인점을 통해 유통되는 소비재가 이에 해당한다. 세 번째 경로는 제조업자 → 도매상 → 소매상 → 소비자로 가는 경로로, 가장 전형적인 유통경로이다. 주로 식품, 의약품 등의 제품을 생산하는 제조업자들이 이러한 경로를 이용한다. 네 번째 경로는 제조업자 → 중개상(중간도매상) → 도매상 → 소매상 → 소비자로 연결되는 경로로, 주로 생산자가 많은 1차 상품(곡물류, 야채, 과일 등)을 유통할 때 이용된다.

### 2) 산업재 유통경로

산업재industrial goods는 생산과정과 이용방법에 따라 분류하는데, 조직 혹은 기업이 추가적인 가공을 목적으로 구매하거나 혹은 사업활동을 영위하기 위해 구매하는 제품이다. 산업재의 종류에는 자재와 부품, 자본재, 소모품이 있다. 자재와 부품은 제조업자가 완전한 제품을 생산하기 위해서 제품의 한 부분으로 투입되는 부분품으로 원자재(가공되지 않은 천연재료), 구성원자재(가공된 자재), 부품(최종제품 완성단계에 추가적으로 투입되어 완제품의 외형을 바꾸지 않는 것)이 포함된다. 생산비용절감을 위해 원자재의 저가격 협상과 수급의 연속성을 중시하므로 안정적인 공급 경로가 중요하다.

자재와 부품처럼 제품의 일부분을 구성하지는 않지만 제품 생산을 원활히 하기 위해 투입되는 것이 자본재이며 설비품(고정장비)과 보조장비(이동장비와 집기)가 포함된다. 설비품은 장기적인 이용이 많고 구매결정자의 지위가 높으며 단위당 가격이 높은 편이다. 반면 보조장비는 현대적 장비 구입을 중요하게 여기며 설비품보다는 구매결정자의 지위 및 단위당 가격이 낮지만 일상적으로 구매되는 자재나 부품보다는 높은 경우가 많다.

그리고 완제품 생산에 전혀 투입되지 않고 공장이나 회사의 운영을 위해 사용되는 소모품은 윤활유, 프린터 용지, 잉크 등이 운영소모품과 페인트, 못, 청소용구 같은 수선소모품이 있다. 다른 산업재에 비해 상대적으로 구매 노력이 적게 들기 때문에 산업재의 편의품으로 비교될 수 있으며 구매결정자의 지위나 가격이 낮고 빈번히 소비되므로 수급의 연속성뿐만 아니라 제품의 유용성과 유연성이 중요하다.

이러한 산업재의 경우에는 가격 및 수급의 안정성이 중요하기 때문에 그림 1-4와 같이 제조업자와 산업재소비자 간의 직접판매가 일반적이고, 대리점이나 산업재 유통업자industrial distributors를 이용하기도 하지만 소비재보다는 경로가 단순하고 짧은 것을 볼 수 있다. 첫 번째 경로는 거래되는 양이 대량일 때 주로 사용되는 경로로 제조업자 → 산업재소비자로의 직접거래 경로이다. 두 번째 경로는 제조업자 → 산업재 유통업자 → 산업재소비자로 연결되는 경로로 주로 소규모의 기계부품 등을 공급하는 기업들이 사용한다. 세 번째 경로는 제조업자 대리상(자사 대리점)을 통해 산업재소비자에게 판매하거나, 대리상이 산업재 유통업자를 통해 산업재소비자에게 판매하는 경로이다. 네 번째 경로는 제조업자의 판매자회사를 통해 산업

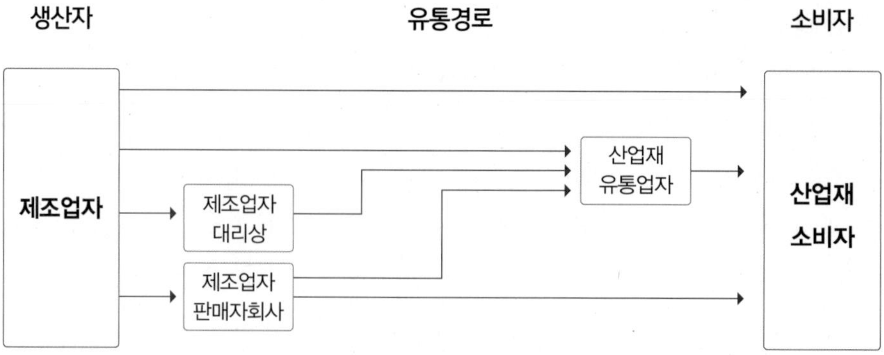


그림 1-4 산업재 유통경로

소비자에게 판매하거나, 판매자회사에서 산업재 유통업자를 통하여 산업재소비자에게 판매하는 경로로 건설자재업체가 이러한 경로를 주로 이용한다. 판매자회사는 제조업자가 도매상의 기능을 직접 수행하기 위해 운영하는 도매상으로 판매지점과 판매사무소가 있다.

### 3) 서비스 유통경로

산업혁명 이후 경제발전과 함께 제조업 중심의 사회는 점차 서비스업 중심의 사회로 자리를 잡기 시작하였고 서비스업의 경제가 진전되면서부터 고품질의 제품 생산에 의존하던 것에서 이제는 고품질 서비스를 제공하는 것으로 초점이 이동하고 있다. 서비스는 유형재와 달리 생산과 소비의 동시성으로 인해 대부분의 경우 그림 1-5에서 보듯이 첫 번째 경로처럼 제조업자에서 소비자에게로 곧바로 전달된다. 그러나 여행, 보험, 광고매체 등은 대리점을 거쳐 소비자에게로 전달되는 두 번째 경로를 취하기도 한다. 서비스 유통경로가 소비재나 산업재 유통경로에 비해 단순한 것은 서비스의 독특한 특성(무형성, 소멸성, 비분리성, 이질성)에 기인한다. 이에 따라 서비스 유통경로에서는 표 1-1과 같이 차별화된 대응전략이 요구되고 있다.

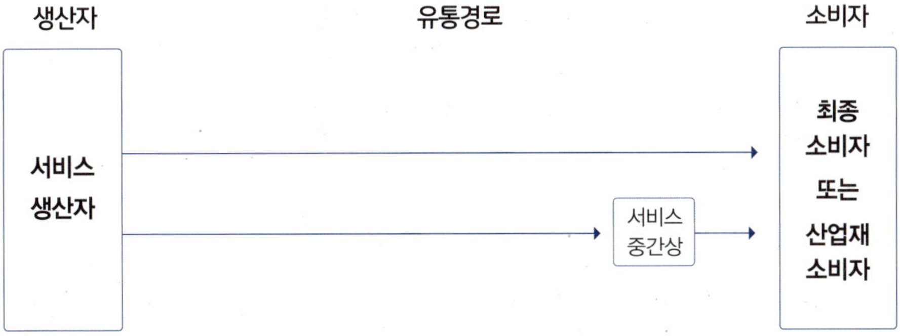


그림 1-5 서비스 유통경로

**표 1-1 서비스의 특성과 대응**

| 서비스 특성 | 유통경로상의 문제점 | 대응전략 |
|---|---|---|
| 무형성 | 저장 불가능<br>특허 등으로 보호 불가능<br>진열, 전달 곤란<br>가격 책정 어려움 | 유형적 단서 강조<br>인적자원 사용 증대<br>구전 효과 이용<br>강한 조직이미지 창조 |
| 비분리성 | 생산과 소비의 동시성<br>소비자가 생산에 참여<br>대량생산 어려움 | 고객접촉 인력의 선발과 훈련 강조<br>고객관리 |
| 이질성 | 표준화, 품질관리 어려움<br>고객 특성에 따라 품질 차이 발생 | 서비스 산업화<br>서비스 운영관리 |
| 소멸성 | 서비스 재고관리 불가능 | 수요변화 대응방안 구축<br>수요와 가용 능력 일치를 위한 조정 |

# 3 유통경로의 흐름과 본질

## 3.1 유통경로의 흐름

### 1) 전방적 경로와 후방적 경로

기업에서 마케팅이 담당하는 역할은 기본적으로 수요를 조절하는 기능과 그러한 수요를 충족시키는 기능으로 대별할 수 있는데, 유통경로는 간혹 수요를 조절하는 기능을 수행하기도 하지만 대체로 수요를 충족시키는 일에 직접적으로 관련된다. 그러한 기능들을 수행하는 데에는 마케터와 잠재고객들 사이에 그림 1-6과 같은 여러 가지 유통흐름들이 수반되며 모든 흐름flow은 유통경로를 통하여 전달된다. 화살표의 흐름을 보면 소비자 쪽으로 흐르는 전방흐름, 제조업자 쪽으로 흐르는 후방흐름, 그리고 양쪽방향으로 흐르는 양방흐름을 볼 수 있다.

일반적으로 유통경로라는 용어는 제품 또는 그 소유권이 생산자로부터 소비자에게 흘러가는 경로를 지칭하는데, 제품이 생산되어 소비자에게 전달되는 과정을 그려 볼 때 소비자 쪽을 전방이라 하고 소비자 쪽으로 흘러가는 경로를 전방적 경로forward channel 또는 순경로라고 하며 전통적인 경로관리의 대상이 되어 왔다. 이

그림 1-6 유통흐름

러한 전방흐름에는 소유권(상적유통)과 물적소유(물적유통), 그리고 기업의 촉진흐름이 해당된다.

전방적 흐름과 반대로 소비자 쪽에서 제조업자 쪽으로 가는 방향을 후방이라 하고 주문, 지불, 시장정보가 후방적 경로backward channel 또는 역경로reverse channel에 해당한다. 물적흐름의 경우에도 정상적으로는 제품을 생산자로부터 소비자에게로 이동시키는 역할을 하지만, 경우에 따라서는 그 반대 방향으로 제품을 이동시키는 것이 중요하다. 그래서 재활용, 회수, 반품, 리콜, 폐기 등의 활동도 포함되는데, 특히 최근에는 환경보호에 대한 관심이 고조됨에 따라 생태학적 목표를 추구하기 위해 제품을 소비한 후 고형폐기물이나 부산물, 용기 등을 소비자로부터 다시 생산자에게 돌려보내기 위한 재순환과정recycling process의 설계와 관리가 매우 중요한 유통과제로 등장하고 있다. 이러한 재순환경로는 대체로 전방적 경로를 따라 반대의 흐름으로 나타나지만 간혹 재생자원의 회수센터가 개입되기도 한다.

금융, 위험부담, 협상은 양방흐름으로 이러한 기능은 제조업자부터 소비자까지 전반에 걸쳐 공유되고 있다. 예를 들어 소비자가 소매상에 구매협상을 할 수도 있고 도매상이 소매상에게 판매를 위한 협상을 할 수도 있는데, 이때 서로가 협상에 참여하게 되어 양방흐름으로 볼 수 있다.

## 2) 밀기와 끌기

제조업자는 자신의 브랜드 파워를 강화하고 매출을 높이기 위해 유통경로를 지원하는데, 이 과정에서 도매상과 소매상은 제조업자의 마케팅파트너가 되어 판매대리상의 역할을 한다. 제조업자가 이러한 중간상을 지원하여 제조업자의 제품을 비축하고 전시하도록 하며 촉진하도록 하는 것을 밀기push 또는 도 · 소매상에 대한 판매selling to the wholesaler/retailer라고 한다. 이 때 제조업자는 도 · 소매상의 판매원을 훈련시키고 보상하며, 재고를 비축해 주는 것에 대해 수량할인 및 계절할인 등을 제공하며 프로모션 행사 지원 및 판매인력 지원 등을 하게 된다. 경쟁이 심한 시장에서 시장 커버리지를 확보하기 위해 실시하기도 하고, 제조업체와 중간상 간의 관계를 통해 매출을 높일 수 있는 판로를 확보하는 방법이 된다. 흔히 물량을 중간상에게 밀어내기를 통해 쌓아두게 하고 소비자에게 많이 노출시켜서 판매하는 것을 볼 수 있다. 산업재의 경우에는 제조업자가 중간상에게 특정상표를 고객에게 추천

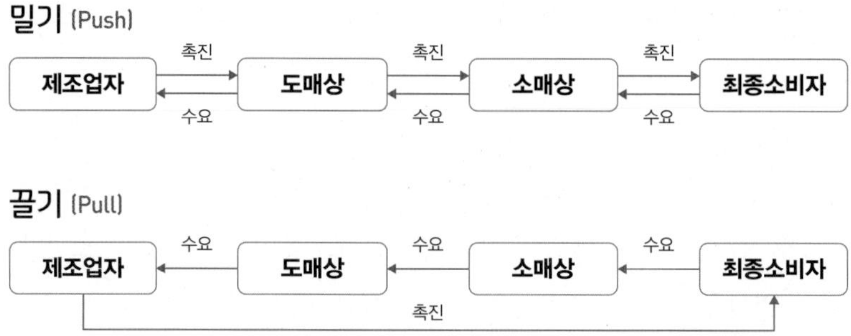


자료원: Barry Brown, Marketing Channels, John Wiley & Sons, Inc., 1996, p. 20.

그림 1-7 밀기(push)와 끌기(pull)

하라고 했더니, 중간상의 83%가 이에 따라 추천을 하였고, 대부분의 고객이 그 특정상표 제품을 구매했다는 연구결과도 볼 수 있다. 그만큼 중간상이 판매원으로써 하는 역할이 중요하고 크다는 것을 알 수 있다.

이와 반대로 끌기pull, 도 · 소매상을 통한 판매selling through the wholesaler/retailer는 제조업자가 중간상이 아닌 최종소비자 지원을 실시하여 제품을 구매하도록 하는 방법이다. 쉬운 예로 TV광고를 통해 신제품을 최종소비자에게 알리면 이들은 가까운 소매점에 가서 그 제품을 찾고, 주문하게 된다. 그러면 소매상은 다시 도매상에 주문하고, 도매상은 다시 제조업자에게로 주문하게 되어 제품에 대한 수요를 최종소비자로부터 끌어오게 되는 것이다. 그림 1-7은 밀기와 끌기에 대해 보여주고 있는데 실질적으로 제조업자는 두 가지를 모두 이용해야 할 필요가 있다. 끌기를 통하여 최종소비자 단계에서 수요가 생성되지 않는다면, 도 · 소매상의 재고를 통하여 미래의 판매에 대비할 수 있다. 또한 밀기전략은 신제품과 같은 초기수요가 적은 제품에 대한 적절한 시장 커버리지를 제공하는 데 도움이 될 수 있다. 중간상의 입장에서는 제조업자가 밀기 또는 끌기를 통해 제품에 대한 수요를 창출해 주는 지원을 하지 않는다면 재고 비축을 꺼릴 것이다.

## 3.2 유통경로의 상물분리

마케터의 제품이 잠재고객들의 원하는 바를 제대로 충족시키고 고객만족을 창출하기 위해서는 제품 자체를 물리적으로 고객에게 이전시켜 주어야 할 뿐 아니라 고객이 자신의 욕구를 충족시키기 위해 제품을 자유롭게 사용하거나 소비할 수 있도록 법적 소유권을 넘겨주어야 한다. 즉 제품의 물리적 흐름과 법적 소유권의 흐름은 유통경로를 통해 이루어지는데 이러한 두 가지의 흐름이 반드시 동일한 경로를 통해 이루어지거나 동시에 이루어져야 할 필요는 없다. 예를 들어 제품은 물리적으로 이전되지 않으면서도 한 번 이상 소유자가 바뀔 수 있고, 소유자는 그대로 있으면서 제품이 다른 장소로 수송될 수 있는 것이다.

따라서 유통경로는 공간적 및 시간적 괴리를 해소하는 측면에서 제품의 물리적 흐름을 전담하는 물적유통경로(물류)와 제품의 가치를 향유할 수 있는 권한인 법적 소유권의 흐름을 전담하는 상적유통경로(상류)로 분리될 수 있다. 물론 정보 흐름, 촉진의 흐름, 서비스의 흐름 등도 별도의 경로로 구분할 수 있으나 그들은 대체로 상적유통경로와 중복되는 경향이 있다.

즉 제품을 물리적으로 이전시키기 위한 활동은 법적 소유권의 교환을 창출하는 일에 직접적으로 관련되는 활동과 다르며, 그 나름대로 독특한 기능적 전문화의 가능성을 보여준다. 따라서 물적유통경로**물류경로: physical distribution channel**는 제품의 물리적 이전에 관여하는 독립적인 기관이나 개인들로 구성된 네트워크를 의미하며, 유통목표에 부응하여 장소효용과 시간효용을 창출한다. 이에 반하여 상적유통경로**거래경로: trade or commercial channel**란 거래협상, 계약수행, 거래 후 관리활동 등을 지속

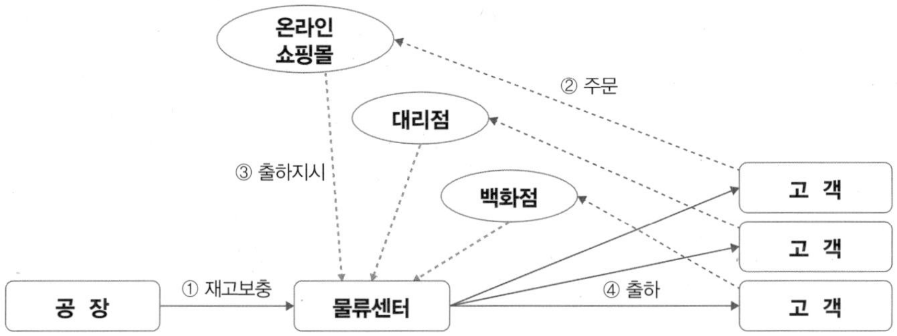


그림 1-8 상물분리의 예시

적으로 수행함으로써 제품의 소유권을 생산자로부터 고객에게 이전시키는 데 관여하는 독립적인 기관이나 개인들로 구성되는 네트워크로서 소유효용을 창출한다.

그림 1-8에서는 고객이 지점, 영업소, 대리점, 온라인쇼핑몰 등 다양한 소매점으로부터 주문을 하게 되는데 이는 상류흐름이라고 볼 수 있다. 주문을 받은 지점 등 각각의 소매점이 고객에게 직접 상품을 출하하게 되면 상류와 물류가 일치된다고 볼 수 있지만, 소매점의 출하 지시를 받은 물류센터에서 상품이 출하되여 고객에게 전달되는 물류흐름이 발생하므로 상류와 물류가 분리된다고 볼 수 있다. 이 과정에서 주문정보, 출사지시, 출하정보가 통합되어 유통활동이 일어나므로 정보유통이 발생하게 되며, 정보유통은 상적유통과 물적유통을 통합시키는 역할을 가지고 있다고 해도 좋을 것이다.

# 4
# 유통경로의 존립 근거

상품이 생산자에서부터 소비자에게까지 유통될 때 중간에 하나 이상의 유통기관(중간상)을 거치게 되는 것을 간접유통indirect marketing이라 한다. 그리고 생산자와 소비자 사이에 중간상의 개입 없이 생산자가 직접 소비자에게 상품을 유통시키는 전반적인 관리를 하는 경우를 직접유통direct marketing이라 한다.

엄밀하게 말하면 생산자와 소비자 사이에 하나의 단계라도 중간상이 존재하면 그것은 간접유통이 되는 것이다. 간접유통과 직접유통은 현실적이고 상대적인 개념으로 적용되고 있다. 즉 생산자－대리상－도매상－소매상－소비자라는 5단계의 경로보다는 생산자－도매상－소매상－소비자라는 4단계의 경로가 상대적으로 더 직접유통에 가깝다는 것이다.

유통기구 내지 유통경로는 초기에 직접유통에서 간접유통으로 변해오다가 그 뒤 다시 근대적 의미의 새로운 직접유통으로 발전하여 왔다고 볼 수 있다. 그리하여 오늘날에는 대규모 소매상이 많이 등장하여 생산자에서 도매상을 거치지 않고 바로 소매상을 거쳐서 소비자에게로 유통되는 경로의 형태를 많이 취하고 있다. 특히 이 경우를 현대적 의미의 직접유통 내지 직접마케팅이라고 부르고 있다. 그리고 사회 일각에서 중간상의 존재를 사회적 낭비라고 하여 그 무용론을 제기하기도 하는데 이 경우의 중간상은 도매상을 의미한다고 볼 수 있다. 간접유통과 직접유통의 형태가 필요한 이유를 설명하는 다양한 관점의 이론과 현상들을 살펴보자.

## 4.1 간접유통의 사회적 타당성

간접유통은 분업의 효익에 입각하여 생산자로부터 소비자까지의 상품유통에 많은 중간상이 유통경로에 개재함으로써 사회적으로 효익이 된다고 생각되어 왔다. 간접유통은 다음과 같은 이유로 그 사회적 존립타당성 내지 필요성이 인정되고 있다.

- 일반적으로 이론적 근거로 제시되고 있는 총거래수 최소의 원칙과 집중저장 또는 불확실성 풀의 원리에 입각하여 우선 중간상의 사회적 존립타당성을 인정할 수 있다.
- 유통기관의 비용은 제조공업과는 달리 고정비가 상대적으로 적고 변동비의 비율이 높으므로 유통기관이 대규모화하더라도 평균비용이 그다지 저하하지 않으므로 유통기능의 통합에 의하여 중간상이 배제되는 것이 반드시 유리하다고 할 수 없는 것이다.
- 중간상이 배제되는 경우에는 일종의 독점이 발생하여 유통비용의 하나인 특화에 의한 능률화 등의 이점도 없어지게 되어 직접유통이 불리한 것이다.
- 중간상이 배제됨으로써 종래 특화에 의하여 유통기능을 수행하면서 유통 과정에 개재하던 많은 중간상이 실업을 당하게 되어 사회적 불안을 조장시킬 수도 있으므로 간접유통이 유리한 것이다.

따라서 간접유통의 이점은 다음과 같은 점에서 찾아볼 수 있다.

- 생산자의 판매량이 적고 시장의 전부 또는 일부가 분산되어 있는 경우에는 중간상을 이용함이 보다 경제적이다.
- 간접유통은 유통기능의 특화를 초래하여 전체적인 생산성 향상에 기여한다.
- 간접유통에서는 유통과정에서 발생하는 위험을 중간상이 부담하므로 생산자의 위험이 분산된다.

간접유통의 이점을 설명하는 원리를 살펴보면 다음과 같다.

### 1) 총거래수 최소의 원리 principle of minimum transactions

생산자가 개별 소비자와 직접 거래할 때보다 중간상과 거래할 때 총 거래수가 줄어들고 이에 따라 거래비용과 노력, 그리고 시간을 감축할 수 있다는 것이다. 그림 1-9에서와 같이 만약 생산자와 소비자가 직접적인 거래를 한다면 총거래수는 21회(3 × 7)가 되지만, 중간상이 개입하게 되면 총거래수는 10회(3 + 7)로 줄어들어 사회적 총거래비용이 감소하게 된다.

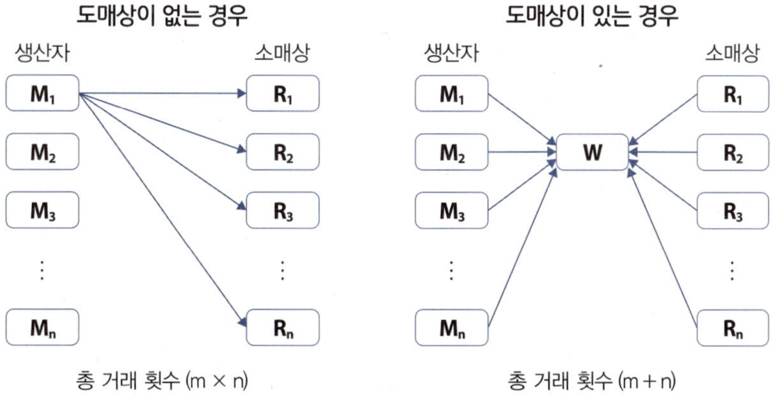


그림 1-9 총거래수 최소의 원리

### 2) 변동비 우위의 원리 principle of variable cost superiority

변동비 우위의 원리는 제조비용에 비해 유통비용은 고정비보다 변동비의 비율이 높기 때문에 제조업자가 직접유통까지 담당하여 규모의 경제를 달성하기 어려우므로 중간상이 전문적으로 담당하여 비용을 낮추는 것이 좋다는 관점이다. 제조업은 고정비가 차지하는 비율이 변동비보다 커서 생산량이 증가할수록 단위당 생산비가 감소하는 규모의 경제를 실현할 수 있다. 이에 비해 유통기관에서는 상대적으로 고정비보다 변동비의 비율이 높으므로 유통기관이 대형화 되더라도 평균비용이 제조업만큼 감소되지 않는다. 따라서 유통이라는 역할을 분담하는 것에 비해 중간상이 배제되고 제조업이 유통의 역할을 통합하는 것의 이점이 크지 않다는 것이다. 즉 유통업의 변동비가 높기 때문에 제조업과 유통업이 통합된다고 해서 제조업의 규모의 경제를 강화하기 어렵기 때문에, 유통기관이 존재하여 전문적으로 유통기능을 담당하는 것이 필요하다는 관점이다.

### 3) 집중저장의 원리 principle of massed reserve

유통경로에 중간상이 개입하여 집중적으로 재고를 보유함으로써 사회 전체적인 관점에서 재고 보관량과 비용이 감소한다는 원리이다. 특히 이 관점은 도매상의 개입 효과를 설명하는 데 설득력이 있다. 예를 들어 소매상만이 중간상으로 개입할 경우 100개의 소매상이 각각 50만원씩 재고를 부담한다고 가정하면 경로 내의 총비용은 5,000만원(50만원 × 100개)이다. 그런데 대량의 재고를 보관해주는 도매상이 개입하여 1,000만원의 재고를 보유해주면서 필요한 경우에 신속하게 소매상에게 제공해 줄 수 있다면 소매상은 대량 재고를 가질 필요 없으므로 각 10만원씩의 재고만 보유하면 되는 것이다. 이 경우에 사회전체의 총 비용은 2,000만원(10만원× 100개 + 1,000만원)으로 감소하게 된다. 도매상이 집중저장을 해주게 되어 소매상은 재고비용을 절감하면서 소비에 적절히 대응할 수 있다. 또한 소매상이 소비자의 수요가 어떻게 변할지 모르는 수요불확실성에 대비해 많은 재고를 보유하고 있어야 하지만, 도매상이 개입하게 되면 그 불확실성에 대비하여 도매상이 많은 재고를 대신 보유하고 있다가 필요할 때 전해주기 때문에 불확실성 풀의 원리principle of pooling uncertainty라고도 한다.

#### 4) 분업의 원리principle of division of work

보관, 운송, 정보수집, 금융 등 유통경로 내의 다양한 기능을 전문적으로 할 수 있는 전문 중간상에 유통을 맡기는 것이 효율적이라는 관점의 원리이다. 제조업자가 유통과 관련된 기능들을 모두 수행하는 대신에 보관, 운송, 정보수집, 금융 등 유통경로 내의 다양한 기능들을 전문적으로 할 수 있는 전문 중간상에 유통을 맡기는 것이 사회적 경제성과 능률성이 향상되어 효율적이라는 관점의 원리이다. 즉, 제조업자는 생산을 그리고 유통업자는 유통을 전문화함으로써 각자 특화에 의한 능률화의 이점을 강화하여 보다 경제적이고 효율적인 유통기능의 수행이 가능하다는 점에서 전문화의 원리principle of specialization라고도 한다.

## 4.2 직접유통의 필요성

기업들이 직접유통을 통해 소비자들에게 제품을 판매하는 사례가 증가하고 있다. 직접유통은 중간상을 거치지 않고도 제품의 전달이 가능하긴 하지만, 본연의 기능은 사라질 수 없기 때문에 중간상이 하는 기능을 누군가는 해야 한다. 직접유통경로의 제조업자나 서비스 제공자는 주문 처리, 적절한 재고 유지, 제품의 수 · 배송 등 고객이 요구하는 유통효용의 창출기능을 수행해야 한다. 보통 직접유통 방식은 우편(카탈로그), 전화, 방문 판매, TV홈쇼핑 채널 등을 이용하는 것인데, 이 외에도 다음과 같은 이유에서 다양한 형태의 직접유통이 실행되고 있다.

### 1) 생산자의 도매상에 대한 불만

도매상이 부당한 이윤을 얻고 있다는 불만이 직접유통을 촉구하는 중요한 요인이 되었다. 도매상의 개입으로 경로의 단계가 복잡해지고 불필요한 재고비용이 소요되어 가격인상으로 이어지는 등 도매상 기능의 부작용이 심각해지자 도매상을 제외하고 소매상과 거래하려는 제조업자가 등장하게 되었다. 특히 유행성 상품은 생산자가 시장상황을 직접 파악하기 위하여 소매상과 직접 접촉하려고 하고, 부패성 상품은 특수한 보관설비가 요구되므로 직접유통이 필요하게 되었다.

### 2) 마케팅시설의 발달

오늘날에는 영업창고의 발달, 대규모 전시시설의 발달 등 유통관련시설이 발달하여 제조업자가 박람회나 전시회 등을 통해 구매자와 쉽게 만날 수 있기 때문에 상품전시 및 보관기능, 주문대행 기능을 해주던 도매상 개입의 필요성이 감소하고 있다. 또한 특정지점의 영업창고는 특정시장에서 수요량 확보에 기여하며, 시장이 특정 지역으로 분산되어 있는 경우의 생산자에게는 직접유통을 하는 것이 유리할 것이다.

### 3) 파워 리테일러power retailer의 성장과 정보시스템의 발달

소매상측에서도 직접유통경로를 채택하게 된 요인이 있다. 백화점, 연쇄점, 슈퍼마켓, 할인점 등 자본력이 크고 보관시설도 충분히 갖춘 대규모 소매상들의 발달은 직접유통을 촉구하게 된 것이다. 대형할인점의 경우에는 판매규모가 크고, 여러 점포의 주문량을 취합하여 대량주문이 가능하므로 제조업자와의 직거래가 유리한 상황이 되었으며, 직접 물류센터를 구축하여 운영함으로써 도매상의 기능을 대신하고 있다. 특히 크로스도킹cross docking 등을 활용한 물류센터는 물류의 신속성과 정확성을 높여 물류편의성을 더욱 높여주어 도매상을 대체하는 기능을 하고 있다. 특히 유통과 관련한 정보시스템의 발달은 POS시스템 정보활용, 자동발주시스템 등으로 성장하면서 대형소매상의 정보력을 강화시키게 되었고 도매상이 여러 소매상으로부터 정보를 취합하여 제조업자에게 제공할 필요가 없게 되었다. 이처럼 구매력과 정보시스템을 통해 파워를 가지게된 대규모 소매상을 파워 리테일러라고 한다.

### 4) 온라인쇼핑의 발달

온라인의 발달은 생산자와 소비자가 24시간 운영되는 온라인쇼핑몰을 통해 직접 거래를 가능하게 해 줌으로써 직접유통을 활성화시키고 있다. 특히 최근에는 모바일의 발달로 이동 중에도 온라인 몰에서 구매가 가능해짐으로써 중간상의 기능이 대폭 축소되고 있다. 제조업자도 손쉽게 쇼핑몰을 구축하거나 다양한 이마켓플레이스e-market place와 소셜커머스social commerce를 통해 제품 판매가 가능해지면서 직접유통의 편의성은 더욱 증대되었다.

이상의 요인으로 인해 간접유통의 타당성에도 불구하고 직접유통이 더욱 발전하게 되는 것이다. 이러한 직접유통의 이점을 보면 다음과 같다.

- 생산자의 판매량이 크고, 시장이 집중되어 있는 경우에는 유통비용이 감소되는데 이 경우에 중간상이 과도하게 개입하게 되면 유통비용이 증대되므로 직접유통을 하는 것이 생산자와 소비자 모두에게 유리하다.
- 생산자와 소비자 사이에 거래수가 많을수록 상품유통에 소요되는 시간도 길어지고 비용도 많이 들며, 경우에 따라서는 상품의 효용을 낮출 수도 있다.
- 유통경로가 직접적일수록 생산자는 마케팅활동을 효과적으로 통제할 수 있다.

지금까지 간접유통과 직접유통에 대하여 설명하였으나 어떤 경우에서도 절대적으로 어떤 것이 더 타당하다고 할 수는 없다. 상품의 특성, 시장의 성격 등에 따라서 간접유통이 유리할 수도 있고, 직접유통이 효율적일 수도 있다. 그러나 일반적으로 보다 불필요한 개입이 제거되는 직접적인 유통일수록(중간상의 개입이 작을수록) 소비자에게 유리하다고 볼 수 있다.

# 5 유통경로의 변화와 발전

## 5.1 마케팅 컨셉의 변화와 유통

미국마케팅학회American Marketing Association에 따르면 마케팅은 개인과 조직의 목적을 충족시켜주는 교환을 창출하기 위해 아이디어, 제품 및 서비스에 대한 발상, 가격결정, 촉진 및 유통을 계획화고 실행하는 과정이다. 최근에는 이러한 과정을 포함하여 수익성 있는 고객관계를 관리하는 과정으로 그 정의가 확대되고 있다. 또한 비영리기업, 종교단체, 교육기관 등 사회 전 분야에 걸쳐 적용되고 있다. 이러한 과정은 마케팅 컨셉의 변화를 보면 쉽게 이해할 수 있다. 마케팅 컨셉marketing concept은 정의와는 달리, 마케팅을 할 때 가지는 철학이자 마음가짐이라 볼 수 있다.

기업의 관리 철학은 생산지향단계, 품질지향단계, 판매지향단계를 거쳐 마케팅 지향단계로 접어들었다. 그리고 소비자의 관심 역시 점차 복잡하고 다양해지면서 기업들은 새로운 마케팅에 관심을 갖게 되었으며, 시대의 흐름에 따라 마케팅 또한 변화과정을 거치게 되었다. 이러한 경향으로 대량마케팅mass marketing을 필두로 세분화 마케팅segmentation marketing, 틈새마케팅niche marketing, 고객관계관리customer relationship management 등 다양한 마케팅 방식이 등장하게 되었다.

### 1) 생산지향단계

생산지향단계production-orientation stage는 산업이 발전하기 이전에 제품에 대한 수요가 공급을 초과하는 시대에 나타난 마케팅 사고단계이다. 공급이 부족한 상태였으므로 기업의 관심은 판매보다 대량생산에 집중되었고, 고객에 대한 관심은 부차적 기능이 되었다. 이 단계에서 경영자의 관심은 수요에 대응하기 위한 생산성을 향상시키고 제품의 제조원가를 낮추는데 있었다. 결과적으로 이 단계에서는 고객의 욕구는 중요하게 취급되지 못하고, 시장은 기업이 시장주도권을 갖는 판매자 중심 시장seller's market이 된다. 기업 내의 판매부서는 단순히 생산부서와 재무부서의 관리자들에 의해 결정된 제품과 가격으로 제품을 판매하는 역할에 불과하였다.

### 2) 품질지향단계

제조업자 중심의 사고는 제품공급이 증가하면서 수정이 불가피하게 되었다. 즉 공급이 증가하면서 때때로 재고가 남아도는 상황이 발생하게 된 것이다. 이러한 상황에 대해 경영자들은 다른 제조업자보다 더 좋은 품질의 제품을 시장에 내놓으면 소비자가 자사의 제품을 기꺼이 구매해 줄 것이라는 사고를 하게 되었는데, 이 시기의 사고를 품질지향단계product-orientation stage라고 한다. 이 단계를 제품지향단계라고도 하는데, 이때의 관리자들은 구매자들이 품질만 좋으면 충분히 만족할 것이라고 기대하였다. 그런데 여기서 말하는 좋은 품질이란 소비자 측 입장이라기보다는 제조업자 입장에서 좋은 품질이라는 데 문제가 있다. 예를 들면 제조업자는 생산과정에서 불량률이 낮은 경우에 품질이 좋다고 인식하는 것이다. 따라서 이들은 고객욕구에 대한 분석 없이 기업입장에서의 제품의 품질을 너무 강조한 나머지 고객이 자사의 제품을 외면하는 것을 소비자의 무지 탓으로 돌리는 우를 범하게 된다.

### 3) 판매지향단계

판매지향단계sales orientation stage에서의 주된 관심은 충분한 제품을 생산하기보다는 오히려 생산한 제품의 판매에 두게 된다. 제품은 판매되어야 하고, 이는 실질적인 촉진 노력을 요하게 된다. 그리하여 이 단계는 판매와 판매관리자가 기업경영에서 새로운 존경과 책임이 주어지기 시작된 기간이라고 볼 수 있다. 또한 판매에 대한 나쁜 명성도 지녔던 시대이며, 강압적 판매hard sell의 시대로 불리고 있다. 이 단계는 1930년대에서 1950년대 이전의 기간인 것으로 보고 있다.

### 4) 마케팅지향단계

강압적 판매에 대한 비판이 거세지고, 생산된 제품의 판매증대에도 한계가 오자, 판매에 중점을 두기보다 구매자의 입장에서 고객이 진정 원하는 필요와 욕구를 찾아내고 그에 맞는 제품을 생산해야 한다는 관점이 생겨났다. 이 시기를 마케팅지향단계marketing-orientation stage라 한다. 판매증대보다는 고객만족을 통해 기업의 이윤을 창출해야 한다는 철학을 가지게 되었으며 판매자 중심의 시장이 구매자 중심 시장buyer's market으로 변화 · 발전되었다. 시장을 세분화하고 목표고객을 선정하여 포지셔닝하는 시장세분화전략(STP전략)이 실행되었고, 전체 기업이 마케팅을 중심으로 활동해야 한다는 전사적마케팅total marketing system의 개념이 등장하였다. 그러나 이 단계에서 마케팅의 역할은 고객을 창출하고 유지하는 것이라고 하였지만, 역사적 관점에서 볼 때 고객유지보다는 신규고객을 유치하는 데 초점이 맞춰져 있었다고 할 수 있다.

그러나 과도하게 세분화된 시장으로 인해 유사한 경쟁제품의 범람하고 대부분의 제품이 제품수명주기상의 성숙단계에 들어섬으로써 품질 이외의 차별화된 경쟁우위를 확보해야하는 상황이 심화되었으며, 소비자들의 요구사항의 증가와 구매패턴의 급속한 변화로 인해 새로운 고객유치를 통한 이익창출의 효율성이 떨어지게 되었다. 따라서 신규고객창출보다는 기존고객과의 장기적인 관계구축을 통한 성장에 관심을 기울이게 되었다.

역사적으로 1950년대가 매스마케팅mass-marketing시대이고, 1970년대를 시장세분화 마케팅market segmentation marketing시대라고 한다면, 1990년대는 관계마케팅relationship marketing시대의 탄생으로 정의할 수 있다. 이러한 관계마케팅은 매출과 성과에 기여도가 높은 고객을 중심으로 관계를 강화하는 전략으로 신규고객유치보다 기존 우수고객과의 장기적 관계long-term relationship를 개발 · 유지하는데 더 많은 관심을 기울여야 함을 의미한다. 이에 따라 고객 데이터베이스를 기반으로 고객생애가치가 높은 고객을 발굴하여 지속적으로 혜택을 제공함으로써 장기적인 관계를 강화하는 고객관계관리CRM: customer relationship management가 실행되었다.

### 5) 복합적 마케팅단계

최근에는 소비자들의 불만, 환경문제, 자원 문제 등 마케팅의 사회적 책임이 중요시되고 있다. 단지 물질적인 풍요가 아니라 인간지향단계로 전환을 의미한다. 이것은 인간자원의 관리에 대한 관심이 고조된 것을 뜻하며, 제품을 소비하는 데 있어 강조점이 물질주의에서 인간주의로 변화된 것을 뜻한다. 이러한 차원에서 사회적 요구 및 문제를 포함시킴으로써 마케팅 영역이 사회적으로 확대되고, 비영리기관과 모든 조직 및 개인에 이르기까지 마케팅을 도입 적용하여 그들의 목적달성에 성공적으로 기여하는 것이다.

또한 인터넷의 출현은 기업으로 하여금 마케팅 활동의 혁신을 요구하고 이제까지 보편적이던 불특정 다수를 향하여 일관적인 메시지를 제공하던 광고, 그리고 누구를 위한 것인지 모를 상품을 무차별적으로 만들어내는 생산 체계, 복잡한 유통 단계로 인하여 엄청난 비용을 최종소비자에게 전가시키는 유통체계에 변화를 요구하고 있다. 실제로 인터넷마케팅은 기존의 전통적인 마케팅과 구별되는 독특한 성격을 가지고 있다. 과거의 대중적인 접근방법에서 소비자별로 일대일 접근이 가능해졌고 거래 구조도 전통적인 거래공간인 물리적 장소가 가상공간으로 대체되고 시간적 제약도 사라지게 되었다.

이로 인한 변화 중 가장 중요한 변화는 고객과의 상호작용적 커뮤니케이션이 가능해졌다는 것이다. 기존의 4대 매체(TV, 라디오, 신문, 잡지)에 이어 탄생한 인터넷이라는 매체는 기존의 매체가 가지고 있지 못한 쌍방향적 커뮤니케이션two-way communication을 지원하여 메시지를 주는 사람과 받는 사람과의 상호작용을 가능하게 한다. 인터넷의 이러한 특성은 대중매체에서 추구하는 제품이나 브랜드에 대한 단순 인식의 수준을 넘어 구매를 위한 의사결정과 구매, 그리고 구매 이후의 관계 형성에까지도 중요한 역할을 담당하게 되었으며 가치사슬의 혁신적인 변화와 역류 현상을 가져오게 되었다. 이제 고객은 소비의 주체인 소비자의 의미를 넘어 기업의 생산활동에 직접 개입하고 참여하여 생산과 소비를 동시에 추구하게 되었는데 이러한 현상으로 인해 등장한 용어가 프로슈머prosumer이다.

이상에서 살펴본 바와 같이 마케팅은 여러 단계의 컨셉을 거쳐 발전하게 되었는데, 유통관점에서 마케팅을 중요하게 보아야 하는 이유는 바로 마케팅이 실행되는 경로가 유통경로라는 점이다. 제품이 만들어져서 소비자에게 전달되는 마케팅의 과정이 바로 유통인 것이다. 그림 1-10에서 보는 바와 같이 매스마케팅이 실행되던 시대에는 대량의 제품을 빨리 소비자들에게 전달하여 획득할 수 있도록 하는 것이 중요한 유통전략이었다면, 세분화마케팅이 시작되면서는 고객의 요구를 분석하고 그에 맞는 유통전략의 수립에 중점을 두게 되고 점차 고객중심의 유통경로가 형성되었다고 볼 수 있다. 즉 유통은 판매자가 제품을 빨리 전달하는 판매대행에서 시작하여 고객이 신속하고 편하게 제품을 받아볼 수 있도록 유통하는 구매대행으로 발전하였다. 최근에는 유통이 사회적 책임을 수행하기 위해 탄소절감 및 환경보호를 위한 활동을 중심으로 발전해 나가고 있으며, 유통환경이 새로운 문화를 창출하며 발전하고 있다.

그림 1–10 마케팅 컨셉의 변화와 유통

## 5.2 유통경로전략의 변화

과거에 경쟁이 치열하지 않고 고객의 요구가 다양하지 않았을 때는 단일유통경로 single channel를 사용하였지만 최근 고객욕구의 다양화에 의한 시장세분화 추세에 따라 각 세분시장에의 접근에 적절한 복수유통경로dual channel를 채택하고 있다. 예를 들면 삼성과 LG 등 가전업체는 대리점을 통해 제품을 판매하기도 하지만, 백화점, 대형할인점 등을 이용하기도 한다. 복수유통경로는 두 개 이상의 유통경로를 사용하여 판매량을 증대시킬 수 있다. 다만 각 유통경로 간의 갈등이 심화되는 부작용이 수반될 수도 있다.

이러한 유통경로에 온라인 경로가 나타나면서 다양한 전략으로 변화하게 된다. 멀티채널multi-channle은 유통업체들이 오프라인 매장과 별개로 온라인 쇼핑몰을 구축하여 운영하는 경우이며, 온라인과 오프라인이 별개로 운영되는 것이다. 최근에

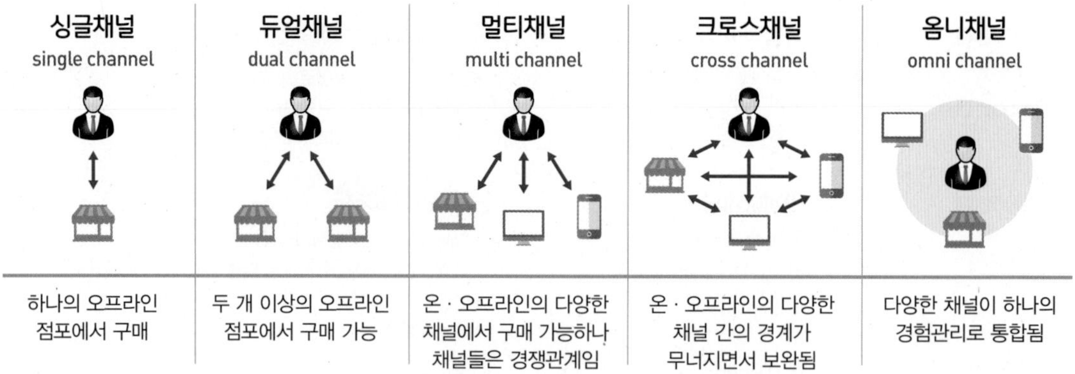


**그림 1-11 유통경로전략에 따른 소비경험의 변화**

는 모바일채널도 추가되는 등 다양한 고객과의 접점을 늘린다는 측면에서 효과적이지만, 일관되고 통일된 서비스 전략이 부족하여 온라인-오프라인 간 가격불신의 원인이 되기도 하고 협업보다는 경쟁요소가 되었다. 그렇다 보니 쇼루밍 및 역쇼루밍 현상이 등장하였다.

오프라인 매장에서 제품을 보고 실제 구매는 온라인 등 다른 경로를 이용하여 쇼핑하는 현상인 쇼루밍showrooming은 오프라인 매장이 쇼핑몰의 전시장으로 변하는 현상으로 해당브랜드의 공식온라인 매장보다 더 저렴한 오픈마켓이나 소셜커머스를 이용하므로, 멀티채널전략의 의미를 퇴색시켰다. 이와 반대로 온라인에서 상품정보를 취합한 후에 실제 구매는 오프라인 매장에서 제품을 살펴보거나 경험해보고 구매하는 역쇼루밍reverse-showrooming 또는 webrooming은 심지어 온라인(정보수집)－오프라인(제품경험)－모바일(구매)로 연결되기에 이른다. 특히 쇼루밍을 하는 소비자인 쇼루머들은 소수이지만 이들 중 대부분이 구매를 목적으로 오프라인 점포를 방문하는 것이기 때문에 오프라인에서의 제품경험과 점포경험이 구매에 직접적인 영향을 주게 된다.

그래서 온라인-오프라인이 하나의 시스템의 구축되어 서비스를 실시할 필요성이 증대되었고, 기존의 멀티채널의 문제점들을 극복하기 위해 다양한 채널들이 하나의 정책과 시스템으로 작동하게 되는데 이를 크로스채널cross-channel이라 한다. 그러나 이제는 모바일 · 온라인 · 오프라인매장 · TV · 카탈로그 등 모든 쇼핑채널을 하나의omni- 관점에서 유기적으로 결합하여 소비자가 어떤 채널을 이용하든 시간과 장소에 구애받지 않고 쇼핑을 할 수 있는 옴니채널omni-channel 체계로 성장해 나가고 있다.

CHAPTER

# 02

# 유통기구 및 유통산업

1. 유통기구의 의미
2. 유통기구의 발전
3. 유통기구의 관계
4. 유통산업

# 1
# 유통기구의 의미

## 1.1 유통기구의 의미

유통기구distribution structure는 유통구조, 마케팅구조marketing structure, 마케팅 메커니즘marketing mechanism이라고도 하는데, 각종 유통기관이 사회 내에서 상호 연관을 가지고 유통기능을 수행할 때 유기적으로 형성되는 전체 조직을 말하는 것이다. 분업관계에 의해 필요한 기능을 수행하고 있는 유통기능 담당자(기관)를 구성원으로 하는 사회적 구조체이기도 하다. 이 유통기구를 구성하는 각종 유통기관이 일련의 연결을 가지고 마케팅 활동을 수행하는 계열을 유통경로 또는 마케팅경로라고 한다. 그러므로 유통경로상에 존재하는 모든 유통기관이 유통기구 또는 유통구조를 구성하며 유통기구는 하나의 사회경제제도로서 각국마다 정치적 혹은 사회적 상태에 따라 그 존재양식과 구조가 달라진다.

유통기구는 직계적直系的 유통기구와 방계적傍系的 유통기구로 구성된다. 직계적 유통기구는 도매기관 및 소매기관 등 협의의 유통기관으로 구성되며 소유권 이전 기능을 수행한다. 방계적 유통기구는 수송 · 통신 · 창고 · 광고 · 금융업과 같은 광의의 유통기관으로 구성된 부수적 · 이차적 유통기관으로 구성된다. 이들은 소유권을 가지지 않고 물적유통기능과 조성기능을 수행한다. 이처럼 유통구조는 직계적 유통기구와 방계적 유통기구로 형성되며 이러한 유통구조 내에서 재화가 유통경로를 통해 생산자로부터 소비자에 이전되는 과정에서 유통기능이 수행되는 것이다.

유통기구는 유통구조, 유통시스템, 마케팅구조, 마케팅 메커니즘 등으로 다양한 용어가 사용되는데 유통구조는 산업구조나 시장구조의 경우와 같이 구성요소의 수(도매업자나 소매업자의 수) 및 구성요소끼리의 관계(경쟁관계, 보완관계, 지배관계 등)를 중시하는 의미가 강한 반면, 유통기구는 유통 메커니즘이나 유통시스템과 함께 유통의 기구를 뜻하지만 동시에 유통의 구조를 문제로 삼는다.

## 1.2 유통기구와 유통기관

유통기관distribution institutions은 유통기구를 형성하는 구성요소라고 할 수 있다. 소매기관인 할인점, 편의점 등은 유통기능을 담당하는 유통기관이지만 이들이 상호 관련하여 소매기구를 구성하고, 이 소매기구는 도매기구와 관련하여 유통기구를 형성하고 있는 것이다. 흔히 유통기관을 개별적으로 인식하기 쉽지만 실제로는 소매기구가 존재하여 백화점이 있으며, 또한 유통기구가 존재하며 소매기구가 형성되어 있다. 즉 유통기구는 대별하면 소매기구와 도매기구를 구성하고 있다. 이와 같이 어떤 기구는 그것이 수행하는 기능과 그것의 구성요소로 되어 있는 기관과의 관련하에서만 의미를 가지는 것이다.

## 1.3 유통기구와 유통경로

유통경로, 채널channel, 판매루트sales route, 마케팅루트marketing route 등의 용어는 유통기구와 유사어처럼 혼용되어 쓰이는 경우가 많은데, 각각의 의미는 다르다. 유통기구의 구성요소인 유통기관들이 일련의 루트를 이루고, 이를 통해서 상품이 흘러갈 때 이 루트를 유통경로라고 한다. 유통경로는 각각의 상품이 유통되는 길이고 곧잘 파이프pipe에 비유된다. 유통기구는 많은 파이프가 전체적으로 어떠한 사회적 기구를 만들어내고, 또한 어떠한 구조로 되어있는가를 뜻하는 것이다. 이 점에서 유통경로는 유통기구의 요소, 혹은 부분이어서 유통기구와 같은 의미는 아니다. 유통기구는 유통경로의 선택 모체라고 할 수 있다. 그리하여 선택 모체인 유통기구가

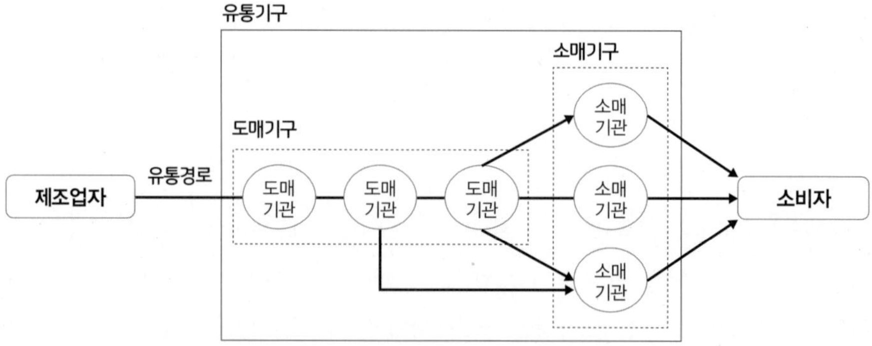


그림 2-1 유통기구와 유통기관

낙후되어 있으면 합리적인 유통경로의 선택이 어려워지는 관계에 있는 것이다. 따라서 국민 경제적 입장에서나 개별기업의 입장에서나 유통기구의 문제는 중요한 문제로 인식하지 않을 수 없다. 채널은 유통경로와 같은 의미이지만, 대부분의 경우 개별기업의 마케팅의 관점이다. 개별기업의 마케팅전략에서 어떠한 채널에 당해 기업의 제품을 유통시킬 것인가, 그 채널을 어떻게 조직할 것인가는 제품전략, 가격전략 및 촉진전략과 더불어 아주 중요한 전략인 것이다. 따라서 개별기업의 입장에서 유통경로를 말할 때 마케팅채널 또는 마케팅루트를 사용하고 있는 것이다.

# 2
# 유통기구의 발전

## 2.1 유통기구 발전의 개관

유통기관의 상호 연관을 가지고 활동하는 전체조직으로서의 유통기구는 근대에 들어오면서 복잡한 양상을 띠게 되는데, 유통기구의 발전과정을 살펴봄으로써 파악할 수 있다. 자급자족시대, 즉 봉쇄적 가내경제 내지 대가족공동체의 경제단계에 있어서는 성별 분업 및 기술적 분업은 이루어졌다 하더라도 생산과 소비의 분화가 이루어지지 않아서 교환현상이 일어나지 않았다. 따라서 가장 본질적인 유통기능인 소유권이전 기능이 수행되지 않아서 유통기구의 형성이 불가능하였다. 이와 같은 종래의 성별 분업 및 기술적 분업이 생산 면에서 직업적 분업으로 진전되어 생산과 소비가 비로소 분화되었으나 직접교환만 이루어지고 그 중간과정에 유통기관이 게재하지 않았으므로 유통조직 특히 간접유통조직이 형성될 수는 없었다.

그러나 직접교환의 불편으로 화폐의 등장 · 발전을 촉구하게 되고 그로 인하여 간접교환이 이루어짐과 동시에 분업의 고도화와 생산력의 발전, 거래지역의 확대를 초래하여 중간상의 개입이 이루어졌던 것이다. 그리하여 상품의 유통에 관여하여 전업화한 상인이 출연하게 되어 비로소 유통기구의 시초적인 형태가 형성된 것이다.

초기의 유통기관인 상인은 행상行商이나 여상旅商으로 재화의 소유권이전기능과 운송기능만을 주로 수행하였으나 각지의 집결지나 교통중심지에 시장이 개설되고 이동상인의 정착화가 촉진되어 정주상定住商이 성립되게 되었다. 이러한 정주상의 성립은 곧 유통기구의 성립을 의미하는 것이나 당시에는 상업의 기능적 분화가 이루어지지 않았으며 수세기 간에 걸쳐 중세교역의 중심이었던 일시Tagmarkt, 주시Wochemarkt, 연시Jahremarkt, 대시Messe 등을 무대로 중세 길드 상인도 도 · 소매를 겸하고 있었으므로 근대적인 의미에서의 유통기구와는 거리가 먼 것이었다.

그 후 산업혁명을 계기로 하여 생산력의 비약적인 발전과 함께 화폐제도의 확립, 운송 및 통신기관의 정비에 따라 비로소 근대적 유통기구가 형성되기 시작하였다. 또 상품거래량의 지속적인 증대는 제1단계로서 도 · 소매상의 분화를 촉구하고, 제2단계로서 도매상이 기능적으로 분화되고 소매상도 다시 규모 · 취급상품 및 판매방법 등에 따라 종류별로 분화되는 과정을 밟아 유통경로는 한결 연장되게 되는 것이다. 다시 말하면, 생산과 소비의 격리가 보다 심화되고 거래량이 많아지고 거래지역이 넓어짐에 따라 수집과정assembling, 중개과정transit, 분산과정dispersing이 단계적으로 형성되고, 이들 제 과정에 대응하는 시발시장, 중개시장, 종단시장이 성립되면서 일련의 근대적 유통기구를 형성하게 된 것이다.

이후 상품의 거래량이 비약적으로 많아지고 거래활동이 복잡해짐에 따라 소매기관은 각종 형태로 분화하게 되고 도매기구에서도 각종 기능 분화가 지속적으로 촉구되어 유통기구의 근대화가 본격화되었다. 그리하여 마케팅의 합리화를 목적으로 과학적 판매방법이 주요 연구대상이 되었고, 이를 통한 유통 내지 마케팅 비용의 절감을 목적으로 하는 생산자와 소비자의 유통과정으로의 진출은 소위 중간상 배제운동으로서 전개되었고, 또한 이에 대항하는 상인측의 상권옹호운동도 일어나게 되었다. 예를 들면 백화점과 일반소매점, 연쇄점과 일반소매점 등의 대립의 문제가 빈번하게 발생하기도 하였다. 이에 따라 유통기구는 통합 경향을 가져와 유통경로를 단축하였고, 나아가서 유통기구 내지 구조에 대하여 국가의 관리를 받게 되어 유통기구는 국가의 국민경제정책에 의하여 새로운 변혁을 계속하여 왔던 것이다.

또한 오늘날과 같이 시장이 확대되고 생산과 소비 사이에 사회적 거리가 점점 커지면서 유통활동 자체에서도 양적 분화와 질적 분화를 발생시키게 되었다. 양적 분화에서는 유통활동의 담당자인 유통업체의 단위수를 유통기구의 횡적단계와 종적단계에서 증가시켰고, 동시에 그 개별 경영체의 규모도 증대시켰다. 그 결과 필연적으로 유통활동은 질적으로 분화되어 유통기능의 전문화가 촉진되게 되었다. 따라서 유통기관은 기능적으로 전문화하게 되어 그 기능의 독립적 전문형태로서 운송업, 창고업 등 방계유통기능을 담당하는 기관이 본래의 유통기관으로 독립하게 된 것이다. 이와 같이 유통기관과 유통기능의 양적 증가와 질적 분화에 의한 유통의 기능적 전문화로 인하여 오늘날과 같은 복잡한 유통기구의 발전을 초래한 것이라 볼 수 있다.

## 2.2 유통기구의 발전단계

유통기구발전의 생리는 경제사회의 발전과 그 궤도를 같이하고 있다. 즉 단순한 것으로부터 복잡한 것으로, 일반적인 것으로부터 특수적인 것으로 진화해 온 경향이 있고, 그러한 발전단계의 이행과 더불어 각 유통기관은 저마다의 형태, 규모, 입장에 따라 유통기능을 수행하게 되는 것이다. 그러나 오늘날에는 정책적으로 또는 의도적으로 유통기구는 이상의 진화경향과 다른 방향으로 형성되기도 한다. 셰어Schar는 유통기구의 발전과정에 대하여 독특한 점에 착안하여 구체적으로 제시하고 있다. 그는 유통기구의 발전과정을 그림 2-2와 같이 13단계로 구분하여 설명하였다.

경제발전의 1단계인 자급자족경제에서는 수요와 공급은 분화되지 않았으며 상업도 존재하지 않았다. 2단계에서는 잉여생산물의 직접교환은 이루어졌으나 중간적 상업은 발생하지 않았고 P-K의 관계가 생긴다. 3단계에 들어와서는 생산자와 소비자 사이에 비로소 상인이 개입하게 되어 P-H-K의 관계가 성립한다. 4단계에서는 상업이 수집상업과 분산상업으로 나누어진다. 여기에서는 P-KH-DH-K의 관계가 이루어진다. 5단계에 접어들면 수집상업과 분산상업 사이에 중개상업이 개입하게 되고 상업의 분화도 한층 더 진행되어, P-KH-ZH-DH-K가 형성된다. 그리고 6단계에 들어가면 수집상업, 중개상업 및 분산상업이 각각 세분화되어 P-KH-KH-KH-ZH-ZH-DH-DH-DH-K와 같은 관계가 성립한다.

이상과 같이 제6단계까지는 중간상인의 개입과정을 설명하고 있다. 이와 반대로 7단계 이후에서는 중간상의 배제과정으로 접어들게 된다. 그 이유는 유통에서의 분화가 진전되는 과정에서 중간상이 과도하게 많이 개입하게 되어 우회마케팅round-about marketing, 교착마케팅crossing marketing, 심지어는 역행적 마케팅backward marketing의 폐해가 나타나게 되어 중간상을 배제하려는 경향이 나타나게 된 것이다. 그리하여 제7단계에 들어오면 생산자가 수집상을 배제, 포괄하게 되어 P-KH-ZH-DH-K가 된다. 8단계에서는 생산자가 수집상업 및 중개상업을 배제, 포괄하여 P-KH-ZH-DH-K가 되어 분산상업만 독립적으로 존재하게 된다. 9단계에 와서는 생산자가 모든 독립된 상업을 배제 · 포괄하여 직접소비자와 접촉하게 되어 P-KH-ZH-DH-K의 관계가 형성된다. 그리고 10단계부터는 지금까지의 생산자에 의한 중간상인의 배제경향에서 이번에는 소비자에 의한 중간상인의 배제경향이 나타나기 시작하였다. 여기서부터는 소비자가 분산상업 즉, 소매업을 배제 · 포괄하

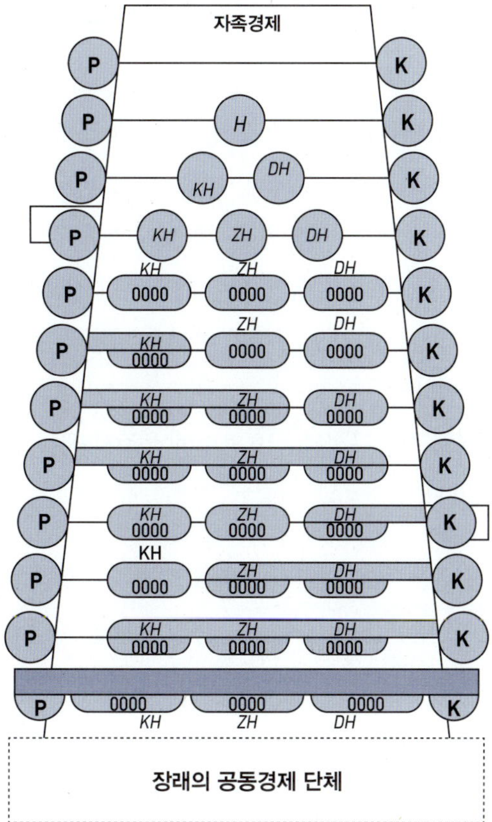


KH : 수집상업(Kolletierender Handel)
ZH : 중계상업(Zwischenhandel)
DH : 분산상업(Distributierender Handel)
P : 제조업자(Produzenten)
K : 소비자(Konsumenten)
H : 상업(Handler)

자료원 : J.F.Schar, Allgemeine Handelsbetriebslehre, 1921

**그림 2-2 중간상의 개입과 배제경향**

여 P-KH-ZH-DH-K의 관계가 이루어진다. 11단계에 와서는 소비자가 분산상업뿐만 아니라 중개상업도 배제 · 포괄하여 직접생산자와 거래함으로써 P-KH-ZH-DH-K가 된다. 12단계에서는 소비자가 분산상업 · 중개상업 · 수집상업 등 모든 독립의 상업을 배제 포괄하여 직접 생산자와 거래함으로써 P-KH-ZH-DH-K가 된다. 끝으로 13단계에 오면 고도의 자급 자족적 경제공동체의 성립을 상정하고 있다.

이와 같이 유통기구는 중간상의 개입과 배제의 경향으로 발전되어 왔다고 볼 수 있다. 오늘날에는 현실적으로 국민경제정책상으로 또는 경영상으로 유통기구는 합리화 방향으로 나아가고 그 과정에서 분화 내지 전문화되지만 한편으로는 통합현상으로 나타나면서 변화되고 있다. 그 내용은 상품에 따라 상이하며 특히 시장개발 상황에서는 더욱 다양한 형태로 나타나고 있다.

## 2.3 유통기구의 형성 메카니즘

유통기구 내지 유통시스템의 내부구조는 유통기구의 구성요소인 유통기관과 이의 활동의 상호관계의 패턴으로 형성되는데 그 구성요소는 ① 생산자 ② 중간자 ③ 소비자의 세 가지이다. 그런데 생산자와 소비자는 유통기관이기는 하나 중간상과는 달리 각각 유통시스템은 물론 생산 및 소비시스템의 구성원이라는 이중적인 성격을 지니고 있다. 또한 유통기구는 그 구성원 상호간의 관련 패턴이 모두가 상호 의존관계를 용인하고 있고 공통의 목적을 지향하여 서로 분업적 협동을 지향하도록 집합되어 있다.

유통기구의 구성원 상호관련성이 중시되는 유통기관은 다음과 같은 특징을 가지고 있다.

1. 구성원은 상호 의존적 관계를 형성하여 협조적인 관리를 한다.
2. 구성원은 전원이 승인한 공통의 목표를 지향하여 각자 노력한다.
3. 구성원의 활동은 생산과 소비 사이를 이어주는 생산물의 흐름을 관리 · 촉진하는데 있다.
4. 구성원은 모두 그와 같은 활동에 참가함과 아울러 이탈할 자유도 가진다.
5. 구성원 중의 주도적 기업이 유통기구 전체를 관리 · 통제한다.
6. 구성원은 모두가 지지하는 집단규범을 따르면서 자신이 맡은 업무를 수행한다.

유통기구의 구성원 상호 간의 관련구조는 생산과 소비의 두 가지 시스템의 중간에 위치하여 구성원에게 일정한 행동준칙 하에 자율적으로 행동할 수 있는 자유를 인정하고 있는 시스템이다.

유통환경으로부터 유통기구 및 유통시스템에 부과되는 유통과업이란 경제가 유통에 부과한 과업인데 이는 바로 생산과 소비 사이의 경제적 분리에 가교를 요구하는 것이다. 이러한 유통과업은 유효하고 능률적인 유통기관의 활동에 의해 이룩되는데 이러한 활동의 통합에 의해 이룩되는 유통기구의 성과가 바로 유통성과 marketing performance이다. 이러한 유통성과는 사실상 유통기구가 어떻게 되어있느냐에 따라 달라지는 것이다.

전체적으로 보아서 유통기구에는 생산의 이중 구조적 성격에 연유하는 이중구조적 특성이 있다. 즉 공업화의 진전에 따라 대량생산체제가 확립되어 유통 부문에서는 대량유통체제가 형성되고 있어서 사회적 분업체제에 입각한 합리적 · 근대적인 유통업이 성립되고 있다. 그러나 반드시 대규모적인 생산을 필요로 하지 않은 산업분야에서는 아직도 수공업 내지 가내공업 중소생산업의 잔존이 가능하여 생산의 이중구조가 형성되고 있다. 이것이 오늘날 소규모 영세 유통기관을 존립하게 함으로써 유통의 이중 구조적 문제를 야기시키고 있다고 볼 수 있다. 따라서 유통부문에 있어서의 대규모 기업과 중소 · 영세업의 격차라고 하는 이중 구조적 문제는 유통기구 자체의 고유의 문제가 아니라 역사적으로 형성된 생산부문의 이중구조, 나아가서 경제구조의 이중 구조적 조건에 의해 규정되는 것임을 이해할 필요가 있다.

# 3
# 유통기구의 관계

## 3.1 유통기구의 종적 · 횡적 관계

유통기구는 주된 수행기능을 기준으로 수집기구, 중개기구 및 분산기구로 분류할 수 있으며, 다수의 유통기관이 종적 · 횡적으로 병립되어 있다. 유통기구에 대한 연구는 횡적인 관점과 종적인 관점으로 나누어 볼 수 있다. 횡적으로 유통기구를 연구하는 방법은 수평적인 관점에서 수집기구, 중개기구, 분산기구에 대해 연구하는 것으로 이들의 기능과 유형 등에 대해 각각 분석하는 것이다. 그리고 각각의 기구 하위를 구성하고 있는 기관들을 유형화하고 기능을 보는 것이다. 그래서 횡적인 연구관점에서는 기능별 유통기구라 표현하고, 이는 각종 유통기관이 시장의 구성요소로서 기능을 발휘하여 종합적으로 특정 유통 기능을 담당하는 유통기구를 구성하는 것을 중점으로 본다. 중개기구를 주제로 그 구성과 역할을 본다거나 도매기관이나 소매기관을 집중적으로 연구하는 것이 횡적인 관점에서 개별 기관을 중점으로 분석하는 것이다.

종적으로 유통기구를 연구하는 방법은 수직적인 관점에서 상품군별로 구성된 수집–중개–분산기구의 관계를 연구하는 것이다. 예를 들어 그림 2–3에서 어떤 특

**표 2–1 유통기구의 종적 · 횡적 관계 비교**

| 구분 | 기능별 유통기구 | 상품군별 유통기구 |
|---|---|---|
| 관점 | 횡적, 수평적 관점 | 종적, 수직적 관점 |
| 연구대상 | 수집기구, 중개기구, 분산기구 각각에 대한 연구 | 수집–중개–분산기구의 관계에 대한 연구 |
| 연구내용 | 각종 유통기관이 시장의 구성요소로서 기능을 발휘하여 종합적으로는 특정 유통 기능을 담당하는 유통기구로 구성 되는가 | 상품군별로 유통기구의 관계가 어떻게 형성되는가 |

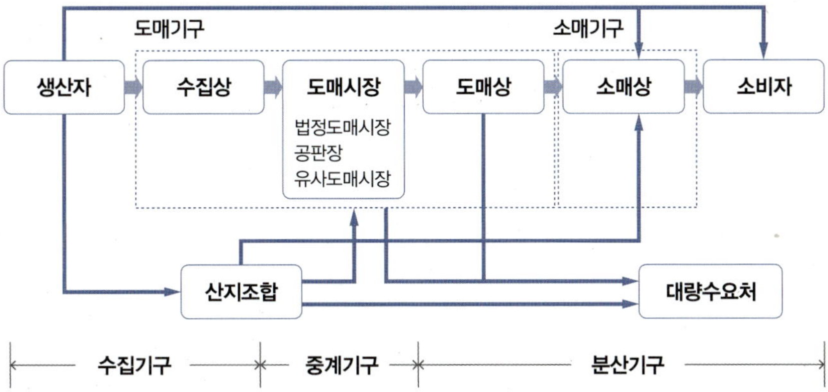


그림 2-3 농산물유통경로의 단계

정 상품군이 어떤 기구를 거쳐서 유통되는지를 보기 위해 수집-중개-분산과정을 본다면 종적인 관점의 연구가 된다. 이는 상품군별 유통기구라 볼 수 있으며, 이는 상품 및 서비스가 생산자로부터 소비자에게 이전되는 경로로서, 개별 상품의 유통경로가 아닌 공통점이 있는 여러 종류의 상품군으로 분류하여 상품군별로 형성되는 유통기구를 연구한다.

## 3.2 기능별 유통기구

### 1) 수집기구

수집기구는 소규모 · 소량생산이 분산되어 이루어지는 경우에 특히 발달하게 되는 조직으로서 농산품, 수산품과 같은 자연 제약적 추출산업의 생산품 및 중소기업제품의 유통에 필연적으로 수반되는 기구이다. 따라서 수집기구란 소량으로 분산하여 생산되는 농수산물, 원재료, 가내공업제품 등을 제조업체, 유통기관 및 도매시장에 공급하는 기구를 말한다.

수집기구의 대상이 되는 상품은 다음과 같은 특징을 가지고 있다.

- 생산이 자연 제약적이다. 생산량변동이 심하여 인위적 통제를 할 수 없다.
- 생산이 주로 자연조건에 의존하므로 생산물의 품질적 통일이 불가능하다. 이 경우는 선별 · 등별과 같은 표준화기능이 특히 중요하다.

- 생산은 대체로 계절적이나 소비는 연간을 통하여 안정적인 경우이다. 이 경우에는 보관기능과 금융 및 위험부담기능도 동시에 수행한다.
- 생산품은 대체로 부패성상품이므로 수집이 신속하게 이루어져야 한다.
- 생산품이 대체로 단위당 저가격으로 단위당 이윤이 적기 때문에 다른 상품에 비하여 자본회전을 특히 빨리 해야 한다.

수집기구는 집화기관, 출화기관 및 공동판매기관으로 분류된다.

**집하기관** 집하기관은 일종의 수집상receiver, assembler이나 산지중매인local buyer을 의미하는데, 특히 농산물의 경우에는 밭떼기상이라고도 한다. 대표적인 집하기관은 ㉠ 독립적인 수집상으로 수집과 출하를 겸업하는 중간상, ㉡ 소비지의 도매상(중앙도매시장의 도매법인을 포함)에 종속되어 산지에 출장하는 수집인 및 출하인, ㉢ 가공공장에서 산지에 파견된 수집인 및 출하인, ㉣ 가공공장의 매입대리점이나 생산자의 공동판매를 위한 집하인으로 구분할 수 있다.

**출하기관** 출하기관은 대량으로 집화된 상품을 중앙도매시장, 도매시장 및 가공공장 등으로 출하하는 2차적 수집기관으로서 산지중매인이라고 한다. 또한 이들은 본격적인 산지 출하상에 대비하여 매입중개상 또는 산지구매상이라고도 부른다. 이외에도 출하기관이면서 수집상을 겸업하는 생산자의 공동판매기관(농 · 수 · 축협의 지역단위조합)인 상인 및 기관도 출화기관에 속한다고 할 수 있다.

**공동판매기관** 영세 농어민과 원자재 생산업자들은 상거래상의 불이익을 최소화하기 위해 공동집하와 공동출하를 지원할 수 있는 공동판매기관이 필요하게 된다. 이 기관은 대개 협동조합의 형태로 운영되는데 우리나라의 경우는 농협, 수협 및 축협 등 각 협동조합의 지역조합에서 수집 · 출하 · 판매를 담당하고 있다.

### 2) 중개기구

중개기구는 수집기구와 분산기구를 연결하는 조직으로서 수집기구의 종단임과 동시에 분산기구의 시발점이 되는 기구이다. 이 기구는 상품을 대량으로 신속하게 수집 · 분산되도록 하는데, 일반적인 형태로는 중개시장으로서의 중앙도매시장central wholesale markets이 있다.

우리나라도 전국 주요도시에 중앙도매시장이 개설되어 있으며 주로 과일, 야채 및 생선 등을 경매auction 방법으로 거래하고 있다. 미국에서는 순수한 의미에서의 중개 내지 분산시장을 1차 중앙시장primary central market이라 하며, 소규모 소매상의 구매를 위해 개설되는 중앙시장을 2차 중앙시장secondary central market이라고 한다.

이 중개기구에 위치하며 중앙도매시장에서 활동하는 유통기관으로는 다음과 같다.

**중개도매상** 중개도매상wholesale receiver은 중개상이라고도 하는데 산지구매상, 산지판매상 또는 직접생산자로부터의 반출된 상품에 대해 소유권을 가지고 자기 계산으로 구매하여, 이를 다른 중개도매상 또는 분산상, 도매상 또는 기능 중간상에게 재판매하는 중개기능을 수행하는 도매상을 말한다.

**객주** 객주commission man는 불특정 다수인의 위탁을 받아 자기 명의로서 상품을 판매하는 위탁판매를 주로 한다. 또한 자기 계산으로 재판매하는 경우도 있는데 이 경우는 소유권을 획득하므로 중개도매상과 같다.

**거간** 거간broker은 중개상仲介商이라고도 하는데, 시장정보기능에 특화한 기능 중간상으로서 매매 당사자의 중간에서 거래를 매개하고 양측으로부터 수수료를 받는 소개상인이다.

**중매인** 중매인jobber은 객주 또는 중개도매상의 중간에 위치하여 수량분할 및 품종수집에 특화한 중간상으로서 상품소유권을 획득하여 거래한다는 면에서 중개도매상과 같으나, 주로 중개기능 이외에 상술한 두 가지 기능을 모두 행한다는 점이 다르다.

### 3) 분산기구

수집기구로부터 수집된 상품을 중개기구를 거쳐 분산하거나 혹은 대량생산된 상품을 분산하는 과정에서 소규모의 소량소비가 이루어지는 경우에 발달하는 조직이다. 이 기구는 다시 도매기구와 소매기구로 나누어지는데, 이것은 분산기능이 분화하며 나타난 기구이다.

## 3.3 상품군별 유통기구

유통기구는 일반적으로 생산과 소비를 결합하는 시스템이기에 생산과 소비의 규모를 기준으로 유통경로의 유형을 분류할 수도 있다. 바로 유통과정에서 생산과 소비의 불일치로 인해 발생하는 수입 · 중개 · 분산기능을 담당하는 기구의 구성에 따라 생산규모의 대소大小와 소비규모의 대소를 기준으로 한 4가지 유형이 있다.

### 1) 소규모 생산–소규모 소비: 수집 · 중개 · 분산형

최종 소비용 농산품 및 수산품 그리고 중소기업의 소비용품에서 볼 수 있듯이 수집 · 중개 · 분산 등의 모든 과정을 포함하는 복잡한 유통경로를 가진다.

### 2) 소규모 생산–대규모 소비: 수집형

농산품 및 수산품이 공업원료품으로 산업소비자에게 대량으로 유통되는 경우의 경로유형이다. 수집과정만으로 이루어지는 경로이며 중개조직은 가끔씩 이용된다.

### 3) 대규모 생산–소규모 소비: 분산형

일반적인 소비용품(공산소비품)은 대부분 이 경로를 취하며, 이 경우는 수집과정은 거의 필요로 하지 않고 대부분 분산조직을 필요로 한다. 그러나 능률이 좋은 중개조직을 당연히 필요로 한다.

### 4) 대규모 생산–대규모 소비: 중개형

광산 내지 임산공업 원료품이 유통되는 경로로서 이 경우 산업중개상industrial brokers을 거치기는 하나 직접매매에 가깝다. 따라서 중개과정만 거친다.

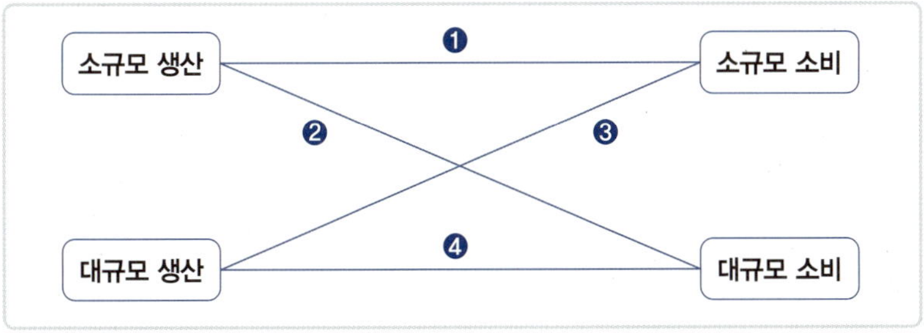


1) 소규모 생산 - 소규모 소비의 경우

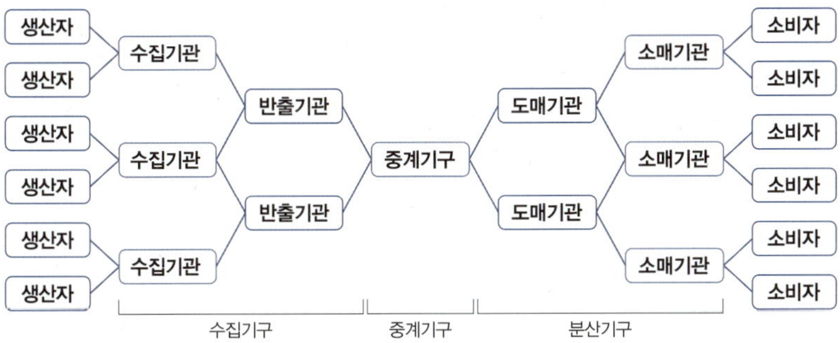


2) 소규모 생산 - 대규모 소비의 경우

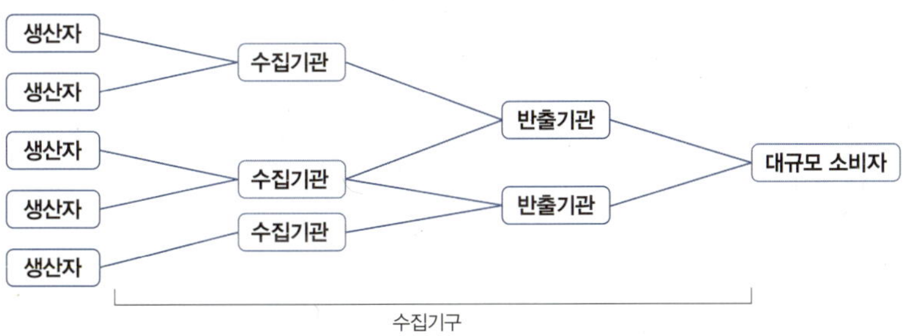


3) 대규모 생산 - 소규모 소비의 경우

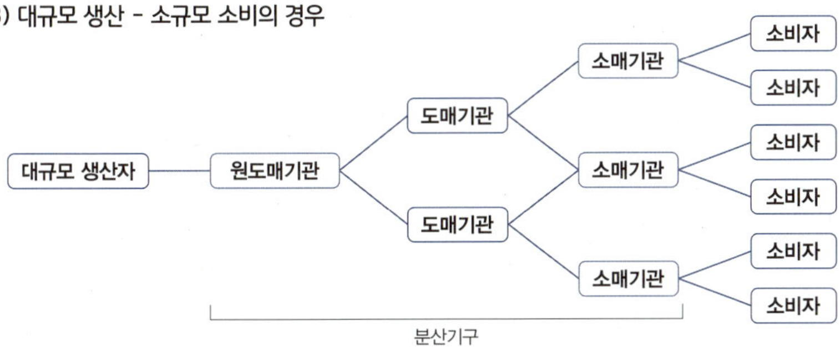


4) 대규모 생산 - 대규모 소비의 경우

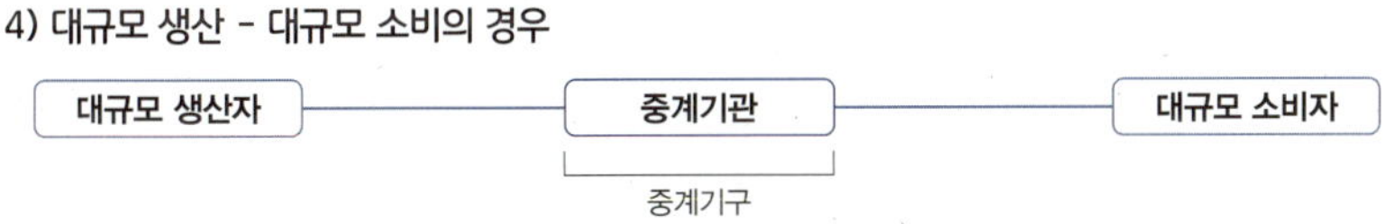


**그림 2-4 생산과 소비 규모에 따른 유통경로 유형**

# 4
# 유통산업

## 4.1 유통산업 현황

### 1) 유통산업의 발전

유통산업은 도매상, 소매상, 물적유통기구로 구성된다. 도매상과 소매상은 상적유통을 담당하는 산업이라 볼 수 있고, 이들 간에 수송 및 저장 등의 물적유통을 담당하는 기구가 유통산업에 포함된다. 소매업을 기준으로 우리나라 유통산업의 발전과정을 구분해 본다면 그림 2-5와 같이 총 5단계로 정리할 수 있다. 첫 번째 단계는 국내 최초의 백화점이 생겨나고 1930~1960년대를 전근대기로 본다. 거대 자본의 투입으로 대규모 점포 운영이 가능하게 되었지만, 많은 물량을 직접 매입하여 판매하는 단계로의 발전은 아직 되지 못한 단계이다.

2단계의 중요한 이슈는 1970년대 슈퍼마켓의 등장이 근대적인 유통기구의 출현이라고 볼 수 있다. 경제성장과 함께 대량수요를 기반으로 유통산업이 성장할 기회의 시점에서 슈퍼마켓은 체인화를 실시하여 대량매입이 가능했고, 박리다매 및 셀프서비스 도입을 통해 판매에서도 규모의 경제를 실현하게 되는 시스템을 구축하였다. 1980년대에는 편의점이 도입되고 소비자보호법과 공정거래법, 유통근대화촉진법 등의 유통법규가 마련되어 유통산업의 근대화가 본격적으로 진행되었다. 또한 슈퍼마켓 및 백화점은 정보시스템을 갖추며 현대화되고 대형마트 등 다양한 업태가 개발되었다.

3단계 진화는 1996년 유통시장 전면개방과 최초의 인터넷쇼핑몰의 등장이다. 유통시장 개방으로 인해 월마트, 까르푸 등 해외 선진 유통자본이 국내로 유입되어 국내 유통시장의 경쟁에 불을 붙였고, 그러한 경쟁 속에서 국내 유통산업은 더욱 차별화된 경쟁력을 갖추며 성장하는 기회가 되면서 이마트 등의 대형마트가 급성장하였다. 1997년에 유통산업의 효율적인 진흥과 균형 있는 발전을 꾀하고, 건전한 상거래 질서를 세움으로써 소비자를 보호하고 국민경제의 발전에 이바지하기 위해

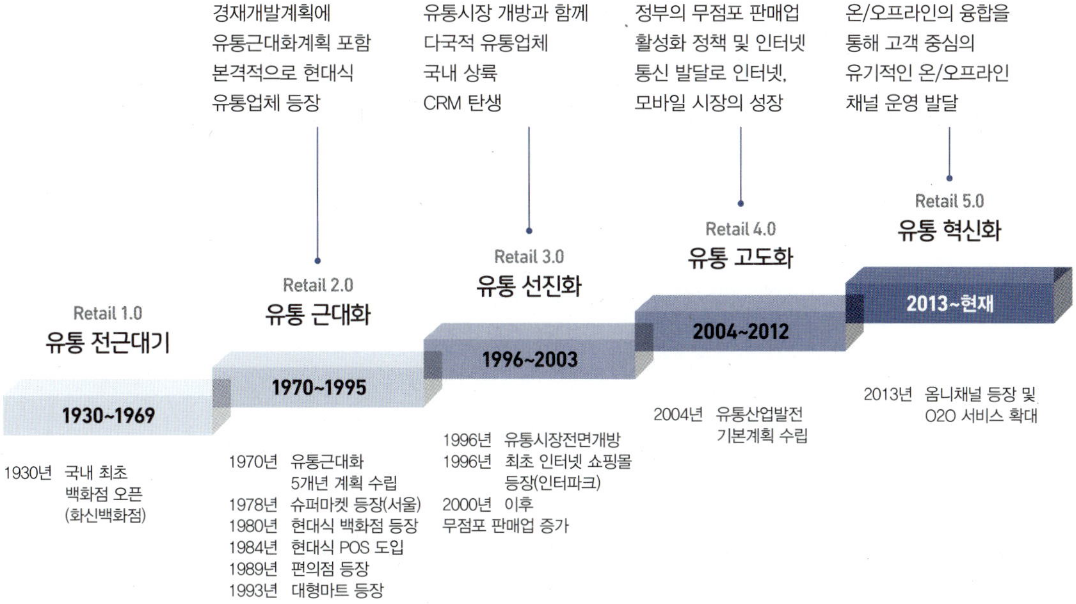


**그림 2-5 소매업 중심으로 살펴본 유통산업의 발전 과정**

유통산업발전법이 제정되면서 대규모점포의 운영 및 유통정보화, 유통분쟁에 대한 법적 기준이 마련되었다. 특히 인터넷쇼핑몰의 등장 및 TV홈쇼핑, 카탈로그 등 다양한 무점포 판매업의 성장은 기존의 오프라인 점포에 위협이 되면서 소매업은 단순한 판매 대행업에서 성장하여 소비자가 원하는 제품을 제공하여 고객만족을 목표로 차별화와 질적 성장을 추구하게 된다.

4단계로 접어들면서 2004년에는 정부의 무점포 판매업 활성화 정책을 기반으로 기존의 오프라인 점포가 인터넷쇼핑몰로 전환되거나 병행되는 형태로의 발전이 이루어졌고, 그 결과 소비자는 동일한 제품도 오프라인과 온라인 등의 다양한 유통경로를 통해 접하게 된다. 어떤 유통경로를 선택하느냐에 따라 가격과 서비스, 경험이 달라지게 되자, 최근에는 여러 경로를 통합하여 고객의 경험관리를 할 수 있는 옴니채널로 변화화고 있는 5단계를 거치고 있다.

### 2) 유통산업의 특징과 변화

우리나라의 유통산업은 과거 제조업 위주의 성장 정책으로 인해, 생산부문의 발전이나 소비수준의 향상에 상응하는 발전을 하지 못했다. 이로 인해 한국의 유통시스템은 다음과 같은 문제점을 가지고 있다.

#### (1) 구조적 취약성

우리 유통산업의 문제점으로 우선 지적할 수 있는 것은 구조적 취약성이다. 또한 유통업체의 거의 대부분이 비법인으로 새로운 판매기법이나 시설 현대화 등 경영효율제고를 추진하기 어려운 실정이다. 영세한 중소유통업체들은 조직화 · 협업화하여 경쟁력을 제고해 나가야 함에도 불구하고 우리 유통업체들의 조직화 · 협업화 또한 매우 부진한 실정하다.

#### (2) 중소유통업체의 상권위축 가속화

우리 유통업체의 거의 대부분을 차지하고 있는 중소 유통업체의 상권 위축도 심각한 문제이다. 최근 대기업의 할인점 · SSM · 편의점 진출 등으로 대형판매시설과 대기업 주도형 소매점포가 확산됨에 따라 중소 유통업체의 상권이 위축되고 있으며, 대기업의 신규진입 확대에 따라 대형판매시설이 확산되어 중소 유통업체의 상권위축이 더욱 가속화될 것으로 우려된다.

#### (3) 유통환경의 전근대성

또 다른 문제점으로 들 수 있는 것은 유통환경의 전근대성이다. 과세 자료가 없는 무자료 상품을 거래하는 무자료거래 관행은 우리 유통업계가 안고 있는 고질적인 문제이며, 무자료거래는 세수감소의 요인으로 작용함은 물론 유통질서를 왜곡시켜 유통산업의 발전을 저해하고 있다. 무자료거래 관행 외에 제조업체가 생산과 유통을 동시에 수행하거나 배타적 · 차별적 거래를 통해 유통업체를 지배하는 제조업 지배형 유통구조도 유통산업의 발전을 저해하고 있다.

#### (4) 물류체계의 낙후

물류체계가 낙후되어 있는 것도 유통산업이 당면하고 있는 문제 중의 하나이다. 유통업의 운영에는 물류 활동이 필수적으로 수반되는데 사회간접자본시설이 크게 부족할 뿐만 아니라 현대적 시설을 갖춘 물류거점시설도 미비하여 물류운영의 비효율이 초래되고 있으며, 그나마 있는 물류거점시설도 개별업체별 시설이 대부분이고 공동으로 이용할 수 있는 시설이 극히 취약하다. 또한 우리기업의 일반적인 수송체계는 제조공장으로부터 대리점이나 판매점까지 개별적인 직송 수송체계로 되어 있어 적재율저하 · 중복수송 · 귀로 시 공차운행 등의 낭비요인이 상존하고 있으며, 포장 · 물류과정에서 표준화 규격의 보급이 매우 부진하여 물류활동을 효율적으로 수행하기 어려운 실정이다.

### (5) 규제과다 및 지원미흡

우리 유통산업이 당면하고 있는 문제점으로 규제가 과다하고 지원은 미흡한 점도 빼놓을 수 없다. 과거 경제개발계획시대부터 경제정책의 주요 관심사는 공업화를 통한 수출 주도형 경제성장이었으며, 정책적 지원은 제조업에 집중되고 유통산업은 소비성 서비스 사업정도로 인식되어 지원의 대상이 되기보다는 규제의 대상이 되어 토지이용·건축·금융·기업활동 측면에서 규제가 과다하였다. 대기업에 비하여 경쟁력이 열위에 있는 중소기업을 보호 · 육성하기 위한 중소기업지원정책도 중소제조업체에 국한되고 중소유통업체는 지원 대상에서 제외되어 왔다.

## 4.2 유통산업의 역할과 과제

세계경제질서는 과거와는 본질적으로 다르게 변모하고 있으며, 그 변화도 전례 없이 빠르고 다양하게 진행되고 있다. 동서냉전체제가 종식되고 각국의 경제체제가 시장경제체제로 통합되면서 세계경제질서는 산업경쟁력의 우위를 바탕으로 재편되고 있다. WTO체제가 본격화되면서 자유 · 공정무역을 촉진시키고 세계무역의 성장에 기여하고 있지만, 각국의 국경문턱이 낮아지면서 세계시장을 선점하기 위한 국가간 · 기업간의 치열한 경쟁이 전개되고 있다. 특히 환경 · 노동 · 경제정책 등 새로운 분야에 대한 다자규범화 논의가 활발하게 진행되고 있어 앞으로 이들 분야는 우리산업에 많은 영향을 미칠 것으로 전망된다.

최근 한국유통산업도 소비자욕구의 변화와 함께 정보화, 지방화, 세계화라는 커다란 조류에 휩싸이면서 사상 최대의 변혁기를 지나왔다. 유통산업이 발전되어야만 생산자가 만든 좋은 품질의 상품을 소비자에게 값싸고 신속하게 전달할 수 있고, 생산 및 소비의 양과 질을 합리적으로 결정하며 정보와 재화의 흐름을 원활하게 할 수 있는 만큼 유통산업은 다양한 역할을 수행하고 있다.

세계경제질서의 급속한 변화 속에서 우리 유통산업을 둘러싼 대내외 환경 변화도 지금까지와 질적으로 다른 양상을 보이고 있다. 특히 유통시장의 전면개방은 우리나라 유통구조의 혁신을 앞당겼으며, 막강한 자본력과 경영노하우로 무장한 외국기업에 대항하기 위한 개별업체의 경쟁력강화는 유통업계의 초미의 관심사가 되었다. 더구나 소비자의 다양한 욕구 충족을 위한 다양한 신업태의 개발 및 상업집적 제공은 유통산업의 중요한 과제가 되고 있다.

### (1) 생산자와 소비자간 매개 역할

유통산업은 경제사회발전에서 다양한 측면에서 기여하고 있다. 우선 생산자와 소비자가 직접 거래할 경우에 발생하는 제반 비용을 감소시켜 주고, 양자의 중간에서 각각의 정보를 상대방에게 제공함으로써 소비자 욕구에 맞는 제품을 생산할 수 있다.

### (2) 고용 창출

유통산업은 3차 산업 중 가장 비중이 높고, 앞으로 지속적인 성장으로 높은 고용창출 효과가 기대된다. 특히 할인점, 카테고리킬러 등 신업태의 성장 및 기타 다양한 업태의 발전, 대형점의 지방 네트워크화 및 다양한 점포 개발로 고용 인구를 확대해가야 할 것이다.

### (3) 쾌적한 노동환경 실현

근로시간, 근로환경의 개선으로 우수인력 확보가 필요하며 파트타이머의 고용활성화 및 여성 인력의 효과적 채용을 위한 각종 제도 정비, 전문인력 양성 및 능력과 업적주의의 임금체계 도입 등이 필요하다.

### (4) 물가조정

유통구조가 효율화되면 제품의 최종소비자가격은 낮아지고, 제조업의 유통경로에 대한 투자위험을 흡수할 수 있다. 또한 유통업체 간, 제조업과 유통업체 간 경쟁을 촉진함으로써 물가조정역할을 담당한다.

중산층의 확대에 따른 소비자의 의식구조 합리화와 라이프스타일 변화로 할인업태는 계속 확대될 것이며, 이에 따른 파격적인 가격하락은 소비자의 실질소득 증가와 국민의 생활 수준을 향상시키는 효과를 가져다주며, 물가안정에도 크게 기여할 것이다.

미국이나 일본의 경우 가격파괴의 효과로 개인의 실질소득이 증가함으로써 소비주도형 경기회복이 표면화되고 있다. 우리나라도 할인업태의 계속적인 등장으로 소비자의 구입가격대가 하향 이동하고, 이것이 가격파괴를 더욱 가속화시키면서 물가안정과 실질소득의 증가로 연결, 국민경제 전체의 수요 창출과 이에 따라 제조업체에게도 좋은 영향을 미치게 될 것으로 보인다.

### (5) 산업발전의 촉매

유통부문이 신규시장을 활발히 개척하면서 제조업체에 대한 유통업의 거래교섭력이 증가하고 있다. 이는 제조업체간 경쟁을 촉발시키고 따라서 제조업 전체의 경쟁력이 제고될 수 있다. 중소기업의 판로 확대 측면도 살펴볼 수 있다. 가격주도권을 갖고 있는 대기업의 유명브랜드로서는 할인점의 최대 무기인 저가격 정책을 유지하기 힘들기 때문에 유통업 자체브랜드를 개발하기 위해 유망 중소기업을 발굴하여 협력관계를 지속해 나갈 수밖에 없다. 또 이들 중소기업의 판로를 확대하는 할인점은 대량판매가 가능하기 때문에 물류비, 인건비 등 판매 부대경비를 절감할 수 있다.

그리고 지금까지 유통업체가 영세성과 전근대성을 면하지 못한 상태에서 상품의 가격 결정권을 제조업체가 지배하는 구조였으나 앞으로는 유통업이 가격을 선도하는 구조 내지는 공존공영의 유통구조로 변화할 것이다. 아직까지는 할인업태가 초기 도입단계인 관계로 납품가격을 둘러싼 제조업체와의 갈등이 심화돼 낮은 가격으로 상품을 공급해줄 것을 요구하는 유통업체와 기존 대리점 및 소매점들의 집단적인 반발을 우려하여 납품을 거절하는 제조업체 간의 가격논쟁이 발생하고 있으나, 시간이 흐를수록 양자의 협조체제가 이루어질 것으로 예상된다.

유통산업의 발전은 제조업의 경쟁력을 강화하고 촉진하는 데도 영향을 미칠 수 있다. 개방화 · 국제화가 진전되면서 대외경쟁력 강화를 위해 업종, 규모에 관계 없이 모든 민간기업이 가격인하를 강요받고 있으며, 이러한 환경 하에서 한발 앞서 가격을 인하하는 기업은 단기간 내에 새로운 고객을 끌어 모으고 있다. 앞으로 기업간의 가격경쟁은 한층 치열해질 것이며, 개방화에 따른 외국의 고품질 저가격 상품과의 경쟁을 위해 제조업의 비용절감을 통한 경쟁력 확보 노력은 갈수록 확산될 수밖에 없다. 따라서 좋은 품질 저가격의 상품에 대한 수요가 증가하면 할수록 제조업체는 제조업체대로 가격경쟁의 우위를 점하기 위한 노력에 집중하게 될 것이다.

## 2) 유통산업의 사회적 역할

### (1) 풍요로운 사회에 공헌

과거의 유통산업은 일방적으로 제조업체의 제품을 전달만 하는 기능적 역할이 전부였으나, 오늘날의 유통산업은 질 좋은 제품을 소비자에게 안정적으로 값싸게 공급함으로써 풍요로운 국민생활에 공헌함을 기본사명으로 하여 삶의 질 향상에 기여하고 있다. 특히 인구통계적 변화로 노령화 및 1인 가구 증대에 맞추어 요구되는 구색 및 상품을 적시적소에 배치하는 등 소비자 변화에 발빠르게 대처하고 있다. 또한 신도시 개발 및 도심재개발 시 도시의 활기와 풍요를 창출할 수 있도록 유통산업의 역할 확대가 중요한 역할을 하고 있다.

현재 할인점이 도심에 입지하고 있지만 교외지역에서도 충분한 경쟁력을 발휘할 수 있는 업태로 충분히 발전할 잠재력이 있다. 교외입지는 국가적 차원에서는 도심교통난 완화 및 유휴토지의 효율적 활용이 가능하며, 박스 단위의 대량판매로 제조업체의 물류비 절감효과와 환경보호에도 기여한다. 또한 소비자입장에서는 일괄구매로 절약된 쇼핑 시간을 다른 생산적인 부문에 투자할 수 있어 부가적 이득을 누릴 수 있다.

### (2) 소비문화의 창달

유통시설은 도시 번화가 상업시설의 핵심을 이루면서 도시 발전의 지표와 상징적인 역할을 하며, 소비자의 소비 · 쇼핑패턴의 변화는 사회 전체의 소비문화를 결정짓는 중요한 요소가 된다. 가격지향소비자들에게는 할인점, 회원제 창고형 도소매점, 카테고리킬러 등 가격파괴 업태가 성장하여 가격 민감 소비자층을 만족시키고 있고, 품질을 중시하고 개성을 중시하는 소비자들을 위해서 전문점 등 다양한 유통업태가 성장하였다. 또한 편리성 지향 소비자의 욕구에 맞는 소비문화도 제공되고 있다. 자동차 보급 확대에 따라 간선도로변에 유통시설이 개발될 필요가 있고, 교외형 상업 집적지에도 유통시설이 개발될 필요가 있다. 여성의 사회진출, 맞벌이 층의 증가로 24시간 편의점 선호현상, 할인업태 영업시간 연장 등이 시간적 편리성에 대한 욕구충족 방안도 고려되어야 한다. 이러한 편리성을 만족시키기 위해 한 점포에서 욕구를 한 번에 해결할 수 있는 원스톱 쇼핑이 중요하게 되었고, 복합쇼핑센터, 파워센터 등이 개발되고 있다. 쇼핑센터 내 문화시설 복합으로 시간소비 욕구에 대응할 수 있어야 한다.

과거 초기의 유통이 판매자를 대신하여 제품을 전달해주던 판매대행업이었다면 유통시장 개방 이후 경쟁력 강화와 소비자 교섭력 강화로 소비자가 원하는 것을 제공해주는 구매대행업으로 성장하였다. 최근에는 어떠한 경험과 문화를 제공하는지가 유통경로의 중요한 과제가 되고 있다.

### (3) 환경문제 대응

유통은 물적유통의 과정과 소매유통의 운영과정에서 도시폐기물처리 문제, 점포주변 교통정체, 소음 등 환경문제를 고려한 유통시스템 구축(환경조화형 상품조달, 포장 간소화, 폐기물 재활용 등)이 필요하다. 그래서 최근 유통점포들은 환경지향적 점포개발과 운영에 힘을 쏟고 있으며 운영과정에서 불필요한 에너지 낭비가 없도록 하거나 태양력 등의 에너지를 개발하여 사용하기도 한다. 포장의 간소화나 제거 등도 환경을 위한 활동이라 볼 수 있다. 최근에 로컬푸드local food의 등장은 탄소배출을 줄이고 건강한 먹거리를 제공한다는 점에서 소매업계에 신선한 혁신을 가져다주고 있다.

### (4) 국제화 진전을 위한 역할 분담

개방화시대에 대응하여 가격 및 품질 경쟁을 통한 산업경쟁력 강화와 해외점포망 확보를 통한 제조업체의 수출 기반 및 판로 확보가 필요하다. 2014년 7월 기준으로 롯데마트가 146개, 이마트가 16개의 해외매장을 운영하고 있다. 유통망의 해외진출은 해당 제품을 자연스럽게 해외에 소개하고 진출하게 하는 기회가 됨으로써 독립적으로 수출을 해야하는 국내 중소기업에 판로를 확장해주고 추가적인 시장확보, 수익확보에 큰 기여를 하고 있다. 최근 한류문화의 확대에 따라 우리나라 제품의 전 세계적인 인기를 뒷받침하는 것 중의 하나가 세계 어디서든 한국제품을 손쉽게 구매할 수 있다는 것에서 유통의 역할을 실감할 수 있다.

CHAPTER

# 03

# 도매상

1. 도매상의 개념과 기능
2. 도매상의 유형
3. 도매상의 현황과 혁신전략

# 1 도매상의 개념과 기능

## 1.1 도매상의 정의와 특성

유통경로에서 구조적으로 가장 복잡하고 다양한 형태로 나타나는 부분이 도매상 wholesaler이다. 도매상의 이름은 중개상, 상인, 배급업자, 중간상 등으로 다양하고 제조업자대리인, 판매대리상, 브로커, 위탁상인 등도 모두 도매상의 범주에 들기 때문에 도매상을 설명하는 데 한층 어려움을 가중시킨다. 또한 도매상은 도매활동 wholesaling만을 하는 것이 아니라 소매활동retailing을 같이 수행하는 경우도 있기 때문에 주된 기능이 무엇인가를 기준으로 도매 혹은 소매로 분류하기도 한다. 도매는 소매상, 다른 도매상, 산업사용자, 기관사용자, 상업사용자 등에게 판매하지만 최종소비자에게는 판매하지 않는 사람이나 기관을 의미한다. 즉 생산자로부터 대량으로 상품을 구매하여 다른 분배자에게 판매하는 것이 도매이다.

도매상은 산업용 구매자, 정부 대리인, 소매상, 다른 도매상 등을 대상으로 하는 영업으로, 도매입지는 도심번화가나 인구 밀집지역이 아니어도 무방하다. 소매입지보다 입지의 중요성이 상대적으로 낮아 임차료가 저렴하고 대규모 도매단지가 조성된 교외 지역에 입지를 선정하는 경우가 많다. 한 번 결정된 입지는 바꾸기 어렵기 때문에 신중하게 고려하여야 한다.

## 1.2 도매상의 기능

도매기능은 생산과 소비를 조정하면서 다양한 경제적 기능을 하고 있다. 제품과 서비스가 생산되어 소비되기까지의 과정을 연결해 주면서 수요와 공급의 불일치를 조화시키고 수급을 조절하여 유통경상의 생산성 향상에 기여하며, 이질적인 수요를 다양한 수준에 맞게 구색을 갖추는 역할을 하는 셈이다. 구체적으로 도매상은 제조업자와 소매상 사이에서 경로의 소유권 이전, 물적소유, 촉진, 재무적 기능, 위험

**그림 3-1 도매상의 기능**

부담, 주문 등의 활동을 수행하면서 경로의 윤활유와 같은 역할을 하게 된다. 도매상의 기능을 제조업자를 위한 기능과 소매상을 위한 기능으로 나누어 살펴보면 그림 3-1과 같다.

## 1) 제조업자를 위한 기능

### (1) 시장담당기능

제조업자가 수많은 소매상을 대상으로 거래를 수행하려면 비용이 엄청나게 소요될 것이다. 따라서 도매상이 제조업자를 대신하여 합리적인 비용으로 거래관계를 수행하는 것은 제조업자에게 커다란 도움이 될 것이다.

### (2) 판매접촉기능

전국적인 소매상을 담당하는 판매원을 선발, 교육, 관리하는 비용은 제조업자의 부담을 가중시킨다. 그러므로 도매상이 시장의 판매를 대행해 준다면 제조업자는 비용절감 효과를 얻을 수 있다.

### (3) 재고유지기능

제조업자를 대신해 도매상이 재고를 갖게 되므로 제조업자는 재고관리를 보다 효율적으로 수행할 수 있고, 재고관리 비용과 재고부담의 위험을 덜 수 있다.

### (4) 주문처리 기능

소매상이 제조업체에게 하게 되는 소량의 빈번한 주문을 도매상이 대신해 줌으로써, 주문의 크기를 늘리고 주문 빈도도 낮아져 주문처리 업무의 효율화와 비용절감의 효과를 누리면서 보다 체계적이고 일상화된 업무처리가 이루어질 것이다.

### (5) 시장정보제공기능

도매상이 제조업자보다 시장과 가까운 쪽에 있으므로, 시장 판단과 제품 계획에 유용한 최신의 정보를 제조업자에게 제공하여 도매상은 여러 가지로 시장 경쟁력을 제고시켜 줄 것이다.

### (6) 소비자지원기능

소비자들은 제품을 구매하는 것뿐만 아니라 여러 가지의 부수적인 서비스를 기대하거나 필요로 하고 있다. 제품 수리를 의뢰하는 것도 제조업자들이 처리해야 할 업무인데 소비자와 보다 가까이 있는 도매상이 대신해 주게 되면 비용을 절감하고 소비자의 편의성도 높일 수 있다.

## 2) 소매상을 위한 기능

도매상은 다른 분배기관인 도매상과 소매상뿐만 아니라 산업사용자, 기관사용자 등에게도 판매를 하고 있다. 대표적으로 소매상을 위한 기능이라 표시하였지만 도매상의 고객을 위한 기능으로 볼 수 있다.

### (1) 제품공급기능

제품공급기능은 도매상이 소매상에게 가장 큰 역할을 수행하는 부분으로 도매상이 완제품, 부품, 반제품을 제공하는 것은 제조업자가 다수의 소매상에게 직접 수행하는 것보다 효율적이라 할 수 있다.

### (2) 구색제공기능

도매상이 제품을 공급해주기 때문에 자연스럽게 소매상이 필요로 하는 구색을 제공하는 셈이다. 도매상이 다수의 제조업체로부터 제품을 받아 소매상이 원하는 구색으로 맞추어서 제공하는 것이다.

### (3) 소량분할기능

소규모 소매상의 경우에는 대량구매를 할 필요가 없다. 또한 한 제조업체만 거래하는 것이 아니므로 다수의 제조업체를 대상으로 구매활동을 하게 되면 다수의 대량구매를 할 수 없는 상황이다. 주된 품목은 대량으로 주문하더라도 소량 주문 품목이 없을 수가 없기 때문에 제조업자가 각각의 소매상에게 소량의 주문을 받는다는 것은 지극히 시간 소모적이고 노동집약적인 업무가 되기 때문에 도매상이 대량으로 구매한 제품을 소량으로 나누어서 필요한 양만큼 공급하게 된다.

### (4) 신용재무기능

제품을 구매하는 소매상에게는 오랜 관계 속에서 신뢰를 바탕으로 신용거래를 허용해 주기도 하고 아직 구매하지 않은 제품을 재고로 창고에 보관함으로써 언젠가는 소매상이 구매하게 될 때까지의 재고비용을 대신 부담해 주는 역할을 하기도 한다.

### (5) 고객지원기능

소매상들은 배달, 수리, 품질보증 등과 같은 서비스를 필요로 하는데 제조업자를 대신하여 도매상이 보다 효율적으로 이러한 기능을 수행하게 된다. 도매상의 이러한 기능은 소매상의 판매 노력을 상당히 경감시켜 주는 효과가 있다.

### (6) 조언 및 기술지원기능

제품에 대한 기술적인 문제, 판매 현장에서의 문제에 대처하는 방법, 그리고 판매원 교육과 관리와 관련되는 문제 등에 대해 도매상이 소매상에게 조언해 줄 수 있다. 대부분의 경우 도매상은 제품의 특징과 시장의 여건을 누구보다도 잘 아는 상황이기 때문이다.

# 2

# 도매상의 유형

각각의 목표시장이 필요로 하는 서비스의 유형이 다르기 때문에 도매상의 종류도 다양한 모습으로 나타나고 있다. 시장의 경로구성원의 기능 위양의 여러 가지 방법을 제공함으로써 도매상의 각 유형은 제각기 특징적인 경로구성원의 역할을 수행하고 있는 것이다. 이러한 다양한 유형의 도매상은 제조업자나 소매상이 시장에서 전략을 수행하는 경우에 선택대안의 수를 증가시켜 주기 때문에 시장의 구조를 복잡하게 하는 경향도 있다. 도매상의 유형은 그림 3-2와 같이 상인도매상, 대리도매상, 제조업자도매상으로 나누어진다.

**도매상**
- **상인도매상**
  - **완전기능 도매상**
    - 일반상품도매상
    - 한정상품도매상
    - 전문도매상
  - **한정기능 도매상**
    - 현금무배달도매상
    - 직송도매상
    - 트럭도매상
    - 진열도매상
    - 우편주문도매상
- **대리도매상**
  - 제조업자대리인
  - 브로커
  - 위탁상인
  - 판매대리인
  - 구매대리인
- **제조업자도매상**
  - 판매지점
  - 판매사무소

그림 3-2 도매상의 유형

## 2.1 상인도매상

상인도매상merchant wholesaler은 제품에 대한 소유권을 가지고 자기의 책임 하에 거래를 하는 도매상이다. 상인도매상은 모든 도매기능을 수행하는 완전기능도매상과 여러 가지의 도매기능 중 몇 가지만을 수행하는 한정기능도매상으로 나눌 수 있다.

### 1) 완전기능도매상

완전기능도매상full function wholesaler은 제품의 소유권을 획득하고 자기 책임 하에 거래를 수행한다. 도매상이 할 수 있는 모든 기능과 서비스를 제공하고 자사의 창고를 이용하여 저장하면서 보관과 출하시기를 조절하기도 하며 신용을 제공하거나 주문에 대한 배달서비스까지를 수행하는 것이 보통이다. 취급하는 제품라인의 형태에 따라 일반상품도매상, 한정상품도매상, 그리고 전문품도매상으로 나뉜다.

#### (1) 일반상품도매상

일반상품도매상general merchandise wholesaler은 서로 간에 관련성이 없는 다양한 제품을 취급하는 도매상이다. 보통은 전문품이 아닌 일반적인 잡화에 해당하는 전기제품, 전자제품, 가구제품 등 다양한 품목을 거래한다.

#### (2) 한정상품도매상

한정상품도매상general line wholesaler은 서로 간에 관련성이 있는 제품들을 몇 가지 동시에 취급하는 도매상이다. 음료수, 설탕, 조미료 등의 구색으로 단지 몇 가지의 제품라인을 취급하지만 그 규모에 있어서는 일반상품도매상에 버금갈 수 있다.

#### (3) 전문품도매상

전문품도매상specialty wholesaler은 일부 몇 가지의 전문품 라인만을 취급하는 도매상이다. 한두 가지의 품목라인 만을 취급하기 때문에 그 제품라인 안에서는 거의 모든 상표의 제품을 갖추는 구색의 깊이에 철저한 경향이 있다. 폭이 좁고 깊이가 깊은 구색에서 전문적인 시장정보와 수준 높은 고객서비스 제공이 가능하다.

## 2) 한정기능도매상

완전기능도매상이 모든 도매기능을 제공하는 데 비해 한정기능도매상limitedfunction wholesaler은 특징적인 몇 가지의 도매기능을 특화하여 수행하는 도매상이다. 도매상의 고유기능을 몇 가지는 제공하지 않는 이유는 제조업자가 이러한 도매업의 기능을 수행함으로써 전방을 통합적으로 관리하는 입장에서 유통부분에 대한 통제력을 높일 수 있고, 소매상은 제조업자와 직접 거래하는 장점을 가질 수 있으며, 소비자도 협동조합을 결성하여 제조업자와 직접 의사소통할 수 있는 방식이다.

### (1) 현금무배달도매상

현금무배달도매상cash-and-carry wholesaler은 현금으로 거래하며 수송서비스를 제공해 주지 않는 도매상이다. 소매상에게 신용을 제공하지 않기 때문에 거래 대상 소매상이 제한적이기는 하지만 재무적인 위험을 질 염려가 없다는 장점이 있다. 그러나 대상이 현금거래가 가능해야 하고 수송수단을 갖춘 소매상으로 그 폭이 좁기 때문에 경기가 좋을 때에는 사업을 확장할 수 있는 기회를 잃게 될 수 있다.

### (2) 직송도매상

직송도매상drop shipper, desk jobber은 제품에 대한 소유권을 갖고 제조업자로부터 제품을 취득하여 소매상에게 바로 직송하는 도매상이다. 스스로가 제품을 창고에 보관하지는 않기 때문에 일반관리비와 인건비를 줄일 수 있다. 보관이 어렵거나 비싼 제품인 경우에는 물리적인 소유를 함으로써 생길 수 있는 위험을 부담하지 않게 된다. 직송도매상이 제품을 구매하여 소유권을 취득한 이후에도 실제로는 제조업자가 어느 정도의 기간 동안은 소유하다가 소매상과의 계약이 체결되고 나서 제품을 소매상에게 직송하는 경우도 있다. 이들의 취급 품목은 주로 석탄, 목재, 곡물 등이다.

### (3) 트럭도매상

트럭도매상truck wholesaler, truck jobber은 트럭에 제품을 싣고 전국을 돌며 이동판매를 하는 현금판매원칙의 도매상이다. 과일이나 야채 등과 같은 부패성이 있는 제품이나 식료품을 공급하는데 주로 정해진 경로를 따라서 정해진 소매상을 찾아 이동하는 형태이다.

### (4) 진열도매상

진열도매상rack jobber은 주로 식료와 잡화류를 취급하는 도매상이며 재고수준에 대한 조언, 저장 방법에 대한 아이디어 제공, 선반 진열 업무 등을 소매상을 대신하여 직접 수행하고 있다. 도매상이 진열해 준 제품이라도 판매가 된 제품에 대해서만 값을 치르고 팔리지 않은 제품은 반품도 할 수 있다. 진열장도매상은 결과적으로 배달, 재고관리, 재고유지, 선반진열, 금융 등의 서비스를 제공하는 셈이다.

### (5) 우편주문도매상

우편주문도매상mail-order wholesaler은 우편을 통해 카탈로그와 제품주문서 등을 발송하여 주문을 접수하여 제품을 배달해 주는 도매상이다. 유행하는 제품이나 부패가능성이 있는 제품은 피하고 주로 가구, 의류, 악세사리, 보석류, 기계류 등을 취급한다. 저비용으로 점포를 운영할 수 있고 전국적인 마케팅을 할 수도 있지만 목표시장을 잘못 잡은 경우에는 카탈로그 제작과 발송이 부담이 될 수도 있다.

## 2.2 대리도매상

대리도매상agent wholesaler은 제품에 대한 소유권을 확보하지는 않고 수수료나 요금을 받고 제한된 마케팅기능만을 수행하는 도매상이다. 주로 제품 판매가격의 2~6%의 수수료를 받거나 계약된 일정액의 요금을 받는데, 그야말로 제조업자를 대리하여 시장상황에 대처하거나 판매지역을 확보하는 것과 같은 기능을 수행한다. 대리도매상의 종류로는 누구를 대리하느냐에 따라 제조업자의 대리인, 브로커, 위탁상인, 판매대리인 그리고 구매대리인 등이 있다.

### 1) 제조업자 대리인

제조업자 대리인manufacturer's agent은 장기적인 계약을 통해 제조업자의 제품을 특정 지역에서 판매대행을 하는 도매상이다. 제조업자의 제품의 일부만을 취급하며 거의 모든 판매 관련 사항을 계약을 통해 정하게 된다. 주로 몇 개의 비경쟁적인 제품을 생산하는 제조업자를 대신하고 비용은 제조업자와 공동으로 부담하게 된다. 새로운 시장에 대한 경험이 없는 제조업자가 신시장에 진출하는 경우에 제조업자 대리점을 이용하는 것은 좋은 대안이 될 수 있다.

우리나라에서는 흔히 전속대리점이라 불리는데, 한정된 특정지역에서 해당 제조업체의 제품만을 판매하는 도매상으로, 특정 제조업체에 담보를 제공하고 제품을 공급받아 소매점에 판매하면서 제조업체의 매출향상에 기여하면서 시장점유율과 브랜드 파워에 큰 영향을 주고 있다. 시장점유율이 높은 브랜드의 대리점은 독과점적 경쟁력을 가지고 있어 소매점에 우월적 지위를 가지고 판매하게 되지만, 브랜드 인지도가 낮거나 제조업체의 시장점유율이 낮은 경우에는 소매점에 적극적인 영업을 실시해야 하는 어려움이 있다. 제조업체의 대리상으로써 상품 판매를 대리 역할을 하므로 유통경로 내에서 상류상의 위치는 제조업체의 일부분이기도하고, 물류상의 위치는 도매상으로써 개인사업자 성격을 띠기도 한다. 따라서 어떤 경우에는 제조업체 입장을 대변하고 또 어떤 경우에는 중간상인의 입장에서 애로 사항을 토로하기도 한다. 전속대리점은 경쟁회피를 위한 일부 기업의 전략으로 활용되면서 가격인상 및 구색제공의 한계, 본사의 과잉간섭 등의 문제로 개선의 필요성이 제기되기도 한다.

### 2) 판매대리인

판매대리인selling agent은 기업의 마케팅 부서와 같은 기능을 수행하는 도매상이다. 비경쟁적인 제품을 생산하는 몇 개의 제조업자를 대신하여 비교적 넓은 지역을 대상으로 판매를 수행한다. 가격, 촉진, 포장 등에 대해 제조업자의 통제를 받게 되지만 자체적으로 시장조사를 수행하여 제조업자와 경쟁상태, 소비자 욕구의 변화, 제품의 개선방향 등에 대해 논의하기도 한다.

제조업자의 대리인과 유사하지만 다음과 같은 면에서 차이가 있다. 첫째, 판매대리인은 전량까지도 취급하지만 제조업자의 대리인은 일부 제품만을 취급한다. 둘째, 판매대리인이 제조업자의 대리인보다는 활동범위가 넓고 비교적 자율적인 의사결정이 가능하다. 셋째, 판매대리인은 모든 지역에서 판매를 하지만 제조업자의 대리인은 제조업자의 시장지배력이 약한 지역에서만 활동한다. 넷째, 판매대리인은 신용을 제공하는 반면 제조업자의 대리인은 그렇지 못하다. 다섯째, 제조업자대리인이 특정 제조업자의 판매를 대신하는 역할에 한정되어 해당 제조업체의 인지도와 시장점유율에 의해 파워가 결정된다면, 판매대리인은 보다 독단적 기업으로 다수 제조업체의 상품을 매입하고 판매하여 스스로의 상품구색, 공급가격, 일괄물류 등에서 파워를 가질 수 있다.

### 3) 브로커

브로커broker는 거간이라고도 하는데, 주로 거래를 알선하는 기능을 수행하는데 소유권을 취득하지는 않고 제3자로 구매자와 판매자를 찾아서 거래를 성사시켜 거래 양당사자로부터 수수료를 받는 도매상이다. 소유권을 가지지 않기 때문에 위험을 부담하지 않으며 금융기능도 수행하지 않는다. 시장의 상황이나 정보를 미리 파악하고 있다가 적절한 시기에 매매를 성사시키고 수시로 판매자에게 정보를 제공하게 된다. 판매와 구매 양자의 업무에 경험 있는 전문적인 도매상이다.

흔히 브로커와 위탁상인은 비슷한 기능을 하는 도매상으로 취급하지만 실상은 전자가 제3자 명의로 거래에 임하는 데 후자는 자기 명의의 거래를 하는 점과 전자가 거래 양당사자로 부터 수수료를 받지만 후자는 판매자로 부터만 받는다는 점 등에서 분명히 차이가 난다.

### 4) 위탁상인

위탁상인commission house, commission agent은 객주라고도 하며, 제조업자가 위탁한 제품을 자기 명의로 자기 책임 하에 위험을 일부 부담하면서 직접 보관하며 판매를 진행시키는 도매상이다. 판매가 끝나면 수수료, 수송비, 그리고 기타 비용을 제하고 남은 판매대금을 위탁자에게 지급한다.

브로커보다는 비교적 많은 기능을 수행하는 데 판매, 보관, 등급화, 재포장, 금융기능 등을 주된 업무로 하고 판매자가 제시한 판매조건에 따라야 하기 때문에 브로커보다는 덜 자유롭다. 브로커가 거래 양당사자를 대신한다면 위탁상인은 주로 판매자만을 대표하게 된다.

우리나라에서는 옛부터 객주라는 도매상은 독특한 특징을 지니고 있었다. 객주집은 흔히 여러 개의 방을 대여해 주고 상인들이 며칠씩을 지내면서 마땅한 거래제품을 기다리는 장소였다. 위탁받은 제품을 보관하기도 하며 금전적인 어려움이 있는 구매자에게는 구매대금을 빌려 주기도 하고 원거리까지 제품 수송을 대행해 주기도 하였다. 위탁상인은 보통 숙박업을 겸하면서 시장의 형성과 확장, 새로운 거래 조건의 개발, 그리고 포괄적인 시장 정보의 제공 등의 기능을 수행하였다.

### 5) 구매대리인

구매대리인purchasing agent은 구매자를 대리하여 상품을 구매하여 주는 도매상이다. 판매대리인이 판매자가 원하는 지역에서 제품의 판매를 대행해 주는 역할을 하는 것이라면, 구매대리인은 구매자가 원하는 제품을 조달해 주는 역할을 대행해 주는 것이다. 일반적으로 구매대리인은 구매자와 장기간 관계를 유지하면서 상품을 구매하고 인수받은 상품을 검사하여 창고에 보관하며, 구매자에게 제품을 보내주는 역할을 한다. 의류제품 거래에서 많이 이용되는 것을 볼 수 있으며 기업에서 생산에 소요되는 재료나 장비 또는 제품 생산과 직접 관련된 원자재를 제외한 소모성 자재MRO: maintenance, repair and operation구매를 대행해 주는 경우도 이에 해당된다고 볼 수 있다.

## 2.3 제조업자 도매상

제조업자가 운영하는 도매상으로 제조업자의 판매지점sales branches과 판매사무소sales offices가 있다. 판매지점에는 창고시설을 갖추고 본사의 지휘를 받아서 제품 재고를 보유하면서 판매원을 두고 있다. 판매지점이 존재하는 것은 제품의 판매 단위당 가격이 고가이거나 취급이 어렵고 보증과 수리업무가 중요한 제품인 경우이다. 판매지점은 주로 인구 밀집지역이나 시장 집중지역에서 제조업자의 자금규모가 크고 창고의 여유가 있는 경우에 운영이 유리하다. 지점은 주로 목재, 자동차 정비, 부품산업에서 활용되는 도매상이다.

제조업자의 판매사무소는 창고시설이 없어서 재고를 보유하지 않고 공장이나 창고로부터 직송을 받아 제품을 판매한다. 주로 일상 생활용품, 잡화류, 건조상품 등을 취급하고 있다.

# 3
# 도매상의 현황과 혁신전략

## 3.1 도매업 현황

통계청의 한국표준산업분류에서는 도매업종을 산업용 농 · 축산물 및 산동물 도매업, 음 · 식료품 및 담배도매업, 가정용품 도매업, 기계장비 및 관련 물품 도매업, 건축자재 철물 및 난방장치 도매업, 기타 전문도매업, 상품종합도매업, 상품 중개업 등의 총8개의 소분류로 구분하고 있다. 도매업 및 중개업 사업체수가 22만 6천여 개이며 가정용품 도매업이 5만 3천여 개로 가장 많으며, 동네 슈퍼마켓에 상품을 공급하는 음 · 식료품 및 담배도매업 사업체가 5만여 개로 나타났다. 업종별 사업체 수와 종사자수, 매출액 분포는 표 3-1과 같다.

통계청에서 실시한 도소매업조사에서는 표 3-2와 같이 도매업 전체 사업체 중 약 80%가 종사자 수 4인 이하의 소상공인으로 구성되어 있는 것으로 나타났으며 50명 이상의 사업체수 비중은 0.6%에 불과하다. 57.4%의 종사자가 10명 미만의 소규모 사업장에 종사하고 이들이 차지하는 매출액 비중은 43.2%이다. 4명 이상 종사자인 도매상수 비중이 미국과 일본에 비해 월등히 높다. 도매업체당 종사자수는 평균 2.4명, 평균 매출액은 274.2백만원(월 22.8백만원), 사업체당 건축연면적은 110.6m$^2$로 매우 영세한 규모임을 알 수 있다.

최근에는 유통환경 변화에 따라 대형소매업체들이 직접 물류센터를 운영하면서 도매기능을 대체해 가고 있고, 강력한 구매력을 기반으로 도매업에도 뛰어들어 동네 영세 슈퍼마켓에 도매공급을 실시하고 있다. 또한 온라인을 통한 도 · 소매 거래량도 증가하고 있어 도매 기능을 대체해 가고 있다. 이처럼 소매업 생산지수는 성장하고 있는 반면 도매업의 생산지수는 지속적으로 감소하는 등 도매상의 입지가 점점 줄어들고 있어 도매업 경쟁력 강화를 위한 지원 및 정책이 필요하다.

**표 3-1 도매업 업종 및 현황**

| | | 사업체수(개) | 종사자수(명) | 매출액(백만원) | 비중(%) | | |
|---|---|---|---|---|---|---|---|
| | | | | | 사업체수 | 종사자수 | 매출액 |
| 도매업 및 상품 중개업 | | 226,228 | 997,652 | 396,822,247 | 100.0 | 100.0 | 100.0 |
| 도매업 | 구입한 새로운 상품 또는 중고품을 반영하지 않고 소매업자, 산업 및 상업사용자, 단체, 기관 및 전문사용자 또는 다른 도매업자에게 재판매하는 산업활동 | 219,721 | 967,476 | 386,432,391 | 97.1 | 97.0 | 97.4 |
| 산업용 농·축산물 및 산동물 도매업 | 가공하지 않은 농·축산물 및 수렵물을 도매하는 산업활동을 말함. 이러한 것들은 산업용으로 많이 사용되며 산동물을 도매하는 산업활동도 여기에 포함 | 7,613 | 23,532 | 5,765,719 | 3.4 | 2.4 | 1.5 |
| 음·식료품 및 담배도매업 | 과실, 채소, 식용유지, 도축고기, 수산물, 설탕, 설탕과자 및 빵류, 음료, 커피, 차, 코코아 및 조미료, 가공담배 등을 도매하는 산업활동 | 50,264 | 223,946 | 70,753,869 | 22.2 | 22.4 | 17.8 |
| 가정용품 도매업 | 각종 가정용품을 도매하는 산업활동 | 53,238 | 252,536 | 72,348,884 | 23.5 | 25.3 | 18.2 |
| 기계장비 및 관련물품 도매업 | 산업용 기계장비 및 기타 기계장비를 도매하는 산업활동 | 42,396 | 210,571 | 83,627,236 | 18.7 | 21.1 | 21.1 |
| 간축자재 철물 및 난방장치 도매업 | 일반 건설자재, 철물 및 냉난방 장치, 기타 건축자재를 도매하는 산업활동 | 24,552 | 83,280 | 26,597,899 | 10.9 | 8.3 | 6.7 |
| 기타 전문 도매업 | 고체, 액체 및 기체연료 등의 각종 연료, 화학 물질제품, 방직용 섬유 및 사, 재생재료, 폐품 및 기타 산업용 중간제 등을 도매하는 산업활동 | 40,571 | 159,432 | 101,197,231 | 17.9 | 16.0 | 25.5 |
| 상품 종합 도매업 | 종합상품을 자기 계정으로 구매하여 도매하는 산업활동 | 1,087 | 14,179 | 26,141,552 | 0.5 | 1.4 | 6.6 |
| 상품 중개업 | 통상 구매자와 판매자를 연결시켜 그들의 사업을 영위하거나 상업적 거래를 대리하는 산업활동 | 6,507 | 30,176 | 10,389,856 | 2.9 | 3.0 | 2.6 |

자료원: 제9차 한국표준산업분류(통계청), 국내 도매업 현황과 시사점(Retail CEO Report 제8호, 대한상공회의소)

**표 3-2 도매업 종사자 규모별 현황**

| | 사업체수(개) | 종사자수(명) | 매출액(백만원) | 비중(%) | | |
|---|---|---|---|---|---|---|
| | | | | 사업체수 | 종사자수 | 매출액 |
| 전체 | 219,721 | 967,476 | 386,432,391 | 100.0 | 100.0 | 100.0 |
| 1~4명 | 174,994 | 369,473 | 95,969,115 | 79.6 | 38.2 | 24.8 |
| 5~9명 | 29,628 | 186,019 | 71,289,580 | 13.5 | 19.2 | 18.4 |
| 10~19명 | 9,896 | 128,322 | 50,364,764 | 4.5 | 13.3 | 13.0 |
| 20~49명 | 3,849 | 110,528 | 49,927,386 | 1.8 | 11.4 | 12.9 |
| 50명 이상 | 1,354 | 173,134 | 118,881,546 | 0.6 | 17.9 | 30.8 |

자료원: 도소매업조사(통계청), 국내 도매업 현황과 시사점(Retail CEO Report 제8호, 대한상공회의소)

## 3.2 도매업 혁신전략의 방향

도매상의 필요에 관한 여러 이론과 실제 역할에도 불구하고, 도매상은 유통경로 내에서 불필요한 존재라는 부정적인 입장도 있다. 사실 우리나라의 경우 농수축산물의 유통경로를 보면 여러 가지 이름의 도매상이 모두 불필요할 뿐만 아니라 유통구조 전체를 개혁하는 일이 시급하기만 하다. 산지에서 생산물의 가격이 폭락하더라도 수집상을 시작으로 가격이 상승하기 시작하여 최종 분배자인 소매상에 이르게 되면 평상시 가격과 별 차이 없이 공급되고 있는 것이 우리나라 유통의 현실이다. 이에 따라 다양한 주체를 통해 여러 가지 도매 기능 활성화와 효율성 증진 방안이 모색되고 있다. 최근에는 도매상의 기능이 종전보다 세분화 · 전문화되고 있다. 이는 과거에는 완전기능도매상이 많았으나 최근에는 한정기능도매상이 늘어나고 있으며, 이것은 이들의 경쟁력이 더욱 우수하다는 것을 뜻한다.

국내 도매업은 제조업체 중심의 유통구조와 도매업체의 영세성으로 인해 경쟁력이 약화되고 있다. 특히 최근에는 소매상의 대규모화와 파워의 증대로 제조업체와 직거래가 증가하고, 도매상의 주거래업체인 중소업체의 부진으로 도매상의 입지마저 흔들리고 있다. 이러한 도매업의 문제를 파악하고 해결방안을 모색할 필요가 있다. 따라서 도매상들은 합리적인 경영의 도입을 통해 경로상의 영향력을 키워 가고 있으며, 제조업자와 소매기업들의 틈바구니에서 그리고 도매상 자신들과의 경쟁에서 살아남기 위해 노력하고 있다. 도매상의 혁신전략을 요약하면 표 3–3과 같다.

**표 3–3 도매상의 혁신전략**

| | |
|---|---|
| **(1) 도매상의 합병과 매수(M&A)** | 기존시장에서의 지위확보, 다각화를 위한 전 · 후방 통합 |
| **(2) 자산의 재배치** | 회사의 핵심사업 강화 목적, 조직의 재설계 |
| **(3) 회사의 다각화** | 유통다각화를 통한 유통라인 개선 |
| **(4) 전방과 후방통합** | 이윤과 시장에서의 지위강화를 위한 통합 |
| **(5) 자산가치 높은 브랜드의 보유** | 시장에서의 지속적인 경쟁력을 획득하기 위한 전략 |
| **(6) 국제시장으로의 확장** | 합작투자와 전략적 제휴를 통한 해외진출 가속화 |
| **(7) 부가가치가 높은 서비스의 개발** | 급행 서비스에서부터 주문 서비스에 이르기까지<br>가치를 증가시키기 위한 다양한 서비스의 제공 |
| **(8) 시스템판매(system selling)** | 종합적인 구매 관리 프로그램 |
| **(9) 새로운 게임전략** | 자신과 경쟁자의 유통관련 변수 고려 |
| **(10) 틈새전략** | 특정 범위에 특화함으로써 중요한 경쟁적 우위를 얻기 위함 |
| **(11) 복합 마케팅** | 이익률 하락을 막기 위한 방어적 측면<br>단기적인 성과를 올리기 위한 공격적 측면 |
| **(12) 유통의 새로운 기술** | 온라인 주문과 발주 시스템, 향상된 재고 관리, 창고 자동화 |

## 벤더vendor

읽을거리

수집과 분배의 기능을 중심으로 단순히 제조업자와 최종소매업자 사이에서 주로 중개기능을 하던 과거의 도매상과는 달리 여러 제조업자들로부터 제품을 구매하고 이를 최종소매업자에게 분배하며 그들 사이에서 시장개척과 제품개발, 재고관리, 마케팅, 홍보활동 등의 기능들을 수행하며 보다 확대된 역할을 하는 벤더vendor가 성장하고 있다. 벤더는 협력업체, 하청업체, 납품업체 등으로 불리는데, 최근 주요 유통업체들의 대형화 · 기업화와 더불어 소비자의 욕구가 더욱 다양화됨에 따라 유통경로 상에서의 벤더의 역할 및 중요성이 더욱 커지고 있다.

벤더는 기존의 도매상들이 한 업종에 주력하던 것과는 달리 전산화된 물류체계를 갖추고 편의점이나 슈퍼마켓 등 체인 소매업체들에게 식품, 공산품, 잡화 등 분야별로 특화된 상품들을 다품종 소량으로 공급하는 도매업자이다. 미국과 일본 등 선진국에서는 오래 전부터 정착된 유통업 형태이나 국내에는 편의점과 함께 선보이기 시작했다. 우리나라 최초의 벤더는 1990년 1월 사업에 착수한 (주)콜롬부스코아퍼레이션이며, 한국에 도입되자마자 기존의 가공공장 · 창고업 · 운수업 · 도매업의 기능을 광범위하게 대체하면서 재래식 중간도매상이나 물류업체를 위협하는 존재로 떠올랐다.

편의점의 경우 배송물량의 50% 정도가 벤더를 통해 이루어지며, 특히 신선하게 운반해야 하는 패스트푸드, 일배생식품, 일배가공식품을 전문 벤더에 위탁 배송한다. 미국의 편의점들은 벤더가 발주도 담당하고 있다. 최근 인터넷 전자 상거래를 비롯해 할인점 홈쇼핑 활성화에 맞춰 더욱 늘어나는 추세이며, 유통 업체와 생산 업체를 연결하는 형태의 사업으로 인식되고 있다. 홈쇼핑 경우는 중간 유통 업체가 아닌 거래 업체를 단순하게 벤더로 통칭하고 있기도 하다. 할인점 경우도 마찬가지로 대부분 직거래가 주류를 이루고 있지만 벤더의 공급비중도 30% 정도 차지하고 있다. 이들은 냉장벤더 · 냉동벤더 · 잡화벤더 외에 랜LAN벤더 · 멀티벤더 · 노트북벤더 · 통신기기벤더 · 소프트웨어벤더 · 전산화벤더 등 취급 품목에 따라 다양한 형태로 세분화되면서 유통시장에 뿌리를 내리고 있으며, 앞으로도 그 추세가 계속 확산될 것으로 보인다.

이러한 벤더는 일반적인 도매상과는 다른 특성을 가진다. 첫째, 벤더는 기업과 기업 간의 거래로서 특정기업의 사이에서 이루어진다. 제조업자는 일반적으로 도 · 소매상을 통하여 불특정 다수인을 대상으로 제품과 서비스를 생산하고 판매하지만 벤더는 계약된 특정품목을 제조업자와 최종소매업자 사이에서 유통하는 특징을 가지고 있다. 둘째, 벤더는 도매상과 비교하여 거래 관계가 비교적 오랜 기간에 걸쳐 이뤄진다는 특징을 가지고 있다. 벤더는 제조업자와 최종소매업자의 협력업체로서, 이들 간의 거래가 일회성으로 그친다면 벤더 또는 협력업체라고 할 수 없다. 셋째, 유통경로가 고도화될수록 유통 경로 상에서의 벤더의 역할이 심화되는 특성을 가지고 있다. 예를 들면 최종소매업자와 제조업자가 대형화됨에 따라 제품 또는 서비스의 원활한 관리를 위해 유통경로 상의 벤더의 역할이 강화되고 거래의 수가 증가된다. 벤더는 다른 유통업체들과 달리 공급사슬선상에서 제조업자 또는 최종소매업자에 제품 혹은 서비스를 공급함과 동시에 시장의 각종 제품 및 서비스에 관한 정보를 개발하고 제공한다. 상품을 유통하는 단순 기능에서 탈피해 최근에는 자사 브랜드를 갖고 생산에서 직접유통 부문까지 참여하는 등 영역을 점차 확대해 나가고 있는 상황이다.

# 국내 도매업 현황과 시사점

읽을거리

## "4인 이하 도매상이 17만개 ... 물가안정 걸림돌"

**– 대한상의 보고서 ... "5인 미만 도매사업자 80.3% ... 美(44.2%).日(46.0%)의 2배"**
**– 도매업 노동생산성지수 102.6('06년) → 93.5('09년) 뒷걸음질 ... 제조업의 75% 수준**
**– 상의 "영세하고 다단계적인 도매기능을 방치하면, 물가안정의 걸림돌로 작용"**
**– "영세 도매업체의 조직화, 대형 도매기업 육성해야" 과제 제시**

종업원이 5명에도 미치지 못하는 영세 도매기업이 17만개에 이른다는 주장이 나왔다. 지금껏 물가안정의 걸림돌로 자리잡아 왔다는 분석이다. 대한상공회의소가 발표한 '국내 도매업 현황과 시사점' 보고서에 따르면, "국내 유통시장 개방 이후 소매업이 빠르게 성장한 반면, 도매업은 상대적으로 낙후돼 물가안정의 걸림돌로 자리잡아 왔다"며 "다단계적이고 비효율적인 도매업을 조직화, 대형화 해 가격 경쟁력을 높여야 한다"고 주장했다.

실제로 217,507개 도매사업자 중 80.3%에 이르는 174,658개 기업이 종업원 5명을 넘지 못하고 있었고, 20인을 넘는 기업은 2.2%에 불과했다. 반면 미국은 5명 미만 영세사업자가 44.2%에 그리고 20인 이상 사업자는 32.1%에 이르는 것으로 나타났다. 일본 역시 영세사업자는 46.0%에 정도였다. 이를 반영하듯 생산성도 상당히 낮은 것으로 집계됐다. 도매업의 노동생산성지수(2005년을 100으로 함)는 2006년 102.6에서 2009년 93.5까지 뒷걸음질쳤다. 이는 제조업(124.4)의 75% 수준이다. 보고서는 "지난해 배추파동은 이상기후가 주요인으로 지목되고 있지만 수급조절과 불확실성을 줄여주는 도매기능의 취약성도 한 몫 했다"며 "영세하고 다단계적인 도매기능을 방치할 경우 영세소매유통의 경쟁력 저하는 물론 물가안정의 걸림돌로 작용할 것"이라고 지적했다.

**표 1 韓·美·日 도매기업 종사자 규모**

| 구분 | 1~4人 | 5~19人 | 20人 이상 |
|---|---|---|---|
| 한국 | 80.3% | 17.5% | 2.2% |
| 미국 | 44.2% | 23.8% | 32.1% |
| 일본 | 46.0% | 43.3% | 10.7% |

※ 통계청(2008년), US Economic Census Bureau, 일본 경제산업성(2007년)의 자료를 재가공함

**표 2 업종별 노동생산성 지수 변화**

| 구분 | 2006 | 2007 | 2008 | 2009 |
|---|---|---|---|---|
| 제조업 | 112.0 | 119.9 | 121.3 | 124.4 |
| 서비스업 | 104.6 | 109.0 | 107.9 | 110.9 |
| 도매업 | 102.6 | 103.9 | 99.6 | 93.5 |
| 소매업 | 110.0 | 112.0 | 106.5 | 101.4 |

※ 한국생산성본부자료를 재가공함. 2005년 생산성을 100으로 함

대한상의는 도매기능 혁신을 위해 규모의 경제를 제시했다. 다단계로 얽혀있는 영세도매업자들을 조직화, 대형화 해 '대형 도매업체'를 육성해야 한다는 것이다. 이에 대해 보고서는 "유통비용을 감소시켜 영세소매상들의 가격경쟁력을 확보해 줄 수 있다"며 "특히, 공동도매물류센터 건립만으로도 도매업자의 구매, 물류, 재고비용을 쉽게 줄여나갈 것"이라고 조언했다. 이어 "소매기업의 매출상승은 도매기업의 수익 향상으로 이어진다"며, 도매기업은 "단순히 상품 공급에 그칠 것이 아니라, 교육, 경영컨설팅 지원을 통해 소매업체의 수익상승과 안정적인 경영을 확보해 줘야 한다"고 말했다. 이동근 대한상의 상근부회장은 "영세 도매업체의 조직화, 대형 도매기업 육성 등을 통해 규모의 경제를 실현하면 영세 소매상들이 값싸게 상품을 공급받을 수 있어 물가안정에 큰 기여를 할 것"이라며 정책적 관심을 호소했다.

자료원: 대한상공회의소 보도자료(2011. 3. 8) 및 국내 도매업 현황과 시사점
(Retail CEO Report 제8호) 참조

CHAPTER

# 04

# 소매상

1. 소매상의 개념과 기능
2. 소매상의 분류
3. 소매 상품믹스 전략
4. 소매업 발전이론

# 1
# 소매상의 개념과 기능

## 1.1 소매상의 정의

우리는 주위에서 백화점, 편의점, 슈퍼마켓, 전문점, 구멍가게, 재래시장, 할인점 등 각종 점포들을 흔히 볼 수 있다. 이러한 점포들을 소매상retailer이라 하며, 유통경로 상에서 하나의 기관으로서 소비자와 가장 가까이 있는 경로구성원이다. 미국 마케팅학회AMA: American marketing association는 소매란 최종소비자에게 상품과 서비스를 직접 판매하는 제활동이며, 소매업의 주요 업무는 최종소비자에게 상품과 서비스를 직접 판매하는 상업자인 동시에 대리업이라고 정의하고 있다.

이러한 소매상에서 일어나는 활동을 소매retailing라고 한다. 즉 소매란 제품과 서비스를 최종소비자에게 판매하는 활동이다. 누구든지 제품이나 서비스를 개인용도 혹은 가정 용도로 사용하려는 사람에게 판매하면 그것을 소매활동이라고 할 수 있다. 코틀러Kotler는 '소매는 재화나 서비스를 개인적 혹은 비영리적 목적으로 사용하려는 최종소비자에게 직접 판매하는 것을 포함한 모든 활동이며, 그것이 제조업자이든 도매상이든 소매상이든 이러한 판매활동을 수행하게 되면 어떤 기관이든지 소매업을 행하는 것이다'라고 정의하고 있다. 소매는 재화와 용역이 어디서 어떻게 판매되는지는 문제가 되지 않기 때문에 실제 점포가 아닌 전자상거래, 통신판매 등에서 발생하는 소매활동도 소매의 일종이다. 소비자 입장에서 볼 때 이러한 소매활동은 특정한 장소에서 그들이 원하는 다수의 물건을 구매할 수 있게 하는 효용을 제공해 주는 것이고, 소매 점포의 입장에서는 이러한 활동을 수행함으로써 소비자에게 제품과 서비스를 판매한 후에 특정의 이익을 남기게 된다.

## 1.2 소매 기능과 특성

생산자가 공장에서 제품을 생산하면, 그 제품을 구매하려는 소비자와는 물리적으로 멀리 떨어져 있을 뿐만 아니라 시간, 소유, 형태에 대한 차이gap가 생기게 된다. 이러한 차이는 중간상이 거래, 물적유통 및 촉진 등의 기능을 적극적으로 수행하여 효용utility을 창출함으로써 채워지게 되는데, 중간상 중에서도 최종소비자와 가장 가까이 있는 소매상의 역할이 가장 클 것이다. 소매상은 상품의 제조와 판매와 관련한 기본적 기능, 정보제공기능, 신용판매, 상품지식제공, 상품 관리, 쇼핑환경 제공과 같은 기능을 담당함으로써 효용을 창출하게 되며 이러한 기능은 크게 제조업자와 도매상을 위한 기능, 최종소비자를 위한 기능으로 구분할 수 있으며 요약하면 표 4-1과 같다. 특히 소매입지는 가장 중요한 요소라 할 수 있다. 입지에 따라 고객형성 및 매출, 이익 등이 좌우되기 때문에 사업의 성패를 결정하는 데 중요한 역할을 한다. 일반적으로 좋은 입지라 하더라도 업종의 특성과 부합하지 않으면 좋은 입지가 될 수 없기 때문에 소매입지 선정 시에는 업종의 특성도 함께 고려하여야 하며, 한 번 결정된 입지는 바꾸기 어렵기 때문에 신중하게 고려하여야 한다.

보통 소매와 도매의 차이를 이해하는데 어려움이 있는데, 소매상과 도매상은 제품의 구매 동기에 의해 구분된다. 소매는 소비재가 개인적 혹은 가정용으로 구매되는 경우를 말하며, 도매는 상업용 혹은 재판매를 위해 구매되는 경우이다. 그래서 소매상의 주고객은 최종소비자가 되며, 도매상은 산업용 구매자, 정부 대리인, 소매상, 다른 도매상 등을 주고객으로 한다는 점에서 차이가 있는 것이다.

따라서 재판매나 최종 제품 생산을 위해 구매하는 기업소비자와 달리 일반소비자를 대상으로 하는 소매상은 표 4-2와 같은 특성을 가진다. 첫째, 최종소비자에게 상품을 판매하며, 둘째, 소량 판매를 위주로 한다. 셋째, 높은 단위당 가격으로 상품을 판매하며, 넷째, 판매가격이 대체로 일정하다. 다섯째, 거래가 소비자에 의해 이루어지며, 소매점 내의 점포 구성을 중시한다. 소비자들은 점포 내의 쇼핑환경에 영향을 받기 때문에 소비자를 만족시키고 구매를 이끌기 위해 음악, 디스플레이, 공간 배치, 상품 배치, 조명 등과 같은 다양한 비주얼 머천다이징visual merchandising 요소에 신경을 쓴다.

**표 4-1 소매상의 기능**

| | 1) 제조업자 · 도매상에 대한 기능 | 2) 소비자에 대한 기능 |
|---|---|---|
| ① 기본적 기능 | 상품의 수요환기와 판매촉진 협력<br>제조업자 상품개발 및 생산활동 협력<br>도매상 유통활동 협력 및 적정가격책정 | 판매활동과 상품의 소량 분할<br>구색갖춤 및 품목별 진열, 배송 활동<br>장소 편의성 제공 |
| ② 정보 기능 | 소비자욕구 및 판매정보를 수집 · 분석하여 제공<br>상품판매계획과 매장관리 등 머천다이징 조언 | 소비자의 욕구와 요구에 맞는 정보 제공<br>상품정보와 유행 등 생활정보를 제공 |
| ③ 상품지식 제공 | 품질보증, 상품특성의 인지도를 홍보 | 상품의 품질과 특성에 대한 조언과 지도<br>전문적 상담 |
| ④ 상품관리 | 제조업자 · 도매상의 상품보관 일부 대행<br>상품보관과 위험부담을 분담 | 일정량의 상품을 보관하여 수요에 대응<br>적절한 상품 품목을 진열<br>PB제품 개발과 관리 |
| ⑤ 신용 공여 | 신용제공(외상거래, 팩토링 등 관련) | 신용 및 할부판매, 신용제공 |
| ⑥ 쇼핑환경 제공 | 점포설치 · 소매시장 · 상점가를 구성<br>오락장 · 오락가 · 문화 공간 형성 | 구매품에 대해 유쾌한 만족감을 부여<br>장소의 쾌적성, 오락성을 제공 |

**표 4-2 소매상의 특성**

| 생산자 · 도매상 | 소매상 |
|---|---|
| 대량판매 위주 | 소량판매 위주 |
| 일반소비대중에게 판매하지 않음 | 일반소비자에게 개방 |
| 판매상품의 단위당 가격이 낮음 | 판매상품의 단위당 가격이 높음 |
| 다양한 가격 할인정책 보유 | 판매가격이 대체적으로 일정 |
| 거래는 직원에 의해 이루어지는 편 | 거래는 소비자에 의해 이루어지는 편 |
| 점포(창고) 내의 점포 구성 중요성이 낮음 | 소매점 내의 점포 구성을 중시 |

# 2
# 소매상의 분류

소매기관은 그림 4-1과 같이 소유권이나 취급상품 수, 업종, 점포유무, 소매전략, 업태, 도입 시기 등 다양한 기준에 의하여 분류된다. 이 중에서 특히 업종이란 판매되는 재화나 서비스군에 따른 전통적인 분류방법으로 그 예로는 종합소매업, 음 · 식료품 및 담배소매업, 정보통신장비소매업, 섬유 · 의복 · 신발 및 가죽제품소매업, 가정용품소매업, 문화 · 오락 및 여가용품소매업, 연료소매업, 기타상품소매업 등이 있다.

업태란 소매점의 영업전략에 따른 분류방법으로 재화나 서비스를 어떻게 판매하느냐 하는 판매하는 방식으로 구분된다. 구체적으로는 머천다이징전략, 입지, 영업시간, 고객서비스 수준, 광고, 가격전략 등에 의해 소매점의 업태가 결정되며, 이러한 업태는 점포의 유형에 따라 점포소매상 업태와 무점포소매상 업태로 구분된다. 예를 들면, 점포소매상 업태에는 구멍가게, 슈퍼마켓, 슈퍼슈퍼마켓SSM, 편의점CVS, 전문점, 백화점, 할인점(대형마트), 하이퍼마켓, 슈퍼센터, 대중양판점GMS, 회원제창고도소매점MWC, 카테고리킬러, 슈퍼센터, 상설할인매장(아울렛), 재래시장, 드러그스토어, 편집샵 등이 있다. 또한 무점포소매상 업태에는 통신판매, 방문판매, 자동판매기, TV홈쇼핑, 인터넷쇼핑몰, 소셜커머스 등을 그 예로 들 수 있다.

업종은 생산자 또는 제품중심적 시각으로, 업종적 관점을 가진 소매상에게는 어떤 제조업체의 어떤 제품을 판매할 것인가가 거의 유일한 전략적 결정사항이다. 반면 업태는 소비자 또는 전략지향적 시각이라 할 수 있으며 표적 고객의 선택이 가장 중요하고 우선적인 전략적 결정이며, 이에 따라 표적고객의 특성과 라이프스타일에 소구할 수 있는 영업 전략의 결정이 이루어진다.

예를 들면 의류점포를 운영하는 경우는 판매업과 의류업에 종사한다고 볼 수 있고, 생산자에서 소매상으로 전달하는 관점에서 유통업에 종사한다고 볼 수 있다. 하지만 같은 의류라도 어떠한 방식으로 판매되느냐에 따라 백화점, 할인점, 전문점 등

| 분류 기준 | 내용 |
|---|---|
| **업종별** | 식료품점, 금은방, 구두점 등 |
| **업태별** | 백화점, 슈퍼마켓, 편의점, 할인점 |
| **점포 보유별** | 점포소매점 · · · · · · · · · · · · 무점포소매점 |
| **판매 방식별** | 대면소매점 · · · · · · · · · · 셀프서비스판매점 |
| **점포 규모별** | 대규모소매점 · · · · · · · · · · · 소규모소매점 |
| **경영 방식별** | 단독점대규모소매점 · · · · · · · · · · · 체인점 |
| **연쇄점 형태별** | 회사연쇄점, 프랜차이즈, 임의 연쇄점 |

**그림 4-1 소매기관의 분류**

에서 다양하게 판매될 수 있다. 즉 재화나 서비스를 소비자에게 전달하는 판매방식은 백화점, 할인점, 전문점 등에 따라 다양한 것이다. 동일한 재화나 서비스지만 판매하는 방식이 상이하고 그에 따라 가격이나 촉진 방식 등에서 차별화 되는 것이다. 똑같은 배추라도 백화점을 통해서 파는 것과 할인점을 통해서 파는 것은 가격이 상이하며, 또한 묶음으로 판매하는 공판장의 경우에는 더 가격차가 나는 것을 볼 수 있다. 이러한 판매 방식의 차이에 따른 분류를 업태라고 한다.

역사적으로 소매업에 업태 개념이 도입된 것은 서구의 백화점과 슈퍼마켓이 효시였으며, 이를 통해 소비자의 편의성과 소매점의 효율성이 획기적으로 개선되었다. 그 이전에는 의복, 가구, 생활용품 등이 각 점포에서 개별적으로 판매되었으나, 업태의 개념이 소매업에 도입됨으로써 고가의 전문품은 백화점에서 일괄 취급하고 저가 생필품의 유통은 슈퍼마켓이 담당하게 되었다. 이로 인해 제품유형에 따른 업종의 구분이 무의미해지게 되었고, 소매상은 주 방문고객이 필요로 하는 제품을 묶어서 판매함으로써 매출 증대가 가능해졌고 소비자는 일괄구매를 통한 편리성을 제공받을 수 있게 되었다.

**표 4-3 서비스 산출에 의한 소매업의 분류**

| 소매상 형태 | 주 관심사<br>(마진 혹은 회전율) | 소량구매 | 입지적<br>편의성 | 대기 및<br>배달시간 | 다양성(폭) | 구색(깊이) |
|---|---|---|---|---|---|---|
| 백화점 | 마진 | 가능 | 중간 | 낮음 | 넓음 | 중간 |
| 전문점 | 마진 | 가능 | 중간 | 낮음 | 좁음 | 깊음 |
| 우편주문<br>-카달로그점 | 마진 | 가능 | 최고수준임 | 약간 높음 | 중간 | 중간 |
| 편의점 | 마진 및 회전율 | 가능 | 매우 높음 | 낮음 | 중간 | 얕음 |
| 카테고리킬러 | 회전율 | 가능 | 낮음 | 낮음 | 아주 좁음 | 아주 깊음 |
| 할인점 | 회전율 | 가능 | 낮음 | 중간<br>(재고부족) | 넓음 | 중간 |
| 하이퍼마켓 | 회전율 | 가능 | 낮음 | 중간 | 넓음 | 중간 |
| 창고형클럽 | 회전율 | 불가능 | 낮음 | 약간 높음<br>(재고부족) | 넓음 | 얕음 |

이러한 업태는 소매상이 소비자에게 제공하는 서비스산출service output에 의해 분류된다. 서비스산출은 하나의 유통시스템이 소비자에게 제공하는 가치를 말하며, 이는 유통구조 설계에 있어 핵심개념으로 사용되고 있다. 표 4-3과 같이 업태는 소매상의 주요 관심사가 마진인지 회전율인지 또는 소비자에게 제공하는 서비스 산출 즉, 소량구매, 입지적 편의성, 대기 및 배달시간, 취급제품의 다양성 혹은 폭, 취급제품의 구색 혹은 깊이의 수준에 따라 상이하다. 예를 들어 백화점은 주 관심사가 마진이며, 소비자가 소량으로 구매할 수 있고 입지적 편의성은 중간수준이며, 대기 및 배달 시간은 낮고(매장에서 바로구매), 다양한 제품을 취급하나 구색은 다소 부족한 특징을 지니고 있다.

## 2.1 점포소매상의 업태별 분류

### 1) 재래시장(전통시장)

재래시장은 쌀, 생선, 정육, 야채 등의 식품은 물론 의류나 잡화 등의 일상생활용품에서 전기, 가구 등의 내구재들에 이르기까지 다양한 상품구색을 갖추고 비교적 저렴한 가격으로 판매하는 규모가 영세한 소매상들이 모인 곳이다. 재래시장은 물물교환 시대부터 판매자와 구매자가 만나는 시장이 자연스럽게 형성되고, 화폐경제의 발전과 함께 다양한 형태로 진전이 이루어진 가장 오래된 판매방식이라 할 수 있다.

하지만 1996년 국내 유통시장 전면개방으로 위기를 겪으면서, 현재 대규모 소매상들과 경쟁하기 위해 현대화된 건물을 세우고 고객주차장 확대, 합리적 경영방식, 다양한 이벤트 등을 통해 새로운 바람을 불러일으키고 있다. 대표적인 재래시장으로 서울의 남대문 시장과 동대문 시장을 들 수 있으며, 최근에는 해외 여행객이 증가하면서 한국 고유의 정서를 느낄 수 있는 재래시장이 여행 필수 쇼핑 코스로 인기를 얻고 있다.

### 2) 구멍가게

구멍가게small store, mom-and-pop store는 우리나라의 전통적인 소매상으로서 과거부터 우리 주위에서 흔히 볼 수 있는 소매상이다. 주로 주택가에 입지하고 있으며, 점포의 크기는 소규모이고, 일상생활에 필요한 식료품 및 각종 생활필수품인 일용잡화를 제한된 지역에서 판매하는 가장 오래된 소매상으로 구색이 다양하지 않고 비교적 고가에 판매한다. 구멍가게는 주로 생계유지형으로 운영되고, 영업시간도 제각각이며 영업방식도 전근대적이기 때문에 매출액이나 수익성 모두 그다지 높지 않다. 그러나 주거지에 위치하고 있기 때문에 외상거래가 가능하고 소비자들의 방문이 용이해 사람들 간의 관계를 형성할 수 있는 장소로 이용되는 특징이 있다.

### 3) 편의점

편의점CVS: convenience store은 소비자들의 접근이 용이한 곳에 위치해서 24시간 영업을 하며, 재고회전이 빠른 생활필수품을 위주로 한정된 제품계열을 취급하는 셀프서비스 방식의 소규모 소매점으로 본사가 직영하거나 본사와 계약을 체결한 가맹점에 의해 운영된다. 편의점은 주로 주거지역이나 교통이 편리한 곳에 위치하고 있으며(장소의 편의성), 연중무휴 24시간의 영업을 하며(시간의 편의성), 각 품목에 대해 소비자들이 신뢰할 수 있는 소수의 브랜드만을 취급하는(구색의 편의성) 특징을 가지고 있다.

미국의 편의점은 1927년 사우스랜드South-Land사의 세븐일레븐7-Eleven을 효시로, 서클 케이Circle K, 스탑 앤 고 스토어Stop-N-Go Store등이 현재 운영 중이다. 일본의 경우 1974년 미국 사우스랜드사와 기술제휴로 도쿄에 개점한 세븐일레븐이 설립된 후 급성장하였다. 우리나라의 편의점은 1989년 올림픽 선수촌에 세븐일레븐이 최초로 설립되면서 구멍가게를 대체하는 소매점으로 도심권내의 새로운 수요 창조자로서의 위치를 차지하기 시작하였다.

1990년대 후반, 사업초기 노출된 문제점을 개선하면서 양적 성장뿐만 아니라 질적인 발전도 함께 이루었고, 2001년 이후 고도성장기로 진입하기 시작하면서 연평균 40% 이상의 높은 성장률을 기록하기도 하였다. 2000년 후반부터는 점포수의 급격한 증가로 2012년 편의점당 인구수는 2천 명 수준으로 일본 편의점과 비슷한 수준까지 성장하였다. 현재 CU, GS25, 세븐일레븐 중심으로 시장점유율 경쟁이 계속되고 있다.

인구 노령화, 가구 구성원 수 감소, 맞벌이 가구 증대 등으로 근거리, 소량구매 소비패턴이 확산되면서 편의점은 꾸준히 성장할 것으로 기대된다. 또한 지금까지 편의점은 단순한 소매점으로 인식되어 왔으나 이제는 식사와 커피를 즐기고, 안전상비의약품 판매에서 결식아동급식센터 등 종합 생활서비스를 제공하는 멀티 스토어로 진화하고 있다. 2013년 가맹본사와 가맹점간 갑을 논란으로 출점규제 등의 위기를 겪으면서, 최근에는 상생협력 및 지속가능한 발전을 위한 상품 및 서비스 개발, 부진점 정리, 가맹방식 차별화, 특화점 개발에 노력을 기울이고 있다.

### 4) 슈퍼마켓

슈퍼마켓supermarket은 저원가 · 저가격의 다양한 제품을 낮은 마진으로 대량판매하며, 셀프서비스를 특징으로 하는 소매상이다. 슈퍼마켓은 대개 연쇄점 조직으로 운영된다. 편의품도 취급하지만 주로 식료품이 주종을 이룬다. 슈퍼마켓은 미국에서 경제대공황으로 인해 극심한 불황을 겪고 있던 1930년, 마이클 컬렌Michel Kullen이 뉴욕에 킹 컬렌King Kullen을 개점한 것이 그 효시이다. 대공황 후 소비자들이 가격에 민감해지고 자동차 소유가 증가함에 따라 주거지 부근의 소형 잡화점을 이용할 필요성이 감소하게 되었으며, 냉동기술 및 포장기술의 발달, 가정용 냉장고의 보급 등으로 인해 성장하게 되었다.

우리나라는 1968년 셀프서비스 및 금전등록기 도입을 실시한 뉴서울슈퍼마켓이 최초의 슈퍼마켓이며, 1970년 우리나라 최초의 가맹점형 체인인 새마을슈퍼체인본부가 설립되어 1971년 서울에 8개 점포를 오픈하였다. 1974년 정부가 연쇄화 사업자를 지정하면서 대형 슈퍼마켓체인이 급속히 늘어나게 되었으며, 1980년대 대도시 인구집중 및 상업발전으로 급성장을 이루었으나 편의점, 할인점 등 새로운 업태의 등장에 따른 경쟁 심화로 슈퍼마켓의 매출액이 감소됨으로써 영업방식에 새로운 활로를 모색하게 되었다. 식료품 중심에서 마진이 높은 비식료품 취급을 확대하고, 상품구색과 점포 이미지를 통일하기 위하여 매장 면적을 더욱 대형화 하였으며, 즉석제조 베이커리코너, 신선한 생선과 야채, 조리된 포장식품 등의 제공을 통해 경쟁력을 갖추려는 노력을 지속적으로 기울여왔다.

### 5) 할인점

국내 최고의 시장규모를 차지하고 있는 할인점discount store은 유명제조업체의 상표를 박리다매의 원칙으로 매일 저렴한 가격으로 대량 판매하는 소매점을 말한다. 할인점은 백화점이나 일반소매점보다 판매관리비, 광고비, 건물 인테리어에 드는 비용을 줄이고 셀프서비스를 통한 인건비의 절감, 대량직매입으로 매입단가를 낮추면서 낱개판매보다는 박스단위의 판매를 유도하여 파격적인 가격으로 제품을 판매하고 한정된 고객서비스만을 제공한다.

할인점은 1950년경에 미국에서 등장한 코벳Korvett을 효시로 볼 수 있지만, 본격적인 등장은 1957년 케이마트K-MART에서 공격적으로 다수의 점포를 개점하여 할인점에 진출하면서 부터이다. 현재 할인점은 급격한 성장을 통해서 미국의 가장 크고 대표적인 소매업체로 미국의 소매업계를 주도하고 있는 업태라고 할 수 있다.

우리나라는 1993년에 신세계가 창동에 개점한 이마트Emart가 국내 최초이며, 이는 독자적인 한국형 할인점으로서 선진국의 할인점과 달리 식품비중이 높은 것이 특징이다. 이마트의 성공으로 국내의 많은 대기업들이 할인점에 진출하였으며, 선진국형 할인점의 대표주자인 미국의 월마트Wal Mart, 프랑스의 까르푸 등도 국내 시장에 진입하여 치열한 경쟁을 펼친 결과 2006년 카르푸Carrefour는 이랜드 그룹에, 월마트는 이마트에 인수되면서 국내시장에서 철수하였다.

한국형 할인점은 기존 할인점의 특성에 하이퍼마켓, 슈퍼센터의 특성을 결합하여 매장 면적 3,000m$^2$ 이상(유통산업발전법 대규모 점포 규정)의 소매점을 말하는 것으로 현재 이마트, 홈플러스, 롯데마트가 대표적이라 할 수 있으며, 일반적으로 대형마트로 통용된다. 2010년 이후 성숙기를 지나면서 대형마트 업체들은 새로운 저가격경쟁 구도를 유지하고, 최근에는 상품경쟁력 강화, 온라인 몰 확대 및 할인점 특성을 다양하게 결합한 새로운 할인점 오픈 등으로 활로를 모색하고 있다.

### 6) 하이퍼마켓

하이퍼마켓hyper market은 창고형의 건물에 할인점과 대형 슈퍼마켓을 결합한 형태로 일반적으로 대도시 근교에 16,500~30,000m$^2$(5~9천평) 규모의 초대형 매장에서 모든 상품을 셀프서비스로 판매하는 소매점이다. 취급품목은 슈퍼마켓에서 주로 취급하는 식품과 생활필수품 등이며 할인점에 비해 식품의 비중이 큰 것이 특징이다.

최초의 하이퍼마켓은 프랑스의 까르푸에 의해 1963년 파리 근교에서 개점되어 유럽을 중심으로 크게 성장하였다. 그리고 1980년대에 미국에도 도입되어 크게 성장하였다. 하지만 슈퍼센터의 급속한 성장으로 인해 초대형 매장을 돌아다녀야 하는 하이퍼마켓의 인기는 상대적으로 감소하였다.

### 7) 슈퍼센터

슈퍼센터super center는 기존의 할인점보다 더 깊고 넓은 상품구색을 갖추고 있으며 슈퍼마켓 못지않게 1차 상품인 식품을 갖추고 있는 업태를 말한다. 즉 할인점과 슈퍼마켓 각각의 장점을 딴 업체이다.

이와 같이 슈퍼센터는 폭넓은 상품구색, 저가격, 원스톱 쇼핑서비스 등의 강점으로 향후 미국 소매업계의 핵심 업태로 부상하였다. 점포의 규모도 할인점보다 더 크며 평균 9,000~18,000m$^2$(약 3,000~5,000평)의 매장 규모를 가지고 있다.

1960년대 초반 슈퍼마켓 업체인 메이저Meijer에 의해 선을 보였고 프레드 메이어Fred Meyer가 뒤따라 선보였다. 당시 형태는 슈퍼마켓을 기본으로 하고 거기에 잡화 품목을 결합시킨 형태였다. 반면 1990년 초 월마트와 K마트는 기존의 할인점에 슈퍼마켓을 결합시켰다. 이와 같이 슈퍼센터업계는 메이저, 프레드 메이어처럼 원래 슈퍼마켓 업태에 생활잡화를 강화한 업체와 월마트슈퍼센터나 K마트, 타깃처럼 할인점에 슈퍼마켓을 강화한 업체로 구분되고 있다.

### 8) 슈퍼슈퍼마켓

1990년대부터 슈퍼마켓이 시장환경 변화에 대응하기 위해 660m$^2$(200평) 미만의 점포를 폐점하고, 대형점포 위주로 출점을 전개하였으나, 여전히 슈퍼마켓은 330~660m$^2$(약 100~200평) 규모에 지하에 위치한 경우가 많고 주차는 할 수 없는 점포로 생각됐다.

1999년부터 슈퍼마켓 업계는 기존 슈퍼마켓의 단점을 극복하기 위해 매장을 넓히고 각종 편의시설을 갖춘 새 형태의 슈퍼마켓 쪽으로 관심을 돌려 슈퍼마켓 컨셉을 재정립하기 시작하였으며, 이를 통해 슈퍼슈퍼마켓SSM: super supermarket이 등장하였다. 1,000~1,500m$^2$(400평 내외)의 규모로 상품가운데 생식품이 55%를 차지하는 등 식품 비중이 75%로 상품구성은 기존 슈퍼마켓과 비슷하다. 그러나 같은 상품이라도 진열을 더 다채롭게 할 수 있고 팬시용품이나 생활용품 등 잡화의 구색도 다양해져 소비자들의 선택폭이 넓어졌다.

슈퍼슈퍼마켓은 기존 슈퍼마켓이 업그레이드 된 것일 뿐 아니라 할인점의 틈새를 노린 것이기도 하다. 할인점은 인구 10만 명당 1곳이 들어설 수 있는 것으로 예상되고 있으며, 하루 2억 원 이상의 매출을 올려야 유지될 수 있는데, 이미 국내에서는 2009년 400점을 초과하면서 성숙기를 지난 업태로 보고 있다. 이에 비해 슈퍼슈퍼마켓은 인구 2~3만 명 정도면 문을 열 수 있고, 하루 1천 5백만 원 정도의 매출이면 유지가 가능하기 때문에 할인점이 들어서기 곤란한 곳에 슈퍼슈퍼마켓은 자리 잡을 수 있다.

물론 할인점과 슈퍼슈퍼마켓은 고객들의 쇼핑형태에서 차이가 난다. 할인점은 1주일에 한 번 가족이 승용차를 몰고 가 한꺼번에 대량 구매하는 형식이라면 슈퍼슈퍼마켓은 주부들이 바로 그날 식사를 위한 식품을 사기 위해 걸어서라도 바로 올 수 있다. 할인점이 1주일 단위의 '주말 쇼핑' 개념이라면 슈퍼슈퍼마켓은 '매일 쇼핑' 개념인 셈이다.

재고량 · 광열비 등 매장 운영비용이 적어 투자에 대한 회수율도 높고 접근성도 할인점에 비해 좋아 2000년대 유통기업들의 SSM 확대 전략이 가속화 되었고, 2000년대 후반에는 임차료 상승 등에 따라 990m$^2$ 이하의 중소형점 위주로 오픈을 하였다. 최근에는 유통산업발전법 개정 등 각종 규제로 인해 가맹점 형태로 출점을 진행하고 있으며, 인터넷 슈퍼 활성화, 프리미엄 슈퍼 등 다양한 컨셉의 점포 오픈

등을 통해 신선식품과 근거리 소량 구매라는 슈퍼마켓의 강점을 살려 경쟁력을 키워나가고 있다.

### 9) 회원제 창고형 도소매점

회원제 창고형 도소매점MWC: membership wholesale club은 일정한 연회비를 내는 회원들만으로 대상으로 정상적인 유명제조업체상표를 30~50% 정도의 할인된 가격으로 판매하는 소매점이다. 회원제 창고형 도소매점은 실내장식이 거의 없는 창고형의 매장과 진열대에 상품을 상자포장 그대로 쌓아놓고 고객이 직접 고르게 하는 묶음판매를 통해 운영비를 최소화하는 영업방식을 취하고 있다. 취급품목은 식품류, 가구류, 가정용품, 전자제품, 잡화 등 3~4천개 정도로 한정되고, 상품회전율이 높은 상품과 유명상표제품만을 취급한다.

미국의 회원제 창고형 도소매점은 1976년에 설립된 프라이스 클럽Price Club이 그 효시이며, 1983년에 월마트가 샘스클럽Sam's Club을 설립하였고, 이어 1994년에 프라이스 클럽과 코스트코Costco가 합병하여 설립한 프라이스 코스트코Price Costco가 대표적이다. 프라이스 코스트코는 1997년 코스트코 홀세일Costco Wholesale로 사명이 변경되었다.

국내 회원제 창고형 도소매점의 시초는 1994년에 신세계백화점이 서울 양평동에 미국의 프라이스 코스트코사와 기술제휴로 설립된 프라이스 클럽이며, 뒤이어 1995년 뉴코아백화점의 킴즈 클럽Kim's Club, 1996년 네덜란드 도매업체인 홀딩사와 합작투자로 설립된 한국마크로가 개점하였으나 코스트코를 제외하고는 별다를 성과를 거두지는 못하였고, 현재는 코스트코 홀세일, 이마트 트레이더스, 롯데 빅마켓이 경쟁중이다.

### 10) 백화점

백화점department store은 주로 의류, 가정용품, 잡화를 중심으로 다양한 제품계열을 취급하며 소비자들이 일괄구매 할 수 있도록 하고 주로 직영으로 운영되는 대규모 소매점이다. 백화점의 주요 특징은 첫째, 교통이 편리하고 사람들이 많이 모이는 도심지에 입지하며, 화려하고 거대한 점포를 바탕으로 한 고품격 서비스를 제공함으로써 소비자들을 흡인하고 있다. 둘째, 상품적 특성으로서 백화점은 다양한 상품을 취급하고 있으나 그 주종은 선매품이다. 셋째, 다양한 상품을 상품군으로 구분하고, 각 상품군마다 책임자를 두어 관리하는 제도인 부문별 조직으로 합리적 경영을 하고 있다는 것이다.

국내 최초 백화점은 1916년 일본의 미츠코시 백화점 서울출장소이며, 국내자본으로는 1931년 화신백화점이 최초이다. 1960년대 후반, 신세계백화점이 직영화를 통해 본격적으로 대형화가 시작되었고, 1980년대 이후 눈부신 성장을 하였으나, 백화점은 인구 6~70만 명 수준이 되어야 충분한 시장이 형성될 수 있어 대도시 위주로 출점 및 발전을 지속해왔다.

최근 백화점은 소비자의 가격지향적 소비패턴과 원스톱쇼핑의 성향 및 저가운영전략을 취하고 있는 가격파괴점뿐만 아니라 다양한 쇼핑센터 등장으로 상당한 위협을 받고 있다. 이에 대항하기 위해 백화점은 기존 운영방식을 탈피하고 새로운 변화를 모색하기 위해 문화중심지를 표방하면서 쇼핑과 각종문화공간을 마련하여 소비자에게 다양한 서비스를 제공하기도 하고, 전문화 및 고급화로 차별화를 시도해 나가고 있다.

### 11) 대중양판점

대중양판점GMS: general merchandising store은 주로 식료품, 의류, 잡화 등의 다양한 제품구색을 갖추되 백화점보다는 상품의 수를 줄이고 중저가로 판매하는 실용적인 제품 중심의 종합점이다. 상품구색 및 매장운영 방식은 백화점과 유사하나 체인화를 통해 대량 구매, 유통업자 상표의 개발, 기획상품 개발 등을 통해 백화점보다 저렴한 가격으로 판매하고 있어 백화점과 할인점의 중간형태로 볼 수 있다.

미국의 대표적인 양판점은 시어즈Sears, 제이 씨 페니J. C. Penney, 몽고메리 워드Montgomery Ward이며, 현재 할인점, 고급백화점, 전문할인점의 성장으로 인한 업태간의 경쟁심화로 경쟁력을 상실하였다. 국내의 경우에는 1988년 롯데백화점이 잠실 롯데월드에 개점한 새나라 슈퍼백화점이 시초이며, 그 후로 한양유통의 잠실점과 천안점, 해태유통의 해태마트 등이 개점되었으나 점포운영과 제품구색의 미숙, 백화점과의 차별화 부족 등으로 크게 성공하지는 못하였다.

### 12) 전문점

전문점specialty store은 취급하는 제품계열이 한정되어 있으나 해당 제품계열 내에서는 매우 다양한 품목들을 취급하는 소매점으로서, 제품믹스의 폭은 좁은 반면 매우 깊이 있는 상품구색을 갖추고 있는 소매점이다. 전문점은 과거보다 더 깊이 있고 전문화된 제품구색을 요구하는 소비자의 기호에 맞추어 특정 제품계열과 관련된 모든 품목들을 구비해 놓고, 양질의 서비스를 제공함으로써 고객을 유인하고 있으며, 지속적으로 성장하고 있다.

전문점은 주로 가전제품, 의류, 운동용품, 가구, 서적 등의 제품계열에서 볼 수 있는데, 예를 들면 청바지 전문매장인 캘빈클라인, 속옷전문점인 비너스, 유아복전문점인 아가방, 저가 화장품 전문점인 미샤, 더페이스샵, 유기농 전문점 풀무원건강생활의 내추럴하우스 오가닉Natural House Organic 등이 있다.

### 13) 드러그스토어

드러그스토어drug store는 이름에서도 알 수 있듯이 일반의약품은 물론 건강기능식품과 화장품, 생활용품, 음료, 다과류까지 함께 판매하는 복합형 전문점이다. 여성을 주 타깃으로 삼아 의약품 외에도 다양한 관련 상품을 갖추고 있기 때문에 여성이 한 매장에서 필요한 것을 원스톱으로 쇼핑할 수 있게 한 것이 가장 큰 특징이다. 식품 위주food retailer인 슈퍼마켓, 할인점과는 달리 화장품, 샴푸 등 뷰티 케어 상품군이 전체 60%를 차지하고 있는 비식품non-food retailer 점포라는 점도 특징이다. 미국과 홍콩, 일본에서는 1970년대에 생겨나 1990년대 들어 본격적인 소매업태로 발전했지만, 아직까지 국내에서는 약사법 규정으로 인해 화장품이나 건강기능식품 위주로 판매하기 때문에 H&B 스토어Health & Beauty Store로 발전해오고 있다. 최근에는 건강과 미용에 대한 고객 관심 증가로 차별적인 이미지를 제공하기 위해 노력하고 있다.

### 14) 카테고리 킬러

전문 할인점special discount store이라고도 하는 카테고리 킬러category killer는 한 가지 상품군을 다양한 구색과 저렴한 가격으로 판매하여, 같은 상품군을 취급하는 소매점들이 경쟁력을 잃고 철수해야 했기 때문에 붙여진 별명이다. 특정 제품계열의 모든 상품을 취급한다는 측면에서는 전문점과 유사하지만, 저가격의 대량판매, 셀프 서비스 방식, 점포의 체인화 등의 면에서는 할인점의 특성을 지니고 있다.

미국에서는 전자제품류의 서킷시티Circuit city, 완구류의 토이저러스Toys "R" Us, 집수리분야에서는 홈데포Home Depot, 사용용품에서는 오피스디포Office Depot, 의류에서는 리미티드Limited, 갭The Gap 등이 있다.

우리나라의 소비환경을 보면 소비가 다양화 · 성숙화 · 가치중시 · 합리화 · 효율성 추구 · 과소비 억제 등의 경향을 띠고 있다. 이러한 소비환경에서 한정된 제품군 내의 깊은 구색으로 특징 지워지는 전문 할인점은 점차 세분화 및 고도화되고 있는 고객니즈와도 잘 부합한다. 특히 소비자가 성숙하면 할수록 전문 할인점이 성행하는 미국과 일본의 사례가 좋은 예가 된다. 국내에서는 신발전문점 ABC마트, 가전 전문점 하이마트 등이 있다.

### 15) 아웃렛

아웃렛outlet은 상설할인매장factory outlet이라고도 하며, 다양한 재고품, 기획상품, 이월상품 등을 정상가격보다 30% 이상으로 저렴하게 판매하는 제조업체 직영점을 말한다. 미국의 경우 보통 수십 개의 상설할인매장들이 한 곳에 집결되어 하나의 제조업체 상설할인몰 또는 할인소매센터를 형성하고 있으며, 고급의류브랜드를 취급함으로써 점차 고급화되어 가는 추세에 있다.

국내의 경우 2000년대 중반까지만 하더라도 아웃렛은 2001아울렛, 모다아울렛, 마리오아울렛 등과 같이 도심형 패션아웃렛에 대한 개념으로만 인식되었으나, 2007년 국내 최초 전통적인 여주 프리미엄 아웃렛이 오픈하면서 아웃렛에 대한 인식이 전환되었다. 백화점, 대형마트 등이 성장 한계에 봉착하면서 오프라인 유통 중 성장 가능성이 남아 있는 아웃렛 사업에 대한 관심이 높아지고, 유통업 특성상 향후 아웃렛도 포화 상태에 이를 것이란 전망 아래 최근 시장 장악을 위해 신세계, 롯데, 현대 백화점 빅3개 업체가 주요 상권에 선제적 출점을 지속적으로 실시하고 있다.

프리미엄 아웃렛은 교통이 불편한 도심외곽에 위치함에도 세계 유명 브랜드의 높은 품질과 품격으로 최상의 쇼핑 기회를 선사하고, 할인된 가격, 교외에 위치한 아름다운 건축물과 주변 경관으로 기존과 전혀 다른 쇼핑환경을 선사하여 주말 등을 이용한 소비자들의 이용은 지속적으로 증가하고 있다. 이와 함께 최근에는 주중, 주말 관계 없이 고객 유치가 가능하고 저렴한 가격과 접근성의 이점을 모두 갖춘 도심형 아웃렛에 대한 관심도 높아지고 있다. 백화점 대비 절반 규모에 백화점 수준의 매출을 기대할 수 있기 때문이다. 합리적인 소비가 확산되면서 아웃렛 산업 성장은 앞으로도 계속될 전망이다.

## 2.2 무점포소매 업태별 분류

소비자의 소득증가와 이에 따른 라이프스타일의 변화 등으로 소비자의 편의성에 대한 욕구가 증대하고 다양한 매체에 대한 정보화가 진전됨으로써 무점포판매가 새로운 유통경로로 주목받고 있다. 무점포소매업은 유통시장이 개방되고 2000년 이후부터 급격히 성장하였는데 맞벌이, 교통체증 등으로 쇼핑시간의 여유가 없는 소비자들에게 시간적인 편의를 제공하며 전체 소매업에서 비중이 늘어나고 있다. 무점포소매업 초기에는 주문방식에 의해 상품을 소매하는 통신판매업국내의 백화점들도 점포판매의 보완수단으로 우편판매나 최근에 급속한 성장을 보이고 있는 인터넷쇼핑몰이나 모바일앱을 통한 판매에 적극적으로 참여하고 있다. 유통산업발전법에서는 무점포판매의 유형을 다음의 8가지 항목으로 규정하고 있다.

- 방문판매 및 가정내 진열판매
- 다단계판매
- 전화권유판매
- 카탈로그판매
- 텔레비전홈쇼핑/인터넷 멀티미디어 방송(IPTV)을 통한 상거래
- 인터넷쇼핑몰 또는 사이버몰 등 전자상거래/온라인 오픈마켓 등 전자상거래중개
- 이동통신기기를 이용한 판매
- 자동판매기를 통한 판매

### 1) 방문판매

영업사원을 이용한 방문판매는 가장 역사가 오래된 무점포형 소매상으로 직접 소비자와 대면하여 제품을 판매하여 직접판매라고도 불린다. 화장품회사, 가정용 학습교재회사, 우유나 요구르트 등의 유제품회사 등이 주로 이런 형태의 방문판매방식

을 보이며 1980년대 중반까지 이러한 회사들의 주된 판매방식이었다.

불필요한 재고나 반품이 없고, 중간유통상에게 마진을 지불하지 않아 판매자와 소비자 모두에게 이익이 되는 특징을 가지고 있으나, 판매원을 통해 제조사나 제품의 이미지가 전달되기 때문에 판매원들의 철저한 육성 및 관리가 전제되어야 한다.

### 2) 다단계판매

다단계판매는 방문판매가 발전된 판매방식으로 1995년 방문판매 등에 관한 법률이 개정되어 다단계판매 방식이 법적으로 허용되면서 급격하게 발전하였다. 상품을 사용해보고 이에 만족한 소비자가 스스로의 의사로 판매원이 되어 주위사람들에게 상품의 사용을 권하며, 이들이 다시 판매원으로 전화되는 과정이 반복됨으로써 상품의 판매범위가 넓어지는 무한 연쇄 소개판매의 특성을 보인다.

대표적인 기업으로는 암웨이Amway, 뉴스킨NUSKIN 등을 들 수 있는데, 이들은 다단계판매 방식과 무점포 직판시스템의 도입을 통해 급성장하고 있다. 최근에는 제품 체험공간 등을 확대하고, 인터넷쇼핑몰 구축 등을 통해 고객인식 변화 및 다양한 판매채널을 확보해 나가고 있다.

### 3) 전화권유판매

전화를 이용하여 소비자에게 제품정보를 제공한 후, 제품판매를 유도하는 소매유형이다. 전화권유판매는 전화를 거는 주체에 따라 분류할 수 있으나 최근에는 자동화된 시스템으로 전화를 돌린 후, 제품정보를 제공하고 그 제품에 관심있는 소비자들이 주문을 할 수 있도록 하고 있다. 보험, 인터넷, 통신부가서비스, 오피스텔 등 판매영역이 지속적으로 확대되고 있으나 개인정보보호법 강화 및 다양한 앱 개발 등으로 인해 어려움을 겪고 있다.

### 4) 카탈로그 판매

카탈로그 판매는 예상잠재고객에게 우편으로 보내진 광고물, 카탈로그를 이용하여 상품을 판매하는 방식이다. 미국에서는 몽고메리 워드Montgomery Ward와 시어즈Sears가 우편판매업을 시작하였고, 국내에서는 1980년대 들어 여성의 사회진출의 증가로 인해 쇼핑시간의 감소, 점포의 혼잡과 교통체증을 피하려는 욕구가 증가함에 따라 발전하였으나, 최근에는 우편비, 카탈로그 제작 등에 대한 과다한 비용소요로 새로운 활로를 찾고 있다. 카탈로그 판매는 신용카드사, 텔레비전홈쇼핑, 백화점 등에서 판매채널로써 지속적으로 활용하고 있으며, 최근에는 박람회 및 전시회 증가 등에 따라 각 기업들이 새로운 전략도구로 활용하며, 텔레비전홈쇼핑 및 백화점 등에서는 고객에 특성을 고려한 카탈로그를 통해 CRM에도 지속적으로 활용하고 있다.

### 5) 텔레비전홈쇼핑

TV라는 방송매체를 통해 제품을 소개하고 광고하는 방송을 보내고, 전화로 주문을 접수하는 무점포소매시스템으로, 홈쇼핑의 이점은 소비자들이 점포까지 방문하게 하는 번거로움을 없애줄 뿐 아니라 TV화면을 통해 직접 실연됨으로써 무점포거래에서 소비자들이 갖게 되는 제품에 대한 불신을 상당히 해소시켜 준다는 것과 가격이 10~30% 정도 저렴하고, 구매를 하지 않아도 상품에 대한 정보를 획득 가능하다는 것이다. 이러한 다양한 이점을 바탕으로 시간대별 고객특성을 분석한 방송 편성 및 보험, 여행상품 등 판매상품 다양화 등을 통해 지속적인 성장을 보이고 있다. 국내에서는 GS홈쇼핑, CJ오쇼핑, 현대홈쇼핑 등이 대표적이며 최근에는 해외진출을 통해 사업영역을 확장해나가고 있다.

### 6) 인터넷쇼핑몰

인터넷쇼핑internet shopping은 컴퓨터를 통한 가상공간에서 구매자와 판매자가 만나 쌍방향 커뮤니케이션을 통해 상품에 관한 정보를 교환하고 거래하는 방식을 의미한다. 인터넷쇼핑은 활발한 상호작용, 집약된 정보, 전세계와의 접촉과 같은 독특한 이점 때문에 급격한 성장세를 보이고 있다. 우리나라의 경우 인터넷쇼핑몰은 다른 업태에 비해 성장률이 높으며, 이러한 성장이 계속된다면 인터넷쇼핑은 소매 산업에 상당한 영향을 줄 것이다.

인터넷쇼핑의 경험은 소비자에게 여러 가지 이점을 주고 있다. 첫째, 엔터테인먼트 및 사회적 경험의 제공을 들 수 있다. 소비자들은 인터넷상에서 제품이나 서비스에 대한 정보 탐색이나 구매 이외에도, 인터넷 사이트를 항해하면서 다양한 오락적 즐거움을 경험한다. 또한 동일한 관심과 취미를 가진 사람들과의 커뮤니티를 형성하거나 채팅을 하거나 게시판의 활용을 통해 사회적 경험을 할 수 있다. 둘째, 풍부한 상품대안을 제공한다. 다른 소매업체와 비교했을 때 인터넷쇼핑의 가장 큰 이점은 고객들에게 풍부한 상품의 대안을 제공한다는 점이다. 한 예로, 미국의 도서 전문점인 반스앤노블Barnes & Noble의 경우는 점포에 약 30만 권 정도의 도서를 보유하고 있지만, 도서전문사이트인 아마존Amazon의 경우는 300만 권 이상의 도서 DB를 갖추고 소비자가 원하는 거의 모든 도서 정보를 제공하고 있다. 셋째, 비교쇼핑의 용이성을 들 수 있다. 소비자들이 물리적 점포에서 상품을 구매하기 위해 정보를 탐색하고 비교하기 위해서는 여러 점포를 방문하는 수고를 해야 한다. 그러나 인터넷쇼핑의 경우, 공간적 편의성으로 인해 소비자들은 적은 시간으로 여러 사이트를 방문하여 상품에 대한 정보를 비교하거나, 또는 정보중개상과 같은 사이트를 방문하여 다양한 상품에 대한 정보를 획득할 수 있다. 넷째, 저렴한 가격의 상품제공이다. 인터넷쇼핑은 여러 유통업자를 이용하지 않고 직접 소비자에게 상품을 판매함으로써 비용을 절감할 수 있다. 이를 통해 인터넷 소매업자는 저렴한 가격으로 상품을 소비자에게 제공함으로써 소비자를 인터넷상으로 이끈다. 이러한 다양한 이점에도 불구하고 인터넷쇼핑은 개인정보나 신용정보의 노출, 상품주문과 배달상의 위험, 실제 상품의 확인 불가능 등과 같은 단점을 가지고 있다. 그러나 인터넷쇼핑의 위험보다 혜택을 더 크게 인지하는 소비자들이 늘어나고 있다는 측면에서 인터넷쇼핑의 미래는 상당히 밝다고 할 수 있다.

### 7) 이동통신기기(모바일)를 이용한 판매

PC기반 인터넷쇼핑은 2013년부터 성장률의 감소폭이 더욱더 커지고 있다. 스마트기기가 보편화 되면서 고객들이 모바일 환경에 익숙해지고 사용자가 증가함에 따라 TV홈쇼핑에서 운영하는 인터넷몰부터 오픈마켓 업체까지 모바일쇼핑에 집중하고, 소셜 커머스 시장도 2014년 모바일 판매가 PC 매출보다 높아지면서 인터넷쇼핑과는 반대로 모바일쇼핑은 폭발적인 성장을 거듭하고 있다. 이러한 모바일쇼핑은 인터넷쇼핑의 장점에 언제 어디서나 편리하게 상품을 구매할 수 있다는 특성을 더해 온라인쇼핑 채널 중에서 가장 높은 성장률을 이어갈 것으로 보인다.

표 4-4 전자상거래와 전통상거래의 차이점

| | 전자상거래 | 전통적인 상거래 |
|---|---|---|
| 유통경로 | 기업 ↔ 소비자 | 기업 ↔ 도매상 ↔ 소매상 ↔ 소비자 |
| 거래대상지역 | 전세계(global maketing) | 일부지역(limited place) |
| 거래시간 | 24시간 | 제약된 영업시간 |
| 고객 수요 파악 | 온라인으로 수시획득<br>재입력이 필요없는 디지털 데이터<br>(digital data) | 영업사원이 획득<br>재입력 필요 |
| 마케팅활동 | 쌍방향 통신을 통한 1대 1마케팅<br>(interactive marketing) | 구매자의 의사와는 상관없는 일방적인 마케팅 |
| 고객대응 | 고객의 수요를 신속히 포착 즉시대응 | 고객 수요의 신속한 포착이 어렵고 대응 지연 |
| 판매거점 | 네트워크상의 가상공간(cyberspace) | 판매공간(점포)필요 |

### 8) 자동판매기를 통한 판매

점포를 통해 판매하기 어려운 시간과 장소에 24시간 판매와 셀프서비스를 하며 파손 가능성이 적은 편의품을 주로 판매하는 소매방식이다. 자동판매기는 설치비용이 높고 파손 위험이 높으며, 시간 및 장소효용을 제공하기 때문에 일반적으로 높은 가격 수준을 유지한다. 국내의 경우에는 커피, 음료수, 휴지 등의 자동판매기가 있으며, 은행의 현금지급기 등도 자동판매기로 볼 수 있다. 주로 학교, 공공장소, 공장 등에 설치되지만, 저품질로만 인식되었던 자동판매기도 고객을 사로잡기 위해 새로운 장소효용 창출 등 다양한 노력을 기울이고 있다.

# 3 소매 상품믹스 전략

## 3.1 상품믹스 전략의 기준

소매점포는 한정된 진열공간과 상품구입예산 때문에 다양한 카테고리category의 상품을 갖출 것인지, 아니면 일부 카테고리만 취급하면서 카테고리 내의 상품 수를 늘릴 것인지를 고려해야 한다. 카테고리의 수를 늘리는 것은 다양성을 확보하는 것이며 상품믹스의 넓이와 관련된다. 카테고리 내의 상품 수를 늘리는 것은 전문성을 확보하는 것이라 볼 수 있으며 상품믹스의 길이를 늘리는 것이다. 이처럼 판매할 상품의 카테고리 조합을 결정하는 것을 상품믹스merchandise mix라 하며, 소매업태 및 목표고객에 따라 이러한 상품믹스 전략도 달라지게 된다.

### 1) 상품믹스의 넓이

상품믹스의 넓이breadth는 소매상이 점포 내에 가지고 있는 카테고리의 수를 말한다. 상품 카테고리란 소비자가 상호 연관된 것으로 인식하면서 서로 대체될 수 있는 상품의 집합을 말하는 것으로 의류 카테고리, 식품 카테고리, 가전 카테고리 등으로 범주를 나눌 수 있다. 예를 들어 백화점은 매우 다양한 상품 카테고리를 가지고 있는 반면, 사무용품 전문점은 사무용품이나 사무비품 등 소수의 카테고리를 가지고 있다.

### 2) 상품믹스의 길이

길이length는 구색assortment이라고도 하며, 하위 단계의 상품 카테고리를 말하는 것으로 해당 카테고리 분류 하위에 속하는 세부 카테고리 분류라 볼 수 있다. 카테고리 범주에 따라 상대적으로 달라질 수 있지만, 흔히 카테고리 내의 브랜드의 수를 말한다. 슈퍼마켓의 경우에 케찹 카테고리에 6~7개의 브랜드와 개별 상표 및 무상표 제품 등 여러 종류의 브랜드를 취급할 수 있지만, 편의점은 한 두 종류의 브랜드만 취급한다. 어떤 편의점은 취급하는 상품의 브랜드 수가 너무 많아 실패한 경우도 있는데 너무 많은 브랜드 수는 편의점이나 규모가 작은 점포에서는 부적절한 전략이 될 수 있다.

### 3) 상품믹스의 깊이

깊이depth는 각 브랜드의 재고관리를 위한 최소단위를 말하는 재고유지단위SKU: stock keeping unit의 수를 말하는 것으로, 용량과 포장형태에 따라 달라지는 개별상품의 수이다. 예를 들어 슈퍼마켓이나 할인점은 다양한 용량과 용기형태의 우유를 판매하고 있지만 편의점은 가장 잘 팔리는 용량의 종이팩 우유만을 한정해서 판매할 것이다.

## 3.2 상품믹스 전략수립을 위한 고려요인

최적의 상품믹스의 설계에 영향을 미치는 네 가지 고려요인을 제시하면 다음과 같다. 유의해야 할 것은 각각의 점포의 상권이 서로 다르듯이 모든 점포의 최적 상품믹스 또한 점포에 따라 다르다. 상품믹스 결정은 소매상의 자금과 회전율에 대한 제약, 경쟁자와 소비자에 의해 야기되는 제약과 점포공간의 제약 등 여러 가지 제약조건들을 면밀하게 검토하여 결정하여야 한다.

### 1) 자금동원능력

상품의 넓이, 길이, 깊이 모두를 충족시킬 만큼 충분한 자금이 있는 경우는 드물다. 다양성을 강조하려고 결정한 경우, 동시에 상품 넓이와 깊이를 강조한다는 것은 불가능하다. 예를 들어 선물점포를 운영한다고 할 경우 보석, 크리스탈, 양초, 게임, 카드, 재떨이, 시계, 라디오 등의 다양한 선물종류를 취급하려고 한다면 단일 품목에 대해서는 많은 상품을 취급하지 못할 것이다. 어떤 소매상은 취급상품의 재고비용을 공급업자에게로 전가시킴으로써 이러한 한계점을 극복하기도 한다. 소매상이 단지 상품을 위탁판매하는 형태로서 공급업자가 제품의 소유권을 가지고 있으면서 판매가격도 정하고 제품이 판매될 때 판매대금을 받는 형태이다. 또는 공급업자가 판매된 제품에 대한 지불기간을 연기하는 방법도 있는데 예를 들면 대부분의 교과서 출판사들은 위탁판매하거나 아니면 일정기간 지불여유기간을 두고 있다.

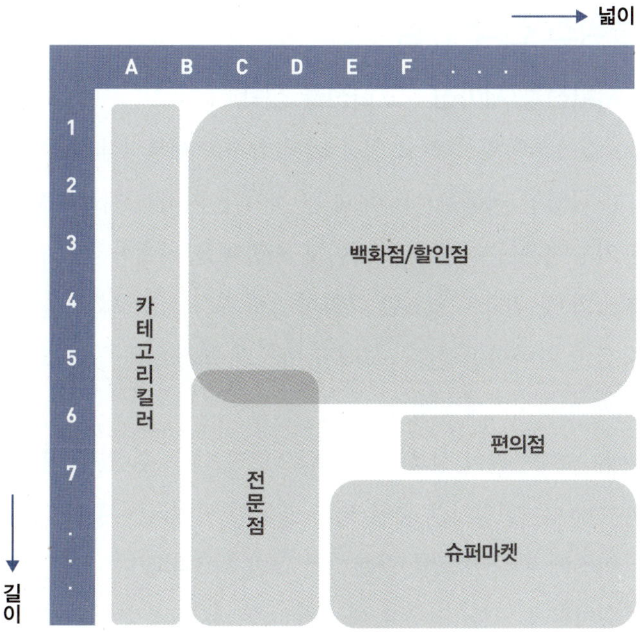


그림 4-2 업태별 상품믹스 전략

### 2) 공간할당

소매상은 또한 공간제약성도 고려하여야 한다. 만약 제품 깊이와 넓이가 증가하면 그에 상응하는 공간이 요구되며 다양성이 강조되면, 서로 다른 상품을 구분해 줄 수 있을 만큼의 여유공간이 확보되어야 한다. 일부 소매상(특히 식료품업계)은 공간적인 제약을 극복하기 위해 입점비slotting fees를 제조업자에게 비용을 부담케 하는 방법으로 이익을 창출하기도 한다.

### 3) 소비자 특성 및 점포 특성

소비자들은 전문점에 대해 적은 다양성과 넓이를 가지고 있지만 취급라인 내에서는 상당한 제품 깊이가 있는 것으로 인식하고 있다. 그러므로 남성복과 같이 소수의 상품라인을 가지고 있으면서 깊이 있는 상품을 찾는 개인은 남성정장에 전문화하고 있는 남성의류 소매점에 끌리게 될 것이다. 반면 양판점은 매우 많은 다양성과 넓이를 가지고 있으면서 좀 더 제한된 깊이의 제품을 가지고 있는 것으로 인식된다. 그러므로 여러 상품 라인을 여러 번 구매해야 할 필요성을 가지고 있는 구매자와 제품구색의 깊이를 그리 중요하게 여기지 않는 사람은 일반 양판점에 좀 더 끌릴 것이다.

## 3.3 상품믹스 전략 유형

### 1) 고마진 · 저회전율/저마진 · 고회전율 전략

상품의 깊이가 깊어질수록, 그리고 점점 더 작아지는 세분시장을 공략하기 위해 소매상은 점점 더 다양한 제품을 취급하게 될 것이다. 따라서 재고회전율은 악화되고 재고 부족의 가능성은 증가한다. 그렇다고 회전율을 최대화하기 위해 다양성, 넓이, 깊이를 최소화 할 필요는 없지만 다양한 상품믹스는 재고회전율에 영향을 미칠 수 있다는 사실을 알아야만 한다. 그래서 마진과 회전율을 함께 고려한 상품믹스 전략이 중요하게 다루어지게 되었다.

마진margin은 소매기관이 상품을 판매함으로써 얻을 수 있는 이익의 양을 의미하며 회전율turnover은 일정기간 동안 평균 재고가 판매되는 횟수를 의미하는 것이다. 회전율과 마진에 따라 점포를 구분하면 그림 4-3과 같다. 모든 소매점은 네 개의 사분면에 위치하게 된다. 경우에 따라서 너무 저가 경쟁에 휘말리게 되어 낮은 마진을 남기게 되면 사업을 수행하기 어려울 정도로 판매를 달성하기 어렵게 될 수도 있다. 이는 제3사분면의 저마진 · 저회전율의 국면에 해당하는 데 성공적이지 못한 경우가 될 것이다. 이와 반대로 마진도 높으면서 회전율도 높은 고마진 · 저회전율로 성공한 사례는 편의점이 해당된다. 이는 상식적으로 달성하기 어려운 전략이지만 편의점이 소비자들과 가까운 곳에 점포를 입지시키고 편의성을 강화한 상품구색으로 시간효용까지 극대화 했기에 가능한 것이다.

고마진 · 저회전율 전략에는 전문점과 백화점 같이 제품의 회전율은 낮지만 마진이 확보되는 구색을 취급하는 것으로, 마진이 높은 제품이기 때문에 판매과정에서 판매원의 상세한 설명이나 상담 등이 중요하게 작용한다. 이와 반대로 마진이 낮

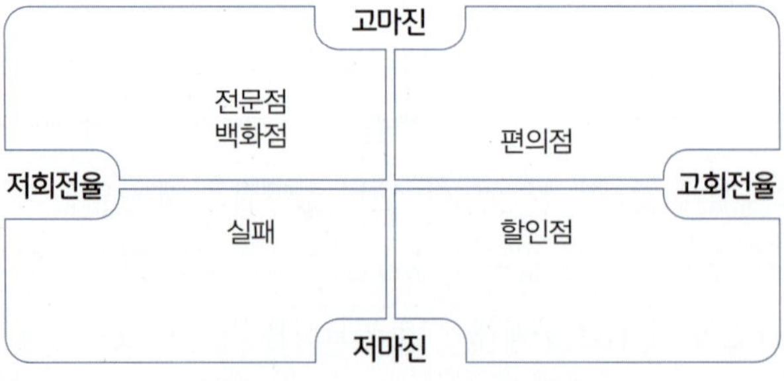


그림 4-3 마진과 회전율

표 4-5 저마진/고회전율 전략과 고마진/저회전율 전략의 비교

| 저마진 고회전율 전략 | 고마진 저회전율 전략 |
|---|---|
| • 잘 알려진 제품<br>• 점포에 오기 전에 고객이 구매를 결정<br>• 저가격이 가장 높은 애고 이유<br>• 최종 서비스 제공<br>• 독립지역이나 임대료가 싼 곳 위치<br>• 단순한 소매점포의 조직 | • 잘 알려지지 않은 제품<br>• 점포에 와서 구매 결정<br>• 서비스, 특징적 상품, 판매기법이 고객 애고를 결정하는 요인<br>• 판매지원, 신용, 배달 등 다양한 서비스<br>• 시내나 쇼핑센터 밀집지역 위치<br>• 복잡한 소매점포 조직 |

은 경우에는 판매량을 늘리는 고회전율 전략을 활용하여 수익을 확보해야 한다. 이러한 전략은 주로 할인점과 같은 저가격 중심의 소매상이 해당된다. 이처럼 저가로 승부하는 소매점에서는 회전율이 성패의 관건이다. 여성의류를 판매하는 아웃렛 점포는 백화점이나 전문점보다 평균 40~70% 낮게 공급하고 있다. 이러한 저가 판매가 가능한 것은 수익을 악화시킬 수 있는 불필요한 투자는 최소화하기 위해 생산자의 재고정리 품목이나 초과분을 취급하고, 고급스런 인테리어, 최신 스타일, 입지 편의, 신용 거래 등의 서비스는 제공하지 않고 방문객수를 늘려 회전율을 높이는 것이 중요하다. 이러한 두 가지 주요 전략을 표 4-5에서 비교하여 설명하였다.

최근 유통업계에서 초대형점포가 성장함에 따라 매우 낮은 마진으로 대량의 상품을 판매하는 저마진 · 고회전율의 마케팅 전략의 활용이 증가하고 있다. 이러한 전략에서는 고객응대보다는 대량의 다양한 상품에 대한 수요 예측과 주문, 보관 등의 기술이 중요하게 다루어지고 있기에 하이테크high tech 소매상이라 볼 수 있다. 상대적으로 고객과의 커뮤니케이션을 강화하고 고객접점관리를 통해 회전율은 낮더라도 높은 마진을 추구하는 전문점과 같은 소매상은 하이터치hign touch 소매상이라 볼 수 있다. 이 두 가지 전략은 가장 많이 활용되는 마진/회전율 전략으로 이들 전략유형으로 경쟁이 집중되는 양극화현상을 보이고 있으며, 표 4-6는 이들의 특성을 설명하고 있다.

### 2) 특선 전략creaming approach

특선 전략은 회전율이 높고 판매가 보장된 제품을 선택하여 취급하는 소매전략이다. 이를 테면 막대 사탕과 같은 충동적인 구매를 유발하는 제품을 추가하는 전문

**표 4-6 하이테크 · 하이터치 소매상**

| 하이테크(high tech) 소매상 | 하이터치(high touch) 소매상 |
|---|---|
| • 저마진 고회전율<br>• 대형점포<br>• 보관기술<br>• 셀프서비스<br>• Wal-Mart | • 고마진 저회전율<br>• 전문점<br>• 철저한 관리<br>• 전문화<br>• Toys'R'us |

품점은 전형적으로 전시할 만한 20여 브랜드 중에서 가장 잘 팔리는 몇 가지 품목만을 제공하는 것이 보통이다. 특선전략은 적은 위험을 부담하면서 적지만 확실한 이익을 챙기는 전술로 고객의 강력한 선호도를 유지하고 있는 제품을 통해 소매 마진을 보장해 준다. 슈퍼마켓 체인 등은 할인점의 제품 믹스에 비해 특선 전략을 취하고 있는 경향이 있다. 주로 잘 팔리는 인기제품 예를 들면 카메라, 캠핑장비 등을 몇 가지씩 골라서 취급하지만 결코 그런 제품 라인으로 전체를 할애하지는 않는다.

### 3) 스크램블드 머천다이징scrambled merchandising 전략

스크램블드 머천다이징 전략은 혼합적상품화계획이라고도 하며 소매상이 매출을 증가시키기 위한 수단으로 복합구색을 추구하는데 있어 기존의 상식을 깨고 수익성이 좋은 새로운 부문이나 품종을 취급하는 것을 일컫는 말이다. 즉 소매상이 자기 업종 고유의 상품 계열을 벗어나 이익을 남길 수 있는 갖가지 관련 상품을 효율적으로 구성하여 판매하는 방식을 말한다.

스크램블드 머천다이징은 주로 대형 소매점에서 이용하는 전략이며 다음과 같은 특징을 가진다. 첫째, 스크램블드 머천다이징은 많은 이익을 가져다줄 것이라고 예상되는 기존의 제품라인과는 전혀 다른 새로운 품종의 제품을 취급한다. 슈퍼마켓 같은 곳에서 사람들이 거의 찾을 것 같지 않은 장비나 설비를 몇 가지 비치해 두는 것은 한번 팔리기만 하면 많은 마진을 얻을 수 있기 때문이다. 둘째는 스크램블드 머천다이징을 통해 일괄구매장소one-stop-shopping center의 이미지를 강조할 수 있다는 장점이 있다. 주택가의 편의점에서 가정용품 중 희귀하거나 구매빈도가 매우 적은 제품을 취급함으로써 비슷한 개념으로 인식되고 있는 소매점들 중에서 찾는 제품은 무엇이든 있는 점포라는 이미지를 고객에게 심어줄 수가 있다. 셋째로는 유동인구를 많이 유발함으로써 소매점 내 쇼핑시간을 연장하게 하는 방법이 되어서 자연스럽게 매출증대로 이어지게 할 수 있다. 일본의 경우에는 서점에서 간단한 식음료와 악세사리류를 판매함으로써 지나치던 고객들이 꼭 책이 필요하지 않더라도 필요한 제품을 찾아 방문한 후 다른 전시된 서적에 관심을 돌리게 하거나 반대로 책을 고르는 중에 휴식할 수 있는 공간으로서의 역할을 보다 충실하게 할 수 있다.

이러한 특선 전략과 스크램블드 머천다이징 전략은 현대의 소매 기구들이 전통적인 상품 라인을 다양화시키고 있음을 보여주는 예이다. 그러나 대부분의 경우 다양한 형태의 소매상들은 일반적인 머천다이징 전략을 계획하고 있다. 일반적인 머천다이징 전략을 계획하기 위해 소매상은 다음과 같은 세 가지 의사결정을 하게 된다. 첫째, 일괄구매점포의 편리성을 제공할 것인가 아니면 입지적인 위치의 편의를 제공할 것인가를 취사선택하는 문제를 의사 결정해야 한다. 둘째, 거래가 가능한 거의 모든 제품 라인을 실질적으로 통합하는 전략의 구사함으로써 일괄구매점포로서의 기능을 최고로 극대화시키는 전략이다. 마지막으로 도매상, 소매상, 협동조합 등의 PBprivate brand 제공 전략을 적극 활용하는 것이다.

# 4 소매업 발전이론

## 4.1 소매수레바퀴이론

소매수레바퀴이론wheel of retailing은 소매윤회설이라고도 하는데 미국의 멕네어McNair가 주장한 이론으로 소매기관의 발달을 설명하는데 가장 보편적으로 받아들여지고 있다. 이 이론에 따르면 고객서비스의 최소화, 소박한 쇼핑시설, 저렴한 지대의 입지 그리고 한정된 상품믹스의 제공 등을 기반으로 저가격 · 저비용 · 저마진의 혁신적인 소매형태가 나타나는 진입기가 1단계로 나타난다. 그러면 다음 2단계에서는 모방기업들의 등장으로 디스플레이의 개선, 보다 경쟁력 있는 입지의 확보, 광고비의 증대 그리고 신용, 배달 및 기타 고객서비스제공 등을 통해서 타사와 차별화를 시도하는 격상기로 넘어가고, 서서히 그 영업의 질을 높여나가는 결과 당초에 내세웠던 소구점이 퇴색하게 되고 고가격, 고비용, 고마진의 소매형태로 변화하게 되며, 이러한 소매환경의 변화는 새로운 유형의 혁신적인 소매점이 저가격, 저마진, 저비용으로 시장에 진입할 수 있는 여지를 제공하게 되는 취약기 등과 같은 3단계의 순환주기를 따른다는 것이다.

이와 같이 하나의 혁신적인 소매형태가 성숙기에 도달하면 다음의 소매형태의 혁신이 나타나고 그러한 순환이 차례로 이어져 간다는 것인데 이는 소매업에서의 경쟁논리의 전개와 대응해서 설명되고 있다. 정상적인 시장경제체제하에서는 항상 생산과잉현상이 존재하고 이 문제의 해결을 위한 대량판매방식의 탄생을 자극하는데 이러한 압력 하에 어떤 대량판매형태가 출현하게 되는 것이다. 이것은 최초에는 저가격에 의한 대량수요의 흡인을 지향한다. 그러나 이러한 방식을 택하는 점포 내지 소매상이 다수 등장하게 되면 경쟁은 어느덧 선형점끼리 경쟁이 되어버리고 그 결과 가격소구를 자기점포를 유리하게 하는 수단으로 삼을 수 없는 상태가 도래하게 되어 이제는 가격 이외의 상품구색 갖추기 등의 기타 특이성을 추구하게 된다. 박리다매에 의한 고회전율 상품취급에 집중함으로써 가격소구가 가능했던 당초의

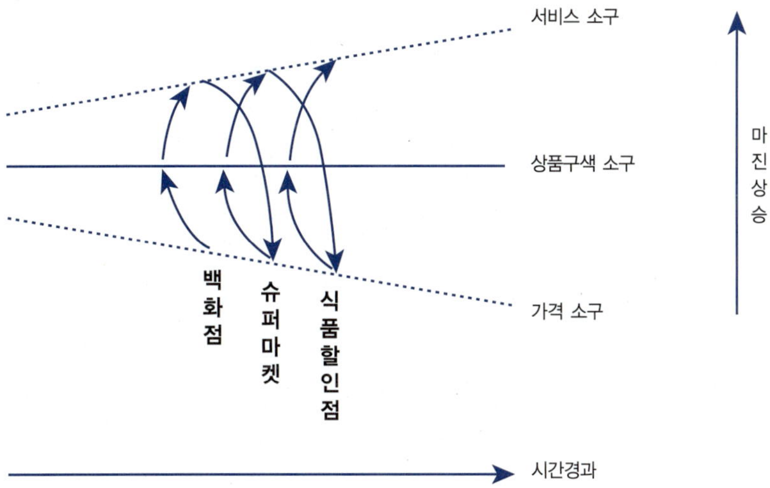


그림 4-4 소매수레바퀴이론

사정과는 달리 이제는 저회전율의 상품도 취급하지 않을 수 없게 되므로 소매업자로서는 그만큼 이폭의 상승이 필요하게 된다. 나아가서는 무료배달, 무료가공, 신용공여, 트레이딩 스탬프 등 서비스 경쟁에 돌입하게 되며 이로 인해 영업경비의 증대가 불가피해지고 따라서 더 큰 이폭이 필요하게 된다. 이러한 정황에 이르면 당초 대량염가판매를 표방했던 형태가 이제는 도리어 고마진 영업으로 변질하여 새로이 다른 형태의 대량 염가판매방식이 도입될 기회를 마련해 주는 셈이 되는 것이다.

그림 4-4는 이러한 순환과정을 나타내고 있다. 그런데 이 소매수레바퀴이론은 미국의 소매업태의 변천과정을 부분적으로는 설명하고 있지만, 모든 국가의 모든 유형의 소매업태들의 발전과정에 적용하기는 어렵다. 예를 들면 편의점, 자동판매기 등은 초기 시장에 진입할 때부터 고비용 · 고마진 방식을 기반으로 하였으며, 우리나라의 경우는 선진국에서 개발된 다양한 업태의 소매점이 동시에 또는 순서가 뒤바뀌어 도입되었기 때문에 소매수레바퀴이론에 의해 소매업태의 변화과정을 설명하기에는 무리가 있다.

## 4.2 소매수명주기이론

소매수명주기이론retail life cycle theory은 제품수명주기개념을 기반으로 소매기관이 유

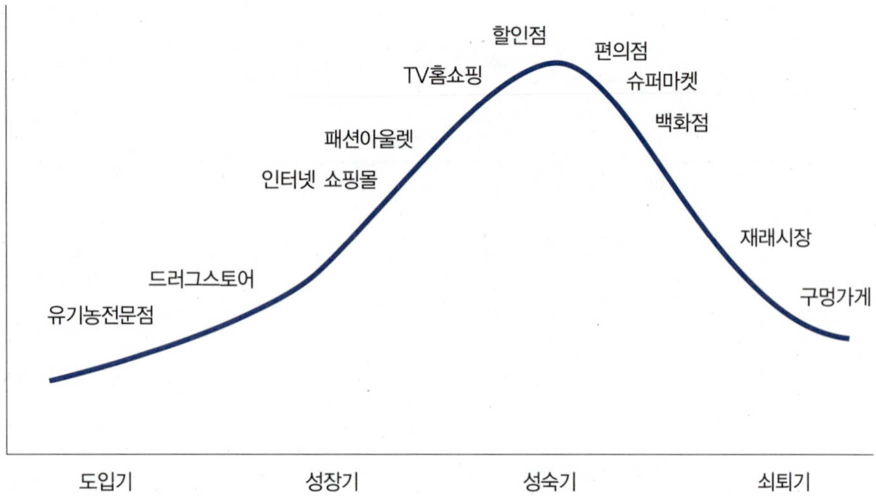


**그림 4-5 소매수명주기이론**

형이 초기 도입기, 성장기, 성숙기, 쇠퇴기의 단계를 거치면서 진화하다고 주장한다. 도입기는 기존규범에 대한 이탈현상으로서 기존소매업자를 능가하는 중요한 경쟁우위를 보유하는 새로운 소매기관이 탄생하여 일반대중의 수용력을 확보하면서 매우 급속한 매출증가를 향유하게 된다. 성장기accelerated development에서는 혁신자의 지리적 확장과 모방적 경쟁자의 진입현상이 전형적으로 나타나면서 판매량, 수익성, 그리고 시장점유율 등이 급격히 증가하게 되며, 성숙기maturity에는 과잉팽창의 결과로서 비용상승에 의한 저항을 받게 되어 소매기관의 초기생존력의 소멸과 새로운 소매형태의 경쟁적 공세라는 현상이 나타난다. 마지막 쇠퇴기decline에서는 소매기관의 상대적 취약성이 명백해지면서 시장점유율이 떨어지고, 수익이 감소하여 결국 경쟁에서 뒤쳐지게 되는 단계가 된다.

예를 들면 우리나라의 경우 재래시장은 이미 쇠퇴기에 접어들었고, 백화점은 성숙기, 할인점은 성장후기, 인터넷쇼핑몰은 성장기, 드러그 스토어와 유기농 전문점 등은 성장가능성이 높은 도입기의 소매형태라 할 수 있으며 이러한 변화의 과정은 앞으로도 계속될 것이다.

일반적으로 소매기관의 발전에 관한 다른 이론들은 어떤 특별한 변화에 대한 예측과 대처가 불가능하지만, 소매수명주기이론은 소매 관리자가 각 수명주기단계를 세부적으로 분석하여 수명주기의 각 단계로의 변화를 예측하고, 이러한 환경변화에 가능한 효과적으로 소매조직을 적응시킬 수 있다.

그러나 소매상의 성장과 쇠퇴과정은 소매수명주기이론이 설명하고 있는 것처럼 필연적인 진화의 과정이 아니라 사업환경의 변화에 대한 경영자의 지원 및 대처능력에 기인하는 것으로 볼 수 있으며, 또한 소매기관들이 수명주기의 발전과정에 이미 적응해 나가고 있고, 소매수명주기상에서 소매점의 정확한 위치와 각 단계의 지속기간을 예측하기가 어렵다는 단점이 있다.

## 4.3 진공지대론

앞에서 말한 소매수레바퀴이론과 유사한 가설을 덴마크의 학자 닐센Nielsen이 진공지대론vacuum zone theory이란 이름으로 발표하였다. 이것은 소매수레바퀴이론의 결함을 극복하고 보다 설득력 있는 설명을 제공하기 위한 시도로 제시된 것이다. 그 내용의 개요는 다음과 같다.

지금 지리적으로 동일한 시장에 소비자집단이 있다고 하자. 이 집단에 대하여 특정제품 계열의 상품을 판매하고 있는 몇몇 소매점들이 있고 이들 소매점이 제공하는 서비스의 정도는 각각 상이한 수준에서 행해지고 있다고 하자. 취급하고 있는 상품은 동종이라 할지라도 구색의 폭이 넓다면 그 자체가 하나의 서비스로 간주될 수 있으며 기타 각양각색의 서비스가 존재한다. 서비스의 제공은 그 점포의 평균판매가격수준에 반영되어 서비스가 고도화될수록 그만큼 가격은 높아지기 마련이다. 그리하여 소매기업 사이에 고서비스 · 고가격과 저서비스 · 저가격이란 관계가 성립한다.

이러한 각종 판매형태에 대응하여 그림 4-6과 같이 고객 집단에서의 선호분포가 얻어진다고 하자. 이 그림의 횡축 상에는 저서비스 · 저가격점으로부터 고서비스 · 고가격점까지 좌에서 우로 분포되어 있다. 즉 A, B, C점이 그림에 나타나 있는 바와 같은 서비스 · 가격조합수준의 형태로 운영되고 있는 것으로 한다.

이 경우 경쟁은 A 대 B 및 C 대 B에 있어 행해지는데 이들 경쟁은 A와 C로 하여금 선호분포의 중심을 향하여 이동시키는 효과를 가진다. 왜냐하면 B점의 서비스 · 가격수준이 가장 소비자에 의해서 선호되고 있는 까닭에 A점과 C점이 매출을 증대시키자면 A점은 격상전략을 갖고 B점에 가까워지려 노력하며, C점은 격하전략

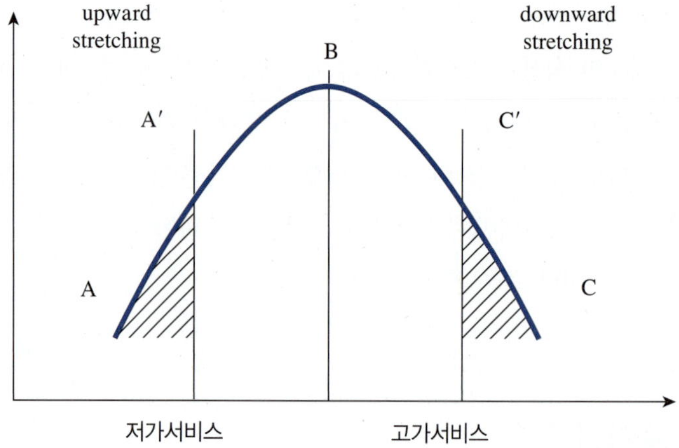


그림 4-6 진공지대론

으로써 역시 B점에 접근하려 한다. 그 결과 A와 B사이, 그리고 C와 B사이에는 고객의 눈에 차이가 인식될 수 있는 정도의 차별을 남기는 한도까지 이동하게 되어 A점은 A′로 변하고 C점은 C′로 변한다. 이러한 A 및 C의 이동으로 말미암아 빗금으로 나타나 있는 양단 부분의 고객이 원하는 서비스 · 가격수준을 제공해 주는 소매점이 없어지게 된다. 이를 가리켜 진공지대라 하는데 이 진공지대는 새로운 진입자가 등장할 가능성을 제공해 준다는 것이다.

## 4.4 아코디언 이론

소매아코디언이론**retail accordion theory**은 일반형–특수형–일반형 주기이론**general-specific-general cycle theory**이라고도 하는데, 소매시스템에서 우세한 소매형태가 취급하는 상품계열수의 측면에서 현대 상업시스템의 진화를 설명하는 이론이다. 즉 종합상품계열**general merchandise line**을 취급하는 소매기관이 보다 한정된 상품계열을 취급하는 전문화된 전문형 소매기관**specialist**에 의해 대체되고, 후에는 이것이 다시 종합상품계열을 가진 업체에 의하여 대체되는 식으로 순환되는데 이러한 리듬식 소매기관의 발전패턴이 아코디언을 닮았다 하여 이렇게 이름 붙여진 것으로 본다. 실제로 소매점 역사를 되돌아 볼 때, 비록 정확하게 증명하기는 어렵지만 일반잡화점, 백화점, 통신판매점, 전문점으로 발전해 오다가 다시 하이퍼마켓이나 창고형 소매기관처럼 수십만 종의 품목을 종합적으로 취급하는 소매기관이 나타나고 다시 소수품목만 거래하는 전문점이 발전하는 것이 사실인 만큼 이 이론은 나름대로의 설득력을 갖고 있다고 하겠다.

소매아코디언이론은 상품계열 수의 자유로운 변경이 가능하다는 동태적 관점을 설명하고 있다는 장점이 있지만, 이것은 다만 역사적 흐름에서 순환의 대방향을 보여주는데 그칠 뿐 변화가 발생하는 시점과 장소에 대해서는 설명해 주지 못한다는 단점이 있다.

## 4.5 변증법적 과정

변증법적 과정dialetic process은 변증법의 정thesis – 반antithesis – 합synthesis의 논리에 따라 소매기관의 변화를 설명하려는 이론이다. 그림 4–7과 같이 특정유형의 소매기관이라는 정이 정반대형의 소매기관이라는 반에 의해서 도전을 받게 되면 결국 양자의 융합과정melding process에 의해 절충형 소매기관인 합이 등장하고, 다시 합은 새로운 협상과 동화의 국면을 위한 정이 된다는 것이다. 예를 들면 전통적인 식품점–슈퍼마켓–셀프서비스형 식품점이나 백화점–할인점–할인백화점의 등장을 들 수 있다.

그림 4–7 변증법적 과정

## 4.6 자연도태설

다윈의 자연도태설natural selection을 근거로 소매업태의 변화과정을 설명하려는 이론이다. 환경적응적 소매점은 존속하게 되지만 환경적응에 실패하는 소매기업은 도태하게 된다는 주장이다. 이는 적응행동이론adaptive theory으로 소비자 구매행동, 과학기술, 법적 환경 등의 소매 환경에 효율적으로 적응 가능한 소매 업태의 번창을 예고하고 있는데, 1940~50년대 미국 도심 백화점이 퇴조하고 외곽 백화점이 설립된 원인을 설명해 준다.

PART

# 2

# 유통경로 설계전략

CHAPTER

# 05

# 유통환경

# 1 유통환경의 구성요소

유통전략은 마케팅 전략의 목표달성을 위한 방향으로 추진되는데, 유통환경분석을 토대로 자사의 제품과 상황에 맞는 경로를 구축하고 관리하는 과정을 말한다. 유통환경에서는 유통과 관련된 거시환경 및 과업환경의 구성요소들을 살펴보고 최근 소비자 환경의 변화와 유통경로에 대한 소비자들의 기대를 정리하고자 한다. 그리고 유통경로 전략에서 마케팅믹스와 함께 고려되어야 할 요인들을 점검하고자 유통경로에서의 제품전략, 가격전략, 유통전략, 촉진전략에서 핵심적으로 알아야 할 개념들을 정리하도록 한다.

환경environment이란 조직을 둘러싸고 있거나 조직에 영향을 미치는 일련의 영향력 및 상황을 말하는데 기업의 경영전략이나 마케팅전략 수립 시에 필수적인 선행요소로 인식되고 있다. 전통적인 환경분류법에서는 그림 5-1과 같이 조직을 둘러싸고 있는 환경을 크게 내부환경internal environment과 외부환경external environment으로 구분하고 있다. 내부환경이란 조직이 가지고 있는 독특한 조직분위기, 조직문화를 의미하는 것으로 조직구성원이 조직의 성격, 가치, 규정, 스타일 및 특성 등을 공유하는 지각의 정도로 구성된다. 외부환경이란 조직의 외부에 존재하면서 조직의 의

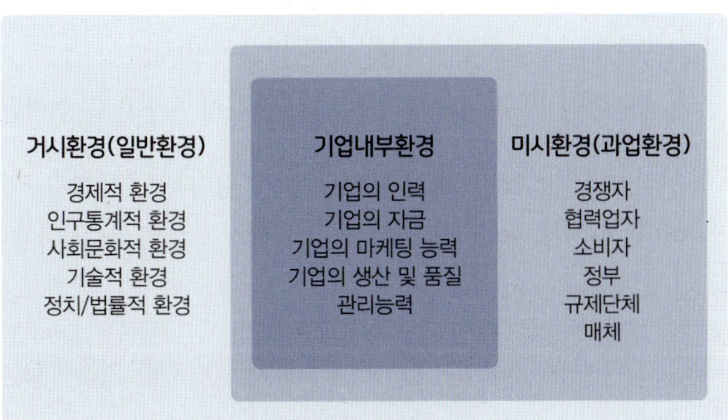


그림 5-1 유통 환경 분석 범위

사결정이나 전반적인 조직활동에 영향을 미치는 환경을 의미한다. 외부환경은 다시 거시환경macro environment과 과업환경task environment으로 구분할 수 있다.

사회의 모든 조직에 영향을 미치는 거시환경은 일반환경이라고도 하며, 그 범위가 매우 넓어 통제하기가 어려운 요인으로 구성되어 있다. 이러한 요인에는 특정조직에 반드시 영향을 미치지 않는 경우도 있다. 이러한 환경에는 경제적 환경, 기술적 환경, 사회문화적 환경, 정치 · 법률적 환경, 국제적 환경 등이 있다. 과업환경이란 특정 조직에 직접적인 영향을 미치는 요인으로 경쟁기업, 고객, 규제기관, 그리고 협력업자 등으로 구성될 수 있다.

현대의 기업은 시스템이론에서 시사하는 바와 같이 환경과 끊임없이 상호작용을 하는 개방시스템이다. 환경으로부터 원재료를 비롯한 투입물을 받아들이며 변형과정을 거쳐 만들어진 산출물인 재화와 용역은 외부의 환경으로 내보내지게 되며, 그 평가와 결과는 피드백에 의하여 다시 투입과정에 반영된다. 기업이 외부환경으로부터 투입물을 적절히 받아들이지 못하거나, 산출물이 외부환경에 의하여 수용되지 않는 경우에는 그 존속이 불가능하게 되며 이러한 병리적 현상을 마케팅 근시안marketing myopia이라고 한다.

최근 기업을 둘러싼 외부환경은 보다 복잡해질 뿐만 아니라 더욱 빠르게 변화하고 있다. 이러한 기업환경의 급속한 변화로 기업 내부의 효율성보다는 외부 적응력을 중요시하게 되었으며, 기업은 생존을 위하여 외부환경의 변화에 적절히 적응하여야만 하는 것이다. 이와 같은 환경의 중요성은 현대 경영학에서 기업과 환경의 관계에 대한 중요성을 부각시키는 계기를 마련하게 된 것이다. 기업환경은 기업이나 기업의 활동에 영향을 미치는 모든 요인을 의미한다. 그러므로 기업의 환경을 구성하는 요소는 그 범위도 넓을 뿐만 아니라 수도 많은 것이다.

유통경로가 직면하는 환경은 특징적으로 일곱 가지 유형으로 정리될 수 있다.

**다양성** 목표시장의 일반 소비자나 산업재 소비자 각각의 유사성과 차별성의 정도로 나타나는 여러 가지 상황이다. 소비자들 간에 유사성이 적고 차별성이 크다면 다양성이 큰 유통경로가 된다.

**역동성** 유통경로 구성원이 경쟁하는 시장의 변화의 빈도를 기준으로 나타내는 상황이다.

**집중성** 시장을 통제하려는 기업이나 조직의 수가 얼마인지를 근거로 나타내는 유통경로의 상황이다.

**수용성** 경제적인 여건이나 수요 상태의 호의적인 정도를 나타내는 상황이다.

**상호연관성** 관련 있는 경로 기관들의 수와 연계된 패턴에 따른 상황을 이르는 경로 여건이다.

**갈등** 경로구성원들이 공동의 목표없이 각기 목표만 추구하여 발생하는 비정상적인 경쟁적 긴장감의 정도를 나타내는 상황이다.

**상호의존성** 경로구성원들이 경쟁하는 시장에서 행동의 반응 정도와 민감성을 나타내는 상황이다.

이들 일곱 가지의 영역 중에서 의사결정에 있어서 가장 큰 불확실성을 낳는 중요한 영역은 환경직 다양성, 역동성, 집중성, 수용성 등이다. 이러한 요인들은 경로경영자를 위협할 뿐만 아니라 변화에 세심한 주의를 요하게 된다. 유통경로의 환경이 변화가 다양하고, 폭넓고, 변동이 심하고 불확실할수록 적응을 위한 통제의 필요성은 증가하게 된다. 한편으로는 급변하는 경로의 목표시장에 적응하기 위해서는 유연성을 가질 필요도 있다. 이 유연성과 통제는 서로 충돌하는 경향이 있다. 그러므로 경로 환경은 항상 복잡하고 역동적인 모습을 띠게 된다. 외부 환경을 평가하기 위해서는 다음 요소들을 깊이 있게 분석할 필요가 있다.

## 1.1 거시환경

거시환경은 모든 기업에 공통적으로 영향을 미치는 환경으로 일반환경general environment 혹은 일차환경primary environment으로 불리기도 한다. 이러한 환경은 경제, 사회, 정치, 법률 그리고 기술환경 등으로 나눌 수 있다.

### 1) 경제적 환경

경제적 환경economic environment은 기업의 거시환경 중에서 가장 직접적으로 영향을 미치는 주된 환경이다. 경제적 환경은 생산과 유통 그리고 소비에 이르는 모든 경제시스템으로 구성되어 있는데 이러한 경제적 환경은 원재료의 수급에서부터 제품의 판매에 이르기까지 기업의 모든 경제적 활동과 연계되어 있다. 경제적 환경 가운데서도 가장 기초가 되는 것은 경제체제이다. 경제체제에는 잘 알려져 있는 바와 같이 자본주의 경제체제와 사회주의 경제체제가 있다.

경제체제와 더불어 중요한 경제적 환경은 국가의 경제정책이다. 정부가 성장위주의 경제정책을 펴거나 혹은 경기과열을 염려하여 성장억제정책을 펴게 되면 기업은 여러 가지 면에서 영향을 받게 된다. 국가의 재정정책과 금융정책은 정부의 재정지출과 세제, 그리고 통화 공급의 조절로 나타나게 되며, 이러한 정책들은 결국 기업의 자금수습과 투자, 그리고 생산과 제품의 판매에 영향을 미치게 된다.

### 2) 사회적 환경

사회적 환경social environment은 경제적 환경과는 달리 직접적이기보다는 간접적으로 영향을 미치는 환경으로 한 사회가 가지고 있는 사회적인 요소, 즉 문화와 가치관, 전통과 관습 등 사회적인 제도나 태도와 더불어 사회 내의 인구통계학적인 제반 특성을 의미한다. 한 사회 또는 국가는 그 사회나 국가의 고유한 문화와 가치관을 가지고 있다. 문화는 한 집단의 구성원이 다른 집단의 구성원들과는 다르게 가지고 있는 공통적인 가치이며, 가치는 무엇이 바람직한가에 대한 개인의 신념이다. 이러한 문화와 가치관은 비교적 안정적인 개념으로 한 사회와 다른 사회를 구별 짓게 하는 중요한 요인이 된다. 경영자는 이러한 문화와 가치관을 이해함으로써 상황과 문제에 대한 또 다른 해결의 실마리를 얻을 수 있는 것이다. 오늘날의 세계는 지구촌이라 할 만큼 가까워지고 있으며 기업의 국제화는 다른 국가나 문화권의 문화를 이해하는 것에서부터 출발하여야 한다.

문화적인 요인과 더불어 인구통계학적 요인들 역시 기업에 영향을 미치는 하나의 사회적인 요인이다. 인구분포와 남녀비율, 출생률과 사망률, 경제활동인구의 비율과 노년층의 비율 등은 기업의 인력수급에 변화를 초래하는 요인이 된다.

### 3) 정치적 환경과 법률적 환경

정치적 환경political environment과 법률적 환경legal environment은 기업뿐만 아니라 기업 내의 구성원들이 따라야 할 법과 규범, 그리고 행동규칙을 규정한다. 여기에는 소비자 문제나 제품과 종업원에 관련된 규제, 환경문제에 대한 규제, 정보구매에 대한 규제, 자금지원 등과 같은 정부지원, 그리고 각종 인 · 허가 등이 있다. 기업의 활동은 당연히 이러한 규정 속에서 이루어지며, 규정의 변화에 따라 적응해가야 한다. 유통경로에서 고려해야 할 법률적 환경은 그림 5-2에서 보는 바와 같다.

### 4) 기술적 환경

디지털 및 네트워크시대로 들어오면서 기술에 많은 변화가 일어나고 있다. 기술적 환경technological environment의 변화추세가 가속화되고 있을 뿐만 아니라 전에 없던 기술이 나와 기존 기술을 빠르게 대체하고 있다. 이러한 기술 추세 및 대체는 새로운 사업기회를 창출하는 역할을 할 뿐만 아니라, 고객 서비스를 차별화 그리고 향상시키는 역할을 한다. 이러한 변화 중의 많은 부분이 인터넷과 같은 통신기술의 발달에 의한 마케팅 기술의 변화에 의한 것으로, 특히 인터넷 비즈니스는 개인

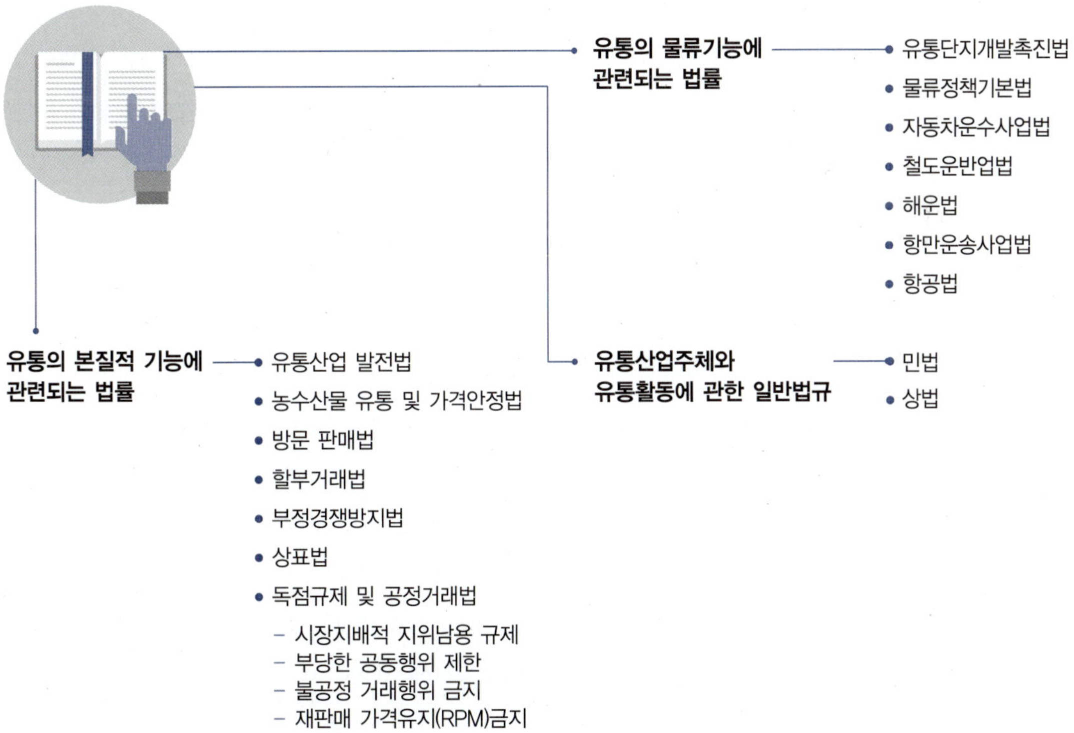


**그림 5-2 법률적 환경**

화된 맞춤서비스를 실시간으로 빠르게 그리고 편리하게 제공하는 것이 필요하므로 새로운 기술에 크게 의존하고 있다. 이러한 기술 환경을 토대로 급성장하는 분야가 복잡한 유통단계를 거치지 않고 소비자를 직접 연결하는 다이렉트 마케팅과 전자상거래이다. 다이렉트 마케팅은 고객에 대한 접근부터 고객으로부터 반응을 받아 처리하는 모든 과정이 포함되는 유통시스템의 성격을 가지는 것으로 다이렉트 메일direct mail, 카탈로그 마케팅catalog marketing, 텔레마케팅telemarketing 뿐만 아니라 방송 및 인쇄 등 다양한 매체를 이용한 무점포 판매방식 등을 포괄하는 개념이다. 또한 인터넷의 급속한 확산과 정보처리 및 통신기술의 혁신 등으로 전자상거래electronic commerce가 급성장하였으며 모바일쇼핑mobile shopping으로 이어지고 있다.

이러한 인터넷 기반의 소매상 외의 다른 유통경로 구성원들도 효과적인 사업운영을 위해 새로운 기술을 적극적으로 이용하고 있다. 정보혁명을 이끈 중요한 혁신 중의 하나가 광학판독장치에 의한 POS 시스템이다. POSpoint of sales 시스템은 판매시점의 판매정보를 관리하는 것으로 백화점 · 할인점 · 편의점 등에서 가격정보 등을 담은 바코드를 읽어 물건을 파는 그 순간 어느 물건이 언제 얼마만큼 팔렸는지 알 수 있게 하는 것으로 이 자료는 바로 본사의 호스트 컴퓨터에 쌓여 훌륭한 판매전략 정보가 된다. 또한 통신망을 통한 전자문서 교환인 EDIelectronic data interchange도 많이 이용되고 있다. 이것은 컴퓨터에 내장된 판매정보문서를 통신망을 통해 서로 교환하는 것으로, 예를 들면 P&G와 월마트가 인터넷을 통해 자료를 공유함으로써 월마트 매장에서 판매되는 제품의 동향을 리얼타임으로 들여다 볼 수 있어 실시간 재고관리와 생산관리, 물류관리 등이 가능하게 된 것을 볼 수 있다.

최근에는 RFIDradio frequency identification 기술로 유통환경의 또 다른 변화를 맞고 있다. 차세대 정보기술IT의 성장 동력으로 여겨지는 RFID는 유통 프로세스를 혁신시키고 전자상거래 등 다양한 분야에 적용이 가능해, 언제 어디서나 자유롭게 컴퓨터나 네트워크에 접속할 수 있는 유비쿼터스ubiquitous 세상에 한 발짝 다가서게 해줄 것으로 기대된다. 이 RFID가 소매점포에 적용되면 안테나와 칩으로 구성된 RF태그에 제품 정보를 저장하여 진열상품에 부착하고 판독기에 해당하는 RFID 리더가 정보를 인식하게 된다. 이 태그에는 제조일, 유통기한, 제조업체, 입점일, 유통경로, 제조과정 등 예전보다 훨씬 다양한 정보를 담을 수 있게 되며, 적정량의 진열과 결품방지, 창고진열의 효율성 증진, 고객의 신속한 제품정보 파악 가능, 계산대 효율성 강화, 결제의 편리 등 소매 점포 전반에서의 변화가 기대되고 있다.

## 1.2 과업환경

거시환경이 상대적으로 간접적인 영향을 미치는 반면에 과업환경은 기업의 성장과 생존에 직접적인 영향을 미치는 환경으로 특수환경, 산업환경이라고도 한다. 과업환경은 기업이 어떠한 제품이나 서비스를 생산하는가에 따라 달라진다. 그리고 환경과 기업과의 관계에 있어서도 일반적인 환경과는 달리 일방적으로 영향을 받는다기보다는 기업이 과업환경에 영향을 미칠 수도 있다.

### 1) 경쟁환경

경쟁자는 유사하거나 동일한 제품을 생산하는 혹은 그런 잠재력을 가지고 있는 경쟁업체이다. 경쟁기업은 동일한 시장을 대상으로 유사한 제품을 생산, 판매할 뿐 아니라 원료의 수급이나 유통에도 경쟁적인 관계를 가지고 있다. 경쟁에서 살아남기 위해서 기업은 잘 알려진 경쟁자들의 기업 활동을 분석할 필요성이 있을 뿐 아니라 잠재적인 경쟁자들의 동향에도 관심을 가져야 한다.

특히 유통경로에서는 경로경쟁에 대한 분석이 필수적이다. 경로경쟁channel competition은 같은 유통경로의 같은 선상에 있는 경로구성원뿐만 아니라 다른 선상에 있는 경로구성원들과의 경쟁도 포함한다. 경로경쟁은 수평적 경쟁horizontal competition, 업태간 경쟁intertype competition, 수직적 경쟁vertical competition, 수직적 마케팅시스템 경쟁vertical marketing system competition의 4가지 유형으로 나누어 볼 수 있다.

먼저 수평적 경쟁이란 유통경로의 같은 단계에 있는 경로구성원 간의 경쟁을 말하는 것으로 백화점과 백화점간, 도매상과 도매상간, 또는 제조업자와 제조업자간의 경쟁 등을 예로 들 수 있다. 수평적 경쟁의 원인은 이미지나 목표 고객, 서비스 등 전략의 유사성 때문에 생기는 경우가 많다. 제조업자의 수평적 경쟁은 유사한 목표 고객을 대상으로 유사한 제품 이미지를 전달하는 경우 더 격화되는 경우가 있다.

둘째, 업태간 경쟁은 경로상 같은 단계지만 다른 유형의 경로구성원과의 경쟁을

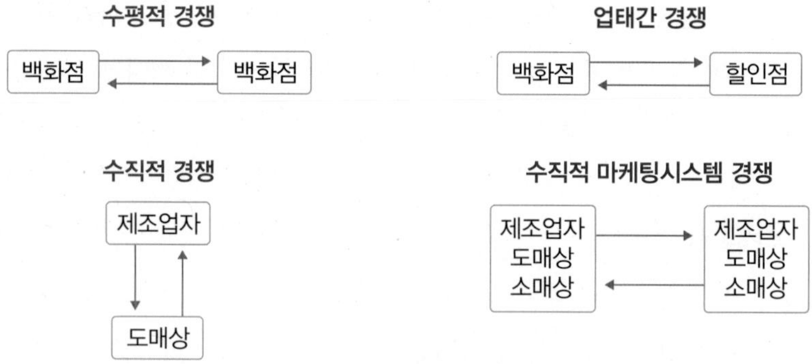


그림 5–3 경쟁환경의 유형

말하는 것으로 최근 백화점과 할인점 간의 경쟁이 그 보기가 될 수 있다. 제조업자가 판매를 극대화하기 위하여 다양한 유형의 소매상을 통하여 유통을 하게 되는 경우가 많은데, 예를 들어 삼성전자의 스마트 TV를 백화점을 통해서 판매할 수도 있고, 할인점을 통해서 판매할 수도 있다. 이러한 경우 흔히 가격인하경쟁으로 인해 이 두 업태간의 경쟁이 가속화 될 수도 있다. 이러한 업태간 경쟁은 업태의 생존을 좌지우지할 정도로 치열하게 이루어지고 있으며, 국내에서도 경쟁의 핵심을 이루고 있다.

셋째, 수직적 경쟁은 유통경로의 다른 단계에 있는 경로구성원들 간의 경쟁을 말하는 것으로 가전제품의 도매상과 대규모로 소매상에 공급하는 제조업자와의 경쟁을 예로 들 수 있다. 최근 대규모 소매상의 급성장으로 제조업자가 도매상을 통하지 않고 소매상에게 직접 공급하는 경향이 뚜렷이 나타나고 있어 도매상의 경쟁력이 약해지고 있으며, 전문가들은 앞으로 경제에서 차지하는 도매상의 역할과 비중이 상당히 줄어들 것이라고 전망하기도 한다.

이러한 수직적 경쟁을 회피하기 위해 경로구성원들은 공급자나 고객과의 통합을 시도하기도 한다. 수직적 통합은 전방통합forward integration과 후방통합backward integration이 있다. 전방통합은 후방에서 전방에 있는 구성원을 통합하는 경우로 제조업자가 소매점을, 또는 도매상이 소매점을 인수하거나 구축하는 경우이며, 후방통합은 소매상이 도매상을 통합하거나 도매상이 제조업체를 운영하는 경우로 전방에서 후방에 있는 경로구성원을 통합하는 것을 말한다. 수직적 마케팅시스템을 통해 경쟁을 감소시키기도 하고, 수직적 마케팅시스템 간의 경쟁이 일어날 수도 있다. 수직적 마케팅시스템은 최적의 경제성을 달성하고 최대한 시장에 영향을 주기 위해 중앙에서 통제하여 전문적으로 관리하고 수평적 및 수직적으로 조정한 경로 시스템이라 볼 수 있다.

수직적 마케팅시스템을 형성하게 되면 제조업자의 경우 도 · 소매상의 판매 자료를 공유함으로 인한 효율적인 재고관리, 장기관계로 인한 신뢰의 발전, 소매 수준에서 제품구매에 대한 통제가능, 경로 전반의 조정 노력 개선 등의 이점을 얻을 수 있다. 도 · 소매업자 측면에서의 이점은 제조업자로부터 마케팅, 재무 등에 대해서 지원을 받을 수 있고, 유명한 제조업자의 상표 연상에 포함될 수 있으며, 제조업자가 도 · 소매상을 보다 장기적인 견지에서 관리하게 되고, 전속적 또는 선택적 유통경로의 선택을 통해 수평적 경쟁 및 업태간 경쟁을 제한한다는 것 등이다. 이에 반해 수직적 마케팅시스템의 주요 단점은 중간상의 의사결정이 제한된다는 것이다. 점포영업시간, 제품구색의 깊이와 폭, 협동적 광고프로그램 등에 대한 의사결정이 제조업자의 계약이나 경로 힘에 의해서 크게 제약을 받을 수 있는 것이다. 이러한 수직적 마케팅시스템을 통해 경로 효율과 성과를 높일 수 있도록 경쟁을 줄일 수도 있지만, 이렇게 형성된 수직적 마케팅시스템 간에는 경쟁이 일어날 수 있다.

### 2) 협력업자

협력업자는 해당 산업환경에서 기업을 운영하고 소비자 관련 목표를 성취하는데 도움을 주는 모든 행위자를 말하는 것으로, 중간상middleman, 공급업자supplier, 마케팅 대리인marketing agents 등이 있다. 이들의 자원 공급능력과 안정성 및 가격은 기업의 원가와 가격안정성에 직접적으로 영향을 미치며, 물질적 자원과 더불어 비물질적 자원인 정보와 종업원 그리고 자금을 제공한다.

공급자가 필요한 시점에 제품을 인도하지 못하거나 자재의 부족을 경험, 또는 중도에 사업을 그만두게 되면 그동안 그 공급업자들로부터 납품을 받아오던 기업체도 타격을 받게 되는 것이다. 그러므로 공급업자들과의 좋은 관계는 눈에 보이지는 않지만 기업의 자산 가운데 가장 큰 자산 중 하나라 할 수 있다.

### 3) 정부기관

과업환경으로서의 정부기관은 기업과 직접적인 관계를 가지는 구체적인 환경이다. 정부의 각종기관은 기업의 운영과 활동에 대하여 통제와 감시 그리고 지원활동을 수행하고 있다. 정부의 각종기관이 기업의 운영과 활동에 대하여 관심을 가지는 것은 기업의 제품과 고용, 기업윤리 등이 국민의 생활과 불가분의 관계에 있으며, 기업의 성장과 발전이 국가와 국민의 경제적 지위는 물론이거니와 정치사회의 발전과도 밀접히 연관되어 있기 때문이다.

### 4) 소비자

소비자는 기업의 제품과 서비스를 구매하는 개인 또는 조직이다. 현대의 기업들은 소비자의 중요성을 인식하고 소비자의 요구를 충족시키기 위하여 노력하고 있다. 소비자의 중요성은 시장의 변화에서부터 비롯되었다. 과거 시장은 제품의 생산자인 판매자 중심 시장seller's market이었으나 경쟁의 가속과 더불어 이제 시장은 소비자인 구매자 중심 시장buyer's market으로 변화한 것이다.

먼저 소비자는 직접 소비를 위한 제품을 구매하는 최종소비자인 소비재소비자와 재생산에 투입하기 위한 제품을 구매하는 산업재소비자가 있다. 소비재소비자는 개인이나 가족을 위해 구매하는 유형이므로 가족구매라고도 하며, 산업재소비자는 재생산을 하는 기업이나 단체가 구매하는 것이므로 조직구매라 하기도 한다. 가족구매와 조직구매 모두 구매과정에 참여하는 참여자 수에 따라 그림 5-4와 같이 구분할 수 있다.

먼저 개인구매는 개인이 자신의 소비를 위해 제품을 구매하는 것으로 혼자 소비할 화장품, 의류, 휴대폰 등을 구입하는 것이고, 가족구매는 가족이 공동으로 의사결정하거나 함께 사용할 제품을 구매하는 경우로 가족이 함께 이용할 자동차나 가구 구입이나, 함께 소비할 음식, 치약 구매 등이 있다. 개인구매의 경우에는 개인의 취향에 맞추어 의사결정이 가능한 반면 집단구매의 경우에는 여러 가족구성원들의 의견이 개입될 수 있고, 의논을 거쳐 결정되는 경우가 많다. 그래서 같은 제품이라 하더라도 목표고객이 개인인지 가족인지에 따라 유통경로 의사결정은 달라져야 할 것이다. 특히 가족구매의 경우에는 가족구성원들이 구매제안, 영향, 통제, 결정, 지출, 구매, 사용 등의 다양한 역할을 하면서 개입할 수 있다. 이러한 참여자의 역할이 표 5-1에 제시되어 있다. 예를 들어 가족이 공동으로 사용하는 치약의 경우, 치약이 없으니 구매해야 한다는 필요제기는 누나가, 새로운 브랜드로 바꾸자는 영향은 동생이, 직접 구매는 엄마가, 지출은 아빠가 하는 등 많은 구성원이 다양한 역할

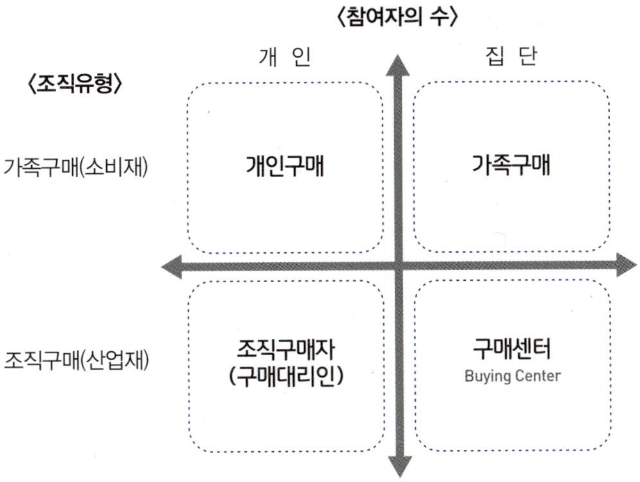


그림 5-4 소비자의 유형

로 참여하게 되는 것이다.

산업재의 경우에는 소비재보다 조직적이고 복잡한 구매의사결정과정을 거친다. 산업재일수록 제품이 비표준화되어 있고 기술적 복잡성이 크며 조직 내 여러 구성원의 의사를 통합하여 정해진 단계로 의사결정이 이루어진다. 경쟁입찰이나 교섭가격, 수량할인 등 다양한 거래조건에 대한 협상이 필요하므로 조직특성과 구매상황에 맞는 공급자와의 거래비중이 크고 인적판매 중심으로 이루어진다. 조직구매자가 대표로 산업재를 구매하는 경우도 있지만 대부분의 경우 조직화된 구매센터**buying center**를

**표 5-1 구매참여자의 역할**

| 참여자 | 역할 |
|---|---|
| 1. 발안자initiator | 소비 필요성 제기, 구매제안 |
| 2. 영향자influencer | 의사결정에 영향력을 행사, 제품에 대한 평가기준이나 필요한 정보를 제공함으로써 직·간접적으로 영향을 미치는 사람이나 매체 |
| 3. 통제자gatekeeper | 각종 자료나 정보 통제 |
| 4. 결정자decider | 제품구매결정·제품선택·공급자(브랜드)선택 등 최종의사결정 |
| 5. 지출자financer | 구매자금을 제공 |
| 6. 구매자purchaser | 실질적으로 제품을 직접 구매 |
| 7. 사용자user | 제품을 사용하는 역할 |

통해 이루어진다. 구매센터는 산업재를 구매하는데 조직의 모든 구성원들이 관여하는 것을 말하는 것으로 구매상황과 특징에 따라 구매센터의 특징과 규모도 달라지게 된다. 구매센터에 참여하는 구성원들도 표 5-1에서와 같이 다양한 역할로 참여하게 된다.

# 2
# 유통환경의 변화

## 2.1 유통경로에 대한 소비자의 기대

어떤 소비자는 재래시장의 생동감과 활력이 좋아서 늘 재래시장에서 장을 보는 것을 즐기는 반면 시끌벅적하고 복잡한 분위기가 싫어서 주차가 편하고 현대화된 대형마트에서 장보는 것을 좋아하는 소비자도 있다. 유통경로가 어떻게 설계되느냐에 따라 구매자들은 다양한 형태 중 선호하는 방식을 선택하여 구매를 하게 된다. 유통경로의 전략 수립 시에는 유통경로에 대한 소비자의 기대를 기준으로 목표시장을 세분화할 수 있다. 소비자들이 유통경로에 대해 일반적으로 가지는 기대요인으로는 편리한 장소와 시간, 점포 분위기, 구색, 가격, 서비스방식, 서비스수준 등이 있다. 목표시장의 기호나 선호도는 급변하는 것이어서 경로서비스에 대한 고객의 욕구 변화를 정확하게 분석하기 위해서는 지속적으로 시장조사를 실시하여 고객욕구의 변화 여부와 변화의 방향을 측정하여야 한다. 시장조사는 고객들이 서비스가 어떻게 제공되기를 원하는지 밝혀 줄 수도 있다. 이러한 정보로 경로구조를 조정하여 목표시장이 원하는 경로서비스의 수준을 달성할 수 있다.

### 1) 편리한 장소와 시간

현대 소비자들에게 쇼핑하는데 걸리는 시간은 가장 부담스러운 것이다. 모두가 바쁜 시간계획 속에서 움직이고 있기 때문에 되도록 짧은 시간을 들여서 구매를 마무리하고 싶어한다. 그러한 고객들에게 구매 편의성을 제공하기 위해 소매 점포는 되도록 고객의 가정이나 직장과 가까운 곳에 위치하고 그들이 편리하게 이용할 수 있도록 개점시간을 맞추어야 한다. 소매점까지의 물리적인 거리라는 개념보다는 이동하는 데 걸리는 시간거리가 가까운 점포라야 매력적일 것이다. 도매상이나 소매상이 지역적으로 많이 분산되어 있다면 목표 고객이 이동하거나 정보를 탐색하는 데 비용을 줄이므로 고객만족을 증가시킬 수 있다. 입지의 편의성을 제공하는 것으로는 동네의 쇼핑센터, 슈퍼마켓, 편의점, 자동판매기, 주유소 등이 있다.

쇼핑을 위해 이동하는 데 걸리는 시간이 길어지면 고객의 기회비용이 증가되기 때문에 제품의 가격이 상승하는 것과 같은 결과를 낳게 된다. 점포의 개점시간도 목표시장의 고객에 맞출 필요가 있다. 그래서 직장이 밀집한 지역의 소매점들이 직장인들의 퇴근 이후 시간을 이용한 쇼핑에 대한 배려로 개점시간을 밤 시간까지로 연장하는 예를 종종 볼 수 있다. 이러한 기대요인에 맞추어 경로커버리지 전략, 입지선정(상권분석) 등을 고려해야 한다.

### 2) 점포 분위기

고객들은 자신이 즐겨 찾는 점포를 아늑한 공간으로 느끼고 싶어 한다. 현대인의 가정이나 직장이 그러한 것처럼 쇼핑 공간도 별 다를 바 없는 쉴 수 있는 공간 혹은 친근감을 가질 수 있는 장소여야 한다. 그러기 위해서는 제품의 전시나 배열공간 등이 중요한 의사결정 영역이 된다. 조명의 밝기, 불빛이 분사되는 방향, 불빛의 색깔, 점포 내부의 통로, 음악, 장식품의 종류 등이 점포분위기를 만들어 낸다. 가끔 여성의류 점포의 실내 선반이 너무 작아 의류의 감각을 살리지 못하는 경우에는 품위 있는 의류의 가치를 따라잡지 못하게 된다. 판매하는 제품의 컨셉을 점포 내에서 시각적인 이미지로 표현하는 것을 비주얼 머천다이징visual merchandising이라고 한다.

### 3) 상품계획(구색)과 구매단위

이는 기관 및 가정 구매자들에게 많은 혜택을 줄 수 있는 의사결정 영역이다. 유통경로 내에서 작은 단위로 판매를 하게 되면 대량 소비자들은 비용이 증가되고 소비의 효율성을 잃게 된다. 반면 대량으로 판매를 하게 되면 개별 소비자들은 구매와 소비 간에 시간 격차가 발생하여 제품 저장과 보관을 부담하게 된다. 선택할 수 있는 제품의 폭과 깊이가 다양하다면 경로서비스의 수준을 제고시킬 수 있다. 일괄구매one-stop shopping는 고객들이 정보탐색에 투자하는 노력과 시간을 줄여주며 수송 부담도 덜어 줄 수 있다. 할인점의 성공은 목표 고객의 구색에 대한 욕구를 해결해 주는 것과 무관하지 않다.

소비자들은 이러한 서비스를 유통경로구성원을 통해 비용을 지불하고 구매하거나 경우에 따라서는 직접 구매할 수도 있다. 서비스의 속성이 비숙련 서비스일수록 소비자는 대안 선택이 곤란한 경우에는 스스로가 서비스 제공자로서의 역할을 수행하는 경우가 있다. 이를테면 자녀들에게 이발을 시켜야 하는 경우 명절이 가까운 시기에는 이발관에서 오래 기다려야 하는 어려움이 생기기 때문에 어떤 가정주부들은 가정에서 직접 자녀의 머리를 손질해 주는 경우도 있다.

소비자가 더 높은 서비스 수준을 요구할수록 경로 구조에 더 많은 중간상들이 가담해야 한다. 그러므로 만약 소비자가 소량 단위로 구매하기를 원하면 많은 수의 도매상과 소매상이 제조업자와 최종소비자 사이에서 분류 작업을 해야 할 것이다. 만약 대기 시간을 줄이려면 더 많은 편의점이 생겨야 하고 그러자면 더 많은 중간상이 경로 구조에 포함되어야 할 것이다.

경로서비스 수준이 올라갈수록 비용도 증가하게 된다. 이러한 고비용이 가격에 반영된다면 소비자는 더 많은 서비스를 스스로가 수행하게 될 것이며 가격이 똑같은 수준이라면 더 높은 수준의 서비스를 제공하는 유통경로를 선호하게 될 것이다.

### 4) 가격

고객들은 가격에 대한 기대 때문에 소매점을 애고하는 경향이 있다. 고객들은 소매점포가 제품에 대해 매기는 어떤 일반적인 가격 범주에 대한 신념을 가지고 있다. 이를 테면 백화점에 가면 백화점의 명성때문에 재래시장에서 보다는 더 비싼 가격을 지불해야 할 것으로 기대한다. 특정 제품이나 제품 라인에 대해서도 마찬가지로 가격과 관련된 기대를 하고 있는 것이 보통이다. 백화점에서 구매하는 아동복의 가격은 재래시장보다 상당히 비쌀 것으로 기대하고 있다. 고객들은 부정적인 기대를 가지고 있는 점포를 피하기 때문에 부정적인 기대를 주는 점포는 고객의 기대를 바꾸는 것 자체가 어려울지도 모른다.

1990년대에 등장한 가격파괴는 유통경로에 많은 변화를 함축하여 설명해준다. 가격파괴는 가격을 할인해 주는 폭이 놀라운 수준이어서 가히 파괴적이라는 뜻이다. '가격혁명', '가격창조'라는 뜻으로 슘페터Schumpeter의 주장처럼 '창조적 파괴'로 이해할 수 있는데, 획기적인 가격할인이 소비를 창출하고 다양하고 새로운 소비기회가 생활전반에 새로운 활력을 준다는 의미로 해석할 수 있다. 가격파괴의 유형은 크게 두 가지로 나누어 볼 수 있는데 생산자 주도형은 유통의 상류에서 태동하여 중간 유통경로구성원과 소비자에게 파급되는 방향의 흐름을 지닌다. 반면 소매점주도형은 유통의 하류에서 태동하여 소매점 수준에서의 가격할인이 생산자와 소비자 양방향으로 영향을 미치는 경우에 해당된다. 생산자 주도형의 경우는 시장 경쟁이 치열해지면서 판매 경쟁이 가속화된 나머지 덤핑판매를 하는 것과 같은 경우로 볼 수 있고, 소매주도형은 새로운 소매업태가 소비자 유인을 위해 비용을 줄여서 가격을 인하하는 보다 바람직한 가격파괴의 유형이라 할 수 있다. 가격파괴의 주된 유형은 소매점주도가 되어야 생산자와 소비자 모두에게 혜택이 생길 것이다.

### 5) 가치

가격기대가 고객의 점포 선택에 중요한 역할을 하는 요인이지만 가치기대가 더욱 중요한 요인이다. 가치value라는 것은 고객이 투입한 비용에 대비되는 지각된 제품 및 서비스 품질의 비중을 말하는 것이다. 제품이나 서비스에 지불된 가격은 총비용의 일부분일 뿐이다. 보이지 않는 것이 소위 기회비용이라는 것인데 그것은 기다리는 시간, 점포까지 가는 시간, 제품이나 서비스가 제대로 기능하지 못할 위험, 그리고 구매관련 정보를 탐색하는 비용 등이다.

이러한 가치에 맞도록 효율적인 유통경로의 설계가 필요하며 이러한 가치에 부합하는 상품으로 유통업체브랜드가 있다. 유통업체브랜드private brand: 이하 PB는 제조업체브랜드national brand: 이하 NB와 비교되는 개념이다. NB는 대규모 제조업체가 개발한 상품으로 독자적인 상품명 · 마크 · 품질 · 컨셉 등을 설정하고 전국의 소비자를 대상으로 하여 유통되는 제품이다. 폭넓고 많은 소비자에게 판매되는 것을 목적으로 하기 때문에 대규모 생산과 대중매체를 통한 대대적인 광고, 충실한 A/S를 행하는 것이 일반적이며, 광고를 통해 제품에 대한 소비자의 지명도 및 인지도가 높기 때문에 상품에 대한 신뢰도가 높은 것이 특징이다.

이에 반해 PB는 유통업체가 개별적으로 개발한 것이기 때문에 유통업체 독자의 상품명 · 마크 · 품질 · 컨셉 · 로고 · 포장 등을 가지고 있다. PB는 유통업체 스스로 상품을 기획하고 제조 · 가공하기 때문에 상당한 이윤을 남길 수 있는 반면, 소비자에 의한 상품의 지명도나 신뢰도에서는 일반적으로 NB보다 크게 떨어진다. 또한 재고에 대한 부담을 전적으로 유통업체가 부담해야 하기 때문에 철저하게 마케팅 지향적인 머천다이징이 뒤따르지 않으면 큰 손해를 감수해야 하는 위험부담도 안고 있으나, 유통경로 지배력을 강화시킬 수 있는 수단이며 선반 공간을 통제하고 점포수익성을 올리고, 나아가 소비자의 점포 충성도를 제고하는 등의 다양한 이점이 있다.

전문가들도 유통업체 대형화와 가격파괴의 흐름 속에서 PB는 소비자 · 제조업체 · 유통업체 모두에게 유망한 상품으로 위치를 굳히게 될 것을 전망하였고, 이로 인해 할인점들은 PB 판매를 선호하고 있으며, PB 제품을 확대하거나 고가격의 프리미엄 PB를 개발하는 등 적극적인 태도를 취하고 있다. 국내 대형마트의 경우 PB 제품의 매출비중이 25%에 이르는 곳도 있으며 스위스, 스페인 등은 50%를 넘어서기도 하는 등, 소비자들의 가치소비 선호에 맞추어 구색을 차별화하는 요인으로 중요하게 다루어지고 있다. 소비자 입장에서는 NB와 같거나 더 뛰어난 품질의 제품을 싼 가격에 구매할 수 있는 기회가 되므로 가치지향 소비자들에게 인기가 높다.

### 6) 정보 및 인적 접촉

많은 고객들이 지금 당장 구매하든 다음번에 구매하든 간에 구매 시점에 이용하기 위한 정보를 수집하기 위해 소매점포를 애고하는 경우가 있다. 소매점포는 최소한도로 그 점포에서 어떤 제품을 살 수 있는가라는 정보를 제공하는 셈이다. 수준 높은 판매원이 있는 소매점은 점포의 서비스뿐만 아니라 대체 브랜드에 대한 제품 정보도 제공할 수 있다. 고객이 소매점에서 두 가지 세탁기 브랜드를 염두에 두고 고민하고 있는 경우에 우수한 판매원이라면 제품의 용량, 가격, 보증기간, 수명 등과 같은 제품 정보뿐만 아니라 운반, 설치, 외상거래, 점포의 보증제도 등과 같은 점포 정보도 동시에 제공할 수 있다.

제품과 점포의 정보뿐만 아니라 고객들은 다양한 사회적 욕구를 충족시키기 위해 쇼핑을 한다. 카메라광의 경우 동네의 인근 사진관에 들러 최신 장비나 새로운 촬영기법 등에 대해 종업원이나 다른 경험 많은 고객과 얘기하고 싶어 한다. 이때 사진관은 비슷한 관심을 가진 사람들의 집합장소로서의 구실을 하게 된다. 경우에 따라서는 그러한 점포는 이러한 사회적 교류를 공식화하는 모임을 후원하기도 한다. 그러는 가운데 고객들은 그 점포에서 기다리는 사람이 있다는 즐거움을 누리기도 하고 종업원과 편한 마음으로 협상을 할 수도 있다.

### 7) 서비스

고객들은 유통경로를 통해 제공되는 서비스의 수와 수준에 대한 기대를 갖게 된다.

유통경로가 제공하는 서비스는 신용 제공, 운반과 설치, 보증, 수리 및 쇼핑 관련 편의 제공 등이다. 이러한 요인들은 고객이 특정 경로를 애용patronage하게 할 수 있다. 해외직접구매를 통해 구매를 하게 되면 국내에서 구매하는 것보다 훨씬 낮은 가격에 구매가 가능하지만, 국내 유통경로에서 제공하는 보증 및 경험 등의 다양한 서비스를 중시하는 소비자라면 기꺼이 추가비용을 부담하더라도 믿을 수 있고 편의성이 높은 국내 유통경로를 선택하게 될 것이다.

특히 소매 점포가 제공하는 서비스는 경쟁자뿐만 아니라 똑같은 제품을 취급하는 다른 소매상과도 차별화하게 한다. 고객들마다 원하는 서비스가 다르고 제품이 필요로 하는 서비스가 또한 다르기 때문에 성공적인 소매 경영을 위해서는 서비스 수준을 차별화할 필요가 있다. 따라서 창고형 소매점, 할인점, 슈퍼마켓 등은 거의 서비스를 제공하지 않는 반면 일반적으로 중요 상품을 취급한다. 한편 완전서비스 점포라고 할 수 있는 전문점이나 백화점의 경우에는 다양한 서비스를 제공할 뿐만 아니라 상품 포장을 강조하고 전문품 위주로 취급을 하는 경향이 있다.

지난 50여 년간 소매업에서 이루어진 가장 획기적인 변화라고 한다면 고객 서비스의 감소이다. 서비스는 감소되었지만 할인점, 창고점, 카탈로그점 등이 등장하는 경쟁환경의 변화는 소매업이 제공하던 기능을 전방이나 후방으로 위양함으로써 가격을 인하시키는 것이다. 포장, 운반 등의 기능은 소비자에게 위양하고 판매정보제공, 진열 등의 활동은 제조업자에게 위양하여 운영비를 절감시킨 할인점이 대표적인 예라고 할 수 있다.

### 8) 공급자와의 관계

경쟁력을 갖춘 소매상이 되기 위해서는 수직적 마케팅시스템을 유지하는 것처럼 도매상이나 제조업자와의 협동적 관계를 유지하는 것이 필수적이다. 이러한 협동적 관계의 유지를 통해 마케팅 믹스 요소들을 보다 효과적으로 활용할 수 있기 때문에 원재료의 계속적이고 안정적인 공급이나 적절한 고객을 확보할 수가 있다. 최근에는 공정무역을 통해 유통된 제품을 선호하거나 적법한 유통경로를 통해 전달된 제품을 구매하고자 하는 착한 소비 등의 활동이 중요시 된다. 그만큼 보이지 않는 유통경로 내의 거래관계에서 공정하고 적법한 절차를 지키는 것이 소비자의 경로 선택에 중요한 요인이 되고 있다. 얼마 전 부당한 밀어내기를 통해 대리점에 판매를 강요한 유제품 제조업자의 브랜드는 시장에서 보이콧boycott을 당한 적도 있다.

## 2.2 소비자 환경의 변화

### 1) 옴니채널과 소비자 구매의사결정과정

전통적으로 소비자의 구매의사결정과정은 필요인식–정보탐색–대안평가–구매–구매후행동의 5단계를 거쳐 진행된다고 본다. 소비자가 필요를 인식하는 과정은 현재 자신이 처한 상태와 바람직한 상태의 차이에서 발생하는데 스스로의 필요에 의해서 구매의 필요성이 인식되기도 하고 외부의 자극에 의해서 구매동기를 느끼기도 한다. 특히 매슬로우Maslow의 욕구 5단계설needs hierarchy theory을 근거로 본다면 배고픔, 목마름 등의 생리적 욕구, 안정, 보호, 질서 등의 안전 욕구, 사랑, 우정 등의 사회적 욕구, 지위, 명성 등의 자기존중 욕구, 그리고 자아실현 욕구 등이 발생하게 되어 필요를 인식하게 된다. 때로는 기능적으로 꼭 필요한 제품에 대한 필요를 인식하는 실용적 가치를 중시하기도 하지만 또 어떤 경우에는 제품을 소유하는 것에 대해 다른 사람보다 우월감을 느낀다거나 자신을 과시하기 위한 목적으로 구매하는 쾌락적 가치에 의해서도 문제를 인식하는 경우도 있다.

필요를 느끼게 되면 다음 단계는 구매의사결정을 위해 정보를 탐색하게 되는데, 정보를 탐색하는 방법은 내적탐색internal search과 외적탐색external search으로 구분된다. 내적탐색은 과거에 습득했던 제품의 정보를 기억에서 인출해내는 방법이고 기억에 저장된 정보가 부족한 경우, 외부에서 추가적인 정보를 탐색하는 외적탐색을 하게 된다. 외적탐색의 정보원천에는 개인적, 상업적, 공공적, 경험적 원천이 있다. 개인적 원천은 가족, 친구, 이웃 등이 있으며 상업적 원천으로는 광고, 판매원, 포장, 진열 등, 공공적 원천으로는 대중매체, 소비자 단체, 정부기관 등이 있고 경험적 원천에는 조사, 제품실연경험 등이 있다. 정보탐색은 관여도에 따라 달리 나타나는데 관여도가 낮은 제품의 경우 정보를 찾으려는 의지도 작고 광고의 노출에 수동적이다. 그러나 관여도가 높은 제품일수록 정보탐색 의지가 크고 다양한 정보원을 이용하여 적극적으로 탐색한다.

정보를 탐색한 소비자는 탐색한 결과를 놓고 비교하고 평가하게 되는데 먼저 제품의 평가기준을 정하고 그 평가속성에 따라 중요도를 매기면서 대안을 평가한다. 그리고 평가 결과에 따라 구매의사를 결정하게 되고 잠정적 구매결정을 하게 된다. 이러한 잠정적 구매결정이 그대로 구매로 이어지는 것은 아니다. 실제 구매과정에서 다른 사람의 태도나 예기치 않는 상황적 요인(덜 선호했던 제품을 할인판매 하는

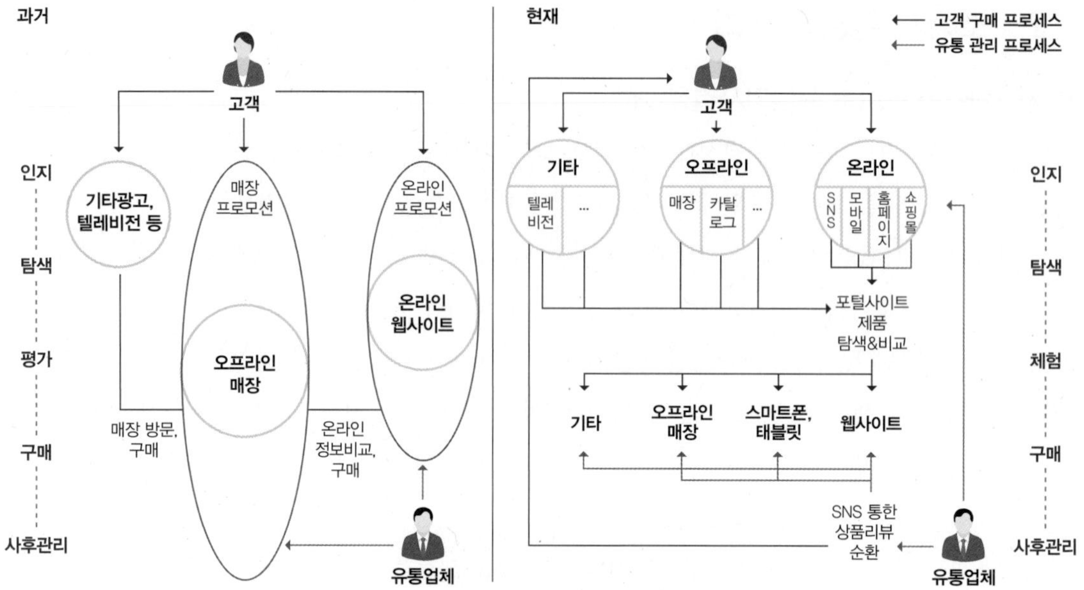


그림 5-5 소비자의 구매의사결정과정의 변화

경우, 판매원의 설득 등)에 의해서 결정이 바뀔 수도 있다.

구매 이후 소비자는 제품을 사용하면서 구매한 제품에 대해 만족하기도 하고 후회하기도 한다. 만족과 불만족은 기대수준과 지각된 성과와의 차이에서 나타나는데 기대보다 성과가 높을 때 만족이 생기며 반대의 경우는 불만족이 발생한다. 이러한 과정에서 소비자가 행동과 인지 간에 조화를 이루지 못하는 경우 긴장이 발생하는데 이러한 심리적 상태를 인지부조화cognitive dissonance라고 한다. 인지부조화가 발생할 경우 사람들은 대부분 어느 한 부분을 수정해서 긴장이나 부조화를 감소시키려 한다. 소비자들은 구매 후에 인지부조화를 느끼게 되면 부조화를 초래하는 정보를 무시하거나, 정보를 선택적으로 인식, 기대수준을 하향조정, 긍정적인 정보의 추가 모색, 합리적인 선택임을 타인에게 설득 등의 방법을 통해 부조화된 인지를 감소시킨다.

과거 온라인 유통이 등장하기 이전에 소비자들은 오프라인 유통경로를 통해 위의 5단계를 거치며 구매의사결정을 하였는데, 온라인의 등장은 이를 좀 더 다양화시켰다. 그림 5-5에서 보듯이 온라인을 통해 문제를 인식하고 정보를 탐색하기도 하며 오프라인에서 인식한 문제를 온라인에서 정보를 탐색하고 대안을 평가하기도 하였다. 온라인와 오프라인을 넘나들면서 단계가 실행되었다고 볼 수 있다. 그러나 최근에 등장한 옴니채널로의 변화는 이러한 정형적인 5단계의 패턴을 더욱 복잡하고 다양하게 넘나들고 있다는 것을 볼 수 있다.

소설네트워크사이트SNS에서 친구가 좋아하는 제품을 접한 소비자는 그 제품의 후기를 온라인에서 검색하고 오프라인 매장을 찾아가 경험한 뒤, 온라인 최저가를 검색하여 주문하기도 하고, 오프라인 매장에서 좋은 제품을 접한 소비자는 현장에서 바로 온라인 검색을 하고 SNS를 통해 친구와 의견을 나눈 뒤 온라인으로 주문하고 오프라인 매장에서 제품을 픽업해 가기도 한다. 소비자들이 제품을 인식하고 정보를 검색하고 주문하는 여러 단계들이 다양한 소매 접점에서 발생하고 있으며, 단순히 제품을 평가하는 것이 아니라 체험을 통해 경험하고 있고 경험을 위해 여러 접점을 접하므로 접점에서의 경험관리가 중요하다.

### 2) 1인 가구의 증가로 인한 유통구조의 변화

2012년 기준 우리나라 1인 가구는 총 453만 가구이며 전체 가구 대비 무려 25.3%의 비중에 달하고 있으며 이러한 1인 가구의 증가 추세는 앞으로 계속될 전망이다. 최근 증가하고 있는 1인 가구 증가의 두 가지 요인을 보면 학교, 대학, 일, 결혼, 연금생활로 이어지는 전형적인 일생과정을 탈피해 유년기 삶을 연장하고 자유로운 삶을 영유하고자 하는 젊은 층 및 이혼, 별거 및 배우자와의 사별로 인한 고령자 1인 가구의 증가이다.

1인 가구의 소비패턴은 자기 개발과 관리를 위한 투자에 적극적이며 여가를 향유하는 성향을 보이고 있다. 1인 가구의 증가로 생활용품, 주택, 가전, 가구 시장에 소형, 효율성을 강조한 제품들이 인기를 끌고 있으며, 시간 제약을 극복하고 간편하게 식사를 해결할 수 있는 편의성 지향 식생활 트렌드가 증가하여 소용량, 소포장의 가공식품과 즉성조리식품의 소비가 꾸준히 성장하고 있다. 이에 각 기업들은 1인 가구의 증가 추세를 사업기회로 포착하여 거대한 소비시장으로 떠오른 1인 가구 소비시장을 공략하기 위해 1인 가구 구성원의 상이한 소비성향과 패턴에 대한 세분화 분석이 필요하며 1인 가구 라이프스타일에 적합한 상품 및 서비스의 지속적인 개발과 연구가 요구되고 있다.

또한 e커머스가 증가하는 등 유통구조의 변화 및 다양화가 지속적이고 강도 높게 이뤄지며 통신에 높은 소비지출을 보이는 1인 가구의 성향을 볼 때 다양한 유통경로에 대응할 유통경로 전략방안도 더불어 요구되고 있다.

### 3) 소비시장의 주류로 급부상한 남성 소비자

얼마 전까지만 해도 소비 시장에서 비주류를 차지하던 남성들이 최근 들어 주류로 편승하고 있다. 몇 년 사이에 남자들의 소비 의식과 유형에 변화가 일면서 남성들이 새로운 소비 주체로 떠오르고 있다. 소비시장에서 남성의 구매 비중이 커진 것에는 다양한 이유가 있을 것이다. '미'를 중시하는 우리 사회의 풍조에 따라 남성들도 자신을 가꾸기 시작한 이유도 있을 것이고, 주 5일 근무제의 확산으로 인해 여가 시간이 늘어나면서 삶의 가치관이 바뀐 것도 그 한 가지일 것이다.

이러한 남성들을 사로잡기 위한 업계의 마케팅 전쟁도 치열해지고 있다. 특히 인터넷쇼핑몰을 통한 남성들의 소비가 급증하면서 남성고객을 사로잡기 위해 각 사이트에는 남성들만을 위한 코너를 따로 마련해 시선을 잡기도 하고 다양한 이벤트로 남성고객을 위한 차별화 전략을 제시하기도 한다. 홈쇼핑 업체들 역시 남성고객이 크게 증가한 것을 의식해 남성복 디자이너 브랜드나 차량용품, 스포츠용품 등의 방송시간을 늘려가는 추세다.

한편, 장보는 남성들이 늘면서 대형 유통업체들 또한 남성고객을 잡는 데 주력하고 있다. 백화점이나 할인점 같은 대형 유통업체들은 남성고객의 쇼핑 형태에 따라 상품 구색을 맞추는 전략을 구사하고 있다. 또한 매장에서 다트게임 대회를 여는 등 남성고객이 참여할 수 있는 다양한 이벤트 행사를 마련하여 매장 방문을 유도하고 있다. 이처럼 삶의 질을 추구하고 보다 나은 자신을 가꾸기 위한 남성들의 소비패턴 변화는 사회 제도나 문화 그리고 사람들의 의식이 바뀌는 것과 더불어 앞으로도 계속될 것으로 보인다.

### 4) 시테크와 재테크

최근 여성의 사회진출이 만연해 지면서 맞벌이 가구가 증가하고 있다. 빠르게 증가하는 월평균 가구소득은 워킹맘, 맞벌이 가구의 증가의 영향이 크다. 특히 교육수준 향상과 함께 경제활동을 하는 여성들의 고위 임직원 및 관리자, 전문직 진출이 증가하고 외벌이-맞벌이가구의 소득수준 격차도 꾸준히 증가하고 있다. 맞벌이 여성들의 증가로 인해 쇼핑 주체인 여성들이 과거 대비 상대적으로 쇼핑에 투자할 수 있는 시간적 여유가 부족해지는 추세에 있으며, 특히 자녀가 있는 워킹맘의 경우 상대적으로 경제적 안정감은 있으나 가장 시간이 부족한 소비자 유형이다. 이러한 소비자를 '돈은 있는데 시간은 없는money-rich, time-poor 소비자'로 명명하며 구매 특징은 주로 1회 방문당 필요한 것들을 한번에 대량으로 구매하는 원스톱 쇼핑을 추구하는 경향이 있으며 전통시장보다는 주로 대형마트나 슈퍼마켓 또는 인터넷몰을 통해 쇼핑하는 빈도가 크다.

맞벌이로 인해 평소 가족과 함께 보내는 시간이 부족하여 제한된 시간을 활용해 스트레스 해소용으로 쇼핑을 즐기고 주말에는 가족과 함께 '레저형' 쇼핑을 주중에는 퇴근 후 저녁시간대에 '애프터식스' 쇼핑을 선호한다. 주중 퇴근 후 저녁시간에 쇼핑하는 애프터식스 쇼핑은 백화점 또는 생활권 내 슈퍼마켓을 이용하여 신속하게 필요한 제품들을 간편하게 구비하고자 하는 니즈needs가 증가하고 있다. 특히 이러한 이유로 슈퍼마켓은 평일을 중심으로 쇼핑 빈도 및 매출액이 증가하는 추세를 보이고 있다.

또한 시간적 압박으로 인해 편리함과 높은 서비스 수준을 요구하게 되고 돈에 대한 욕구보다는 시간의 효율적 사용 및 여가시간의 활용을 더 원하는 경향이 나타나고 있다. 따라서 유통업체는 인터넷, 우편주문 등 신매체를 적극적으로 활용하여야 할 것이며 한 장소에서 모든 문제를 해결할 수 있는 일괄구매가 더욱 중요하게 되었다. 그리고 신기술과 새로운 유통기법의 도입으로 물류나 기업 의사결정 시간을 단축하여야 할 것이다.

### 5) 해박한 지식의 소비자–해외직구의 증가

정보기술의 발달을 통해 소비자들의 정보에 대한 접근이 보다 용이하게 되었는데 이러한 현상이 발생하게 된 원인은 교육수준의 전반적인 향상과 케이블 TV, 인터넷 등의 상호작용적인 매체의 보편화 등으로 인한 것이다. 교육수준은 소득원천, 태도, 소비행태에 관한 신뢰성 있는 지표를 제공하고 동일한 연령층의 소비자들에 비해 가격, 품질, 촉진 등에 대해 보다 까다롭다. 또한 합리적인 의사결정을 하는 경우가 많으며 유통업체에게 더 많은 것을 바라게 된다.

최근 과도하게 높은 수입품 마진 정책에 대한 소비자의 회의감으로 인해 보다 합리적 소비를 하기 원하는 젊은층을 필두로 해외직구가 적극적으로 이용되고 있다. 인터넷 환경에 익숙한 이들은 구글과 같은 포털사이트의 번역서비스를 이용하여 언어장벽을 완화시키고 해외 쇼핑몰들의 간소한 결제절차를 충분히 활용할 수 있어 해외직구를 그다지 어렵지 않게 사용하고 있다. 이러한 해외직구의 증가로 국내 수입제품 뿐만 아니라 국산 제품의 가격에까지 영향을 미치고 있으며 이러한 추세는 앞으로도 계속될 전망이다. 또한 국내소비자가 해외사이트에서 물건을 구입하는 해외직구와 반대의 개념인 역직구도 증가하고 있는 추세이다. 이는 외국소비자가 국내쇼핑몰에 접속해 물건을 구매하는 것을 말하며 전자상거래로 하는 수출이라고 말하고 있다. 국내 해외직구와 역직구의 규모는 매년 늘어가고 있으며 해외직구는 역직구에 비해 55배에 달한다.

이와 같은 환경변화로 인해 유통업체는 보다 다양한 제품을 합리적인 가격 수준으로 소비자들에게 제공할 수 있는 기회를 마련하여야 하며, 다양한 매체를 활용하여 외국 소비자의 국내 쇼핑몰 접속증가를 이끌어 내야 할 것이다.

### 6) 가치추구성향-소비양극화 현상

지속적인 경제위축과 실질소득의 감소로 인해 소비자들은 가치 있는 소비를 원하게 되었다. 가격과 품질을 꼼꼼히 비교해보고 구매를 결정하는 실리 소비를 하며 식품, 의류 전반에 복고열풍이 불고 있다. 이러한 현상이 증가하는 것은 소비심리가 위축된 소비자들은 잘 모르는 신제품보다 저렴하고 검증된 옛날 상품을 찾기 때문이다. 또한 인건비가 안 드는 셀프형, 가격대비 성능이 뛰어난 가성비 높은 우수 제품들의 소비를 선호가 증가 하고 있다.

이러한 소비자들은 상품 및 상표 선택에 사용가치보다 부가가치를 중시하는 경향이 있고, 품질보다는 감각을 우선하며, 심리적 · 정서적 욕구를 지향하며 브랜드 충성도가 낮은 특징을 가지고 있다. 따라서 유통업에서는 품질을 유지하면서 보다 저렴한 가격으로 제품을 공급하여야 한다. 타깃 고객층을 미리 정한 후 실속 있는 상품을 앞세워 공략하는 마케팅 전략의 사용이 필요하다.

반면 일부 소비자들의 경우는 소득이 급격히 증가함에 따라 구매력이 더 커지면서 고가제품이나 고급브랜드의 구매를 통해 자신들을 더욱 돋보이게 하고자 하는 상징적 구매욕구를 충족시키는 현상이 심화되고 있다. 이러한 소비의 양극화로 유통업체는 고소득층을 겨냥한 프리미엄 제품과 서비스를 제공하고 업태 운영에 있어서도 고가와 저가 라인을 동시에 취급하는 등의 전략을 고려해야 할 것이다.

### 7) 고객화된 제품에 대한 욕구, 고객참여 증대

소비자는 제품기술의 정교화, 다양한 정보, 가치추구 성향 등으로 인해 내 입맛에 맞는 고객화된 제품을 선호하게 되었다. 이러한 추세를 반영하여 새로운 유형의 소비자인 프로슈머가 시장에 나타났다. 프로슈머prosumer는 생산자producer와 소비자consumer의 합성어로 소비는 물론 제품개발, 유통과정에까지 직접 참여participation하는 '생산적 소비자'의 의미를 가진다. 프로슈머는 기업이 생산한 제품을 단순히 구매하는 수동적인 소비자에서 벗어나 자신이 원하는 제품을 생산하는 능동적인 소비자이다. 또한 프로슈머는 자신의 취미를 살리기 위해 제품의 구매에 있어 아마추어 수준을 넘는 전문가적 지식과 다양한 정보기술을 활용하는 경우가 많다. 흔히 디지털 프로슈머 혹은 C-세대로 불리는 이들 집단은 주로 20 · 30대의 젊은 계층으로 웹사이트와 블로그를 운영하며 자신의 경험과 취미, 전문지식들을 다른 이들과 함께 공유하고자 한다.

기업은 신제품 개발에 필요한 아이디어 및 시장에 대한 기회를 프로슈머를 통해 얻을 수 있다. 갈수록 경쟁이 치열해지고 비차별화되어 가는 시장에서 생존하기 위해 기업은 개별 고객의 욕구에 특화된 대량 고객화mass customization가 필요하며, 일반 소비자와 달리 적극적으로 제품의 생산과정에 참여하길 원하는 프로슈머를 활용함으로써 대량 고객화를 달성할 수 있다. 또한 프로슈머가 가지는 파급력을 활용해 기업은 자사의 제품의 적극 홍보하고 고객과 의사소통 할 수 있다. 따라서 기업은 프로슈머를 활용한 제품 생산 및 홍보활동을 적극적으로 지원하고 고객정보에 대한 면밀한 분석과 검토를 통해 고객화된 제품과 서비스를 제공하여야 할 것이다.

# 미래형 편의점 어떤 모습인가 봤더니

읽을거리

GS리테일이 전국에 걸쳐 있는 편의점의 특성과 첨단 IT기술의 혁신적인 접목을 통해 미래형 편의점을 선보였다. GS리테일은 27일부터 30일까지 총 4일간 코엑스에서 진행되는 2014년 창조경제박람회에서 GS그룹 각 계열사의 기술과 노하우를 녹인 미래형 편의점을 구현한다.

이번 박람회에서는 스마트존, 옴니존, 그린존 3가지 테마존을 선보이고 박람회를 찾는 방문객과 기업인, 정부부처 관계자 모두가 직접 체험할 수 있도록 부스를 꾸몄다.

스마트존에서는 나의 구매 패턴을 파악해 정보를 제공하고 합리적으로 소비할 수 있게 도왔다. 가령 스파케티를 고르자, 재료의 원산지 등 상품에 관한 다양한 정보를 확인할 수 있었다. 또 스마트테이블에서는 함께 이용하면 좋은 상품을 제안하기도 했다. 상품을 고르고 스마트POS(계산대)에 다가가자 구매 상품의 목록이 제시되고 총 금액, 할인 금액, 결제 금액이 한눈에 들어왔다. 이용 내역별 분석과 최근 구매 추이도 함께 제시됐다.

지역들과 연계한 특산품 구매도 가능했다. 이 역시 구매 후 수령은 자택이나 가까운 GS25에서 받을 수 있다. 여기에 사과나 정육 등 냉장 보관이 필요한 상품을 편의점에서 수령하는 경우 냉장 보관을 통해 안전하게 상품을 수령할 수 있도록 했다.

옴니존에서는 시간과 공간의 제약 없이 상품을 구매하고 수령할 수 있는 서비스가 선보였다. GS홈쇼핑에서 방송 중인 상품을 가상의 공간에서 입어보고 결제 후 편의점에서 수령할 수 있도록 한 것이다. 저탄소 녹색 성장을 위한 그린존에서는 스마트 그리드 스토어 GS25를 통해 점포 조명 및 냉난방 관리가 가능하다. 아울러 저탄소 이동수단 대여 및 충전 서비스도 이용할 수 있다. GS25 관계자는 "IT기술을 통해 편의점에서 보다 다양한 서비스를 선보인다"며 "이외에도 음식이 조리되는 동안 지루하지 않도록 스마트 테이블 존을 통해 웹서핑이나 간단한 게임을 할 수 있다"고 말했다. 그는 "미래형 편의에서 방문객들이 직접 체험하고 경험함으로써 창조경제를 몸소 느끼는 기회가 됐으면 한다"고 덧붙였다.

스마트POS(계산대) 위에 구매하려는 제품이 담긴 바구니를 놓으면 자동으로 구매목록과 총 금액, 할인금액, 결제금액이 자동으로 제시되고 자동결제도 선택할 수 있다.

자료원: 뉴스핌 2014.11.27.(http://www.newspim.com/view.jsp?newsId=20141127000521)

CHAPTER

# 06

# 유통경로설계

1. 유통목표설정
2. 경로전략구축
3. 경로구조선택
4. 최적경로선정
5. 개별경로구성원선정

# 1 유통목표설정

설계란 목적에 따라 실질적인 계획을 세우는 것이다. 유통경로설계는 기존의 유통경로가 없는 상황이나 기존 경로를 수정하기 위해 마케팅목표와 유통목표에 따라 유통경로를 계획하는 것을 말한다. 이러한 유통경로설계 작업은 제조업자, 도매상, 소매상 누구나 할 수 있다. 그러나 마케팅전략을 수립하여 실행하는 관점에서 본다면 제조업자가 설계하는 경우가 보편적이며 가장 많은 경우라 할 수 있다. 이번 장에서는 제조업자의 관점에서 마케팅하고자 하는 제품의 유통경로를 설계하는 과정을 살펴보게 된다. 참고로 도매상이나 소매상 같은 유통업자의 관점에서 경로를 설계하는 것은 상품을 어떤 경로로 매입할 것인가의 의사결정범위에 속하기 때문에 소매관리의 머천다이징merchanding 분야에서 살펴볼 수 있다. 경로설계의 절차는 그림 6-1과 같이 진행된다. 각 단계가 순차적으로 이루어지는 것이 원칙이지만 상황에 따라 순서가 바뀌거나, 동시에 고려될 수도 있고 불필요한 단계는 생략될 수도 있다.

경로설계 시 가장 먼저 이루어져야할 의사결정은 목표를 설정하는 것이다. 경로설계의 이유는 주로 제품출시, 시장상황의 변화 또는 기존 경로에 개선이 필요한 경우에 발생하게 되는 것이다. 그래서 명확한 목표설정을 위해서는 두 가지 사항에 대한 분석이 선행되어야 한다. 첫째는 설계하는 제품의 마케팅전략을 먼저 파악하는 것이다. 유통경로는 마케팅전략에서 설정된 목표에 따라 목표고객에게 제품의

| 1단계 | 2단계 | 3단계 | 4단계 | 5단계 |
|---|---|---|---|---|
| 유통목표설정 | 경로전략구축<br>(경로커버리지) | 경로구조선택<br>(경로길이) | 최적경로선정<br>(대안평가) | 개별경로구성원선정 |
| 1) 경로설계필요분석<br>2) 마케팅전략연계성<br>3) 명확한 목표도출 | 1) 개방적유통<br>2) 선택적유통<br>3) 전속적유통 | 1) 연기-투기이론<br>2) 기능위양이론<br>3) 거래비용이론<br>4) 체크리스트법 | 1) 가중요인모형<br>2) 순차적결정모형<br>3) 최소기준모형 | 1) 경로구성원발견<br>2) 기준적용 · 평가<br>3) 경로구성원확보 |

그림 6-1 경로설계의 절차

가치 및 효용을 제공하는 마케팅 채널이기 때문에 마케팅 전략을 먼저 파악해야 하며, 유통 외의 마케팅 믹스 요소인 제품, 가격, 촉진전략과도 연계되어 고려되어야 할 것이다. 이와 관련하여 고객이 유통경로에 기대하는 요소와 고려사항은 앞서 5장에서 설명한 내용을 신중하게 고려하여 반영해야 할 것이다.

둘째는 경로설계의 원인을 명확히 인식하는 것이다. 주로 제조업자가 경로설계의 필요성을 인식하게 되는 상황은 표 6–1에 제시되어 있는 예시와 같이 다양하다. 유통경로의 설계와 선택은 다른 마케팅 의사결정에 비해 장기적인 의사결정이며, 비용이 크게 들고 복잡하고 쉽게 변경할 수도 없다. 특히 경로를 변경하는 일은 기업의 전체적인 특징 및 이에 대한 인식에도 큰 영향을 미치기 때문에 경로 구조의 변경은 드문 일이고 매우 위험스런 일이다. 기업이 간혹 경로 구조를 수정할 수는 있지만 급격한 변경은 신중하게 고려되어야 한다. 그렇기 때문에 경로설계를 해야만 하는 이유가 무엇이며, 설계를 통해 무엇을 달성하고자 하는지가 명확해야지만 경로구성원의 역할이나 경로의 길이, 소매점포의 수 등 구체적인 의사결정이 가능하며 신중한 의사결정이 가능해진다. 이처럼 유통경로의 목표를 설정하기 위해서는 경로설계 및 개선의 구체적인 이유를 인식하고, 현재 유사 제품 또는 기존 제품의 유통경로의 현황과 문제를 명확히 분석해야 하며, 다른 마케팅 믹스 요소와의 조화도 충분히 고려되어야 한다. 6장에서는 경로를 설계하는 과정을 살펴보며, 경로를 수정하기 위한 재설계 과정은 7장에서 설명한다.

**표 6–1 경로설계가 필요한 상황의 예시**

| 구분 | 원인의 예시 |
|---|---|
| 신규개발 | 신제품 개발<br>기존제품의 시장확대 또는 지리적 유통망확대로 인한 신시장 유통경로개발<br>마케팅전략 및 마케팅믹스의 변화 또는 새로운 이미지 구축을 위한 경로 변경<br>기술발전으로 인한 새로운 유통경로의 개발(인터넷, 모바일 등) |
| 기존경로 | 중간상 정책의 변화로 인한 경로 변경<br>경쟁환경의 변화로 인한 경로 변경<br>새로운 도매상의 등장<br>새로운 소매상 또는 업태의 등장<br>기존 유통경로와의 갈등<br>현재 유통경로 성과 미흡<br>소비자 욕구의 변화 |

이러한 상황에 대한 인식과 분석이 명확히 이루어지게 되면 유통경로설계의 목표가 명확히 제시되어야 하므로 목표의 범위, 시기, 측정가능성 등이 고려되어야 한다. 그래서 전체 경로의 장기적인 목표에 부합해야 하고 양적인 용어로 작성되어야 한다. 예를 들어 식품유통업체가 고품질 냉동 패스트푸드 제품을 개발하여 슈퍼마켓과 편의점에서 판매하고자 하는 경우, 이 제조업자의 경로 목표는 「서울의 직장 여성들의 70%가 10분 이내 운전하여 구매할 수 있도록 경로를 구축하는 것이며, 이러한 목표 수준을 제품 출시 후 12개월 안에 달성하는 것이다」라고 구체적으로 정리될 수 있다. 고객이 원하는 서비스 수준을 깊이 분석하는 일과 경로의 목표들, 이를 테면 투자 수익률, 시장점유율, 절대적인 이익의 크기 등과 같은 장기적인 경영 목표를 토대로 하여 작성된다. 이러한 구체적인 목표를 설정하는 것은 목표 달성을 위한 동기를 부여하고 전략수행의 방향을 제시해주어서 전략을 구체적으로 실행하는 지침의 역할을 한다. 특히 초기 설정한 목표를 달성했는지 성과 측정을 통해 유통경로 개선이나 개발을 진행하는 환류로 이어져야하기 때문에 성과측정이 가능한 목표가 설정되는 것이 중요하다.

간혹 양적이지 못한 목표를 설정하여 성과를 측정할 수 없는 문제가 발생하거나, 양적인 목표를 설정하고도 평가를 제대로 하지 못하는 오류가 발생하기도 한다. 예를 들면 여러 가지의 목표를 설정한 후 사후적으로 목표 달성 여부를 확인하는 경우에 하나의 항목으로만 목표달성도를 평가하는 오류, 처음에 설정한 목표와 다른 항목을 사후에 검증하여 목표달성도를 확인하는 오류 등이 있으므로 평가 시에도 주의가 필요하다. 목표설정 시 유통경로에서 성과를 평가하는 기준을 토대로 참고하여 작성하면 된다. 효과성, 공평성, 생산성, 수익성 등의 정량적 기준과 유연성, 협동성, 혁신성, 관계성 등의 정성적 기준 등 성과평가 항목 및 방법은 16장에서 볼 수 있다.

# 2
# 경로전략구축

유통경로전략은 목표를 달성하기 위한 시장 커버리지이다. 주어진 지역 안에서 몇 개의 판매 점포를 설정하여(커버리지 전략) 각각의 점포들로 하여금 어떠한 서비스를 제공하도록 할 것인가를 의사결정(지원 업무)하여 고객을 만족시키는 것이다. 예를 들어, 제품을 주문하여 도착하기까지 시간이 많이 걸릴수록 소비자의 불편은 증가한다. 패스트푸드점과 자판기는 고객의 대기시간을 단축시켜 성공한 예이다. 반면 카탈로그를 보고 구매 주문을 하는 고객처럼 기꺼이 기다릴 수 있는 고객들은 그 대가를 비용할인으로 보상 받으려고 한다. 컴퓨터 수리점이나 주문품 배달 등에 있어서 며칠을 기다리라는 안내를 쉽게 따르는 경향이 있는 소비자들이 있는 반면, 지금 당장 서비스를 받을 수 없으면 크게 실망하거나 다른 대안을 찾으려는 경향이 아주 강한 소비자들도 있다. 고객들의 조급증은 느긋하게 기다리면서 충분한 서비스를 받거나 비용 절감 혜택을 누릴 수 있는 기회를 놓칠지도 모른다. 그러나 신속한 서비스를 제공하려면 소비자들이 이용할 수 있는 점포의 수를 늘리는 것을 고려해야 할 것이다.

## 2.1 커버리지 전략

시장 커버리지market coverage는 주어진 지역 안에서 중간상의 업무를 수행할 점포, 구체적으로는 소매점의 숫자를 의미한다. 소매점의 수가 늘어날수록 더욱 강력하고 적극적인 유통을 실행하게 되는 것이므로 유통 강도distribution intensity라고도 한다. 커버리지 전략의 세 가지 대안은 개방적 유통, 선택적 유통, 그리고 전속적 유통 등이 있다.

### 1) 개방적 유통

개방적 유통extensive distribution은 제품, 상표, 서비스가 가능한 한 많은 소매점에서 취급되는 유통을 의미하는 것으로 해당 제품의 유통을 원하는 소매상은 누구든 제품을 취급할 수 있도록 광범위하게 개방하는 것이다. 소매점의 수가 늘어나므로 더욱 이 시장에 집중적이고 공격적인 유통이 가능하므로 집중적 유통intensive distribution이라고도 한다. 흔히 소비자가 최소한의 노력으로 빈번히 구매하기를 원하는 경우에 이용되며, 대중시장을 목표로 하는 제품에 적합하다. 이를테면 담배, 비누, 신문, 껌, 사탕, 휘발유, 사무용품 등의 일상적인 생활용품이 해당된다. 산업재의 경우에는 운영에 필요한 소모품을 개방적으로 유통시키는 경우가 많다.

### 2) 선택적 유통

선택적 유통selective distribution은 모든 소매점이 취급하도록 개방하는 것이 아니라 신중하게 선택된 소매점에서만 판매를 허용하는 방법으로 개방적 유통과 전속적 유통의 중간 유형에 해당된다. 이 유통 전략은 소비자가 제품이나 서비스를 탐색하는데 깊이 있게 무한히 노력하지는 않지만 어느 정도의 노력을 기울이고 비교구매를 하는 경우에 적절한 전략이며, 보다 세분화된 목표시장을 대상으로 하는 마케팅 전략에 적합하다. 같은 제품이라도 판매하는 소매점의 이미지에 따라 제품의 선택이 달라질 수도 있는 경우에 해당되므로, 생산자는 자사 제품을 선택적으로 유통시키기 위해 특정 지역 안에서 자격을 갖춘 소매상들 중에서 몇 개의 점포만을 선택하거나 특정 유형의 소매업태(백화점이나 전문점) 중에서 선택을 하게 된다. 특정 상표명의 텔레비전(삼성 SUHD TV), 침대(시몬스 침대), 화장품(랑콤 화장품), 시계(롤렉스) 등은 선택적 유통을 취하고 있는 좋은 예이다. '파로돈탁스'라는 치약은 약국에서 판매함으로써 일반 소매점의 치약보다는 치료약 개념과 고가제품 개념을 더 잘 전달할 수 있을 것이다.

### 3) 전속적 유통

전속적 유통exclusive distribution은 주어진 지역 안에서 단지 하나의 점포에서만 특정의 제품, 상표, 서비스가 제공되도록 하는 유통 전략이다. 그래서 해당 점포는 특정 지역 내에서 독점권을 가지게 되며, 쉽게 구할 수 없는 차별화된 이미지를 구축하게 된다. 이 유통 전략을 이용하는 이유는 크게 두 가지인데 첫째, 고객이 제품이나 서비스를 탐색하는데 많은 노력을 기꺼이 하는 경우이다. 이는 입지 편의성이 고객에게 중요한 경로서비스가 아니라는 뜻이다. 예를 들면 신형 롤스로이스Rolls-Royce를 사기 위해 전국에 하나뿐인 대리점까지 가는 것을 마다하지 않을 것이다. 둘째, 전속적 유통은 상표 내 경쟁intrabrand competition을 제거해 주기 때문에 공급자와 판매상은 상표 간 경쟁interbrand competition에만 대비하면서 긴밀한 유대를 형성할 수 있다. 이러한 의미에서 배타적 유통이라고도 하며, 신형 자동차, 산업용 에어컨 장비, 특정 몇 가지 의류, 고가 기구, 건축 및 농업용 기계 등이 이러한 방식으로 유통된다.

## 2.2 커버리지 전략 선택 시 고려요인

### 1) 고객의 애호 동기

시장 커버리지의 중심적인 결정 요인은 고객 애호 동기customer patronage motives인데 현재 및 잠재 고객이 점포와 제품을 어떻게 인식하고 있느냐에 따라 달라진다. 커버리지 전략은 표 6–2와 같이 점포와 제품의 조합에 의해 결정된다. 소비자에게 편의품으로 인식된 제품은 개방적 유통으로, 동질적 선매품으로 인식된 제품은 가격비교가 용이한 점포를 선택해서 유통시키며, 이질적 선매품은 유사한 제품을 판매하는 곳을 선택하여 품질비교가 가능하도록 유통시키는 것이다. 그런데 이러한 소비재 유형은 정해진 것이라기보다 소비자 인식과 소비패턴에 따라 얼마든지 달라질 수 있기 때문에 같은 범주의 전문품도 각기 다른 커버리지 전략을 취할 수 있다. 예

**표 6–2 소비재 유형별 일반적인 경로목표**

| 범 주 | | 경로목표 |
|---|---|---|
| 편의품 | 필수품 | 최대의 노출을 필요로 하므로 낮은 비용으로 광범위하게 유통 |
| | 충동품 | 필수상품과 유사하지만, 특히 효과적인 진열을 구사 |
| | 긴급품 | 사용이 있을 법한 시간과 장소에서 가용하도록 함 |
| 선매품 | 동질적 | 가격비교가 용이하도록 노출 |
| | 이질적 | 주요 쇼핑지역에 있어서 유사한 다른 선매품 가까이에 노출 |
| 전문품 | | 제품의 경로는 다소 제한적일 수도 있으나, 전문품으로 인식하지 않고 있는 고객에게 도달하기 위해서는 편의품 및 선매품들과 함께 취급 |
| 미탐색품 | | 제품에 대한 주의를 환기시키고, 유사제품이 탐색되고 있는 장소에서 가용하도록 함 |

를 들면 전문의약품은 전문품이지만 편의를 위해 편의점에서 개방적 유통이 되기도 하며 고가의 명품이나 선물세트도 편의점이나 카탈로그를 통해 판매될 수 있다. 제품의 유형을 어떻게 정의하고 어떤 커버리지 전략을 적용시키는가에 따라 고객의 인식과 애호동기를 바꾸고 새로운 경쟁우위가 되기도 한다.

### 2) 유통 포화의 정도

유통 강도를 결정하는 또 다른 요인은 특정 상권 안에 자사의 제품이나 서비스를 유통시키는 점포의 수이다. 점포의 수가 너무 많으면 각 점포들은 다른 점포의 수요를 빼앗게 되는 일이 발생하게 된다. 새로운 점포가 기존 점포에 너무 가깝게 자리하게 되므로 판매와 시장점유율의 성장이 기존점포들의 비용이 되는 셈이다. 이러한 경우를 제살깎아먹기cannibalization라고 한다. 제살깎아먹기를 막기 위해 신설점포는 경쟁사의 고객들을 끌어들일 수 있어야 한다. 그러나 고객들이 이미 지역적 편의성, 특별한 서비스, 오랜 관계 등의 이유로 인해 기존 경쟁점포에 충성도가 높다면 신설점포로의 유입이 어렵다. 따라서 시장이 진정으로 포화되어 있는 경우라면 점포를 추가하는 것은 상표 내 경쟁을 증가시키게 되어 경로 내에 갈등을 유발시키게 된다. 이는 궁극적으로는 그 제품 라인을 포기하게 할 수 있으므로 신중해야 한다.

점포의 수가 너무 적으면 판매 및 시장점유율 확보에 어려움이 있고, 광고와 촉진에서 경제성을 달성하기 어려울 수 있다. 점포수가 줄어들수록 고객이 점포를 접

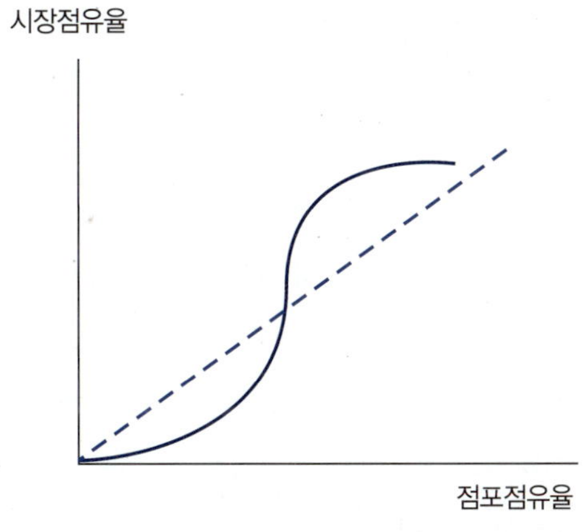


그림 6-2 시장 커버리지와 시장점유율 간의 관계

할 기회가 적어지므로 회상하지 못할 가능성이 있다. 그러므로 점포의 수가 적은 경우에는 점포수가 많을 때 보는 촉진 효과를 실현할 수 없다. 오히려 인지도를 높이기 위한 광고비 부담이 증가할 수 있다. 그래서 특정 상권 내에 적당한 수의 점포를 출점하고 유지하며, 전략적으로 조정하는 것이 중요하다.

그림 6-2는 시장 커버리지와 시장점유율간의 관계를 보여 주고 있다. 점포의 점유(시장 점유)는 경쟁사에 대비한 자사의 유통의 강도를 나타내고 있다. 그러므로 '점포점유율 = (자사 점포수/경쟁사 점포수) × 100'이라는 수식으로 계산되는 셈이다. 이 그림에서 주목할 점은 점포점유율이 낮으면 시장점유율이 낮아서 기업의 경쟁력이 생기지 않지만 점포점유율이 상당 수준 이상 증가하게 되면 자사의 경쟁력이 생길 정도로 시장점유율을 확보할 수 있다는 점이다. 그런데 자사의 점포수가 너무 많아져서 점포점유율이 일정 수준 이상이 되어버리면 더 이상은 시장점유율이 증가하지 않게 된다. 따라서 기업은 커버리지를 적당한 수준으로 조절하여 시장점유율면에서 경쟁력을 가져야 하지만 너무 많은 점포로 제살깎아먹기의 경쟁이 되어버리면 곤란하다.

### 3) 경로구성원의 통제 및 협력 수준

유통경로구성원이 마케팅 기능을 통제하려는 욕망의 정도도 부분적으로는 시장 커버리지 전략의 결정에 영향을 미치게 된다. 만약 경로구성원이 개방적 시장 커버리지 전략을 채택하게 되면 시장에서 이루어지는 마케팅에 대한 통제는 상당 부분 포기하게 된다. 마케팅 흐름에 많이 가담하는 길만이 통제가 가능한 방법이기 때문에 경로구성원이 선택적 유통을 하게 되면 마케팅 기능에 대해 더 분명한 통제를 가하게 된다. 이 때 경로구성원들 간에는 누가 어떤 기능을 수행할지에 대한 공식 혹은 비공식적인 합의를 하게 된다. 그러한 합의의 내용은 주로 취급 제품, 담당 지역, 재고 수준, 초기 설비 설치 서비스, 수리 보수 서비스, 판매량 할당, 그리고 광고 및 촉진 활동 등이 될 것이다. 유통경로에서 이루어지는 통제의 모든 이슈들은 시장 커버리지의 정도와 상관없이 경로관리에 매우 중요한 영향을 미치는 것들이다. 어떤 경우에는 경로구성원과의 협력을 통해 기업전략을 수행하고자 하는 경우도 있다. 이러한 경우에는 신중하게 파트너를 선정하여 협력할 수 있는 기준과 역할을 명확히 협의하여 진행해야 할 것이다.

# 3 경로구조선택

경로커버리지가 결정되면 소비자에게 도달해야 할 소매점의 분포나 수가 결정되므로 소매상까지 도달할 수 있는 구조를 설계해야 한다. 경로관리자는 목표시장에 효과적이고 효율적으로 도달하기 위해서 종종 하나 이상의 경로구조를 선택할 것이다. 경로구조는 경로를 구성하는 구성원들의 구체적인 형태, 수, 조직 등을 이르는 말이다. 이것은 몇 개의 중간상을 개입시켜 어떤 역할을 할당할 것인가의 문제에 대한 의사결정이므로 결국 경로의 단계, 즉 경로 길이를 결정하는 것이다.

경로의 단계는 제조업자에서 소비자로 바로 직접유통이 이루어지는 0단계부터 소매상이 개입되는 1단계, 도매상과 소매상이 개입되는 2단계 등과 같이 한 개의 중간상이 개입될 때마다 한 단계씩 늘어나게 된다. 보통은 소비자가 더 높은 서비스 수준을 요구할수록 경로 구조에 더 많은 중간상들이 가담해야 한다. 만약 소비자가 소량 단위로 구매하기를 원하면 많은 수의 도매상과 소매상이 가담하여 제조업자와 최종소비자 사이에서 분류 작업을 해야 할 것이다. 만약 대기 시간을 줄이려면 더 많은 편의점이 생겨야 하고 그러자면 더 빨리 전달해 줄 수 있는 많은 중간상이 경로 구조에 포함되어야 할 것이다. 그러므로 만약 소비자가 구매하는 단위가 소량이며 대기 및 배달시간을 최소화하길 원하고 제품의 폭과 깊이를 다양하게 원한다면 이러한 세부적인 역할을 신속하게 담당해줄 중간상의 수가 늘어나 경로의 길이가 길어질 수 있다.

그러나 이처럼 경로서비스 수준이 올라가게 되면 비용도 증가하게 된다. 이러한 고비용이 가격에 반영된다면 소비자는 그 경로를 외면하게 될 것이며 가격이 같은 수준이라면 더 높은 수준의 서비스를 제공하는 유통경로를 선호하게 될 것이다. 그러므로 경로구조는 소비자가 유통경로에 대해 원하는 서비스 수준과 그 비용의 상호작용에 따라 결정된다. 비용을 낮추면서도 서비스 수준을 올리려는 유통경로의 구조가 필요하기 때문에 경로 소유권과도 관련된다. 고객의 욕구에 맞는 전문화된 기능을 직접 제공할 수 있는지에 대한 제조업자의 역량에 따라 제조업자가 구성원의 역할을 직접 제공할지, 아니면 더 저렴하게 효과적으로 수행할 수 있는 다른 경로구성원에서 경로 기능을 맡길지의 여부가 함께 고려되기 때문이다. 경로구조를 결정하는 방법에는 연기–투기 이론, 기능 위양 이론, 거래비용이론, 체크리스트법 등이 있다.

## 3.1 연기–투기 이론

경로구조는 흔히 재고를 경로의 어느 구성원이 가지는가에 따라 결정된다. 재고가 경로의 어느 부분에 있는가에 따라 적절한 서비스의 제공, 제품 분류 작업의 이행, 그리고 경로구성원에게 적절한 이윤 배분 등이 다르게 이루어지게 된다. 재고의 위치를 결정하는 것과 관련된 이론 중의 하나가 연기–투기 이론**postponement-speculation theory**이다.

연기**postponement**란 중간상이 재고의 보유를 연기하여 제조업자가 재고를 가진다는 의미이다. 이것은 유통경로의 효율성을 달성하는 방법으로 유통경로의 가장 최후의 시점까지 제품을 완성품으로 만들거나 소유하는 것을 미루는 것이다. 예를 들면 자전거 제조업자는 자전거의 완성품 조립을 가능하면 주문이 발생하여 배달이 임박할 때까지 연기하였다가, 주문이 들어오면 자전거를 조립하여 중간상에게 직접 배달한다. 이렇게 하면 제조업자는 완성품 재고를 가질 필요가 없게 되고, 중간상은 판매가 발생할 시점까지 최대한으로 재고의 보유를 미루게 되어, 재고의 위치를 가능한 한 시간상으로 가장 늦은 시점으로 연기하는 것이다.

이처럼 연기는 제품을 보유함으로 해서 생기는 위험을 다른 경로구성원에게 떠넘기는 방법이다. 이를테면 다음과 같은 방법이다. 특수 산업용 기계 제조업자는 주문을 받지 않는 한 생산을 연기할 수 있으며, 중간상은 배달을 더 빨리 해주는 판매업자로부터 구매를 함으로써 구매 시점을 연기하고 재고를 후방으로 떠넘길 수 있다. 또한 소비자는 한 번에 대량구매하여 보관하기보다는 소매상의 선반에서 직접 구매할 수 있는 소매상을 선택함으로써 구매 시점을 최대한으로 연기할 수 있다. 이러한 연기의 결과는 재고를 제조업자 쪽으로 혹은 되도록이면 후방으로 떠넘기는 결과를 낳게 된다.

투기speculation란 연기의 반대 개념으로 재고를 중간상이 보유하는 현상을 의미한다. 결과적으로는 재고를 전방으로 떠넘기는 유통 방식인데 마케팅시스템의 비용을 줄이기 위해 유통 과정의 가능한 가장 빠른 시점에 재고를 보유하는 것이다. 그러므로 중간상이 위험을 떠넘기는 것이 아니라 위험을 제조업자 대신 부담하게 된다. 투기의 경우에는 중간상이 미리 구매를 해 주기 때문에 제조업자가 대량생산을 통한 규모의 경제를 달성할 수 있으며, 빈번한 주문 횟수를 줄임으로써 주문 처리와 수송비를 줄일 수 있다. 또한 중간상은 재고 고갈을 줄일 수 있으므로 고객 불만족과 잠재적인 상표전환에 따르는 비용을 줄일 수 있다. 그러나 재고부족이 발생하면 재고 보충 시까지 고객이 기다려야 하는 시간 등 고객 불만이나 상표전환의 위험이 있다. 이렇게 볼 때 소비재의 정확한 판매 예측은 투기를 위한 필수적인 과업이다.

연기와 투기의 이론은 경로구조를 이해하는데 유용한 근거가 된다. 예를 들어 투기적인 재고speculative inventory를 가짐으로써 중간상은 경로에서 입지를 굳힐 수도 있다. 투기적인 재고가 존재하면 간접유통경로를 유지할 수 있다. 즉 생산자와 소비자 사이에 하나 이상의 중간상이 개입하는 형태이다. 이러한 중간상은 다른 구성원들에게 재고로 인한 위험(물적 소유와 소유권 흐름에 가담하여 발생하는 비용)을 부담하는 비용을 감소시켜 줄 수 있다. 반면 연기는 위탁 운송업자, 배달업자, 대리중간상 등 다양한 형태의 구성원들을 끌어들이게 된다. 그들은 제품의 소유권을 갖지는 않지만 투기적 재고가 없는 유통경로에서 신속한 주문과 배송을 담당하여 직접유통을 가능하게 해준다.

투기와 연기의 원칙은 소비재 구매와 산업재 구매의 차이를 이해하는 데에도 많은 도움을 준다. 대부분의 소비재는 낱개, 소량, 빈번한 구매, 그리고 편의품점과 선매품점에서 구매되는 것과 같은 특징을 갖는다. 대량의 가정용 소비재의 재고를 소비자가 보유하는 일은 비교적 고비용이다. 그러므로 편의품 유통에는 더 긴 경로를 이용한 유통, 즉 간접유통이 이용되고 있다. 즉 소비자에서 생산자까지의 유통 단계가 많은 간접유통인데 최종 유통 단계인 소비자가 편리한 구매장소가 많은 상황에서 재고 유지를 연기하게 하고 중간상이 투기하는 것은 합리적이다. 투기는 그러한 제품의 유통경로 구조에서 중요한 결정요인이다. 왜냐하면 그러한 유통경로에서는 재고가 유지될 수 있는 지점이 많기 때문이다. 반면 산업재 유통에서는 소수의 구매자가 한꺼번에 대량구매를 하는 경향이 있기 때문에 중간상은 수요발생 시점까지 재고를 연기하게 된다. 그러므로 산업재의 유통경로는 직접유통경로이고 경로길이가 짧게 된다.

연기–투기 이론의 변수들을 그림 6–3에 표시하였다. 수직축은 주어진 제품 한 단위를 생산하기 위한 비용이다. 수평축은 주문을 받고 구매자에게 그 제품을 배달하기까지 걸리는 배달시간이다. 이러한 두 가지 요소가 결합하여 유통경로에서 수송시간에 대비하여 특정 마케팅 기능의 비용을 측정하게 된다. 이 그림에는 세 가지 기본적인 곡선이 있다. 곡선 C는 구매자가 부담하는 재고 유지비를 나타낸다. 곡선 AD′는 제조업자로부터 일정 거리 떨어져 있는 구매자에게 직접 공급하는 데 드는 비용을 나타낸다. 그러므로 이 곡선이 연기 비용 곡선이며 직접유통 비용 곡선이다. 곡선 DB는 제품을 똑같은 제조업자로부터 투기적 재고(제조업자의 유통센터, 공공 창고, 도매상, 소매상 등 중간상의 재고 보유)를 거쳐 구매자에게 이동시키는 데 소요되는 비용이다. 그러므로 이 곡선은 투기 비용 곡선이며 간접유통 비용 곡선이다.

연기–투기 이론은 경로 구조는 곡선 C, AD′, 그리고 DB의 상호관련성에 의해 결정된다고 본다. 그 과정을 하나씩 살펴보자. 첫째, 먼저 최소비용을 부담하게 되는 유통 방식에 대해 생각해 보자. 가능한 모든 수송시간을 이용하여 구매자에게 제품을 공급하는 최소비용은 곡선 AD′와 DB로부터 도출된다. 그림에서처럼 특히 빠른 배달서비스는 간접유통을 하는 것이 직접유통보다 싸게 이루어진다. 배달시간이 아주 빠른 유통은 투기만 가능하고 연기의 경우(AD′)는 아주 빠르게 배달할 수 없게 되어 있다. 그러나 배달시간이 I′이 되면 직접유통 비용이 간접유통의 비용 곡선과 교차하고 간접유통 비용 곡선 아래로 내려가게 된다. 간접유통과 직접유통의 비용 곡선들로부터 최소의 비용 곡선을 그리면 DD′곡선이 된다. 유통경로 비용의 관점에서 보면 배달 시간이 I′보다 짧은 것을 구매자가 원하는 경우에는 투기적 재고로 구매자에게 공급해 주는 것이 저렴하다. 그러나 구매자가 I′(시간의 축으로 생각할 것)보다 긴 배달시간을 수용할 수 있다면 직접유통이 저렴하다.

둘째, 직접유통과 간접유통의 선택 문제를 생각해 보자. 지금 현재 이 그림에서는 최소비용점이 I′의 왼쪽에 위치하고 있어서 간접유통을 하는 것이 바람직한 상황이다. 배달 시간과 관련한 최소 총비용 곡선은 제품 수송비용 DD′와 재고 유지비용 C를 합하여 DD′ + C로 만들어진다. 총 경로 비용은 원래 배달 시간이 길어

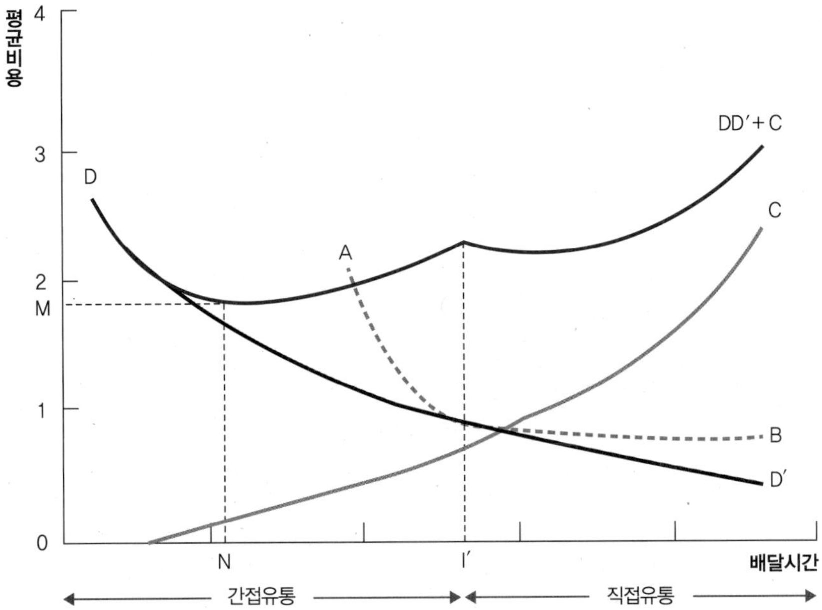


**그림 6-3 경로구조 결정을 위한 연기-투기 개념의 응용**

지면 감소하게 된다. 왜냐하면 구매자의 비용 증가가 경로의 다른 부분에서 절감(대량 수송의 경제)되어 보상되기 때문이다. 그러나 이러한 절감분은 점차 감소하게 되고 구매자의 비용은 급격히 증가하게 된다. 드디어 최소비용점은 N이라는 배달시간에서 M 수준에 도달하게 되고 그로부터 경로비용이 증가하게 된다. N지점의 의미는 만약 배달시간이 N보다 조금 더 걸리게 되면 DB곡선에서 수송비용은 감소하지만 재고를 더 많이 가져야 하므로 재고비용이 수송비용 감소분을 능가하지 못해서 총비용은 M보다 커지게 된다.

경로 구조는 이 최소비용점의 위치에 의해 조정된다. 만약 지금처럼 I′의 왼쪽에 최소비용점이 위치하면 제품은 투기적 재고를 거쳐서 유통될 것이다. 반면 연기를 통한 구매자의 절감분이 그렇게 크지 않다면 최소비용점은 I′의 오른쪽에 나타날 것이고 직접유통이 이루어질 것이다. 소비자가 재고를 유지하는 비용이 낮은 경우, 즉 곡선 C의 경사가 더 낮아지게 되면 I′의 오른쪽에 최소비용점 M이 생기게 되고 그렇게 되면 직접유통으로 연기의 비용을 최소화 시킬 것이다.

참고로 그림 6-3에서 세 가지를 분석해 보자. 첫째, 곡선 DB가 곡선 AD′보다 I′의 왼쪽에서는 비용이 낮은 이유, 즉 투기가 연기보다 비용이 저렴하여 간접유통을 하는 이유는 무엇일까. 이는 배달시간이 빨라서 수송비가 비싼 영역이므로 중간상이 재고를 가지고 있어야 빨리 공급할 수 있고 아주 빠른 배달을 하려면 연기를 하여 주문이 발생하는 시점에 배달하는 것으로는 불가능할 것이다. 곡선 AD′는 아주 빠른 배달 시간에는 나타나지 못하고 적당히 빠른 배달서비스부터 가능한 것으로 나타나 있음을 보면 알 수 있다.

둘째, 곡선 DB가 곡선 AD′보다 I′의 오른쪽에서는 비용이 높은 이유, 즉 연기가 투기보다 비용이 저렴하여 직접유통을 하는 이유는 무엇일까. 이는 주문을 하고 배달까지 오랜 시간적 여유가 있는 산업재 유통과 같은 경우이므로 중간상을 모두 거치게 되면 오히려 수송비용이 증가하기 때문이다.

셋째, 곡선 C 즉 재고유지비가 배달시간이 길어질수록 증가하는 이유는 무엇인가. 이는 배달시간이 긴 경우에는 필연적으로 안전재고를 더 많이 확보하여야 하므로 재고량이 많아지기 때문이다.

## 3.2 기능위양이론

경로구조를 결정하기 위한 기본적인 접근 방법으로 기능위양이론**functional spin-off theory**이 있다. 이 이론의 핵심은 유통경로에서 다른 경로구성원이 더 저렴하게 수행할 수 있는 기능은 위양하고 자신이 더 저렴하게 수행할 수 있는 과업은 직접 수행하는 것이다. 마케팅 흐름의 모든 과업의 상대적 비용을 알게 되므로 기능위양이론은 유통경로를 설계하는데 이용될 수 있다.

제조업자가 두 가지 유통경로 중에서 택일을 해야 하는 상황을 가정해 보자. 대안 1은 제조업자가 자신의 판매원을 고용하여 자사 소유의 창고를 운영하고 있는 경우이다. 대안 2는 제조업자가 중간상을 통하여 판매하는 것이고 공공창고를 임대하여 쓰고 있는 경우이다. 대안 1에서는 제조업자가 인적 판매를 하고 제품 저장 기능을 직접 수행하지만 대안 2의 경우에는 제조업자는 인적 판매 기능을 전문화된 도매상에게 위양하고 저장 기능은 전문화된 물류기업에게 위양한 것이다.

그림 6-4는 이러한 두 가지 대안과 관련되는 평균 비용을 나타내고 있다. 제조업자에게 있어서 대안 2의 평균 비용은 모든 기능을 위양함으로써 판매량과 상관없이 일정하게 나타나고 있다. 반면 대안 1의 경우에는 자사의 판매원과 창고를 이

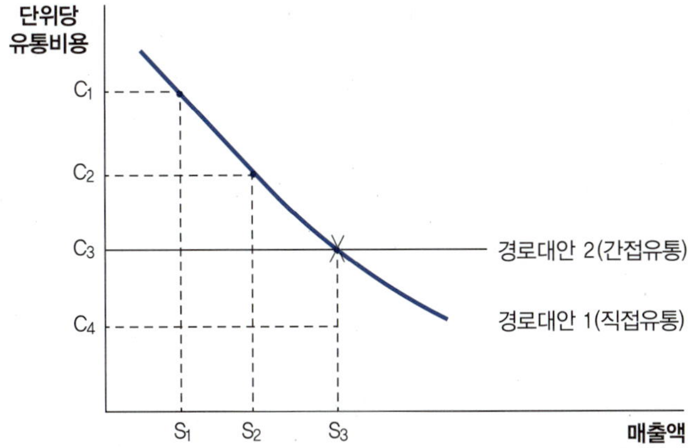


그림 6-4 기능위양 형태

용하기 때문에 판매 단위당 비용이 판매가 증가함에 따라 감소하고 있다. 이 단순한 사례에서 두 대안의 비용이 같아지는 점은 X이다. 따라서 판매량이 $S_3$보다 적은 경우에는 제조업자가 대안 2를 선택해야 한다. 이때 제조업자는 인적 판매와 저장 기능을 중간상과 공공창고에게 각각 위양하게 된다. 만약 판매량이 $S_3$보다 큰 경우에는 제조업자는 이러한 기능들을 자신이 수행하는 것이 유리해진다. 이처럼 기능위양이론은 특정판매량까지는 간접유통이 유리함을 보여준다.

그러나 현실적으로 항상 그렇지만은 않다. 기업의 제품 생산의 규모나 시장이 제한되어 있을 때는 기능을 다른 경로구성원에게 위양하게 되지만 기업의 규모가 너무 작은 경우에는 도매상, 광고 대행사, 금융 기관 등이 신용을 위험스럽게 생각하기 때문에 기능을 위양하기가 어려울 때도 있는 것이다. 그렇다면 소규모 기업도 그런 경우에는 어쩔 수 없이 그러한 기능들을 통합해야 한다. 판매량이 $S_1$수준이라면 제조업자는 인적 판매와 저장기능을 위양하는 것이 저렴하지만 직접 통합해야만 할 것이다. 그 이유는 그 정도의 판매량으로는 다른 기관들을 유인할 만한 수준이 못 되기 때문이다. 그러나 판매량이 $S_2$수준이 되면 다른 기관들을 유인할 정도가 되기 때문에 인적 판매와 저장 기능을 위양할 수 있다.

유통경로의 구성원뿐만 아니라 조직적 구매자나 가정의 일반 소비자도 기능위양 여부를 관여하게 된다. 예를 들면 창고형 식품시장의 성공 여부는 소비자들이 자신들의 식료품을 가방에 담으려 하는가, 직접 들고 다니려 하는가, 다른 곳에서 환불해 주는 병 값을 지불하려 하는가 등과 같은 문제에 달려 있다. 그러므로 소비자에게 기능을 위양하는 것은 새로운 소매 업태를 개발에 중요한 역할을 하게 된다.

수직적 마케팅시스템의 생성을 설명하는 데도 기능위양이론은 설득력이 있다. 경쟁 시장에서 한정된 자원을 가진 신설 기업은 다른 전문화된 독립 기관들에게 특정 경로 기능을 위양할 것이다. 예를 들어 소규모 전자회사는 자신의 판매원을 갖기보다는 대리인을 통하는 것이 훨씬 저렴할 것이다. 그러나 기업의 규모가 커지게 되면 이러한 기능을 스스로가 저렴하게 수행할 수 있는 능력을 축적했기 때문에 기능을 재통합할 것이다. 이러한 진보는 단지 생산자에게 국한된 것만은 아니다. 미국 백화점 시어즈Sears는 1886년 우편주문 소매상으로 시작했지만 수평적으로 확장했다. 규모가 점점 커지게 되자 자사의 창고를 갖추면서 후방으로 통합을 하였고 급기야는 자사 소유의 생산설비를 갖추는 정도까지 기능을 통합하기에 이르렀다. 온라인 쇼핑몰 아마존Amazon은 배송시스템을 직접 운영하기 위해 소형 무인 비행기인 드론drone을 이용한 무인 배달 시스템을 도입하고자 한다.

## 3.3 거래비용이론

유통경로에서 거래를 수행하려면 누가 상품을 보유해야 하는지, 어떤 조건으로 상품을 거래하는지, 거래 조건에 대한 협상은 누가 어떻게 하는지, 계약을 어떻게 이끌어 내고 체결된 계약의 이행을 위해서 누가 어떠한 노력을 해야 하는지 등등 거래 관련한 여러 가지 비용이 발생하게 된다. 경로 구성원 간의 거래를 위해 거래 상대방을 탐색하고 계약을 체결하고 지속적으로 계약을 이행하는지 감시하는 모니터링까지 다양한 비용과 시간, 노력이 투입된다. 이처럼 교환을 통해 거래를 수행하는데 드는 비용을 거래비용이라고 한다. 윌리암슨Williamson이 1979년 제안한 거래비용이론transaction cost theory은 이러한 거래비용을 기반으로 외부시장으로부터 구입을 하는 것이 내부적으로 생산을 하는 것보다 높다면 내부화(수직적 통합으로 내부화, 직접유통)를 통해 직접 실행하는 것이 낫고, 내부적 생산비용보다 거래비용이 낮다면 외부화를 통해 거래(간접유통)하는 것이 낫다는 관점에서 '생산과 구매make-or-buy'에 관한 의사결정을 한다는 것이다.

거래비용은 인적요인, 환경적요인, 거래적 요인에 의해 발생하는데 이러한 비용을 최소화시키기 위한 경로 구조를 선택하게 된다. 거래비용을 높이는 요인을 구체적으로 살펴보면 다음과 같다. 첫째, 인적요인으로 제한된 합리성bounded rationality과 기회주의opportunitism가 있다. 인간은 자신의 합리성에 따라 모든 판단과 행위를 한다는 것이 전통적인 경제학의 관점이지만 실제로 정보처리능력에 제한이 있기 때문에 인간의 행동은 제한된 범위 내에서 합리적일 수밖에 없다는 것이다. 또한 인간은 자신의 이익을 추구하기 위해 정보를 조작하거나 의도 및 성과를 왜곡하여 남을 속이는 기회주의적 행동을 하게 된다는 것이다. 즉 거래과정에서 인간은 제한된 합리성 하에서 의사결정을 하게 되는데 거래 상대방의 기회주의적 행동 때문에 거래비용이 높아진다는 것이다. 특히 거래자의 수가 적을 때는 이러한 기회주의적 행동 가능성이 높아진다. 이러한 기회주의적 행동의 피해 가능성이 높아져, 철저한 감시체계나 타율적 제재 등 권위통제메커니즘을 통한 보호장치의 필요성을 증가시킴으로써 수직적 통합의 가능성을 높이고 직접 수행하게 된다. 효율적 시장에서는 외부조달원의 성과를 평가하여 미흡할 시에는 다른 구성원으로 대체함으로써 시스템의 효율성을 높일 수 있지만, 외부조달원의 성과측정이 어려우면 외부조달의 효율성을 감소시키게 되므로 수직적 통합이 촉진되는 것이라 볼 수 있다.

둘째, 환경적 요인에는 거래자의 수, 정보비대칭성, 환경불확실성이 포함된다. 거래자의 수가 적을 때는 기회주의적 행동이 극대화되어 이로 인한 거래 비용이 높아지게 된다. 또한 거래 당사자간 정보비대칭으로 인해 정보가 한 쪽에만 편중되어 있는 경우에도 거래 상대방이 그 정보를 얻기 위해 대가를 지불해야 하므로 거래비용이 상승하게 된다. 또한 거래 환경의 불확실성도 거래 상대방의 의사결정 예측을 어렵게 하고 명확한 의사결정을 할 수 없기 때문에 다양한 상황에 대한 대비를 하므로 거래비용을 높이는 요인이 된다.

셋째, 거래적 요인으로 자산특유성, 성과 지속성, 거래빈도 등이 있다. 거래빈도는 거래특유자산에 대한 투자 및 활용에 따라 비용이 발생하는데 내부화를 통해 직접 소유한 경우에는 거래빈도가 높으면 소유에 따른 비용을 최소화하므로 효율적이다. 이 때 거래특유자산(자산특유성)이란 거래를 위해 특별히 투입된 자산으로, 거래가 중간되면 사라지는 거래관련 매몰비용이기도 하다. 실물자산(특수장비), 인적특수자산(교육 및 기술전수), 입지특유자산(재고 및 수송비를 고려한 근접성), 고객특유자산(특정 고객과의 거래를 위해 설치된 자산) 등이 있으며 이러한 거래특유자산이 많으면 기회주의에 노출될 위험이 높아지고 행동의 불확실성이 초래되어 내부화가 된다. 거래특유자산은 특정 당사자와의 거래에만 적용되도록 투자한 것이므로 쉽게 전환될 수 없기 때문에 거래특유투자는 거래 상대방에 대한 경제적 희생을 높이고 관계 결속을 강화하게 되며, 거래 상대방을 변경하는데 있어 전환 장벽이 된다.

보통 거래특유자산이 많고 수요변동성이 크며, 거래빈도 및 규모가 작을 때에 거래비용이 높아지기 때문에 이러한 경우에 거래비용을 줄일 수 있는 내부화가 발생할 가능성이 높다. 그래서 경로 역할을 직접 수행하거나 수직적계열화를 통해 통합해 가게 되므로 경로길이가 짧아지게 된다. 이 이론에 따르면 프랜차이즈를 통해 가맹점으로 운영하는 경우에도 거래비용이 높다면 직영점을 늘려가는 것이 효율적이다.

## 3.4 체크리스트법

경로 구조를 결정하는데 여러 가지 고려해야 할 요인들을 고려하여 중간상을 결정하는 방법을 설명하는 모형이 체크리스트법**check list method**이다. 표 6-3은 제조업자가 중간상의 수와 형태를 결정하는 경우에 고려해야 할 요인들을 정리한 것이다. 경로구조를 결정하는 데 고려해야 할 요인으로는 크게 다섯 가지가 있다. 보통의 일반적인 상황으로 제시한 것이므로 설계 상황을 구체적으로 검토하여 적용해야 할 것이다.

### 1) 시장요인

목표시장의 특징이 유통경로의 구조와 설계를 결정하게 된다. 고객의 수가 적을수록 목표시장의 크기는 커지게 되고, 시장이 지역적으로 집중되어 있을수록 제조업자는 직접유통경로를 이용할 것이다. 반대의 상황이라면 경로관리는 더 복잡할 것이고 부담을 덜기 위해 중간상을 이용한 간접유통을 할 것이다. 또한 작은 단위로 판매를 하게 되면 대량소비자들은 비용이 증가되고 소비의 효율성을 잃게 된다. 반면 대량으로 판매를 하게 되면 개별소비자들은 구매와 소비 간에 시간 격차가 발생하여 제품 저장과 보관을 부담하게 된다. 그러므로 소량판매의 경우 경로 중간에 저장 및 보관 기능을 담당할 중간상이 개입해야 하므로 경로의 길이가 길어질 것이다. 만약 소비자가 대기 및 배달시간을 줄이길 바란다면 제품을 빨리 공급해 줄 수 있는 중간상의 기능이 중요하므로 신속한 공급과 저장 기능을 하게 될 중간상이 많이 개입하게 되어 경로의 길이가 길어질 수 있다. 이 때, 유통경로가 담당하게 될 목

**표 6-3 체크리스트법의 고려 요인**

| 요 인 | | 간접유통 | 직접유통 |
|---|---|---|---|
| **시장요인** | 시장규모<br>지역적 집중도<br>구매빈도<br>평균 주문량 | 소규모<br>분산<br>낮다<br>소량 | 대규모<br>집중<br>높다<br>대량 |
| **제품요인** | 크기와 중량<br>부패성<br>단위당 가치<br>제품표준화<br>제품라인의 폭<br>제품라인의 깊이<br>기술적 복잡성 | 소규모/소량<br>낮다<br>낮다<br>높다<br>좁다<br>얕다<br>낮다 | 대규모/대량<br>높다<br>높다<br>낮다<br>넓다<br>깊다<br>높다 |
| **기업요인** | 규모<br>재무적 능력<br>경영 전문성<br>통제에 대한 욕망 | 소규모<br>약하다<br>낮다<br>적다 | 대규모<br>강하다<br>높다<br>많다 |
| **경로구성원요인 (중간상요인)** | 중간상 획득가능성<br>중간상의 마케팅 수행의지<br>중간상의 서비스 숫자<br>중간상의 서비스 품질<br>구성원 이용 비용 | 높다<br>높다<br>많다<br>높다<br>낮다 | 낮다<br>낮다<br>적다<br>낮다<br>높다 |
| **환경요인** | 환경적 고려요인의 수 | 적다 | 많다 |

표시장의 고객욕구를 분석하는 것은 산업재구매자, 기관구매자, 가정구매자, 그리고 개별구매자 등 다양한 계층의 욕구를 모두 고려해서 실시해야 한다. 보통 소비자가 더 높은 서비스 수준을 요구할수록 경로구조에 더 많은 중간상들이 가담해야 하므로 경로의 길이가 길어질 것이다.

### 2) 제품요인

크기가 크고 중량이 높은 제품은 수송 거리와 화물 취급 작업을 최소화할 수 있는 경로가 필요하다. 부패 가능성이 높은 제품은 직접유통을 해야 하고 최소한 제품을 빨리 회전시킬 수 있는 중간상을 이용하여야 한다. 단위당 가치가 낮을수록 경로는 더 길어지게 된다. 중간상이 취급하는 다른 많은 제품들과 유통비용을 공유하여 규모의 경제와 범위의 경제를 달성하여 비용절감이 가능하기 때문이다. 상대적으로 고가품이나 명품은 고급스러운 이미지 유지뿐만 아니라 취급 및 운송비용이 제품 가격에 비해 상대적으로 낮기 때문에 직접유통을 하게 된다. 판매에 기술적인 전문성을 요하는 복잡한 제품은 구매자가 정확한 정보를 얻을 수 있도록 직접유통경로가 필요하다. 표준화가 높은 제품은 간접유통이 가능하며, 제조업자가 많은 수의 제품 라인을 운영하고 있다면 유통 비용을 여러 품목으로 분산시킬 수 있으므로 직접유통이 가능하다. 제품수명주기에서 도입기에 공격적인 마케팅을 위해 소수의 중간상과 협력하여야 하므로 경로의 길이가 짧으나 성장기와 성숙기로 가면서 판로확대를 위해 경로의 길이가 길어질 수 있다.

### 3) 기업요인

재무적 능력, 특정 판매상이나 공급자와 거래한 경험, 마케팅 기능을 직접 수행하는 능력, 그리고 자사 제품이 마케팅되는 방식을 통제하려는 욕망 등은 기업마다 다르다. 재무적으로 강한 기업은 자신이 많은 마케팅 기능을 수행하려 할 것이고 마케팅 흐름을 많이 통제하려 할 것이며 직접유통경로를 택할 것이다. 기존의 방식을 바꾸는 일이 불확실성을 증가시키고 경우에 따라서는 특정 계층의 종업원들의 일자리를 없애는 결과를 초래하게 될 수도 있어서 조직의 경직성이 높은 경우에는 쉬운 결정이 아니다. 유통경로에 관한 의사결정은 장기적이고 조직의 특성을 변경하게 될 수도 있어서 경로 구조의 변화는 서서히 이루어지고 힘든 과정이기도 하다. 그렇기 때문에 많은 기업들이 그러한 구조의 변화를 꺼리고 실제로도 변화는 잘 실행되지 않는 경우가 많으므로 기업의 특성에 따른 의사결정을 고려하는 것도 중요하다.

### 4) 경로구성원요인

유통경로의 구축에 있어서 경로 기능을 담당할 기관들의 특징을 검토해 보아야 한다. 특정 상권에서 필요한 마케팅 기능을 수행할 수 있는 마케팅 기관을 획득 가능한지, 그러한 기관들이 마케팅 기능을 수행해 주려는지, 그 기관들이 몇 가지의 경로서비스를 수행해야 하는지, 그리고 여러 경로구성원들의 상이한 업무 수행 비용 등이 그것이다.

유통경로에서 경로구성원을 선택하는 것은 특히 제한적인데 구성원이 특정 공급자나 중간상을 위해 마케팅 기능을 수행하지 않으려 하거나 수행할 구성원을 찾을 수 없는 경우가 있다. 개인용 컴퓨터 시장의 경우에 1983년초 미국에서는 150여개 생산자가 2,100여개 소매점에서 경쟁하고 있었다. 소규모 신설 기업들은 거의가 소매점에 제품을 공급하는 것이 어려웠다. IBM과 Apple은 이 시장에서 우월하였기 때문에 진열장의 가장 좋은 위치를 차지하였고 소매상들 입장에서는 소규모 생산자들에게 소비자의 욕구가 발생한다고 생각하지 않았기 때문에 공간을 할애할 생각이 없었다. 소규모 생산자들은 대부분 제품전시회, 인쇄물 출판, 구전 등에 의존하면서 소비자 광고를 하지 못하였기 때문에 결과적으로는 1980년대 중반까지 거의가 소매 유통을 확보하지 못하고 역사 속으로 사라지고 말았다. 국내에서도 1990년대 등장한 중소기업의 중저가 컴퓨터나 조립컴퓨터의 경우 기존 유통망을 활용할 수 없어 직접 대리점을 모집하여 운영한 바 있다.

### 5) 환경요인

법률 및 정치적, 기술적, 경쟁적, 경제적 분위기 등은 유통 구조와 경로구성원의 행동에 영향을 미치는 요인들이다. 이러한 환경적 제약 조건들은 유통경로 선택을 제한할 수 있다. 의사결정자는 법이나 조례를 위반하지 않도록 신중해야 하며 법률제정 등과 관련된 정치적인 분위기를 거스르지 않도록 해야 한다. 판매상은 흔히 구매자에게 판매지역을 독점적으로 허용하는 경우가 있는데 그러한 약속은 법적인 효력이 있으므로 새로운 제조업자가 그 시장에 진출하려는 경우에는 판매상을 설득하는 경우가 있다. 제조업자가 자신의 제품이나 서비스의 안전과 품질을 지키려고 하기 때문에 법적인 계약에 대해 거래 당사자는 서로 준수할 의무를 지니게 된다.

# 4
# 최적경로선정

이상의 과정을 거쳐 경로의 구조(길이)와 전략(강도)를 결정하게 되면 이론적으로 수많은 대안이 만들어지게 된다. 대안적 유통경로 구조를 평가하기 위한 몇 가지 의사결정 모형이 있다. 이들 모형들은 평가과정 모형에서 수학적 모형 등에 이르기까지 다양하지만 여기서는 평가 과정 모형 몇 가지를 살펴보기로 한다. 평가과정 모형은 비교적 이해가 쉽고 이용이 간편하며 의사결정자가 경제적 기준과 양적 기준을 종합적으로 평가하게 된다. 의사결정자는 자신의 경험, 직관, 주관적 판단에 비추어서 평가하게 되므로 평가자의 판단으로 항목의 추가나 점수의 할당을 할 수 있다.

## 1) 가중요인 모형

가중요인 모형**weighted factor model**은 각각의 경로 대안들의 성과를 예측하여 가장 훌륭한 성과를 낼 수 있는 대안적 경로를 발견하는 방법이다. 그 과정은 다음과 같다.

- 현실적으로 구축할 수 있는 대안적 경로를 구상한다.
- 대안적 경로를 비교하여 평가하기 위해 경로의 목표와 제약점을 설정한다.
- 앞의 단계의 목표와 제약점들 자체의 상대적 중요도를 계산한다.
- 대안적 경로 각각에 대한 목표와 제약점 부분을 평가한다.
- 각각의 대안적 경로의 평점을 계산해 낸다.
- 가장 높은 평점을 받은 대안적 경로를 선택하게 된다.

이제 이러한 과정을 실행하기 위해 순차적으로 작업을 수행하기로 한다. 첫째, 1단계 작업은 대안적 경로를 설정하는 과업이다. 어떤 화학제품 제조회사가 수영장에 공급하기 위한 신제품으로 살균제를 생산한 경우 고려할 수 있는 대안적 경로는 다음과 같다.

**경로 1 : 현재의 도매상을 통해 유통하는 방식**
**경로 2 : 수영장과 거래하고 있는 새로운 도매상을 통해 유통하는 방식**
**경로 3 : 소규모 도매상을 인수하여 유통하는 방식**

둘째, 2단계 작업은 대안적 경로를 평가하기 위한 경로 목표와 제약점을 설정하는 작업이다. 경로 목표로는 ① 판매(크기 및 성장률) ② 수익성 ③ 환경변화에 대비할 수 있는 유연성 ④ 통제 가능성 등이고 제약점으로는 ① 투자비 ② 위험 두 가지를 가정하였다.

셋째, 경로 목표와 제약점의 상대적 중요도를 계산하는 과정이다. 이는 표 6-4에서 상대적 중요도 부분에서 계산되어 있다. 가장 중요하게 인식하고 있는 항목은 투자비와 수익성의 항목이다. 그러므로 이 두 가지 항목의 점수가 다른 항목들의 점수보다 더 큰 영향을 미치게 된다.

넷째, 각각의 경로 1, 경로 2, 경로 3이 경로 목표와 제약점 부분에서 어떠한 평가를 받게 되는지 계산해 보는 과정이다. 경로 1은 기존 유통경로를 이용하기 때문에 투자비와 위험 부분에서 가장 좋은 점수를 받았고, 경로 3은 소규모 소매상을 인수하여 자사가 소요하는 경영을 하게 됨으로써 통제 가능성에서 가장 높은 점수를 받았다.

다섯째, 각각의 대안적 경로의 평점을 계산해 내는 과정이다. 각각의 대안적 경로의 평점은 평가 항목의 상대적 중요도에 각각의 대안적 경로의 평가를 곱하여 계

**표 6-4 대안적 경로의 평가표**

| 경로목표/제약점 | 상대적 중요도 | 대안적 경로 평가 | | |
|---|---|---|---|---|
| | | 경로 1 | 경로 2 | 경로 3 |
| **경로목표** | | | | |
| 판매 | .15 | 3 | 6 | 3 |
| 수익성 | .3 | 5 | 4 | 7 |
| 유연성 | .1 | 8 | 5 | 8 |
| 통제가능성 | .1 | 9 | 4 | 10 |
| **제약점** | | | | |
| 투자비 | .2 | 10 | 7 | 4 |
| 위험 | .15 | 10 | 8 | 6 |
| 계 | 1.0 | 7.15 | 5.6 | 6.05 |

산된다. 따라서 경로 1, 경로 2, 경로 3의 평점은 다음과 같다.

**경로 1 : .15(3) + .3(5) + .1(8) + .1(9) + .2(10) + .15(10) = 7.15**
**경로 2 : .15(6) + .3(4) + .1(5) + .1(4) + .2(7) + .15(8) = 5.6**
**경로 3 : .15(3) + .3(7) + .1(8) + .1(10) + .2(4) + .15(6) = 6.05**

여섯째, 가장 높은 평점을 받은 대안적 경로를 선택하는 과정이다. 여기서 경로 1이 가장 높은 평점 7.15를 받았다. 따라서 가중요인 모형에 근거하여 평가한 결과 기존의 도매상을 통하여 신제품 살균제를 유통시키는 것이 가장 바람직한 경로 구조의 선택이 될 것이다.

### 2) 순차적 결정 모형

순차적 결정 모형lexicographic model은 대안적 경로를 상정하여 각각의 경로의 목표와 제약점을 평가하는 과정은 가중요인 모형과 같은 과정을 거친다. 순차적 결정 모형에는 크게 두 가지 방식이 있는데, 순차적 선택 모형과 순차적 제거 모형이 그것이다.

#### (1) 순차적 선택 모형

순차적 선택 모형regular lexicography model에서는 가장 중요한 평가 부분에서 가장 높은 평가를 받은 대안을 선택하게 된다. 만약 두 가지 이상의 대안이 가장 중요한 평가 부분에서 똑같이 높은 평가를 받게 되면 다음으로 중요한 평가 부분에 대해서 평가를 하게 된다. 여기서는 가장 중요한 평가 부분이 경로 목표와 제약점을 통틀어서 상대적 중요도가 0.3으로 추정된 수익성 항목이다. 따라서 가장 높은 수익성을 내는 것으로 평가된 대안적 경로 평가 결과는 소규모 도매상을 인수하여 유통하는 것이 가장 합리적인 의사결정이라고 할 수 있다.

#### (2) 순차적 제거 모형

순차적 제거 모형sequential elimination model에서는 가장 중요한 평가 부분에서 가장 낮은 평가를 받은 대안적 경로를 제거하고 그 다음으로 중요한 평가 부분에 대해 남은 대안 중 가장 낮은 평가를 받은 대안을 또 제거하게 된다. 이렇게 순차적으로 제거하게 되면 최종적으로 남게 되는 대안을 선택하게 된다. 이는 통과pass 혹은 탈락fail과 같은 방법으로 각 평가단계를 통과하고 최종적으로 남은 대안이 가장 좋은 대안으로 선택되는 것이다. 여기서는 가장 중요한 평가 부분이 수익성인데 수익성

부분에서 가장 낮은 평가를 받은 대안적 경로는 경로 2이므로 첫번째 단계에서 경로 2는 탈락하고 경로 1과 3은 통과한다. 이어서 두번째로 중요한 평가부분인 투자비 부분에서 가장 낮은 평가를 받은 대안적 경로인 경로 3이 탈락하게 된다. 그러므로 이제 남은 것은 경로 1을 최종적으로 선택하게 된다. 순차적 제거 방법으로 의사결정한 결과 현재의 도매상을 통해 유통시켜야 한다는 것이 합리적인 결론이다.

### 3) 최소기준 모형

최소기준 모형minimum requirement model은 각각의 평가 부분마다 최소한으로 요구하는 평가 수준을 미리 결정한 후 각각의 대안이 이 최소 요구점에 도달하는지를 보고 그 대안의 선택 여부를 결정하는 방식으로, 하회 제거법과 상회 선택법이 있다.

#### (1) 하회 제거법

하회 제거법conjunctive method은 각각의 대안을 평가 부분 모두에 대해 평가하여 하나의 부분에서라도 최소한의 기준점에 도달하지 못하면 그 대안을 제거하게 된다. 여기에서 경로 목표와 제약점의 모든 평가 항목에 있어서 최소 요구점이 4점이라고 한다면 경로 1과 3은 제거되고 경로 2가 남게 된다.

#### (2) 상회 선택법

상회 선택법disjunctive method은 각각의 대안들이 하나의 평가 부분에서라도 최소한의 요구점을 만족시키면 그 대안을 선택하는 방법이다. 이 사례에서 경로목표 부분은 최소 요구점이 6이고 제약점 부분은 최소 요구점이 7이라고 사전에 결정하였다. 이때 경로 목표 부분에서는 모든 대안적 경로가 선택되지만 제약점 부분에서는 경로 3이 탈락하게 된다. 따라서 경로 1과 2를 선택하게 된다.

### 3) 모형의 활용 방법

이러한 평가 과정 모형들은 경우에 따라서는 복합적으로 동시에 고려하게 될 수도 있다. 이는 먼저 선택의 폭을 줄인 후 하나의 대안을 선택하는 방법이다. 먼저 대안적 경로의 수가 많을 경우에는 최소한의 수준을 갖춘 대안으로 선택의 폭을 줄여야 할 것이다. 이때 우리는 가장 많은 대안을 선택할 수 있는 방법인 최소 기준 모형의 상회 선택법을 이용하여 경로 1과 경로 2를 선택한다. 이어서 가중요인 모형을 이용하여 경로 1을 최종적으로 선택하게 되는 것이다.

이러한 평가 과정 모형들은 대안적 경로를 평가하는데 이해가 쉽고 계산이 용이하다는 점이 유용한 부분이지만 몇 가지 한계를 지니고 있다. 우선 평가와 관련된 점수들은 평가자의 주관에 의한 판단과 경험적인 정보를 근거로 작성되는 경향이 있다. 그러므로 누가 평가표를 작성하는가에 따라 상이한 결과를 얻을 수 있다. 이를테면 경제적인 전망을 어둡게 보는 사람이거나 기업 내 성장 배경이 재무 관리와 무관한 사람이 평가를 한다면 수익성이나 위험 부분을 중시할 것이고 인사관리나 노사분규를 어려운 과업으로 생각하는 평가자라면 유연성과 통제력을 중시하는 상대적 중요도를 매길 것이다. 또한 각 경로 대안의 평가 점수를 부여하는 과정에서도 개인적인 이익이나 친분을 고려한 의사결정을 할 가능성을 배제하기 어렵다.

또한 대안들의 각 평가 부분에 대한 평점을 아직 실현되지 않은 유통 과업을 염두에 두고 평가자가 추정한 것일 뿐이라는 한계가 있다. 매출액과 수익성이 상대적으로 객관적이고 양적인 기준이 될 수 있지만 관련 자료를 근거로 산출하는 점수여서 향후 마케팅 환경의 변화가 가져올 유통 산업의 변동 부분은 누구도 감안하지 못한다. 그래서 이러한 주관적 · 단기적 예측을 보완할 수 있는 객관적이고 계량화된 근거를 함께 제시하면서 분석할 수 있어야 한다. 또는 부정적 관점과 긍정적 관점 등 여러 관점을 설정하여 시나리오별 평가점수를 도출하여 시장상황의 변화를 관찰하면서 적용하는 방법도 병행할 수 있다.

# 5
# 개별경로구성원선정

경로설계의 마지막 의사결정은 경로를 구성하게 될 개별 중간상들을 선택하는 업무이다. 보통은 개방적 유통의 경우에는 재무현황 등 아주 기본적인 요소만 검토하여 많은 소매점으로 유통시키면 되지만, 선택적 유통 전략을 취하는 경우에는 보다 많은 기준으로 신중한 결정이 이루어지게 될 것이므로 이 5단계의 내용이 더 중요하게 다루어질 것이다.

또한 개별경로구성원의 선정은 기존 경로를 변화시키지 않는 경우에도 수시로 실행되는 경우가 많다. 만약 전속적 유통에서 선택적 유통으로 전략을 변화시키는 경우 더 많은 경로 구성원이 필요하므로 추가적인 개별경로구성원을 선정하거나, 기존의 경로구성원과의 협력이 어렵거나 갈등이 발생하는 경우에도 다른 경로구성원을 탐색해야 하는 경우가 있기 때문이다. 개별경로구성원의 선정은 보통 경로구성원의 발견, 기준 적용 및 평가, 경로구성원 확보의 3단계로 진행된다고 볼 수 있다.

## 5.1 경로구성원 발견

경로구성원을 발굴하는 방법은 기존 제품을 유통하고 있는 중간상을 검토하거나 새로운 구성원을 발견하는 것이다. 새로 유통시키고자 하는 제품의 경쟁제품이나 유사제품의 경로를 탐색하여 기준으로 삼거나 벤치마킹하는 것이 가능하다. 또한 기존에 거래하고 있는 중간상이 있다면 문의하여 정보나 대안을 확보할 수 있으며, 자사 마케팅팀이나 영업사원의 경험과 친분을 바탕으로 확보할 수도 있다. 기존 경로와는 다른 구성원을 새롭게 발견하려면 제품별유통협회(한국의약품유통협회, 한국계란유통협회 등등)나 점포유형별협회(한국체인스토업협회, 한국농수산물도매시장법인협회 등등), 업계 출판물(월간유통저널, 리테일매거진, 물류신문, 식품저널 등등), 연감(유통업체연감, 식품유통연감 등등), 인터넷 홈페이지 및 쇼핑몰, 소셜네트워크사이트SNS 등의 자료를 활용할 수 있다. 이러한 자료에는 업체별 리스트뿐만 아니라 파트너를 맺고자 하는 광고도 볼 수 있어 다양한 구성원을 발견하는데 용이하다.

## 5.2 기준 적용 및 평가

제조업자는 어떤 유형의 중간상이 목표시장의 고객에게 가장 적합한 경로서비스를 제공할 수 있을지 결정해야 하고 중간상은 어떤 제품이 목표시장의 고객에게 가장 적합한 것이고 어떻게 그들 업무를 지원해야 할지 결정하게 된다. 경로구성원을 선택하기 위해 다음과 같은 여섯 단계의 절차를 수행하는 것도 유용한 방법이다.

- 각각의 중간상들이 필수적으로 해야 할 업무의 목록을 작성한다.
- 각각의 중간상들에게 바람직한 업무의 목록을 작성한다. 이는 필수적으로 중간상에게 요구되는 것은 아니지만 중간상이 할 수 있다면 더 좋은 업무 내용들이다.
- 목표시장에 필요한 기능들을 수행하는 경로구성원들의 목록을 작성한다. 경쟁자의 경로구성원들을 포함시키는 것이 좋다.
- 앞의 세 번째 단계에서 정리된 자료를 근거로 잠재적인 중간상들을 첫 번째 단계의 필수적인 업무를 기준으로 평가한다.
- 앞의 네 번째 단계에서 가장 매력적인 것으로 나타난 중간상을 두 번째 단계에서 나타난 바람직한 업무 기준으로 평가한다.
- 앞의 다섯 번째 단계의 결과를 기준으로 가장 적절한 개별 중간상을 선택한다.

이렇게 볼 때 제조업자가 중간상을 선택하는 경우 우선은 중간상이 갖추어야 할 필수적인 여건이 무엇보다도 중요한 고려 대상이 아닐 수 없다. 제조업자는 제품 이미지에도 신경을 쓰기 때문에 자사의 제품이 경쟁사에 의해 직접적인 비교의 대상이 되는 것은 원하지 않는다. 그러므로 중간상이 자사 제품과는 조금 다르거나 보완적인 제품 라인을 취급하고 있는 편이 중간상 라인에서 자사 제품이 타사 제품과 직접 경쟁이 되지 않는다고 본다. 또한 제조업자는 중간상 라인의 질적 수준이 자사의 수준 이상이기를 기대한다. 이러한 내용과 관련하여 제조업자가 중간상을 선택할 때 고려해야 할 기준들이 표 6–5에 제시되어 있다.

**표 6-5 제조업자가 중간상을 평가하는 기준**

**1. 중간상의 판매 노력 평가**

1.1 중간상의 판매원 활동 내용과 범위
1.2 판매원이 실제로 판매 노력을 하는가? 주문만 받는가?
1.3 중간상의 촉진에 요구되는 제조업자의 지원 정도
1.4 중간상이 취급하는 라인의 수
  a. 취급 라인이 많아서 하나의 제조업자 라인에 최선을 다 못할 가능성
    • 중간상이 '과도한 광고, 유리한 마진, 싼 가격'을 실행할 가능성
    • 여러 라인 중 특정 라인을 선호하고 여타 라인을 소홀히 할 가능성
  b. 중간상이 제조업자의 경쟁 라인 제품 취급 여부

**2. 중간상과 제품 유통경로와의 관계 평가**

2.1 다수의 고객(중간상)을 통하는 폭넓은 유통 수행 여부
2.2 특정 고객(중간상)이 필요할 때 요구를 수용할 능력
2.3 도매상과의 관계의 질적 수준과 관계 지속 가능성
2.4 촉진, 가격정책, 재무관리 등의 업무에서 경로구성원과 협동하는 정도
2.5 제조업자와 관계 지속을 소망하는 정도

한편 제조업자에 대한 중간상의 평가 기준이 표 6-6과 같으며 일반적으로 가장 빈번하게 이용하는 기준은 재무적 능력이다. 이는 향후 지불능력과 기업의 계속적인 사업 수행 여부를 결정하는 중요한 요인이 되기 때문이다. 아울러 대안적 제조업자의 중간상의 판매원의 숫자, 질적 수준, 기술적 경쟁력 등도 평가하는데 이는 푸시 전략을 펼치는 제조업자들의 능력을 평가하는 결정적인 기준이 되기 때문이다.

푸시전략push strategy은 주로 유통경로를 통해 이루어지는 촉진 전략인 반면에 풀전략pull strategy은 시장조사와 광고 등을 통해 이루어지는 촉진 방식이다. 제조업자가 시장지배력을 가졌거나 경쟁력이 우월할 경우에 제조업자 → 도매상 → 소매상 → 소비자로 이어지는 수직적 마케팅 경로를 통하여 제품을 밀어내는 방식이 전형적인 푸시전략이다. 반대로 풀전략은 광고를 통해 소비자의 새로운 욕구를 유발하거나 시장조사로 신제품 개발을 하여 목표시장의 수요가 진전되기를 도모하는 마케팅 전략이다.

## 5.3 경로구성원 확보

경로구성원에 대한 평가가 이루어지고 확보해야할 구성원이 선정되면 중간상이 본

**표 6-6 중간상이 제조업체를 평가하는 기준**

1. 재무적 능력
   - 수익과 손실
   - 대차대조표
2. 판매 능력
   - 판매원의 수
   - 판매 및 기술적 경쟁력
3. 제품 라인
   - 경쟁 제품
   - 화한 제품
   - 보완 제품
4. 명성
   - 리더십
   - 지명도
   - 지역사회에서의 지위
   - 핵심중역의 배경
   - 전문성 수준
5. 시장 담당구역
   - 지리적 담당구역: 상권 내의 점포의 수
   - 산업의 담당범위
   - 담당구역의 밀도와 강도
6. 판매 성과
   - 관련 라인의 성과
   - 전체 판매 성과
   - 성장 전망
   - 판매달성 능력
   - 판매 시장/고객 도달 성공
   - 판매 후 관리
7. 경영 능력
   - 계획
   - 노사문제
   - 마케팅 지향성
   - 전략 방향
8. 광고 및 판매 촉진 프로그램
9. 훈련 프로그램
   - 자기 관리
   - 제조업자 가담 허용 의지
10. 판매 보상 프로그램
11. 공장, 장비, 설비
    - 수송/배달: 방법과 기록
    - 재고: 종류와 규격
      - 재고 최소량(안전재고)
      - 서비스 수준
    - 창고: 현장 제공력
      - 효율적 선적 능력
12. 주문 및 지불 절차
13. 설치 및 수리 서비스
    - 판매 후 관리
    - 보증 업무
14. 실연 프로그램의 질적 수준
15. 개별 라인/제품에 자원을 제공하려는 의지
16. 공동 프로그램에 협동하려는 의지
17. 자료를 공유하려는 의지
    - 고객 자료
    - 판매원 자료
    - 재고 자료
    - 수송 관련 자료
    - 시설과 장비 자료
    - 경쟁자 자료
18. 할당을 수용하려는 의지
    - 제품
    - 판매 책임량

자료원: Douglas M. Lambert, The Distribution Channel Decision(New York : National Association of Accountants, 1978), p. 37.

사의 제품 유통을 맡을 수 있도록 파트너십을 제안하는 과정을 수행해야 한다. 제조업자만 중간상을 선택하는 것이 아니라 중간상도 자신이 판매하는 제품의 구색과 이미지를 고려하여 제조업체를 선택하기 때문이다. 제조업자, 도매상, 소매상, 혹은 다른 마케팅기관들도 때로 유통경로에 가담하기를 기피하기도 한다. 그러므로 경로구성원의 의지가 경로구조를 결정하거나 개별경로구성원을 결정하는데 핵심적인 요인이 된다. 또한 실무적으로는 개별경로구성원의 선택이 경로구조의 결정과 밀접하게 맞물려 있다. 강력한 파워를 가진 브랜드를 소유한 제조업자의 경우에는 제품을 유통시키고자 하는 중간상이 먼저 파트너십이나 거래 제안을 하는 경우도 있겠지만, 그렇지 않은 경우에는 자사와의 파트너십과 자사 제품 유통을 통해 중간상이 얻을 수 있는 효익을 명확히 인식시킬 수 있어야 한다. 그래서 서로간의 파트너십이 상호 모두에게 이익이 되며 어떠한 방식으로 그 보상이 이루어질 것인지를 구체적으로 보여줄 수 있어야 한다.

CHAPTER

# 07

# 유통경로재설계

# 1
# 경로재설계의 필요성

## 1.1 경로재설계 상황

유통경로의 재설계는 쉬운 일이 아니다. 기존의 유통경로구성원을 통해 유통을 시키고 있는 상황에서 물량을 줄이고 다른 경로를 확장한다면 경로갈등을 유발하게 될 것이며, 기존경로구성원과의 관계를 끊는 것도 단기간에 일방적으로 결정하기 힘든 문제이다. 만약 새로운 구성원과의 관계를 만들어 나가야 한다면 경로관리자의 역할이 중요하게 될 것이다. 최근 기술발전으로 인해 온라인과 모바일 등으로 경로를 확장하거나 옴니채널로의 전략을 구축하는 것도 기존 경로와의 갈등을 최소화하고 서로 조화롭게 운영되기 위한 전략적 관점에서 출발해야 할 것이다. 유통경로 재설계에서 갈등과 조화를 생각해야 하는 이유는 경로구성원과의 관계가 형성되어 있기 때문이다. 유통경로관리는 장기간의 인간관계형성과 유지가 그 배경이기 때문이다.

그러나 한 번 설계된 유통경로가 계속 유지되기는 어렵다. 앞서 살펴본 바와 같이 소비자가 유통경로에 대한 기대가 다양하고 유통환경 또한 급변하고 있어, 소비자의 기대와 환경의 변화에 따라 보완하거나 개선할 점을 조사하고 반영하여 기존 경로를 지속적으로 점검해야 한다. 기존 경로의 재설계를 고려해야 할 상황은 다음과 같은 경우이다. 이러한 경우에는 경로 재설계의 필요성을 신중하게 평가하고 실행해 나가야 한다.

- 중간상 정책의 변화
- 경쟁환경의 변화
- 새로운 도매상의 등장
- 새로운 소매상 및 업태의 등장
- 기존 유통경로와의 갈등

- 현재 유통경로 성과 미흡
- 소비자 욕구 및 기대의 변화
- 기술발전으로 인한 유통기술의 변화
- 기타 유통환경의 변화

## 1.2 경로재설계의 전제조건

유통경로설계에서 처음으로 해야 할 일은 지금 제공되고 있는 제품 및 서비스가 진정으로 가치를 가지고 있는가를 판정하는 일이다. 만약 현재의 제품과 서비스가 유익한 가치를 전달할 수 없다면 유통경로설계를 어떻게 하더라도 사상누각沙上樓閣과 같은 일이 될 것이다. 힘들게 경로를 재설계하고 유통을 실행하게 되는 경우, 유통활동을 통해 판매가 단기적으로 개선될 수 있어도 나쁜 제품을 좋은 것으로 만들 수는 없기 때문이다. 제품의 가치 판단을 위해서 판매원, 유통센터, 소매상, 도매상, 대리점 등 그 누구든지 제품과 서비스의 우월성과 열등성을 인식하고 있을 것이므로 이에 대한 의견을 수렴하여 정리하는 것이 필요하다. 이러한 맥락에서 기업은 자사의 현재 상황을 다음의 각각의 측면에서 정확하게 분석하고 경로재설계를 시작해야 할 것이다.

- 자사의 고유한 제품과 서비스 가치를 확인(예: 제품 수명 주기 상 위치 확인)
- 현재의 유통시스템 이해(예: 유통정보화 수준 확인)
- 기존경로구성원에 대한 보다 구체적인 이해(예: 인터뷰, 워크샵 실시)
- 유통경로의 경쟁분석(예: 경쟁자의 유통경로 촉진활동)
- 기타 유통경로 전반의 현황과 문제 인식

# 2
# 경로재설계 단계

새로운 경로를 구축하는 것과 기존의 유통경로를 수정하는 것에는 차이가 있다. 기존 경로의 수정하기 위해서는 현재의 유통경로에 대한 평가와 목표로 하는 유통 경로간의 차이를 분석하고, 그 차이를 보완하기 위한 절차와 방법이 추가되어야 할 것이다. 기존의 유통경로를 새롭게 분석하고 설계하는 과정은 유통경로를 재설계하는 이유와 목적에 따라 분석의 범위가 달라질 수 있으므로 이 단계는 조정하여 진행하면 된다.

경로재설계는 앞으로 재설계되어야 할 이상적인 유통시스템을 먼저 도출한 다음 현재 유통경로와의 비교를 통해 차이를 분석하여 이상과 현실이 조화된 적정 유통시스템을 선정하는 과정을 거친다. 이상적인 유통시스템은 소비자가 원하는 유통경로서비스 속성을 모두 고려한 경로를 말하는 것으로 고객만족도를 극대화할 수 있는 대안이 될 것이다. 그러나 그러한 고객의 요구사항을 모두 반영하여 경로를 개선하기에는 시간과 비용의 효율성, 현재 기업의 역량 및 자금력 등 현실이 뒷

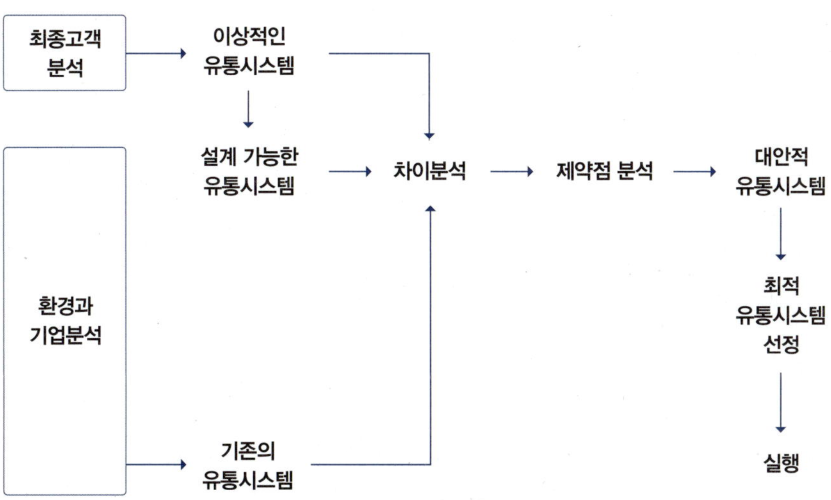


그림 7-1 고객지향적 경로재설계 과정

받침되어야만 가능할 것이다. 그래서 경로재설계 시에는 가장 이상적인 경로와 현재 상황의 차이를 최소화하는 경로를 도출하는 것을 목표로 진행하게 되며 그 과정은 그림 7-1과 같다.

## 2.1 이상적인 경로대안의 도출

이상적인 경로대안을 도출하는 과정은 세분시장의 목표고객을 대상으로 유통경로에 요구하는 사항을 조사하여 다양한 유통경로대안을 도출하고 그 개성을 결정하는 것이다. 그리고 그러한 요구사항에 맞는 제품과 서비스를 공급해줄 수 있는 소매상을 선택하거나 설계하는 경로커버리지 선정단계로 넘어가게 된다. 경로커버리지가 결정되면 경로의 길이와 개별경로구성원을 선정하는 단계를 거친다. 이러한 단계는 앞서 6장에서 살펴본 유통경로설계단계와 유사하다. 신규로 설계되는 유통경로는 아주 이상적인 관점에서 최고의 경로를 구상하는 것에서 시작하기 때문이다. 이상적인 경로대안 도출과정은 앞의 신규유통경로설계단계와 유사하지만 경로재설계 과정에서 추가적으로 활용될 수 있는 내용을 중심으로 정리해 보고자 한다.

### 1) 세분시장분석

경로재설계를 위해 일부 문제점을 발견하고 개선하는 것도 좋지만 기존의 유통경로를 생각하지 말고 제로베이스zero-base로 시작하는 것이 좋다. 처음 경로를 설계할 때와 달리 외부환경 및 내부완경에 변화가 있기 때문에 기존에 가지고 있던 설계기준과 거래방식 등에서 벗어나서 새로운 상황에 적합한 대안을 도출해야 하기 때문이다. 제로베이스 접근법은 보통 전년도의 계획이나 자료를 무시하고 새롭게 필요한 업무부분을 설정하고 그 업무 수행을 위해 필요한 인원이나 자금을 업무 영역별로 할당하여 기존의 정책에 연연하지 않고 최종 사용자가 가장 우선적으로 원하는 것이 무엇인지를 알아내는 것이다. 최종소비자가 유통경로에 대해 가지는 기대사항은 5장에서 살펴본 바와 같이 편리한 장소와 시간, 점포 분위기, 상품구색과 구매단위, 가격 및 가치, 정보 및 인적 접촉, 서비스수준, 공급자와의 관계 등이 있다. 이러한 요소들이 명확하지 않다면 초점집단면접FGI: focus group interview을 실시하여 찾아내야 한다. FGI 진행과정에서 나온 응답 중 사소한 것들을 제외시키고 중복되는 것을 동의어로 응답된 것에 포함하거나 제외하면서 소비자가 기대하는 속성들을 도출하게 된다. 그리고 중요한 항목을 다시 응답자들에게 제시하여 그 항목들이 기존의 유통경로와 얼마나 관련이 되는지 또 관련이 된다면 얼마나 깊이 관련이 되는지도 질문한다. 이러한 FGI 응답을 토대로 요인분석factor analysis을 실시하여 세분 시장의 유형을 결정하게 된다.

소비자가 중요하게 생각하는 속성이 밝혀진다면 소비자의 욕구에 따라 시장을 세분화하게 된다. 사무용 설비와 서비스를 최종소비자에게 소비재로 판매하는 것이 아닌 기업에 판매하는 경우를 가정하여 시장세분화를 실시해 보면 표 7-1과 같다. FGI에서 도출된 속성에 대해서 다수의 고객을 대상으로 선호도를 측정하는데, 이 때 고정총합법constant-sum scale을 이용하였다. 여러 가지 서비스 요인의 총합을 100으로 하여 점수를 할당하는 방식이다. 표의 맨 왼쪽 줄은 서비스 속성을 나타내고 있고, 다섯 개의 세분시장으로 나누어져 있음을 볼 수 있다. 응답자들이 선호하는 점수 중 특히 중요하게 생각하는 요소를 기준으로 세분 시장의 이름을 붙인다. 예를 들면 '강한 지원 세분시장'은 100점 중에서 지원/유지/신뢰도 속성에 58점을 주면서 상대적으로 강력한 선호도를 나타내고 있고 '관계세분시장'에서는 계속적인 관계 및 개인적 방문을 중시하는 것을 볼 수 있다. 세분시장별로 유통경로에서 중요하게 생각하는 서비스 속성이 다양하기 때문에 이러한 속성을 도출해내고

**표 7-1 세분시장별 유통경로에 대한 요구사항 점검**

| 서비스 속성 | 세분시장 종류 | | | | |
|---|---|---|---|---|---|
| | 상표다양성/실연 | 강한 지원 | 관계 | 가격 민감도 | 제품다양성/조언 |
| 계속적 관계/개인적 방문 | 13 | 8 | 30 | 6 | 11 |
| 제품/조언의 폭 | 13 | 8 | 13 | 7 | 29 |
| 지원/유지/신뢰도 | 23 | 58 | 29 | 33 | 32 |
| 상표다양성 | 14 | 8 | 8 | 8 | 6 |
| 저가격 | 20 | 9 | 10 | 37 | 12 |
| 제품 실연 | 17 | 9 | 10 | 9 | 10 |
| 총계 | 100 | 100 | 100 | 100 | 100 |
| 이 세분 시장의 수익비중 | 21% | 26% | 25% | 15% | 13% |

소비자들의 의견을 수렴하여 그에 맞는 경로를 설계하는 것이 중요하다는 것을 알 수 있다. 또한 여러 세분 시장을 대상으로 하는 유통경로는 각 개별 경로에 요구하는 서비스 속성을 명확히 파악하여 개성 있는 경로를 설계해야 할 것이다. 만약 이 표에서 보는 것처럼 지원/유지/신뢰도 속성에 공통적으로 많은 기대를 하고 있다면 이에 대한 제공방법과 표준을 마련하는 것부터 시작해야 할 것이다.

### 2) 최종소비자를 위한 소매점 설계(커버리지)

세분시장을 결정하고 나면 소비자 기대에 맞는 소매점부터 설계하게 된다. 예를 들어 내구재의 경우 구색이나 서비스는 다양하지 않더라도 낮은 가격과 자유롭게 매장을 구경할 수 있는 분위기를 원하는 세분시장이라면 백화점보다 할인점이 어울릴 것이다. 표 7-1에서 강한지원의 세분시장을 목표로 한다면 산업재 고객을 직접 본사가 관리하면서 서비스 및 지원이 가능한 소매유통망을 구축하거나 완전기능 서비스를 제공하는 대리점이 적합할 것이다.

따라서 기존에 존재하는 소매상을 통해 가능한지의 여부부터 타진해 보아야 할 것이다. 중요한 것은 이러한 소매점들 중의 새로운 결합 형태를 모색하거나 각각의 소매점의 차이를 분석하는 것도 잊어서는 안 된다. 유통하려는 제품에 맞는 기존의 소매점 개념이 없는 경우에는 새로운 소매업태의 개념을 도출해 볼 수도 있기 때문이다. 고객지향적 유통경로의 재설계 단계에서 가장 창의적인 과정이 바로 이 과정이다. 고객욕구를 바탕으로 기존의 점포 유형과 새로운 결합형의 점포 유형을 망라하여 가장 적절한 소매점포의 유형을 만들어 내는 과정이기 때문이다. 표 7-2에서

**표 7-2 가전세품 세분시장에 맞는 이상적 점포 유형**

| 세분 시장 유형 | 가격민감형 시장 | 가격/교육훈련/수리중시형 시장 | 지원/관계 중심형 시장 |
|---|---|---|---|
| 응답자 비중 | 41% | 22% | 37% |
| 주요 경로 특성 | 저가, 저지원 | 저가, 교육, 훈련, 수리, 상표 다양성 | 조언, 관계, 제품 정보, 빠른 수리, 교육 |
| 경로의 역할 | 저가 구매를 실현할 수 있고 다른 서비스 제공은 추가 가격 부담을 않도록할 것 | 저가이고 거의 모든 아이템을 '푸시'유통시키고 교육 훈련과 수리 서비스 가능할 것 | 제품 정보와 조언 제공, 판매 후 모든 교육과 지원 제공, 판매원과의 인간적인 관계 구축, 폭넓은 제품 및 상표 제공 |
| 이상적 소매점 | 텔레마케팅, 할인점 | 교육과 수리를 강화한 저가 점포 | 높은 지원, 관계 지향의 소매점 |

는 구체적으로 내구성 가전제품에 대한 이상적 점포 유형을 도출해 보았다.

### 3) 이상적 유통시스템의 설계(경로길이 및 구성원선정)

이번 단계에서는 첫째, 누가 마케팅 흐름에 나타난 유통 기능을 수행하게 할 것인가라는 문제를 해결하고 둘째, 수직적 통합을 할 것인지 다른 중간상에게 위양할 것인지에 대해 의사결정 한다. 이전 단계에서는 최종소비자를 만족시키기 위한 시장지향적 서비스 속성의 묶음과 소매점포의 유형을 발견하는 데 초점을 맞추었지만 이제는 현실적인 제약 조건이 중요하게 반영된다.

전체 유통시스템은 서비스 속성을 제공하기 위해 공동작업을 하도록 연계되어 있다. 그들 사이에는 일반적으로 표 7-3과 같은 9가지 경로흐름이 있으며, 비용이 발생한다. 이러한 흐름의 기능을 각각 어떤 경로구성원이 담당하게 될 것인지를 결정하게 되고, 결국 이는 경로의 길이를 결정하는 것이다. 만약 어떤 세분 시장의 최종사용자들이 신속한 배달을 원한다면 그 고객들은 구매하려는 것을 즉시 소유하고 싶어하는 것이므로, 지역에 적당한 재고를 갖고 있어야 한다는 뜻이 되며 소비자 주변으로 분산되어 유통되므로 단계가 길어지게 된다.

유통 흐름에서 각각의 세분 시장 소비자를 만족시키기 위해 얼마의 노력과 비용이 드는지를 분석하는 것이 합리적이다. 이를 토대로 제조 혹은 구매라는 의사결정을 할 수 있다. 수직적 통합을 통해 유통을 직접 수행하는 것이 제조에 해당하는데 만약 그 방법이 저렴하다면 통합을 하면 될 것이다.

**표 7-3 유통경로 기능별 비용 분석**

| 마케팅 흐름 | 관련 비용 분석 |
|---|---|
| 물적 소유 | 저장 및 배달 |
| 소유권 | 재고 유지비, 상거래 비용 |
| 촉진 | 인적 판매, 광고, 판매 촉진, 퍼블리시티, PR비용 |
| 협상 | 시간 비용 및 법적 비용 |
| 위험 부담 | 가격 보장, 품질 보증, 보험, 설치, 수리, 애프터 서비스 비용 |
| 금융 | 신용 기간, 판매 조건 및 기간 |
| 주문 | 주문처리비용 |
| 지불 | 대금 회수, 악성 부채 비용 |
| 시장정보 | 정보수집 및 분석 비용 |

그러나 9가지 흐름 중 모든 것을 통합하는 것은 쉬운 일이 아니다. 그렇기 때문에 필요에 의해 혹은 어쩔 수 없이 중간상을 이용하는 유통, 즉 구매라는 방식을 이용하게 된다. 이는 수직적 통합이 항상 비용 우위를 지켜주는 것은 아니라는 뜻인데 크라이슬러Chrysler가 유럽 유통 시장에 재고를 채우는 작업을 건설 장비 회사인 캐터필러Caterpillar에게 위양하게 된 것도 그런 이유 때문이다. 경우에 따라서는 현실을 감안한 이상적 유통경로가 기존에 존재하지 못하기 때문에 자사 내 · 외부 자원을 통합하는 복합 유통을 하기도 한다.

## 2.2 기존 유통시스템 분석

기존 유통시스템에 대한 전반적인 분석을 하여야 하는데 이는 이상적 유통시스템의 설계와 동시에 진행할 수도 있다. 기존 유통경로 분석은 시장현황 및 업무내용, 각 유통경로의 판매성과 및 물류성과, 자사와 중간상 간의 기능 및 비용분담, 유통시스템 전반의 효율성, 고객만족도 등을 중심으로 평가를 진행하며, 16장에서 제시되어 있는 경로성과평가기준을 활용할 수 도 있다.

기존 유통경로가 고객들에게 얼마나 서비스 속성을 잘 제공하고 있는지 사무용품 제조업자의 경우를 예로 들어 보자. 다양한 유형의 경로 중 설비회사 대리점, 서비스 회사 대리점, 그리고 소매점이 유통에 관여하고 있다. 기존 및 잠재 고객들에게 경로 유형 세 가지 각각이 어느 정도로 만족스러운 서비스를 제공하는지 질문한 예를 표 7-4에 제시하였다.

응답자들이 각각의 특징을 평가하여 전혀 아니면 1점을 부여하고 완벽하게 수행하고 있으면 9점을 부여하는 이른바 9점 척도로 측정하였다. 이 표에서 나타난 정

**표 7-4 사무용품의 기존 3가지 유통경로에 대한 평가**

| 특징 | 설비회사 대리점 | 서비스회사 대리점 | 소매점 |
|---|---|---|---|
| 계속적인 관계 유지 | 4.0 | 5.1 | 2.7 |
| 애프터 서비스, 수선 지원 | 6.3 | 5.5 | 3.7 |
| 다른 기업의 제품/서비스 제공 | 2.0 | 3.1 | 5.0 |
| 최저가로 제공 | 3.2 | 4.6 | 4.9 |
| 제품/서비스 실연 제공 | 4.1 | 2.8 | 5.0 |

그림 7-2 마케팅활동과 보상의 불일치

보는 몇 가지 중요한 사실을 담고 있다. 첫째, 세 가지의 유통경로는 소비자에게 제공하는 가치가 각기 다르다. 서비스 회사의 대리점은 계속적인 관계가 최고 수준이지만 소매점은 최악의 관계를 유지하고 있다. 소매상은 다른 기업의 제품과 서비스를 잘 제공하지만 설비회사 대리점은 이 점에서 가장 나쁜 평가를 받았다. 둘째, 가능한 가장 높은 평가는 9점인데 실제로 가장 높은 점수를 받은 경우는 설비회사 대리점의 애프터서비스 지원에 대한 평가 6.3이다. 대부분의 점수들이 5점 아래로 나타나고 있으므로 이 산업에 새로운 기업의 진출 기회가 존재한다고 할 수 있다.

기존 유통시스템에 대한 분석은 기존 유통경로 내에서 노동의 배분 정도에 대해 분석해 보는 과업이다. 노동의 중복이 발생하는 경우에는 그 유통시스템의 비용을 증가시키게 된다. 제품을 생산자로부터 소비자 시장에 공급하는 전 과정에서 경로구성원 간의 적적한 노동의 배분이 효율적인 경로 운영을 가능하게 한다. 그러나 경우에 따라서는 비효율적인 노동의 분배가 효율성을 저해하는 경우도 있다.

뿐만 아니라 유통경로의 각 구성원의 수행 활동과 그에 따른 보상의 일치도 효율성을 제고시키기 위한 중요한 기준이다. 그림 7-2의 경우는 마케팅 활동과 그에 따른 보상의 불일치를 예시하고 있다. 이 그림에서는 도매상과 소매상이 제조업자에 비해 수행한 과업보다 상대적으로 많은 보상을 취득하고 있는 것으로 보인다.

## 2.3 설계 가능한 경로대안의 도출

앞 단계에서 현실을 반영한 분석을 일부 실시하였지만 보다 심층적인 관점에서 유통경로를 둘러싸고 있는 환경 요인을 분석해 보게 된다. 이 단계는 경영자의 편견, 목표, 제약 조건을 고려하는 시점이다. 유통경로의 환경이 변화가 다양하고, 폭넓고, 변동이 심하고 불확실할수록 적응을 위한 통제의 필요성은 증가하는 반면 급변하는 경로의 목표시장에 적응하기 위해서는 유연성을 가질 필요도 있다. 최초 경로가 설계될 때에는 당연하게 여겨지던 요소들이 환경변화로 인해 새롭게 바뀌거나 조정되어야 할 필요성이 높아질 수도 있고, 환경변화를 예측하여 미리 준비하고 대응해야 할 것들도 있다. 이러한 관점에서 우리 기업이 구축할 수 있는 유통경로란 어떤 것인지를 도출하는 것이다. 이를 테면 수명주기상의 위치를 분석하다 보면 자사의 제품이 수명 주기상의 어느 단계에 있는가에 따라 유통경로의 모습이 달라야 한다는 것이 밝혀진다. 도입기에는 실제적인 가치를 추가시켜 주는 경로가 적절하고 성장기에는 커다란 판매량을 감당할 수 있는 경로가 적합할 것이다. 그 대신 성장기에는 도입기 때와 같은 서비스를 다 제공하기는 어렵게 될 것이다. 성숙기에는 최종사용자가 저가를 선호하기 때문에 부가 서비스를 강조할 수가 없게 된다. 쇠퇴기에는 점점 더 적은 서비스를 제공하는 직접 우편 등이 유리할 것이다. 또한 법적인 변화나 기타 외부 환경의 제약조건들을 검토한다.

이러한 외부환경의 변화뿐만 아니라 기업 내부의 고착된 문화와 구조를 분석하여 제약점들을 도출하고 제거하는 것도 중요하다. 효율성(비용과 수익 문제), 효과성(시장점유율과 투자수익률 문제), 적응가능성(투자자금의 유동성, 신제품 마케팅 능력, 마케팅에 신기술을 적용하는 문제)에 대한 기업의 노력을 체계적으로 분석하고 반영하는 것이다. 앞에서 도출한 이상적인 경로대안을 실제 적용하는 데 제한이 되는 내 · 외부 환경을 철저히 분석하여 이상적인 경로 시스템을 수정함으로서 고객의 욕구와 기업의 현실이 반영된 경로가 도출되게 된다.

## 2.4 차이분석

앞의 단계까지 우리는 세 가지의 유통시스템을 검토하였다. 첫 번째는 고객지향적인 이상적 시스템을 분석하였으며 두 번째로는 현실을 반영하는 기존의 유통시스템을 분석하였고 바로 전 단계에서는 기업 내 · 외부 경영환경을 반영하여 기업이 설계가능한 유통시스템을 분석하였다. 이제 이러한 세 가지의 유통시스템을 비교하여 차이분석gap analysis을 실시하게 된다.

세 가지 유통시스템을 비교하면 세 가지의 대안을 도출할 수 있다. 그림 7-3에서 보는 것처럼 상황 1에서는 기존 시스템과 설계 가능한 시스템 그리고 이상적 시스템 등 세 가지의 유통시스템이 서로 일치하는 경우이다. 기존 유통경로에서 이상적 유통경로의 적용이 가능하거나 일부 수정을 통해 개선할 수 있다.

상황 2는 기존 시스템과 설계 가능한 시스템이 부분적으로는 일치하지만 이 두 시스템 모두 이상적 시스템과는 거리가 먼 상황이다. 이 경우 경영자의 안목을 바꿀 필요가 있는데 이를 위해 제약점을 검토하는 작업을 다음 단계에서 수행하여야 할 것이다.

상황 3에서는 세 가지의 유통시스템이 완전히 불일치하는 경우를 보여 주고 있다. 설계 가능한 유통시스템이 기존 시스템과 이상적 시스템의 중간 형태라면 최종 사용자의 혜택을 증가시키기 위해서는 기존 경로 시스템을 수정하여 이상적 시스템

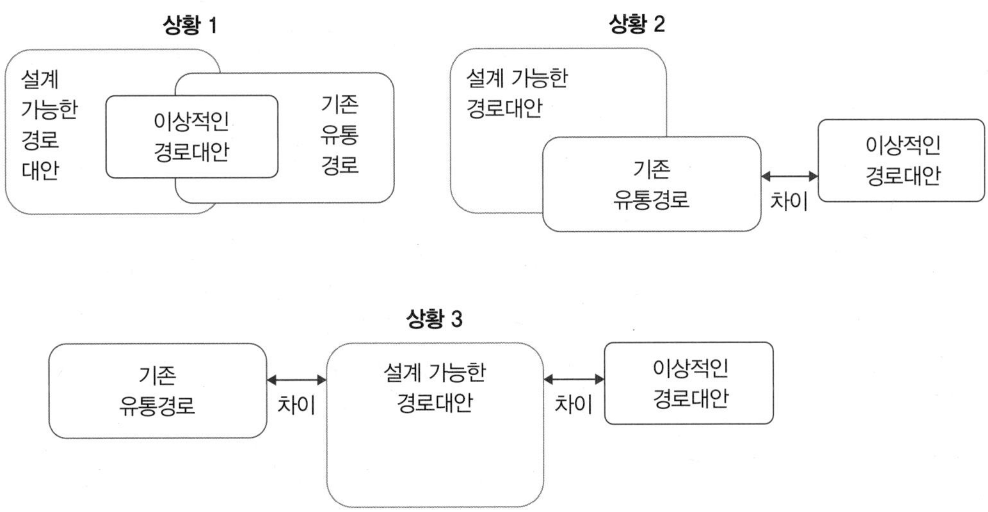


그림 7-3 유통경로 시스템 차이 분석

에 근접하도록 해야 할 것이다.

이러한 세 가지 상황을 이해하고 문제를 해결하기 위한 기본적인 안목은 이상적 시스템을 기준으로 해야 한다는 점이다. 이는 이상적 시스템이 고객의 욕구에 가장 부합할 수 있는 경로 구조이기 때문이다. 만약 경영자가 제시한 시스템이 이상적 시스템과 유사하지 못하다면 최종사용자의 만족을 희생하기를 강조하는 꼴이다. 그러므로 차이분석과정에서 이 세 가지 시스템이 일치할 수 있도록 조정해 나가는 것이 중요하겠다. 일치할 수 있는 다양한 방법을 고민하고 수정해 나가는 과정이 반복되게 된다.

## 2.5 제약점 분석

차이분석을 통해 상황인지를 파악하게 되면, 그림 7-4에 제시된 바와 같이 차이가 어디에서 발생하게 된 것인지 원천을 분석해야 한다. 만약 차이가 발생한 이유가 법적인 제약이 있다면 그 제약을 해소하기 위한 투쟁의 비용과 기간을 계산하여 미래의 활로를 예측하는 노력도 필요하다. 그것이 궁극적으로 가장 고객 지향적인 이상적 경로를 구축하는 길이라면 더욱 그러하다. 앞서 이상적인 경로대안을 도출하는 것이 창의적인 노력을 요하는 가장 어렵고도 중요한 단계였다면 이 단계는 가장 위험하고 소홀히 다루기 쉬운 과정이다. 미래의 유통관련 법안이 어떻게 바뀔 것인지 등등 미래의 불확실성을 정확히 예측하여 경영자가 대안을 제시하기란 쉬운 일이 아니다. 만약 기업 내부적 제약요소 때문이라면 시장정보를 추가적으로 확보하여 분석을 심층적으로 확대하고 기업내부 구성원들의 이해관계 때문에 차이가 발생한 것이라면 그를 해소하기 위한 방안을 고민해야 할 것이다.

이 단계에서는 현재의 유통시스템과 이상적 유통시스템 간의 차이를 경영자가 극복해 가는 과정이다. 고객 지향적 유통시스템을 설계하는 전체 과정 중에서 여기가 클라이막스에 해당된다. 그것은 모든 고위 경영자들이 참여하는 과정이고 그들이 스스로의 안목이나 자세를 수정하여 새로운 반성하는 시간을 가지는 것일 수도 있기 때문이다.

그 다음은 차이의 유형이 수요 측면의 차이인지, 공급 측면의 차이인지를 구분한다. 여기서 수요 측면의 차이는 설계 가능한 대안 또는 현재 유통시스템과 소비

**그림 7-4 차이해소 과정을 통한 최적유통시스템 도출**

자가 원하는 이상적인 경로시스템 간의 차이가 있는 상황으로 소비자가 원하는 유통서비스 수준에 있어서 차이를 보이는 것을 말한다. 이러한 차이를 해소하려면 경로시스템에서 제공되는 서비스 수준이나 산출물을 조정하는 방법을 고민해 볼 수 있다. 설계 가능한 경로시스템의 수준을 이상적 경로대안의 수준에 맞추는 것이다. 재미있는 상황은 설계 가능한 대안보다 이상적 경로대안의 수준이 높은 것이 일반적인 상황이겠지만 이 반대의 경우도 발생할 수 있다는 것이다. 소비자들의 원하는 이상적 수준보다 설계 가능한 경로대안에서 더 많은 것을 계획했을 수도 있다는 것이다. 이럴 경우에도 소비자의 이상적인 경로대안을 기준으로 차이를 해결해 나가면 된다.

이러한 수요 측면의 차이를 조정하다보면 공급 측면의 차이도 발생하게 된다. 예를 들어 소비자의 이상적 경로대안에서 대기시간을 줄이고 대량으로 구매를 하고자 원하는 경로를 원한다면 이에 맞게 신속하게 대량으로 물적유통을 담당해줄 경로구성원이 필요하게 되는데, 이러한 구성원간의 역할을 조정하거나 추가하는 등의 공급측면 차이도 줄여나가야 한다. 수요 측면에서 발생하는 차이와 공급 측면에서 발생하는 차이를 조정해 나가면서 가장 최적의 경로대안을 마련하게 된다. 이러한 과정은 여러번 반복되면서 조정이 필요할 수 있다.

## 2.6 최적 유통시스템 도출과 실행 준비

고객 지향적 유통시스템으로 재설계하는 마지막 단계는 최적의 유통시스템을 완성하는 작업이다. 최적의 유통시스템이라 해도 가장 이상적인 경로일 수는 없다. 소비자가 원하는 이상적 경로를 제공하기 위해 기업의 비용을 막대하게 투자하여 효율성을 잃을 수 있기 때문이다. 중요한 것은 이상적인 대안과 현실적으로 설계가능한 경로대안 간의 최적의 접점을 찾고 기업이 최선의 노력을 기울여 효율성과 적응력을 발휘하는 것이다. 그러므로 실행을 위한 구체적인 실행방법과 내용을 도출하여 매뉴얼을 만들고 재설계를 위한 조직구축과 운영을 체계적으로 실시해야 할 것이다.

CHAPTER

# 08

# 유통경로 계열화

1. 전통적 유통경로
2. 수직적 마케팅시스템
3. 수평적 마케팅시스템

# 1
# 전통적 유통경로

경로설계를 통해 어떤 경로구성원이 어떤 기능을 수행할 것인지를 결정하였다면, 경로구성원 간의 관계를 설정하고 어떤 조직을 갖출 것인지에 대한 결정이 필요하다. 유통경로 계열화는 제조업자가 자사 제품의 판매를 용이하게 하고 소매가격을 유지하기 위해 도 · 소매점을 조직화하여 배타적인 유통경로를 형성하는 것이다. 도매상이 판매를 위해 소매상을 조직화하는 것도 포함된다. 계열화를 위해 유통전문회사를 설립하거나 자본투자나 지원, 대리점 등의 판매자 조직 구성 등이 이루어진다. 이렇게 함으로써 제조업자는 경로리더가 되어 경로를 구성하고 지원하여 경로 전체의 성과를 관리 · 통제하게 된다. 때로는 수평적 관계에서의 전략적 제휴를 통해 계열화를 이루기도 한다. 이러한 조직화가 이루어지지 않은 형태를 전통적 유통경로라 하는데, 전통적 유통경로에 대해 살펴본 다음 계열화가 어떻게 이루어지게 되었는지를 이해하고, 그 유형별로 설명하고자 한다.

전통적 유통경로conventional marketing channel는 별개의 독립적인 경로구성원들로 구성되어 각자의 업무만을 수행하며 다른 경로구성원들의 마케팅 활동에는 관심을 두지 않는 경로 형태이다. 경로 내의 공동목표가 없이 의사결정과 통제활동이 개별적으로 수행되며 경로갈등을 해소할 공식적 기구가 존재하지 않는다. 따라서 경로구성원들 간의 조정은 사전계획보다는 협상을 통해 이루어진다.

전통적 유통경로가 형성되기 이전에는 일회적 거래 경로single transactional channel이다. 이 단계의 유통경로는 경로구성원이 과거 경험이나 구두의 약속도 없이 우연한 기회에 지나치던 도매상이 소매상에게 제품을 한 번 공급해 주는 정도의 가장 초기적인 단계의 유통이다.

유통경로의 구성원들은 각각 합리적인 방법으로 경로의 목표를 지향하는 방향으로 나름대로의 역할과 기능에 맞추어서 제품이나 시장과 관련된 결속력commitment을 가지게 되는데, 결속력을 가지게 되면 궁극적으로 유통경로의 말단인 시장 부

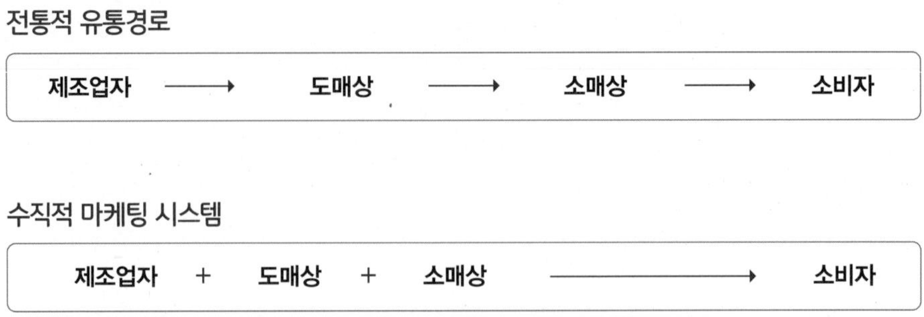


**그림 8-1 유통경로의 결속력**

분에서 경쟁하기가 더욱 용이해진다. 그럼에도 불구하고 많은 경영자들은 이점을 간과하여 경로의 다른 구성원과의 결속을 하지 않는 경우가 바로 전통적 유통경로이다. 그러나 대신에 경로구성원들은 서로 간에 간섭을 하지 않으므로 자율성autonomy을 제한 없이 누릴 수 있다는 장점이 있다. 그 결과 이러한 전통적 유통경로는 시장의 급격한 환경 변화나 구성원 자신의 전략 변경이라는 측면에서 상당한 유연성flexibility을 가질 수 있다. 각 유통경로의 결속력을 그림으로 표시하면 그림 8-1과 같이 나타낼 수 있다.

전통적 유통경로에서는 취급하는 제품의 유형이나 다양성, 촉진의 수준, 그리고 소매점포의 위치 등이 계획에 의해 이루어지기 보다는 제조업자와 중간상이 판매자와 구매자로 상호작용하는 메커니즘에 의해서 결정된다. 특히 가격이라는 시장 메커니즘과 관련된 시장경제 논리에 따라 운영되기 때문에 경로구성원 간의 활동을 조정하는 것은 근본적으로는 상세하게 짜여진 계획에 의한 것이 아니고 거래당사자 간의 협상과 조율로 이루어지게 되고 대부분의 의사결정이 과거의 관례에 의해 이루어진다. 경로구성원 간의 이러한 느슨한 관계는 기업들이 이 경로에 가담하거나 탈퇴하는 것을 쉽게 해준다. 이런 이유로 전통적 유통경로는 불안정할 수 밖에 없다. 전통적 유통경로의 본질이 그러하다 보니 경로구성원 간에는 충성도가 부족하고 공동의 목표가 거의 없다.

그래서 전통적 유통경로의 구성원은 가끔 시스템으로 통합되지 않을 때 가질 수 있는 혜택을 모르는 공급자나 고객들로부터 이용당하기도 한다. 결속력이 약하기 때문에 기회주의적 행동이 급증할 수 있으며, 새로운 거래를 시작해야 하는 경우가 많이 때문에 거래비용이 증가할 수 있다. 뿐만 아니라 경로 전체의 강력한 힘이나 조정이 필요한 경우에는 어려움에 처하기도 한다. 하지만 이러한 약점에도 불구하고 전통적 유통경로는 자본주의 사회에서 가장 흔한 형태의 유통경로이다. 수직적 마케팅시스템의 효율성과 효과를 달성하지 못한다는 단점을 가지지만, 자율성과 유연성이 높으므로 시장의 변화하는 환경과 욕구에 대처하면서 자유롭게 경쟁할 수 있다는 강점을 가지기 때문이다. 또한 표준화가 이루어지지 않은 제품이나 서비스 분야의 산업에서는 이러한 유통경로가 더욱 효과적이다. 이를 테면 기성복, 주방용품, 가공식품, 사무용품, 가구, 보험, 건강 관련 제품, 중고자동차 등은 전통적 유통경로를 통해 많이 공급된다.

전통적 유통경로의 문제점을 보완하고 경로 전체의 관점에서 성과를 향상시킬 수 있도록 경로구성원 간의 관계설정에 관심을 가지고 조직을 갖추게 되는데 이를 위해 등장한 것이 바로 수직적 마케팅시스템이다.

# 2
# 수직적 마케팅시스템

수직적 마케팅시스템VMS: vertical marketing systems은 유통경로의 환경 변화와 상황에 보다 효과적으로 적응하기 위한 경로관리 방식으로, 유통리더가 유통활동을 조정하고 통제하기 위하여 수직적으로 조직화하는 것이다. 수직적 통합의 정도, 즉 관계 유형에 따라 관리형 VMS, 계약형 VMS, 기업형 VMS가 있다. 통합의 정도가 가장 낮은 수준이 관리형 VMS, 통합 수준이 가장 높은 형태가 기업형 VMS이다. 통합의 수준이 강력해질수록 시스템을 유지하는데 더 많은 투자와 관료제가 필요하게 되고 결과적으로 구성원들의 자율성과 유연성이 떨어지게 된다. VMS의 유형을 구체적으로 살펴보면 그림 8-2와 같다.

## 2.1 관리형 수직적 마케팅시스템

관리형 VMS에서는 경로리더가 개발한 프로그램을 통하여 마케팅 활동이 조정된다. 이는 VMS 유형 중에서 경로구성원 간의 통합의 수준은 가장 낮고 자율성은 최대한으로 보장되는 통합 방식이다. 관리형 VMS에서는 구성원들이 자신의 개별적인 목표를 추구할 뿐 그들 간의 공식적인 조직은 없다. 다만 비공식적으로 그들이 공유하는 목표를 달성하기 위해 노력하게 된다. 그들은 각각 자신의 소유권을 가지고 있지만 궁극적으로는 그들 경로의 마케팅 과업을 분담하려고 할 것이다. 전통적 유통경로처럼 경로구성원 간의 전체 경로에 대한 결속력의 수준은 높지 않다. 관리형 VMS가 전통적 시스템과 다른 것은 경로구성원들이 최소한 시스템지향성을 가지고 있다는 점이다. 과거에는 관리형 VMS에서는 제조업자가 경로리더가 되는 것이 일반적이었으나 이제는 대형 소매상들도 경로리더가 되어 경로의 관리자가 되곤 한다.

대규모의 전문적인 몇 개의 도매상을 제외하면 도매상의 정보수집 능력, 판매원 관리 및 교육 능력, 그리고 소매상과의 협상능력 등은 부실한 경우가 대부분이다. 도매상이 제조업자의 기능을 대신해서 시장에서의 경쟁적 지위를 유지하기 위해서

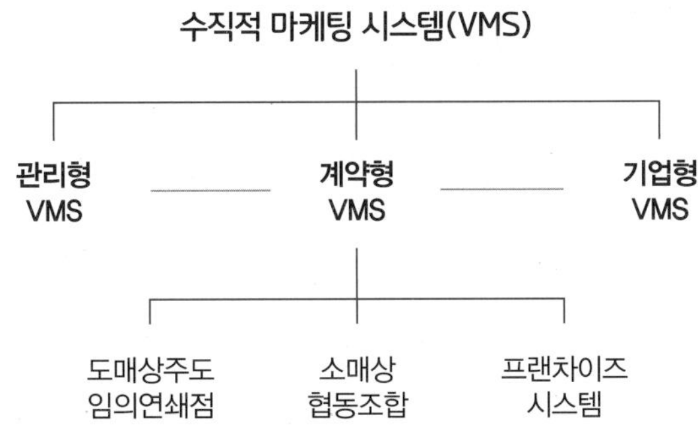


그림 8–2 수직적 마케팅시스템

는 시장의 위험에 체계적으로 대비할 수 있는 능력이 필수적이지만 현실적으로는 도매상이 위험을 회피하려는 경향이 지배적이다.

제조업자의 제품을 시장에 경쟁력 있게 마케팅하기 위해서 도매상이 갖추어야 할 기능으로는 촉진능력, 의견수렴능력, 기술적인 능력, 교육 및 훈련 능력, 시장조사능력, 그리고 경영전략 수립능력 등이 요구된다. 제조업자가 경로에서 경쟁력 있는 위치를 유지하기 위해 필요한 요소들은 그림 8–3과 같다. 이러한 기능들을 유통경로에 제공하면서 궁극적으로는 자사의 전체 경로의 효율성을 찾게 된다. 도매상이 이러한 제조업자의 역할과 기능을 이해하고 하나의 경로구성원으로 협동해야 할 것이다.

제조업자는 도매상의 기능을 조정하고 통합하여 자사의 경영목표에 맞는 경로구성원으로 활용하는 프로그램을 가질 필요가 있다. 제조업자는 자사의 동기부여 프로그램과 능력배양 프로그램을 통해 경로핵심요소를 효과적으로 실천하는 목표를 가지고 있다. 따라서 이러한 프로그램과 시스템에 부응하도록 도매상을 관리하고 계속적으로 동기부여하는 운영시스템을 갖추는 것이 제조업자가 할 일이다.

성공적인 관리형 VMS를 개발하기 위해서는 훌륭한 상품 계획과 참신한 아이디어가 필요하기 때문에 공급자와 소매상은 제품라인 관리를 위해 표 8–1과 같은 항목들로 개별 소매상과 상품에 맞는 소매지원시스템RSS: retail support system의 프로그램을 계획하고 실행하기도 한다. 소매지원시스템은 크게 기능적 지원과 전문적 지원으로 나누어 볼 수 있다. 기본적인 소매지원활동은 전문적 지원을 중심으로 이루어지는데, 이러한 지원이 제대로 이루어지도록 본사에서 기능적 지원을 함께 실행하는 것이 필요하다.

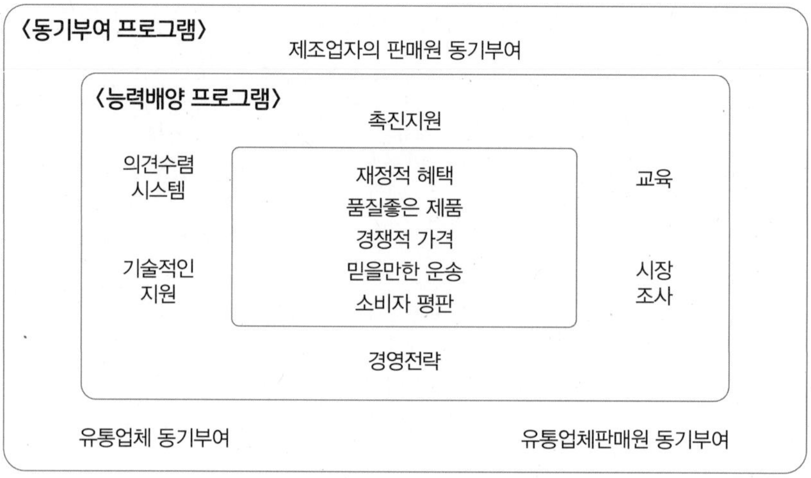


**그림 8-3 제조업자의 도매상 관리**

미국의 식품회사 플레밍Fleming은 도매상과 소매상에 마케팅 업무를 지원하여 협조를 구하였고, 우리나라의 제일제당도 소매지원시스템을 통해 거래하는 소매상들에게 상품 계획, 구색 갖추기, 판촉, 입지 등의 정보를 제공함으로써 유기적인 관계를 구축하였다. 이러한 프로그램을 보다 효과적으로 개발하기 위해서는 공급자와 소매상 등에 높은 차원의 협력이 요구된다. 최신 시장 정보를 바탕으로 소매상의 현재 상태를 정확히 분석하고 거래당사자들이 공동으로 계획 작성하고 상호 마케팅 흐름에 대한 긴밀한 조정을 통해 개발해야하기 때문이다.

관리형 VMS를 통해 공급자가 얻을 수 있는 혜택으로는 다음과 같은 것들이 있다.

- 최대 매출액과 잠재적인 이익을 매일 산출하지 않아도 추정할 수 있다.
- 판매 예측 능력의 정확성을 높여 생산과 유통 계획 수립이 용이해진다.
- 소매상의 필요 재고량을 정확하게 예측함으로써 재고관리를 효율적으로 할 수 있다.
- 생산과 유통활동의 안정적 · 지속적 계획으로 판매촉진 활동을 계획적으로 지속할 수 있다.
- 전체적으로 조정, 계획, 통제된 마케팅 안목을 가지므로 보다 고객지향적인 과업을 수행할 수 있다.

**표 8-1 소매지원시스템의 지원 내용**

| 지원 유형 | 실시 주체 | 지원 항목 | 지원 내용 예시 |
|---|---|---|---|
| 기능적 지원 (간접) | 기업 (본사) | 머천다이징 | 판매계획, 마진계획, 구색계획, 이익률 계획 |
| | | 발주시스템 | 재고회전율, 재고관리, POS시스템, 발주시스템 |
| | | 물류시스템 | 물류비절감, 물류계획수립, 공동물류 |
| 전문적 지원 (직접) | 영업사원 | 시장정보제공 | 판매정보, 고객정보, 제품정보 |
| | | 상품정보제공 | 판매제품 설명자료제공, 교육지원 |
| | | 상품믹스 | 상품구색 관리 및 신상품 도입, 가격조정 |
| | | 판매촉진 | 광고 및 판촉 예산 설정 및 진행, 매체계획 |
| | | 비주얼머천다이징 | 점포레이아웃, 진열, POP, 가격표시 |
| | 전문가 | 정보화 | 유통정보시스템 활용 |
| | | 교육 | 점장, 간부, 종업원, 신입사원 등 교육 |
| | | 점포개발 | 신규점 및 신업태 출점, 점포확장 및 리뉴얼 |
| | | 경영지도 | 경영정보분석 및 진단, 컨설팅 |

한편, 공급자와 거래 관계를 갖고 있는 도매상이나 소매상이 관리형 VMS에 협력함으로써 얻을 수 있는 주된 혜택은 다음과 같다.

- 상품 공급을 적시에 적절하게 받을 수 있다.
- 공급자들의 관심과 배려를 받을 수 있다.
- 구색갖춤 계획이 가능하고 상품 계획 조정에 대해 지원받을 수 있다.
- 필요한 재고량 예측의 정확성이 높아진다.
- 상품 계획과 관련된 가격 등의 비밀을 지킬 수 있다.
- 발주 및 재고관리 관련 업무를 공급자에게 맡길 수 있다.

전통적 유통경로와 관리형의 수직적 마케팅시스템은 공식적으로 기구를 결성하거나 계약을 맺지 않는다는 점에서 두 경로가 유사하다. 하지만 전통적 유통경로는 단기적인 목표를 지향하며 판매 지향적인 특징이 있는 반면, 관리형 VMS는 거래 당사자간의 관계로 인식하는 경향이 있어서 계획에 근거한 장기적인 목표를 지향하고 있다는 점에서 차이가 있다.

## 2.2 계약형 수직적 마케팅시스템

유통경로 구성원들은 경로관리와 조정을 더욱 계획적으로 정교하게 하기 위해 계약적인 합의를 통해 관계를 공식화하기를 원한다. 궁극적으로 상거래는 모두 어떤 형태로든 계약에 의한 것이지만 VMS에서 계약이란 경로구성원이 수행하는 기능을 구체적으로 협의하는 것이다. 대표적인 계약형 VMS는 도매상 주도의 임의 연쇄점, 소매상 협동조합, 그리고 프랜차이즈 시스템 등이 있다.

### 1) 도매상 주도의 임의 연쇄점

도매상 주도의 임의 연쇄점wholesaler-sponsored voluntary chain은 독립적인 소매상들이 도매상을 중심으로 수직통합한 유통경로이다. 소매상은 독립적으로 운영할 때 보다 촉진의 혜택과 대량 구매의 이점을 누리기 위해 체인에 가담하게 된다. 가장 잘 알려진 도매상 주도의 임의 연쇄점은 IGAindependent grocers alliance이다. 일반적으로 도매상 주도의 임의 연쇄점이 소매상 협동조합보다 더 경쟁력이 있는데, 소매상 협동조합의 힘은 조합원인 소매상들 전체에게 분산되기 때문에 유통 경로의 기능을 조정하고 통합하기가 어려운 반면 도매상 주도의 임의 연쇄점은 이를 주도하는 도매상이 리더십을 발휘하기 위해 전문성이나 시장지배력을 행사하기 때문이다.

### 2) 소매상 협동조합

소매상 협동조합retailer cooperative은 소매상들이 공동으로 결합하여 공동 소유의 협동조합을 결성하여 운영하는 시스템이다. 도매상 주도의 임의 연쇄점처럼 자발적인 모임이지만 도매상 대신에 소매상 스스로가 주체가 되어 체인을 결성한 것이 특색이다. 소매상들은 민주적으로 결합하여 자체적으로 도매 기능을 가진 협동조합을 운영하게 된다. 수평적인 결합으로 볼 수 있지만, 조직된 소매상 중에 리더역할을 하는 구성원이 존재하기 때문에 수직적인 결합으로 분류한다.

역사적으로 미국의 소매상들은 식품 산업에서 경쟁력의 우위를 점하고 있으며 총 도매 매출의 35%를 소매상 협동조합이 차지하고 있다. 우리나라에는 소매상 협동조합으로 전국 중소상인 연쇄점협회와 한국 슈퍼마켓 협동조합 등이 있고, 정부에서는 나들가게의 형태로 협동조합을 구성하게 하여 지원하고 있다.

소유권의 차이를 제외하면 도매상 주도의 임의 연쇄점이나 소매상 협동조합은

사례 **계약형 VMS: 도매상 주도의 임의 연쇄점**

깔끔한 매장과 저렴한 가격 그리고 첨단 마케팅 기법으로 무장한 대형 유통업체와 외국계 할인점들이 '지역 밀착형 업종'으로 대표되는 구멍가게의 생존을 위협하면서 소규모 영세상인들이 수난시대를 맞이하였다. 더 이상의 주먹구구식 영업을 하다가는 시장에서 도태될 것은 불 보듯 뻔한 일이었다. 이에 2000년 5월 31일, 전국 11만 중소 유통업자를 대변해 도매상 주도 연쇄점 (주)바로코사가 설립되었으며, 한국형 슈퍼마켓 프랜차이즈 시스템을 도입해 이들 '위기에 처한 구멍가게'에게 생존 돌파구를 제시하고자 하였다. 바로코사는 '디지털 슈퍼' 시대의 신호탄을 쏘아 올리며 4,000여 품목의 슈퍼마켓 상품과 가전, 가구, 의류, 제화, 생활용품 등 무려 20,000여 종류가 넘는 제품군을 취급하며 국내 유통시장의 판도를 재편하며 화제를 모았다. 또한 온라인상에서 슈퍼마켓 상품뿐만 아니라 일반상품까지 주문 가능하게 하여 소비자의 편의를 보다 도모하고자 하였다.

바로코사는 유통점포에 공급할 상품을 조합에서 공동구매, 직거래를 통해 공급원가를 하락시킴으로써 영세 중소상인을 보호하고 자생력을 높여 대형 유통업체와의 경쟁력을 높인 것이 특징이다. 또한 물류 합리화를 통해 효율적인 운영과 유통을 전문화하여 조합과 조합원의 권익을 증진하고 이익을 창출하고자 하는 것을 사업 목적으로 두고 있다. 최근에는 전국 5개의 지역(경인, 충주, 부산 동래, 부산 사하, 부산 만덕)에 공동 물류센터를 운영함으로써 물류비용을 최소화하여 저렴한 가격에 제품을 공급하여 소비자의 가계 안정을 도모하고 중소상인의 경쟁력을 강화시켜 지역경제 및 물가를 안정화 하고자 한다. 뿐만 아니라, 유통업에 있어 관례적 문제였던 무자료거래를 근절하여 세무 투명성을 확보하고자 노력하고 있다.

자료원: 바로코사 홈페이지 (www.barokosa.com) 참조

유사하게 운영되는 점이 많다. 소매상 회원들은 협회로부터 판매할 제품을 구매하고 광고, 소매점 경영 방식, 간판 등에 있어서 표준화된 기준을 채택하여 통일한다. 회원들은 공동광고를 위한 기금을 마련하기도 하며 공동의 명의로 점포를 운영하기도 한다. 이러한 표준화와 공동화 덕택에 시장에서 영향력을 가지게 되며 촉진과 구매에서 규모의 경제도 달성할 수 있다.

## 3) 프랜차이즈 시스템

### (1) 프랜차이즈 시스템의 개념

프랜차이즈 시스템franchise system은 본부인 프랜차이저franchisor와 가맹점인 프랜차이지franchisee의 계약에 의한 시스템이다. 일정 기간 동안 특정 지역에서 프랜차이지가 독점적으로 프랜차이저의 상표, 상호, 사업 방식, 제품, 서비스, 기타 계약에 명시된 혜택을 이용하고 이에 대한 비용을 지불하는 방식이다.

### 사례 계약형 VMS: 소매상 협동조합

나들가게란 '정이 있어 내 집 같이 드나드는, 나들이하고 싶은 마음으로 가고 싶은 가게'라는 뜻으로, 이웃처럼 친근감이 있는 동네 슈퍼마켓을 표현해서 만든 이름이다. 대형할인점과 대기업 프랜차이즈 편의점들이 늘어나고 SSM의 확장까지 더해져 점점 지역 소매 점포들의 설 자리가 줄어들게 되자 중소소매업 유통혁신방안의 일환으로 소상공인진흥공단에서 추진한 사업이다. 이러한 나들가게는 영세점포의 현대화를 동해 종합소매업계의 균형적인 발전 여건을 조성하고 점포 경쟁력을 강화하는 것을 목적으로 선도적 우수 소매점포인 나들가게 육성을 통한 경영혁신 및 슈퍼마켓 업계의 리더로 자리잡는 것을 목표로 2012년 12월 기준 10,011개가 전국에 분포되어 있다. 또한 쇼핑환경, 가격, 서비스, 위생, 정보화 등에서 선도적 우수 소매점포를 육성하여 중소형 슈퍼마켓의 경쟁력을 강화하고자 한다.

나들가게 신청조건은 매장 면적 300m²이하의 소매점포로 슈퍼마켓과 같은 음식료품 위주의 종합소매업이면 가능하다. 나들가게로 선정되면 다음과 같은 지원을 받을 수 있다. 첫째, 시설현대화 등 경영혁신을 하고자 하는 경우, 필요한 육성자금을 지원 받을 수 있다. 둘째, 브랜드 인식개선을 위한 간판교체 비용의 및 점포의 변화를 위해 시행하는 상품진열, 재배치 등에 필요한 비용을 지원 받을 수 있다. 또한 POS등의 정보시스템 구축 지원을 통해 유통정보를 활용해 수시로 매출동향을 파악하는 것은 물론 재고의 적정수준 유지 및 잘 팔리는 상품의 진열확대 등 상품관리 · 업무자동화의 추진이 지원된다. 마지막으로 점포지도를 통해 상권분석, 점포·상품기획, 점포설계 및 시행관리, 종합 점검 등 전문적인 경영을 위한 지원이 이루어지고 우수 점포에 대한 견학이나 현장교육을 통해 경영혁신을 할 수 있는 여러 교육기회를 제공받을 수 있다.

이처럼 소매상 협동조합인 나들가게의 확산과 폭넓은 지원 그리고 지속적인 관리는 중소상인의 경쟁력을 강화하고 발전하는 계기가 되어 지역 경제에 힘이 되고 있다.

자료원: 소상공인진흥공단 나들가게 홈페이지 (www.sbiz.or.kr/nas/main.do) 참조

프랜차이즈franchise란 1400년을 전후하여 생겨난 말로 당시에는 주로 정치 분야에서 사용되던 용어였는데, 1865년 미싱 브랜드 싱거사Singer Sewing Machine Company가 전국에 판매권을 가지는 제조업자–소매업자 관계를 구축하여 사업화함으로써 처음으로 경제 분야에 사용되는 용어가 되었다. 프랜차이즈라는 단어의 어원은 옛날 불어의 'francer'라는 말로 그 의미는 '자유로운 것', '용역의무 또는 금지로부터 해제된 상태'라는 뜻에서 출발하였다가 중세에 '타인에게 부여된 특권'의 뜻으로 변하였다. 중세 봉건 영주의 기사나 집사는 드넓은 영토의 수확물을 거둬들이는 책임을 지고 있었는데, 영주는 정해진 지역의 관할권을 그들 기사나 집사에게 주고 대리권을 가진 그들 각자가 맡은 지역의 소작농을 관리하고 일정량의 수확을 세금으로 거

**프랜차이즈 계약**

**본부(Franchisor)**

- 경영기법
- 상호, 기술
- 경험
- 훈련
- 로고
- 아이디어

**가맹점(Franchisee)**

- 에너지
- 입지
- 자금
- 사업의욕
- 아이디어
- 경험

자료원: Steinhoff, Dan and J.F. Burgess, Small Business Management Fundamentals, 5th ed., McGraw-hill, 1989. p.62.

**그림 8-4 프랜차이즈 시스템의 요소**

두어들이게 하였다. 이 과정에서 그들은 특정 지역에서의 수세권을 특권으로 누리게 되었고 다른 누구도 그들의 권리를 대신하거나 빼앗아 갈 수 없었다. 이는 특정 지역 범위 안에서 배타적으로 행사 가능한 독점권을 의미하며 프랜차이즈의 본질적인 개념으로 발전하였다. 현대에 이르러서 이러한 프랜차이즈의 의미는 '본사 소유의 사업체명과 영업방식을 가맹점에게 허용하는 사용인가계약'으로 통용되고 있다.

근대적 기업 형태로서의 프랜차이즈 시스템은 1898년 전기증기 자동차를 판매하는 한 독립 상인의 판매권에서부터 시작되었다. 이후 1940년대까지 프랜차이즈 시스템은 자동차 제조업, 석유판매업, 청량음료업 등의 산업에 국한되었으며, 제조업자들이 생산 활동에 전념하고자 판매 독점권을 부여함으로써 마케팅 비용을 절감하고자 하는 제한된 자본의 보완을 위한 목적으로 프랜차이징을 수행하였다.

프랜차이즈 시스템이 현대 마케팅에서 가장 특징적인 유통 방식의 하나로 발전하게 된 이유는 다음의 두 가지 관점에서 분석해 볼 수 있다. 이는 개별 소매상이 프랜차이즈 시스템의 가맹점이 되는 이유에 대한 근원적인 해답이 되기도 한다. 첫째는 자원제약성resource constraint 관점이다. 이 관점은 프랜차이즈 시스템의 존재 이유를 프랜차이저가 자원이 부족하기 때문에 자원이 풍족한 프랜차이지를 찾아 프랜차이즈 계약을 하게 된다고 설명한다. 이 경우 프랜차이저는 프랜차이지의 재무적 자원, 인적 자원, 경영 경험, 특정 지역에서의 경영 전문성 등을 기대하게 된다. 특정 지역 시장에 대한 진출 경험이 없고 정보가 축적되지 않은 상태에서 프랜차이저는 그 지역의 실력자 격인 소매상과 제휴할 가능성이 많아진다. 무엇보다도 프랜차이지의 지역 시장에 대한 경험과 자금을 바탕으로 쉽게 시장을 확보할 수 있는 장점이 있다.

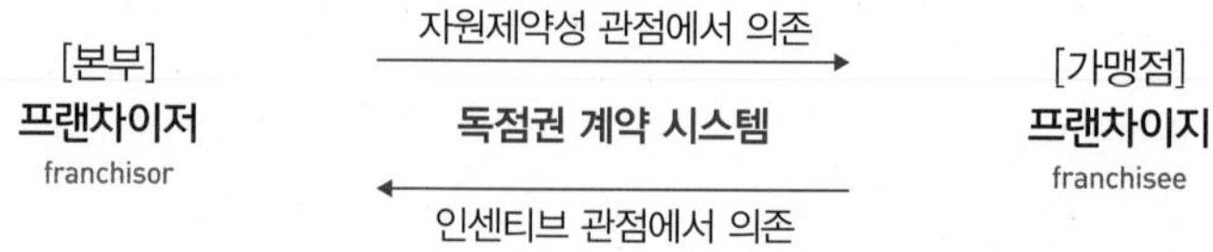


**그림 8–5 프랜차이즈 시스템**

프랜차이저는 사업 경험이 쌓이고 지역 시장에 대한 정보를 축적하게 되면 프랜차이지 점포를 직영점으로 전환하려 할 가능성이 높다. 따라서 이 자원 제약성 관점은 기반이 약한 프랜차이저가 지역의 든든한 기반을 가진 프랜차이지를 확보하여 초기 경영 경험을 쌓은 후 직영점으로 전환해 가는 형태를 시사하고 있다.

둘째는 인센티브incentive issue 관점이다. 이 관점은 프랜차이즈 시스템의 존재 이유를 자원이 열악하고 경험이 미숙한 프랜차이지가 명성이 높고 경영 노하우를 많이 축적한 프랜차이저를 찾아 프랜차이즈 계약을 하게 된다고 설명한다. 이 경우 프랜차이저는 다양한 경험과 정보를 바탕으로 사업운영의 기법과 전망을 프랜차이지에게 제공해 주므로 프랜차이지가 계약에 응할 충분한 인센티브를 제공하게 된다. 프랜차이지도 여러 가지 명목의 비용을 프랜차이저에게 제공하므로 프랜차이저는 가맹점을 확보할 노력을 할 유인이 발생하는 것이다. 따라서 시간이 지날수록 프랜차이지의 규모가 커지고 거기에 따르는 인센티브도 증가하게 되면 직영점포를 프랜차이지로 전환하게 될 것이라는 시각이다.

서로에 대한 의존성 때문에 장기계약을 맺는 등 계약형 VMS 중에서는 가장 유연성이 떨어지기는 유형으로 볼 수도 있다. 일반적으로 프랜차이즈 본부는 가맹점에 대한 통제욕구를 높이려하고 가맹점은 더욱 자율성을 가지고 싶어 하는데, 장기계약의 경우 실적이 부진한 대리점 정리에 곤란을 겪는가 하면, 점포 수가 많은 경우 통제와 관리에 대한 어려움이 크기 때문에 의존성과 욕구 간의 상쇄관계를 신중히 고려하여 운영해야 유연성을 관리할 수 있을 것이다. 유연성을 높이기 위해 본사는 가맹점과 직영점을 동시에 운영하는 복수유통dual distribution을 하는데, 이를 통해 직접 경쟁함으로써 수익을 증대시키는 등의 시너지효과도 누리고, 직영점을 모델점포로 운영하면서 문제를 파악하고 가맹점에 대한 통제력을 높이기도 한다.

### (2) 프랜차이즈 시스템의 비용과 임무

프랜차이저가 프랜차이지를 모집하게 되면 계약에 근거하여 프랜차이지는 다양한 임무를 지게 된다. 동시에 프랜차이지는 여러 가지 명목의 비용을 치르게 되는데 표 8–2에 가장 대표적이고 일반적인 것들을 나열하고 있다. 물론 모든 프랜차이지가 이러한 모든 명목의 비용을 부담하는 것은 아니고 계약의 내용에 따라 합의한 명목에 대한 것들만 치르면 된다. 각각의 항목은 실질적으로 프랜차이저가 어떠한 형태로든 프랜차이지를 지원한다는 것을 전제로 한다.

프랜차이즈 시스템은 본부와 가맹점이 계약관계에 의해 상호간의 약점을 보완하여 효율성을 제고하기 위한 계약형의 유통 방식이다. 따라서 프랜차이저와 프랜차이지는 계약에 명시된 약속을 이행해야 할 의무가 있다. 프랜차이저의 의무는 다음과 같다.

- 새로운 프랜차이지의 종업원을 교육시켜야 한다.

**표 8–2 프랜차이지가 지불하는 비용**

| 비용 | 내용 |
|---|---|
| 가맹비inital franchise fee | 계약 초기에 실비 수준으로 지급하는 경비로, 원료와 설비를 제공하는 것. 프랜차이저의 상호와 이미지, 개점 지원, 점포운영 방식 안내, 교육 프로그램 등에 대한 댓가 혹은 미래 지원을 전제로 함 |
| 연회비annual royalty fee | 매년 계약 관계 지속의 의미로 지불하는 금액.<br>실제로는 교육훈련, 시장 계획, 수요 예측, 전국 광고, 촉진 자료, 회계 시스템, 재고관리 기법, 법률 자문 등과 같은 경영 자문에 대한 보답으로 지급하는 것. 통상 총매출액의 1%~18% 수준에서 결정되지만 4% 수준을 유지하는 예가 많음 |
| 광고비annual advertising fee | 전국 광고나 지역 광고 및 판촉과 관련한 비용으로 지불하는 경비. 보통 총매출액의 1%~4% 수준에서 지급. 특정 지역군으로 분류하여 지역 군별로 공동으로 지역 광고를 하는데 쓰이기도 함 |
| 패키지 비용franchise package fee | 계약 당시에 프랜차이저로부터 여러 가지 시설 및 물품을 구매하는 조건으로 프랜차이징을 하는 경우에 발생하는 비용. 가맹비, 연회비, 빌딩 임대비용 등을 포함하는 패키지 비용을 부담하기로 계약함 |
| 상권분석 비용site–evaluation fee | 상권분석이 필요한 경우에 프랜차이저가 개점 장소를 선택하고 평가하는데 지불하는 경비. 토지 사용 계획, 교통량 조사, 건축물 관련 구획 자료, 경우에 따라서는 개점 비용 등을 계산해 주는 대가 |
| 교육비initial training fee | 프랜차이저가 프랜차이지의 종업원을 교육하는데 드는 비용. 프랜차이지의 종업원은 순번을 정하여 교육을 받거나 일정 시간 경과 후에 정기적으로 교육을 받음 |

- 새로운 프랜차이지의 영업을 지원하여야 한다. 광고, 판촉, 실내 장식 등에 대한 노하우를 적용시킬 수 있어야 한다.
- 계속적인 경영지원을 하여야 한다. 프랜차이지 점포 운영과정에서 발생하는 문제를 해결해야 한다.
- 기타 계약서에 명시된 모든 약속을 이행해야 한다.

프랜차이지의 임무는 아래와 같다.

- 정기적으로 실내 장식을 보수하여야 한다. 이러한 경우, KFC는 프랜차이지에게 일정액의 리베이트를 제공하기도 한다.
- 정해진 영업시간을 유지하여야 한다. 개점, 폐점, 최소의 영업시간 등의 요구를 수용하여야 한다.
- 표준 회계시스템을 운영하여야 한다. 또한 이렇게 유지된 회계 관련 자료를 프랜차이저가 요구하는 경우에 언제든지 제시하여야 한다.
- 최소한의 보험에 가입하여야 한다. 프랜차이저와 프랜차이지 양자의 재산과 이미지 보호를 위한 보험 가입이 필수적이다.
- 지역 광고를 하는 경우 프랜차이저의 승인을 받아야 한다. 이는 일관성 있는 메시지의 전달 및 획일적인 기업, 상표, 제품, 이미지의 유지를 위한 것이다.
- 프랜차이저의 인사 정책을 수용하여야 한다. 종업원 교육, 표준 임금, 상여금 규정 준수 등이다.
- 지정된 원재료 공급자와 거래하여야 한다. 미국의 경우 패스트푸드 프랜차이지의 70%가 자신의 프랜차이저로부터 원료를 구매하고 있다고 보고되고 있다. 통상 패스트푸드의 경우 원료의 50%를 구매하고 있는 것으로 나타났다.
- 부정기적인 프랜차이저의 실사를 수용하여야 한다. 감독관이 프랜차이지의 점포를 방문하여 정해진 표준 경영 지침을 준수하는지 조사할 수 있다.
- 지역제한을 준수하여야 한다. 점포 확장 및 판매 지역의 확대는 계약을 따라야 한다.
- 프랜차이저의 가격 정책을 수용하여야 한다. 최고가나 최저가를 제시하는 경우 이를 지켜야 한다.
- 정당한 비용(가맹비, 보증금, 연회비 등)에 대한 지불을 이행하여야 한다.

**표 8-3 프랜차이즈 시스템의 장 · 단점**

| 관점 | 장점 | 단점 |
|---|---|---|
| 프랜차이저 | ① 사업확장을 위한 자본조달이 용이함<br>② 공동대량구매를 통한 규모의 경제<br>③ 공동 광고를 통한 판매촉진 활동으로 광고효율성과 효과가 높음<br>④ 프랜차이저는 직접 경영에 참가하지 않으므로 프랜차이즈 사업상품 개발에 전념<br>⑤ 프랜차이지가 각각 종업원을 채용하고 관리하므로 노사문제에 대한 우려가 낮음 | ① 계속적인 지도와 원조 때문에 비용과 노력이 소모되기 쉬움<br>② 프랜차이지의 수가 급격히 증가할 경우에 통제의 어려움<br>③ 프랜차이저는 프랜차이즈 시스템이라는 구조 속에서 우월한 지위를 갖는다는 사고로 시스템 전체의 활력이 없어질 우려<br>④ 프랜차이저가 스스로 점포를 확장하는 것보다 투자수익률은 높지만 이익의 크기 자체를 크게 증가시키기는 어려움 |
| 프랜차이지 | ① 프랜차이저가 합리적인 방법에 의해 개발한 사업상품으로 인해 실패 위험 낮음<br>② 상품과 원재료를 프랜차이저가 공급해 주므로 개업초기의 재고부담이 적음<br>③ 프랜차이저의 교육 프로그램, 경영방식 등의 지도로 쉽게 사업을 시작 가능<br>④ 프랜차이저가 개발한 우수한 품질의 상품, 점포, 디자인, 지명도가 높은 상표명을 사용하므로 처음부터 소비자의 신뢰확보<br>⑤ 프랜차이저가 일괄적인 광고 등으로 광고효율성과 효과가 높음<br>⑥ 프랜차이저 공동집중 구매로 품질과 가격면에서 우월한 공급을 받을 수 있음<br>⑦ 프랜처이저가 계속적으로 개발, 개선해주므로 시장여건변화에 보다 적절히 대응<br>⑧ 회계처리, 상품개발 등 프랜차이저가 집중관리해 주기 때문에 판매 활동에만 전념 | ① 프랜차이저가 제공하는 서비스는 애매하게 경비로 계산되는 경우가 많음<br>② 대다수의 프랜차이지가 일반적으로 높은 만족을 느끼지만 프랜차이저와의 최초의 계약대로 약속이 이루어지지 않을 경우에는 갈등의 조정이 어려움<br>③ 상표 및 상호의 가치가 의문시 되는 경우가 있음<br>④ 프랜차이저에게 의존하는 경향이 커져서 스스로의 문제 해결 능력이나 경영개선의 노력을 등한시 할 수 있음<br>⑤ 프랜차이저는 시스템 전체의 효율을 고려하여 계획을 설립하고 운영하기 때문에 특정 점포의 실정에 맞지 않을 수도 있음<br>⑥ 하나의 프랜차이지의 실패가 프랜차이즈 시스템 전체와 타점포에 영향을 줄 수 있음 |
| 소비자 | 소비자에게 제공되는 제품과 서비스의 수준이 향상되고, 프랜차이저가 개발한 표준화된 제품과 서비스를 공급받으며, 효율적인 경영의 결과로 비용절감을 달성하므로 염가로 제공받을 수 있음 | 프랜차이저의 파워가 강력하게 행사될 때는 프랜차이지가 불리한 입장에 서게 되므로 결과적으로는 소비자가 가격과 서비스면에서 불이익을 당할 수 있으며, 책임소재 불분명으로 소비자가 보호받기 어려움 |

프랜차이즈의 장 · 단점을 프랜차이저와 프랜차이지, 소비자 입장에서 각각 정리해 보면 표 8-3과 같다.

### (3) 프랜차이즈 시스템의 유형

프랜차이즈 시스템은 서비스나 제품 등 어느 업종에서나 폭넓게 운영되고 있는데 기본적인 유형은 크게 세 가지로 분류할 수 있다. 첫째, 단순 재판매 프랜차이즈 **straight product distribution franchise**이다. 이 경우 가맹점의 주요 마케팅 기능은 제조업자가 공급하는 제품을 있는 그대로의 상태로 소비자에게 재판매하는 점포의 구실을 할 뿐이어서 원칙적으로는 마케팅 믹스의 변경의 기회가 거의 없다고 할 수 있다. 자동차딜러의 경우가 이에 해당된다.

둘째, 제품-보증 프랜차이즈product-license franchise이다. 이러한 유형에서는 제품의 균일성을 보증하기 위해 본사의 통제가 시스템의 운영에 중요한 요소가 된다. 본사는 제품의 품질을 결정하는 주요 제품 믹스 요인 이를 테면 원료나 재료의 혼합 비율, 원재료 공급자 지정, 제품 포장 방식 등에 관한 일정기준을 정하여 프랜차이지가 이를 준수할 것을 약속하는 형태이다. 본사의 기업 이미지나 전통이 유지되게 하는 것이 마케팅 전략의 중요한 부분을 차지하게 된다. 대부분의 패스트푸드 관련 프랜차이즈가 여기에 해당된다.

셋째, 사업자명 프랜차이즈trade name franchise는 단순히 사업자의 명의만을 빌려주고 가맹비를 징수하지만 가맹점에 대한 통제는 거의 없는 형태이다. 서비스 기업이 본부의 이름으로 나름대로의 서비스를 제공하는 경우이다. 각 개별 프랜차이즈는 자신의 시장환경에 맞는 상품 개발과 고객지향적인 마케팅 전략을 펼칠 수 있다. 세계적인 호텔 체인점포들을 모기업의 사업자명은 공유하지만 각각의 관광지나 휴양지에 맞는 상품, 룸서비스, 식음료 서비스 등으로 다양하고 차별화된 시장 접근을 하고 있다. 또 다른 분류방법으로 표 8-4와 같이 계약의 주체와 가맹점의 형태에 따라 분류해 볼 수도 있다.

**표 8-4 계약의 주체와 가맹점의 형태에 따른 프랜차이즈 유형**

| 유형 | 본사 | 가맹점 | 업종 |
|---|---|---|---|
| 제조업자-소매상 프랜차이즈 | 제조업자 | 소매상 | 자동차업계, 석유업계 |
| 제조업자-도매상 프랜차이즈 | 제조업자 | 도매상 | 음료업계 공급체인 |
| 도매상-소매상 프랜차이즈 | 도매상 | 소매상 | 제약업, 잡화점, 자동차정비업 |
| 상표허가자-소매상 프랜차이즈 | 서비스업체 | 소매상 | 패스트푸드, 패밀리레스토랑, 호텔, 헬스클럽 |

## 사례 계약형 VMS: 프랜차이즈

**제조업자 – 소매상 프랜차이즈**Manufacturer-Sponsored Retailer Franchise System

오랫동안 지배적인 프랜차이즈 시스템으로서 교통이 편리한 경우에 제조업자가 일정한 지역에 판매망을 확보하고 소매상들이 이용한 영업방법, 상호, 상표 등에 관한 프랜차이즈를 개발하여 가맹점인 소매점에게 제품과 서비스를 유통시킬 특권을 부여하여 계열화하는 사업 형태이다. 대표적인 예로 프랜차이즈 계약을 맺는 의류 대리점과 가진 대리점 등을 예로 들 수 있다.

**제조업자 – 도매상 프랜차이즈**Manufacturer-Sponsored Wholesaler Franchise System

시장이 너무 분산되어 있거나 소량의 제품을 취급하여 규모의 경제성을 확보할 수 없는 경우 제조업자가 자신을 대신하여 유통 기능을 수행할 도매상과 프랜차이즈를 계약하여 운영할 수 있는 전방 통합의 방법이다. 대표적인 예로는 Coca-Cola, Pepsi-Cola, Seven-Up 등의 음료 제조업자가 도매상에게 음료수 원액을 제공하면 도매업자들은 원액에 물을 섞어서 병에 담은 후 완제품을 소매업자에게 판매한다. 이 시스템은 1891년의 프랜차이즈 초기부터 운영되어 왔으며 현재 청량음료 매출액의 90% 정도가 이 시스템에 의해 이루어지고 있다. 그 밖에 우리나라의 정유회사와 석유 대리점과의 관계도 이러한 형태이다.

**도매상 – 소매상 프랜차이즈**Wholesale-Sponsored Retailer Franchise System

제조업자가 생산하는 제품의 품목수가 한정되어 있으므로 도매업자가 여러 제조업자들로부터 다양한 품목을 공급받아 프랜차이즈를 개발하고 소매상을 계열화하는 시스템이다. 즉 도매상이 본부가 되고 소매상이 가맹점이 되어 도매상 중심의 프로그램에 의해 소매상을 모집한다. 이 형태는 규모 면에서 전국적으로 또는 일부 지역적으로 다양한 수준에서 이용된다. 제약업, 잡화상점, 자동차 보수시장 체인, 스포츠용구 등의 업종에서 이용되며 우리나라PC 및 주변기기를 판매하는 소매상 체인인 선경컴플라자를  예로 들 수 있다. 미국의 경우 의약품 도매상과 약국과의 관계, 컴퓨터 도매상과 소매상과의 관계 등을 들 수 있다.

**상표허가자 – 소매상 프랜차이즈**Service-Firm-Sponsored Retailer Franchise System

상표허가자와 소매업자 간의 시스템으로 제조업자나 도매업자가 아닌 프랜차이저가 공동적 상표나 표준화된 영업방법을 만들어 소매업자에게 공통의 상호와 상표를 사용하게 하고 제품이나 서비스를 표준화하여 영업을 하게 하는 형태이다. 여기에서는 유명상호 · 상표 또는 경영자가 중요한 자산이 될 수 있다. 프랜차이즈 산업의 대부분을 차지하며 대표적인 예로는 우리나라에서 80년대 후반에 발달한 외식 프랜차이즈사업(맥시칸치킨, 장터국수, 투다리 등), 미국의 자동차 숙박사업(Hyatt, Sheraton), 인스턴트 식품산업(Howard Johnson's, Mcdonald's, KFC, Dunkin's Donuts, Burger King) 등이 우리나라에 진출한 대부분의 패스트푸드 업종이 여기에 속한다. 오늘날 자동차 임대업에서도 Hertz, Avis, Budget, Rent a Car 등이 이 유형의 성장을 주도하고 있다.

## 사례 기업형 VMS

육계산업은 소비자에게 저렴한 가격에 우수한 품질의 닭고기 및 관련제품을 공급할 수 있는 능력의 여부에 핵심성공요인이 존재한다. 과거 육계산업의 생산과정은 병아리, 사료, 사육, 도계, 가공 등의 각 과정이 단계별로 넘어가면서 독립적으로 수행되었는데 이는 원재료에서 최종소비자까지 도달하면서 타사업주체가 개입하면 할수록 이윤이 세분화된다는 문제점을 가지고 있었다. 게다가 육계산업과 같이 계절과 기상조건, 질병 등의 위협요인이 상존하는 경우 산업자체의 영세성과 더불어 위험성을 증폭시키기까지 하였다. 또한 이러한 구조는 책임의 영속성이나 품질의 보장이 이루어지지 않는 구조여서 생산과 공급이 조절되지 않아 가격의 폭락과 폭등이 반복되는 통제불가능의 상황 계속해서 이어졌다.

이에 하림은 국내 육계산업 최초로 사육, 가공, 판매를 통합하는 수직적 통합 경영을 통해 최종산물에만 이윤을 부과함으로써 가격에 대한 위험성을 줄이고 생산을 조절함으로써 가격의 안정화를 이루었다. 하림은 생산과 가공, 판매를 계열화 하여 닭을 기르는 농장, 가공을 담당하는 공장, 그리고 소비자에게 공급하는 시장을 하나로 묶는 삼장통합三場統合 시스템의 애그리 비즈니스를 모델을 구축하였다.

하림은 우리나라 닭고기 시장의 수요 증가를 예측하고 1991년 하루에 30만수의 닭을 사육하고 가공 · 처리할 수 있는 가공공장을 설립하고 최첨단 시설을 갖춘 부화장과 배합사료 공장을 갖추게 되면서 사육-가공-판매의 일관 계열화를 통해 삼장통합경영을 성공적으로 정착 시켰다. 이를 바탕으로 제품차별화를 추진한 하림은 삼장통합경영을 통해 소비자의 요구에 빠르게 반응할 수 있게 되었고, 전반적 시스템을 효율적으로 운영할 수 있었으며 또한 생산원가를 절감하고 외부환경에 효과적인 대응이 가능하게 되었다.

기업이 수직적 통합을 하는 가장 근본적인 이유 중의 하나가 바로 원가 절감일 것이다. 하림은 원가 측면에서 가장 중요한 사료부문을 자가공장 설립과 단미사료 재활용으로 인해 많은 절감을 이루었다. 또한 이러한 형태는 자연히 닭고기 값에도 영향을 주어 원가를 절감하여 보다 저렴한 가격으로 소비자에게 공급할 수 있게 되었다.

이러한 여세는 외국업체들과의 경쟁에서도 더 낮은 가격으로 인해 경쟁력을 확보했다. 하림은 국내 시장의 성공에 안주하지 않고 글로벌 시장 진출을 통해 시장 확대를 꾀하고 있다. 일반적으로 수직적 통합을 실시한 기업의 경우 신기술개발에 유연하게 대처하지 못하는 면이 있지만 하림은 이를 극복하기 위해 지속적인 제품 및 기술개발에도 많은 노력을 기울이고 있다.

그림 8-6 하림이 구축한 삼장통합 시스템

자료원: 하림 홈페이지 (http://www.harim.com/intro/business1.hr) 및 (주)하림의 수직적 계열화를 통한 경쟁우위 확보전략(박성태, 유병남, Korea Business Review, 2(3), 1998, pp.111-132) 참조

## 2.3 기업형 수직적 마케팅시스템

기업형 VMS는 경로구성원들이 특정 제품의 유통을 위해 각기 다른 수준에서 경로를 구성하고 있지만, 그 경로구성원들이 모두 하나의 조직에 의해 소유되고 관리되는 유통경로이다. 제조업자가 도매상이나 소매상을 소유하거나 도매상이 소매상을 설립하는 기업형 전방통합corporate forward integration이나 소매상이나 도매상이 후방으로 통합하는 기업형 후방통합corporate backward integration을 통해 이루어진다.

공급자나 유통업자는 다음의 세 가지 이유에서 기업형 전방통합을 하게 된다. 첫째, 경로구성원들은 물적유통과 소유권 이전에 가담하는 조직을 얻게 됨으로써 더 큰 효과와 효율성을 달성할 수 있다. 둘째, 전방의 시장을 향하여 통합을 이룸으로써 유통 활동에 대한 통제가 가능해진다는 점이다. 셋째, 전방통합으로 공급자는 관여하기 어려웠던 유통경로에 접근할 수 있게 된다. 전방에 대한 수직적 통합은 부분적으로 이루어지기도 하는데, 이는 제조업자가 자신의 도매기능을 스스로 수행하고 소매기능은 독립된 소매상에게 맡기는 것으로 독특한 모습이다. 또한 어떤 시장에서는 제조업자가 설립한 도매상이 도매기능을 수행하고(일부만 전방 통합된 경우) 다른 시장에서는 독립 도매상이 도매기능을 수행하기도 하여 직영점과 가맹점을 동시에 운영하는 복수유통dual distribution을 실행하기도 한다.

기업형 후방통합은 소매상이나 도매상이 자신의 유통경로에서 후방에 있는 공급자나 제조업자를 소유하는 경우에 해당하는 유통시스템이다. 대형 유통 체인들은 가끔 자신의 제품 공급업자인 협력업체 혹은 하청업체를 소유하고 있는 경우가 많은데 이는 후방통합의 좋은 예이다. 기업형 후방통합은 다음의 세 가지 이유로 인해 실행된다. 첫째, 자사의 공장이나 도매상을 운영함으로써 경로구성원은 일정한 품질의 제품을 계속적으로 공급받을 수 있다는 보장이 된다. 둘째, 물적흐름, 정보교환, 거래흐름이 수직적 마케팅 경로보다 효과적이고 효율적으로 수행된다. 셋째, 중간상이 종종 경쟁적인 맥락에서 제품을 공급받을 수 있다.

## 2.4 수직적 마케팅시스템의 특징

전통적 유통경로와는 달리 VMS의 경로구성원들은 자신들의 상호연관성을 잘 인식하는 조직들로 구성되어 있다. 그 결과 그들은 세세하게 계획을 세우고 전반적인 프로그램을 만들어서 마케팅 흐름이 수행되는 과정을 조정한다. 물론 목표는 말할 것도 없이 최종적인 목표시장에 효과적이고도 효율적으로 대처하는 것이다. 이러한 VMS는 어떤 구성원이 경로의 마케팅 활동에 가담하고 가담하지 않는지를 통제한다. 계약형과 기업형 VMS에서는 계약과 소유권을 취득함으로써 경로구성원들이 전체적으로 시스템에 충성하게 된다. 그러므로 이 경우의 경로는 안정적일 가능성이 크다. 경로의 의사결정자는 모든 마케팅 업무 과정에서 비용, 수량, 그리고 투자 등에 초점을 맞추는 전문적인 경영자일 것이며, 또한 그러한 경영자는 전통적이고 유행이 지난 실무보다는 보다 진보된 마케팅 개념을 적용하는데 관심을 가질 것이다.

전통적 유통경로와는 달리 VMS는 계획적인 조직 운영, 규모의 경제, 표준화의 이점 등을 유통의 다양한 차원에서 적용하려고 노력할 것이다. 반면 독립 경로에는 장기적인 계획이 없어 더 높은 유통 비용을 유발시키지만, 독립 소매상들은 시장의 욕구에 더 잘 대응할 수 있고 수많은 제조업자와 도매상으로부터 자유롭게 제품을 구매할 수 있다. 그렇기 때문에 수직적 마케팅시스템을 통하면 유통 비용을 줄일 수는 있지만 시장의 변화에 대응하여 경쟁력을 갖추기는 어렵다. 또한 VMS에서는 경로 성과의 표준화된 수준을 측정할 수 있지만 전통적 유통경로에서는 그것이 어렵다. 산업 구매자나 가계의 소비자 모두는 그들이 구매하는 제품과 서비스의 품질이 동일하게 유지되는 것을 선호하기 때문에 수직적 마케팅시스템은 유통 경로상에서 강력한 경쟁력을 가질 수 있다.

관리적 측면에서 보면 VMS는 여러 경로구성원들이 수행하는 기능에 대한 비용과 품질을 통제하고자 개발된 것이다. 그러한 시스템의 강도는 경로구성원들에게 마케팅 과업을 이전해 주거나 할당하는 역할을 얼마나 잘 수행하는지 보면 알 수 있다. 이론적으로는 VMS의 성과는 가장 이상적인 경로의 성과에 근접할 것이다. 그 이유는 수직적 마케팅시스템에서는 구성원들이 더 이상의 이익을 낼 수 없고 제품 원가가 더 이상의 고객 만족을 낼 수 없을 정도로 구성원 결합을 할 것이기 때문이다.

VMS의 경영자는 전체 경로를 경쟁과 관련된 구성원으로 간주한다. 반면 전통적 경로에서 독립된 조직들은 그들의 경쟁적 생존능력은 그들 경로의 개별 수준에서 취한 행동에 달려 있다고 생각한다. 이러한 차이점들 때문에 계획된 시스템, 즉 VMS는 유통의 우월한 형태로 인식되어 전통적 유통경로를 급격한 속도로 대체해 나가고 있다.

VMS의 경쟁적 강점을 감안하여 전통적 유통경로 구성원들은 생존을 위해 경로 전략을 새롭게 정비하여야 한다. 전통적 유통경로 구성원들이 취할 수 있는 전략은 다음과 같다. 앞의 세 가지는 전략은 단기적으로 실행 가능한 것이고, 마지막은 장기적으로 고려할 필요성이 있는 것이다. 전통적 유통경로 구성원이 마지막 전략을 실행하는 하고자 계획하는 것은 수직적 마케팅시스템으로 전환하고자 하는 것과 같다.

- 고객의 경쟁력을 강화하는 프로그램 개발: 이 대안은 제조업자와 도매상을 중앙집권적인 회계 및 경영 보고 시스템에 대한 후원, 협동적 촉진 프로그램의 정형화, 쇼핑센터 임대에 공동 서명 등의 활동에 관여하게 하는 것이다.
- 새로운 시장에 진입: 예를 들면 철강 창고업자가 유리와 플라스틱 제품 라인을 추가하여 창고를 늘리는 것이다. 산업재 유통업자가 무재고 구매 계획과 일괄주문계약을 시도함으로써(재고를 가지지 않고 일괄 주문을 받아 제조업자와 소비자를 연결시켜 줌으로써) 중간상을 거치지 않고 직접 구매하는 고객들에게 효과적으로 대처할 수 있게 되었다.
- 경영정보시스템을 개발함으로써 경영의 효율성 제고: 전통적 유통경로의 중간상이 공급자와 함께 전자문서교환EDI: electronic data interchange시스템을 운영함으로써 재고관리의 효율성을 제고할 수 있다.
- 경로 조사를 통해 어떤 경로 구성원이 마케팅 흐름을 재조직할 만큼의 충분한 힘을 가지고 있는지 결정: 경로에서 누군가는 잠재적인 경로리더가 될 수 있는 역량을 가지고 있다.

지금까지 살펴본 수직적 마케팅 시스템의 특징을 요약하여 표 8-5에 제시하였다. 관리형의 수직적 마케팅 시스템에서 기업형의 수직적 마케팅 시스템으로 갈수록 경로구성원들의 결속력은 점점 강화되고 경로리더를 제외한 경로구성원들의 자율성은 점점 줄어들게 된다. 경로구성원들의 자율성이 줄어들게 되는 과정에서 경로 전체의 유연성도 따라서 줄어들게 된다.

**표 8-5 전통적 유통경로시스템과 수직적 마케팅시스템의 비교**

<table>
<tr><th></th><th>전통적시스템</th><th>관리형 VMS</th><th>계약형 VMS</th><th>기업형 VMS</th></tr>
<tr><td rowspan="2">공동목표에 대한 경로구성원의 관계</td><td>공동목표의 부재</td><td>각각의 분리된 목표, 비공식적 공동의 노력</td><td>각각의 분리된 목표, 어느 정도 구조화된 공동목표</td><td>공동목표의 달성을 위해 조직화된 경로 구성원</td></tr>
<tr><td>소매상: 판매증대와 마진확보<br>제조업체: 대량주문확보</td><td colspan="3">VMS: 수익성 있는 관계지속, 경로 전체의 수익과 고객만족 고려</td></tr>
<tr><td rowspan="2">공동의사결정의 중심</td><td>경로구성원 내부</td><td>공식적 구조 없이 구성원 간의 상호작용</td><td>구성원 비중에 근거하는 공동구조</td><td>공동구조</td></tr>
<tr><td>개별조직의 지역판매원 또는 구매부서원 (하위)</td><td>비공식적 협력단체</td><td>승인된 본부</td><td>기업 집중적 (상위)</td></tr>
<tr><td>권한의 중심 구조</td><td>구성원 수준에서 분산되어 있음</td><td>구성원 수준에서 분산되어 있음</td><td>구성원 수준에서 분산되어 있으나 우선권이 있음</td><td>상위 부분에 집중</td></tr>
<tr><td>소유권<br>통제력<br>결속력<br>비용</td><td>낮음</td><td colspan="2">←——————→</td><td>높음</td></tr>
<tr><td>자율성<br>유연성</td><td>높음</td><td colspan="2">←——————→</td><td>낮음</td></tr>
</table>

# 3
# 수평적 마케팅시스템

수평적 마케팅시스템horizontal marketing systems은 유통경로의 동일한 수준의 둘 이상의 기업이 새로운 마케팅 기회를 찾아서 결합하는 유통방식이다. 이러한 결합은 제휴를 통해 이루어지거나 다른 조직의 인수 · 합병을 통해 이루어지기도 한다. 자본, 생산 설비, 그리고 기타 마케팅 자원을 결합하여 개별 기업이 달성할 수 있는 수준 이상의 목표 달성이 가능하다. 일시적인 결합과 영구 결합이 있고 경우에 따라서는 별도의 기업을 설립하기도 한다. 예를 들어 은행이 편의점에 은행현금지급기를 설치하면 은행은 저렴한 비용을 들여 새로운 시장에 진출하게 되었고, 소매상은 자기 점포 내에 은행을 유치함으로써 내점 고객들에게 가까운 장소에서 은행 업무를 처리할 수 있는 편리성을 제공하게 된다.

수평적 마케팅시스템을 구축하는 기업들은 경쟁자와 결합할 수도 있고 비경쟁자와 결합할 수도 있다. 경쟁관계에 있는 동종업체 간의 유통 결합을 공생 마케팅symbiotic marketing이라 한다. 이를테면 지역적인 거리를 좁히고 보다 신속하고 편리한 연계 서비스를 제공하기 위해 서울의 플라자 호텔, 부산의 그랜드 호텔, 경주의 호텔이 연계하여 수평적 통합 체계를 구축한 것이나 항공사가 좌석을 공유하여 운행하는 경우가 있고, 한국네슬레가 생산한 네스카페와 네스티는 한국코카콜라에서 유통하고 네스퀵은 남양유업이, 앙팡은 서울우유, 키켓 등의 과자는 농심의 유통망을 통해 유통시키는 사례가 이에 해당한다고 볼 수 있다. 커피믹스로 유명한 동서식품이 스타벅스와 제휴하여 병커피를 생산하여 유통하고 있다. 자신이 약한 유통망을 경쟁사의 유통망을 통해 함께 유통시키는 것이다.

공생 마케팅과 비슷한 개념이지만 본질적으로 이종업체 간에 이루어지는 유통결합을 결합 마케팅hybrid marketing이라 한다. 펩시콜라와 롯데리아는 결합 마케팅을 통해 롯데리아 매장에서 펩시콜라를 판매하고 있다. 앞서 제시한 편의점이 은행현금지급기를 설치하는 것 뿐만 아니라 택배, 영화티켓발매 서비스를 함께 실시하

**사례** **공생 마케팅** symbiotic marketing

맥심, 맥스웰하우스, 카누 등의 커피 브랜드를 소유하며 국내 커피시장에서 높은 위치를 차지하고 있는 동서식품은 2006년 스타벅스와 함께 전략적 제휴를 맺었다. 엄밀히 말해, 커피전문업체인 스타벅스와 커피음료를 주요제품으로 취급하고 있는 동서식품은 서로 경쟁위치에 놓여있다고 볼 수 있다. 하지만 동서식품의 오랫동안 이어온 명성과 신뢰성, 그리고 국내 곳곳에 거미줄처럼 자리 잡은 유통망은 국내에 새로 진출하는 스타벅스에게 충분히 유혹적인 요소들로 보였을 것이다. 이 협력을 통해 스타벅스는 빠르고 쉽게 해외시장 진출을 해내었다. 동서식품 또한 제품의 개발 없이 수익성 높은 스타벅스 병 커피의 위탁제조 및 판매를 통해 매출증가와 브랜드 인지도 증가라는 두 마리 토끼를 잡을 수 있었다. 이렇듯 적절한 공생마케팅을 통해 경쟁 기업들은 서로의 약점과 강점을 보완하고 결과적으로 시너지 효과를 얻을 수 있다.

**사례** **결합 마케팅** hybrid marketing

LG 디오스와 맥주 브랜드 하이트는 2009년 냉장고 구매를 위해 LG전자매장을 방문한 고객들에게 시원한 음료를 제공하는 행사를 진행하였다. 매장에 전시된 냉장고의 문을 열면 그 안에 실제로 시원한 하이트 맥주와 생수 등이 가득 채워져 고객들에게 제공되었다. 보통 안이 텅 비어있는 다른 디스플레이 냉장고와 달리 실제 맥주를 비치해 놓음으로써 고객들의 흥미를 불러일으킴과 동시에 디오스 냉장고의 시원한 이미지를 부각시키고 하이트 맥주에 대한 홍보 효과 또한 얻을 수 있었다. 이처럼 서로 다른 업종의 결합을 통해 전개되는 하이브리드 마케팅은 동일한 목표 고객들을 함께 공략하는 만큼 마케팅 비용을 줄일 수 있을 뿐 아니라 신선한 결합으로 인해 소비자의 흥미를 불러일으키는 효과를 발휘한다.

자료원: 비즈조선 기사(2010.10.12; 2011.2.26) 참조

는 제휴도 결합 마케팅이라 할 수 있다. 이 외에도 이마트는 풀무원과 공동으로 상품을 개발하고 함께 마케팅하고 있으며, 다양한 분야의 제품이 함께 공동물류를 활용하는 사례도 이에 해당된다.

PART

# 3

# 유통경로 관리전략

CHAPTER

# 09

# 유통경로 관계발전

# 1
# 유통경로 관계발전이론

유통경로구성원 간의 관계를 체계적이고도 포괄적으로 이해하는 데는 다음의 세 가지 접근방법, 즉 ① 정치–경제 틀에 의한 접근, ② 교환과정모형에 의한 접근, ③ 관계발전모형에 의한 접근이 커다란 도움을 준다.

## 1.1 정치–경제 틀에 의한 접근

정치–경제 틀political economy framework은 그림 9–1에서 보듯이 유통경로 내 구성원 간의 복잡한 상호작용을 ① 외부 대 내부 ② 경제 대 사회정치 ③ 구조 대 과정의 세 가지 차원으로 구분하여 보고 있다. 정치–경제 틀에 의하면 유통경로는 크게 ① 내부정치경제와 ② 외부정치경제의 두 가지 하위시스템으로 구성된다. 외부정치경제는 내부정치경제에 영향을 미치며, 내부정치경제는 이에 적응하거나 외부정치경제, 즉 환경을 변화시키며 발전하게 된다.

### (1) 내부정치경제

내부정치경제는 내부경제와 내부정치, 다시 내부경제는 내부경제구조와 내부경제과정, 그리고 내부정치는 내부정치구조와 내부정치과정으로 구분된다. 내부경제구조는 유통경로 내 경로구성원들을 연계시켜 주는 거래형태, 다시 말해 수직적 경제배열을 말한다. 이러한 수직적 경제배열에는 기능적으로 전문화된 개별적인 경로구성원들로 구성되는 독립적인 구조에서부터 수직적으로 통합된 구조에 이르기까지 다양한 형태가 존재한다.

내부경제과정은 경로구성원 간의 거래조건을 결정하는 데 활용되는 의사결정 메커니즘을 말한다. 거래조건이나 마케팅기능의 분업과 관련된 협정은 이러한 의사결정 메커니즘의 하나로 볼 수 있으며, 협정은 관습적으로 이루어지거나 구성원 간의 협상, 혹은 중앙집중식 계획과정에 의해 이루어지기도 한다.

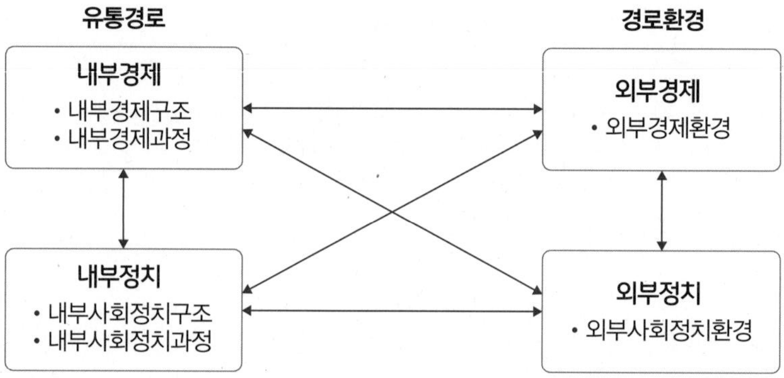


자료원: Louis W. Stern and Torger Reve, "Distribution Channels as Political Economies: A Framework for Comparative Analysis," Journal of Marketing, Vol. 44(Summer, 1980), pp. 52-64.

**그림 9-1 유통경로 분석을 위한 정치-경제 틀**

한편 내부 사회정치 구조는 경로구성원 간에 존재하는 힘-의존관계의 형태를 말한다. 하나의 경로구성원은 다른 경로구성원과 상호의존관계를 형성하고 있으며, 의존도는 매우 낮은 수준에서 매우 높은 수준까지 분포하며, 모든 마케팅 기능이나 활동을 하나의 경로구성원이 완전히 지배하는 구조에서부터 기능 혹은 활동별로 의존도가 다른 혼합구조, 완전히 독립된 구조에 이르기까지 다양한 형태가 존재한다.

내부사회정치과정은 유통경로 내 구성원 간의 상호작용을 특징짓는 지배적 감정과 행위를 말한다. 유통경로 내의 지배적 감정과 행위에는 여러 개념이 포함될 수 있으나, 전통적으로 경로구성원 간의 갈등과 협력이 중요하게 다루어지고 있다. 갈등과 협력은 상호배타적인 개념은 아니며, 하나의 유통경로 내에 공존할 수 있다.

### (2) 외부정치경제

외부정치경제는 유통경로의 과업환경을 의미하며, 외부경제환경과 외부사회 정치환경으로 다시 구분된다. 외부경제환경은 유통경로에서의 수직적 시장(투입시장과 산출시장)과 수평적 시장(경쟁사의 시장)을 말한다. 외부정치환경은 외부환경요소(경쟁사, 규제기관, 협회 등)간 혹은 외부환경요소와 분석대상이 되고 있는 유통경로시스템간의 힘의 분포와 활용을 말한다. 외부경제환경과 외부사회정치환경은 상호작용하며 하나의 유통경로시스템의 환경상태를 결정하게 된다.

정치-경제 틀은 유통경로를 내부 및 외부, 경제 및 사회정치, 그리고 구조 및 과정의 세 가지 하위차원을 개별적으로 분석하는 것보다는 이들 간의 상호작용에 초점을 둠으로써 새로운 연구 문제의 발견과 이론발전에 기여할 수 있다는 이점이 있다. 예를 들어 정치-경제 틀에서는 힘의 사용과 갈등간의 관계 혹은 경로설계와 경로비용 간의 관계 등 내부구조와 과정 간의 관계뿐만이 아니라, 이들 내부구조/과정과 외부환경 간의 상호작용에 관련된 문제도 다루어질 수 있다. 이 접근법은 유통경로구조와 과정에 영향을 미치는 주요 변수들을 종합적으로 파악하고 이를 체계적으로 개념화할 수 있는 하나의 대안으로 활용될 수 있다.

## 1.2 교환과정모형에 의한 접근

교환과정모형은 경로구성원들 간의 완전한 관계 모형으로 설명하기 위해 교환행위의 개시initiation, 실행implementation, 검토review의 세 과정으로 구분하고, 각 과정은 선행과정에서 발생한 결과에 의해 상호 연결되어 있음을 설명한다.

### (1) 개시과정

개시과정은 기업이 왜 다른 경로구성원과의 교환을 추구하며, 또한 어떻게 교환을 모색하는가에 초첨을 둔다. 개시과정은 교환관계형성의 필요성에 대한 인식으로부터 출발하며, 기업은 자신의 욕구와 동기에 의해 교환상대방을 탐색하게 된다. 교환상대방에 대한 탐색과정에서 상대방이 제공할 것으로 기대되는 보상expected rewards, 상대방에 의해 자신이 지불해야 할 시간, 노력, 금전적 투자required investment, 상대방과의 교환을 통해 반드시 얻어야 한다고 느끼는 응당의 보상deserved rewards 등을 결정한다. 이들 보상은 시장점유율, 매출, 순이익 등의 외재적 보상extrinsic rewards과 심리적 만족, 성취감, 업계로부터의 인정 등의 내재적 보상intrinsic rewards으로 구분할 수 있다.

또한 개시과정에서는 기업의 재무자원과 권한구조, 역사적 배경 등 조직 및 개인요소와 경제, 정치, 기술 등 거시환경특성이 ① 교환의 필요성에 대한 인식, ② 교환동기의 내용과 강도, ③ 교환상대방의 탐색과 고려대상의 결정 등에 영향을 미친다. 교환대상이 결정되면, 개시과정의 마지막 단계인 기업간 상호교환협약interfirm exchange agreement이 이루어진다. 일단 상호교환협약이 체결되면, 그 결과 거래 쌍방은 지속적인 관계를 위해 일정한 역할을 갖게 되고, 거래상대방에 대해 일정한 수준의 힘을 가지며, 또한 미래시점에서 성취하고자 하는 목표와 거래를 성공적으로 이끌기 위한 동기를 지니게 된다.

### (2) 실행과정

실행과정은 거래 쌍방간에 제품이나 서비스, 관련정보 등이 실제로 교환되고 지속적인 상호작용이 이루어지면서 시작된다. 거래당사자는 상대방이 자신의 역할을 얼마나 잘 수행하고 있는가에 대한 인식을 가지며, 거래 쌍방간의 의존도는 각자에게 주어진 역할이 얼마나 잘 수행되었는가에 의해 변화하게 된다.

또한 거래 쌍방이 추구하는 목표가 달라지거나, 상대방이 수행하는 역할이 자신의 기대와 어긋나는 경우, 거래당사자는 자신의 목표달성을 위하여 상대방에 대하여 영향력을 행사하기도 한다. 이로 인하여 거래 쌍방간에는 잠재하고 있던 갈등이 드러나기도 하며, 이 갈등을 해결하는 과정에서 거래관계가 악화되거나 발전하는 결과를 초래한다. 한편, 거래 쌍방은 갈등을 경험하기도 하지만 공동의 목표달성을 위해 협력하기도 한다.

실행과정이 수행되고 나면 그 결과 거래 쌍방은 일정한 보상 혹은 손실을 얻게 된다. 거래당사자 각각의 역할수행과 영향력 행사의 효과성, 노력 수준, 협력할 수 있는 능력 등은 경로구성원이 성취하는 보상과 손실에 영향을 미친다. 한편 이념적 합치, 역할 만족, 표출된 갈등은 외재적 보상과 손실에 간접적으로 영향을 미치는 반면 내재적 보상과 손실에는 직접적인 영향을 미친다.

### (3) 검토과정

검토과정은 거래관계를 통해 성취한 보상과 손실에 대한 평가를 말한다. 거래 쌍방은 책임의 귀인attributions of responsibility, 다시 말해 자신이 획득한 성과에 대한 책임을 자신이나 상대방, 혹은 외부환경의 탓으로 돌리게 된다. 이에 의해 거래상대방이 지니고 있는 매력도, 거래상대방에 대한 신뢰, 거래상대방이 지니고 있는 전문지식에 대한 평가가 이루어지게 된다.

또한 검토과정에서는 거래의 형평성equity에 대한 평가도 이루어진다. 형평성은 첫째, 자신이 투여한 노력에 비하여 획득한 성과(노력대비 성과)가 공정한지에 대한 평가와 둘째, 자신의 노력대비성과를 상대방의 노력대비성과 비교, 이 두 가지 차원에서 이루어진다. 만약 거래가 형평성이 결여되어 있다는 판단이 들면 거래당사자는 이를 시정하기 위한 노력으로 균형화를 모색한다. 거래당사자가 자신이 획득한

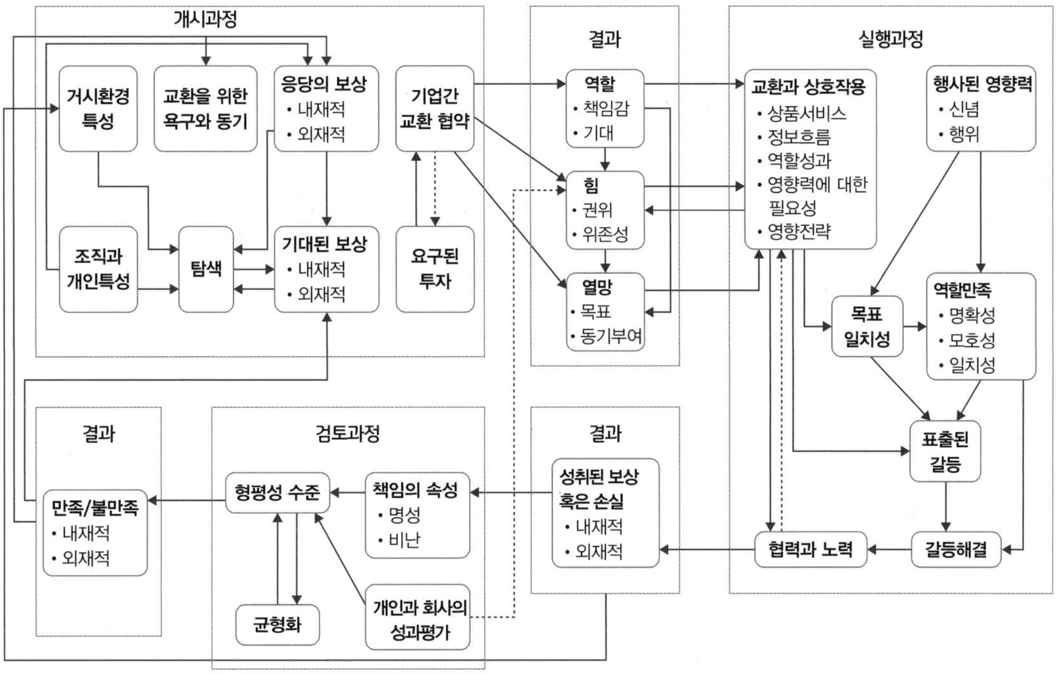


자료원: G. L. Frazier, "Interorganizational Exchange Behavior in Marketing Channels: A Broadened Perspective," Journal of Marketing, Vol. 47(Fall, 1983), p. 69.

**그림 9-2 유통경로 내 집단간 교환행위의 틀**

성과가 투입한 노력에 부족하다는 판단이 서는 경우 자신의 노력을 감소시키는 것은 균형화의 한 예이다.

거래관계에 대한 검토 결과는 만족 혹은 불만족으로 나타난다. 거래에 따라 만족/불만족은 많은 요인에 의해 영향을 받는다. 대체로 높은 수준의 성과와 거래의 형평성은 만족을 증가시킨다. 그러나 성과가 저조하더라도 이의 원인이 자신에게 있다고 인식하거나 상대방이 적절한 조치를 취하는 경우 불만족의 수준은 감소한다.

일반적으로 만족 수준이 높을수록 거래관계는 긍정적인 방향으로 발전한다. 거래가 만족스러울수록 거래당사자는 상대방에 대해 더욱 의존하며 지속적인 거래에 대한 기대를 가지게 된다. 반면에 거래가 불만족스러울수록 거래당사자는 상대방과의 거래를 축소하거나 이탈하고자 하는 의도를 갖게 된다.

교환과정모형은 정치-경제 틀과 마찬가지로 기존이론과 실증분석 결과를 통합하는 한편, 새로운 연구영역을 발견하고 여기에 적용가능한 이론적 통찰을 제시하고 있다. 그러나 교환과정모형은 조직간 교환행위에 관한 일반적 틀로서의 의의를 가질 뿐이며, 교환과정모형 전체를 검증한다는 것은 사실상 불가능하다. 프랜차이즈경로와 같이 거래 쌍방이 교환관계에 상당수준 몰입하고 있는 경우에는 적용 가능하지만, 다수의 독립적인 거래선으로 구성된 전통적 경로의 경우 적용하기가 어렵다.

## 1.3 관계발전모형에 의한 접근

기존의 모형이 이산형의 관계를 중심으로 다룬다는 점과 달리 관계발전모형은 계속적인 관계형으로 접근하고 있다. 관계의 형성보다 관계의 유지가 더 중요하다는 관점에서 ① 인지awareness, ② 탐색exploration, ③ 확장expansion, ④ 몰입commitment, ⑤ 종결dissolution의 다섯 단계를 거치며 관계가 발전되어 감을 설명한다.

### (1) 인지단계

인지단계는 거래당사자가 거래상대방을 교환 가능한 대상으로 인식하는 단계를 말한다. 인지단계에서는 비록 상대방에 대해 자신이 교환대상으로 매력이 있음을 보이고자 노력은 하지만, 실제로 교환당사자간의 상호작용은 발생하지 않는다.

관계인지는 양자가 지리적으로 근접해 있거나, 간접적 접촉이 많을 경우 더욱 원활하게 이루어질 수 있으나 일반적으로 교환의 경우에 있어서는 관계대상의 인지단계에서의 행동은 일방적인 경우가 많다.

### (2) 탐색단계

탐색단계는 관계형 교환의 대상을 탐색하고 접촉을 시도하는 단계를 말한다. 탐색단계에서 잠재 교환당사자들은 교환에 따른 의무와 혜택, 부담 및 성사가능성을 먼저 고려한다. 매우 짧은 기간에 걸쳐 시험구매trial purchase가 이루어지기도 하며, 확고한 교환대상으로 확인이 될 때까지 시험구매가 연장되기도 한다. 탐색적 관계는 최소한의 투자와 낮은 상호의존성으로 인해 깨지기 쉬운 관계라 할 수 있다.

탐색단계는 다시 ① 호감, ② 의사소통과 협상, ③ 힘의 개발과 행사, ④ 규범 개발, ⑤ 기대개발의 다섯 가지 하위과정으로 구성된다. 이들 하위과정은 교환 당사자가 지니고 있는 목표의 양립가능성, 성실성, 성과를 측정하고 시험할 수 있도록 해준다는 점에서 매우 중요한 의미를 지니고 있다.

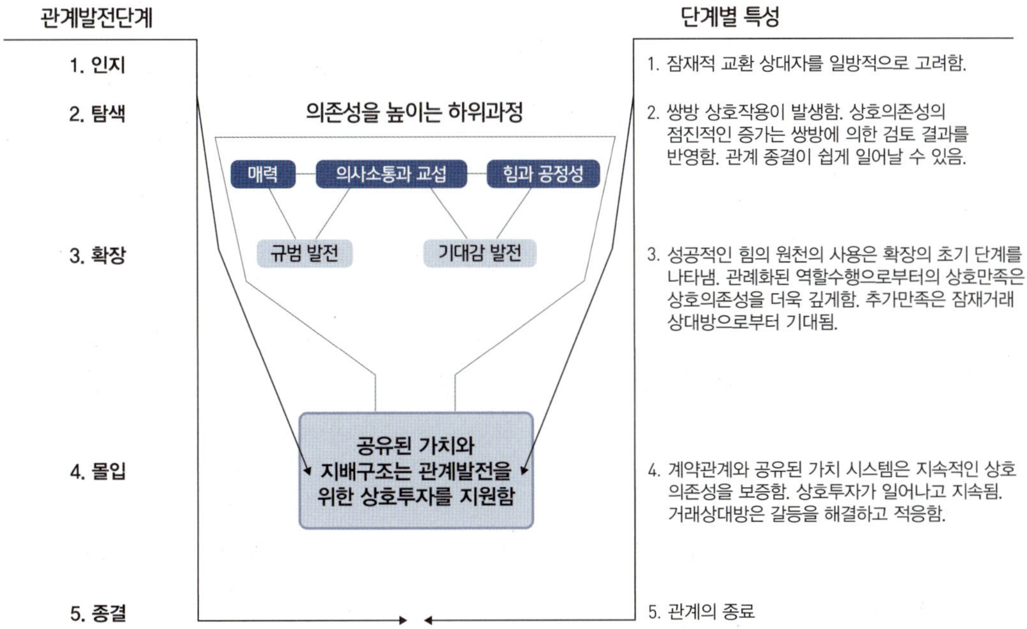


자료원: R. F. Dwyer, P. H. Schurr, and S. Oh, "Developing Buyer-Seller Relationships," Journal of Marketing, Vol. 51(April, 1987), p. 21.

그림 9-3 관계발전단계

### (3) 확장단계

확장단계는 교환을 통해 교환당사자들이 얻는 혜택이 지속적으로 증가하고 이들 간의 상호의존성이 증가하는 단계를 말한다. 관계의 확장은 다른 한편의 역할 수행에 대한 만족의 결과이며, 보상과 연관되어 있다고 볼 수 있다. 확장단계에서도 앞서 이야기한 탐색단계의 다섯 가지 하위과정이 작용한다. 확장단계의 특징은 탐색단계에서 형성된 신뢰와 공동만족이 거래 쌍방으로 하여금 관계지속에 따른 위험을 감수하도록 한다는 점이다. 그 결과 거래 쌍방간의 상호의존의 폭과 깊이가 증가하게 된다.

### (4) 몰입단계

몰입단계는 교환당사자가 서로 지속적인 거래관계를 유지하고자 하는 묵시적 혹은 명시적인 서약을 맺는 단계로 쌍방간의 관계가 지속되어 다른 대안을 배제하는 경향이 높다. 관계의 몰입은 관계성장기와 성숙 · 유지 단계 사이에 있는 과정(과도기)이라고 하고, 고객과 판매자 간의 몰입이 형성되면 관계를 강화시키는 작용을 한다고 볼 수 있다. 몰입은 흔히 결속solidarity과 응집cohesion의 의미를 함축하고 있으며, 몰입단계에 있는 거래관계는 다음의 세가지 특성을 지니고 있다.

첫째, 거래 쌍방은 거래관계에 상대적으로 높은 수준의 경제자원, 의사소통 및 감정을 투입하고 있다. 둘째, 몰입단계에 있어 거래는 지속적인 성격을 지니고 있다. 거래 쌍방은 거래관계를 유지하기 위하여 상당한 수준의 특유투자를 이미 실시한 상태이며, 이는 미래의 지속적인 관계에 대한 기대를 형성하게 한다. 셋째, 몰입단계에서는 거래관계에 투입되는 자원의 수준이 어느 정도 일관성을 유지하고 있다. 몰입단계에 있는 거래 쌍방은 자신과 상대방이 투입하는 자원의 수준과 관련하여 일정한 기대를 가지고 있다. 만약 어느 일방이 투입하는 자원의 수준이 일정하지 않고 수시로 변하는 경우에는 거래에 따른 성과를 예측하기가 매우 어려워진다.

### (5) 종결단계

모든 거래관계가 인지, 탐색, 확장, 몰입의 단계로 발전하는 것은 아니다. 각각의 단계에서 거래관계는 다음 단계로 넘어갈 수 있는 요건이 충족되지 않을 경우에 종식단계에 접어들게 된다. 예를 들어 현 거래선과의 거래비용의 증가, 잠재 거래선과의 거래 개시에 따른 장애요인의 소멸, 거래당사자인 개인 혹은 조직의 욕구 내지는 목표에서의 변화 등 많은 요인에 의해 거래관계는 언제든지 종식될 수 있다.

여러 연구자들은 이러한 관계종결의 문제를 해결하기 위한 방안으로 구성원간의 신뢰trust를 가장 중요하게 꼽고 있다. 신뢰는 교환관계에서 당사자의 말이나 약속이 믿을 만하고 한 쪽이 상대방에 대한 책무를 완수할 것이라는 것에 대한 믿음으로 정의할 수 있다.

여기서 중요하게 고려해야 할 문제는 신뢰의 본질에 대한 것이다. 중요한 문제는 강력한 제조업자나 소매업자들이 그들의 영향력을 부당하게 사용하기보다는 파트너와의 신뢰 관계를 구축함으로써 얻는 확실한 이점을 수용하는가의 여부이다. 물론 제조업자와 소매업자 간의 방대한 관계는 불균형적인데, 메르세데츠 벤츠 같은 거대한 제조업자들은 소규모의 영세한 딜러를 통해 제품을 판매한다. 그렇다면 이러한 불평등 관계에서 강력한 제조업자는 어떻게 영세한 딜러와 신뢰관계를 구축할 수 있을까? 평등한 관계 구축의 관건은 보다 약자이고 취약한 파트너를 공정하게 취급하는 데 있다. 여기서 공정성은 두 가지 형태의 정의를 포함한다. 첫째는 정당한 분배와 그에 대한 지각된 공정성을 얻는 것으로 정당하게 분배하고 상대방도 그

**표 9-1 권력게임과 신뢰에 의한 경로구성원 관계**

| | 권력게임 | 신뢰 |
|---|---|---|
| 운영방식 | 공포의 창출 | 신뢰의 창출 |
| 지도원칙 | 자기 이익의 추구 | 공평성의 추구 |
| 협상전략 | • 다수의 파트너를 서로 다투게 하여 실속을 차림으로써 의존성을 피한다.<br>• 자신은 신축성을 유지하지만 전환비용을 높힘으로써 파트너들을 속박한다. | • 파트너쉽의 수를 제한함으로써 상호 의존성을 창출한다.<br>• 양자가 특수화된 투자를 통해서 의무를 서로 알리고 서로를 결속시킨다. |
| 의사소통 | 일방적 | 쌍방적 |
| 영향력 | 강압을 통해서 | 전문적 의견을 통해서 |
| 계약 | 폐쇄적, 공식적, 단기적, 상세적 계약<br>경쟁정 계약을 빈번히 이용 | 개방적, 공식적, 장기적 시장가격을 때때로 체크 |
| 갈등관리 | • 상세한 계약을 통해서 잠재적인 갈등을 해소시킨다.<br>• 합법적인 시스템을 통하여 갈등을 해소한다. | • 유사한 가치관을 가진 파트너들을 선택하고 상호이해의 폭을 넓힘으로써 잠재적인 갈등을 감소시킨다.<br>• 조정이나 중재같은 절차를 통해 갈등을 해소한다. |

자료원: N. Kumar, "The Power of Trust in Manufacturer Retailer Relationships", Harvard Business Review (November–December, 1996), p. 105.

것을 정당하다고 인식할 때 신뢰가 형성될 수 있다는 것이다. 둘째는 절차의 정당성을 통해 관계관리 과정에 대해 지각된 공정성을 확보하는 것인데, 관계관리 절차를 정당하게 관리하여 상대방으로 하여금 관계 형성과 유지의 정차가 공정하게 이루어진다는 것이 인식될 때 신뢰가 형성된다는 것이다.

관계발전모형은 유통경로 내 장기거래관계가 형성되는 단계를 역동적으로 설명할 수 있는 개념적 틀로서 매우 유용하게 활용되고 있다. 관계발전모형은 기본적으로 교환이론에 이론적 근거를 두고 있으나, 결혼이론이나 협상이론, 힘의 이론과도 밀접한 관계를 맺고 있다. 관계발전모형은 각 단계에서 다루고 있는 개념이 포괄적이지 못하며, 이들 개념에 대한 이론적 혹은 조작적 정의를 분명하게 제시하지 못하는 문제를 지니고 있음에도 불구하고 관계발전모형은 기업간 혹은 기업과 소비자 간의 거래관계를 모두 설명할 수 있으며, 단계 간의 전이transition, 거래당사자간의 협상, 관계형 교환에서의 의사결정모형, 성과측정, 갈등관리, 이탈장벽 등과 같은 다양한 유통연구영역을 제시하고 있다는 점에서 매우 중요한 의의를 갖는다.

# 2
# 장기적 파트너십

미국의 경우 패스트푸드의 프랜차이저franchisor와 프랜차이지franchisee간의 계약은 전형적으로 20년간에 걸쳐 지속되고, 자동차 제조업자와 딜러간의 계약은 30년까지 이르는 경우도 다반사이며 공식적인 계약이 없이도 장기적 경로구성원 간에 장기적 관계는 수년간 존재한다.

장기적 관계는 경로 참가자들 간에 관계마케팅을 발전시켰다. 관계마케팅은 신뢰와 몰입에 바탕을 둔 구매자와 판매자 간의 장기관계를 구축하고 유지하는 데 바탕을 두는데 이는 파트너 관계를 맺은 경로구성원들 양측 모두의 성공은 부분적으로 상대 기업에 달려있다는 것을 강조하는 것이다. 즉 효율적인 쌍방의 조정노력을 통하여 이러한 경로구성원들은 시장의 니즈를 충족시킬 수 있다.

장기적 관계지향은 장기지향성long term orientation이라고 표현하는데 거래 상대방과의 관계를 장기적으로 유지하고자 하는 의도로서, 최종고객이 요구하는 것을 거래 쌍방이 만족시켜주기 위해 장기적으로 각자의 활동을 조정하며, 자신의 성공이 거래 상대방에게 달려있다는 동반자적 사고가 지배하는 거래관계를 지속하고자 하는 것이다. 특정한 소매업체와 장기지향성을 형성하고 있는 공급업체의 경우 단기적인 거래를 형성하고 있는 공급업체보다 장기간에 걸쳐 재고이용과 안정적인 공급, 장기계획의 설계 등으로 인해 비용을 절감하고 안정된 고객서비스 수준을 관리할 수 있기 때문에 구성원 모두에게 이익이 되고 있어 기존의 전통적인 시장거래도 파트너간 비용을 최소화 시키고 고객서비스 수준을 최대화하기 위해 장기적인 파트너십partnership 형태의 계약이 증가하고 있다.

소매상 입장에서는 공급업자로부터 제품을 제때에 공급받고, 잘 팔리는 제품에 대한 정보를 획득하며 최적의 가격으로 제품을 공급받을 수 있는 것 등을 가능하게 한다고 하였다. 그리고 공급업자 측면에서도 제품과 경쟁적 활동에 대한 정보를 획득하고 협력에 의한 효과적인 광고를 가능하게 하며, 공급업자 상품에 대한 특별

진열을 통해 경쟁우위를 달성할 수 있다. 중간상들은 고객을 위한 단순한 유통경로 이상의 역할을 수행할 수 있다. 그들은 판매 전후에 걸쳐 제품선택, 자금지원, 보험, 기계조작자 훈련, 유지 · 보수 그리고 언제 기계를 바꾸는 것이 경제적인지에 대한 조언 등의 다양한 서비스를 고객에게 제공하는 데 있어 뛰어난 역할을 수행한다.

장기관계를 효과적으로 구축하고 지속하기 위해 제조업자는 재판매업자의 니즈를 이해하고 재판매업자 훈련과 인센티브 프로그램을 개발함으로써 효과적으로 이러한 파트너쉽을 관리하여야 한다. 효과적인 파트너십의 중요한 구성요소는 시장 조사와 유통업자 회의를 통하여 도 · 소매상을 관찰하고, 기업의 전체적인 마케팅 계획에 그들의 의견을 반영하며, 다양한 커뮤니케이션 도구(대면회의, 우편, 팩스 등)를 통해 쌍방향 커뮤니케이션two-way communication을 지속적으로 유지해 나가는 것이다.

장기지향성에 영향을 미치는 요인을 구체적으로 정리하면 업체특성 요인, 업체간 관계특성 요인, 업체담당자의 특성, 기업 간의 효익이 있다. 먼저, 업체특성 요인은 교환대상자의 평판과 규모로서, 매출액, 총 자산의 장부가액, 고정자본 시가, 자본화 가치, 종업원의 수 등을 중심으로 평가된다.

둘째, 업체간 관계특성 요인에는 경제적 만족과 과거 거래상의 만족, 원활한 의사소통, 기회주의적 행동들이 있다. 경제적 만족economic satisfaction의 경우, 교환 대상자들의 경제적 만족은 장기지향성 추구의 가장 근본적인 요인으로 볼 수 있다. 거래 당사자들은 거래를 통하여 발생된 경제적 보상이 자신이 기대하고 있는 보상수준에 부합하거나 초과할 때, 만족감을 가지며 잠재 거래선과 비교하여 동등하거나 높은 수준의 보상을 주는 경우 거래를 계속 유지하게 된다. 상대방과의 일을 통한 관계 속에서 상대방의 모든 요소에 대한 결과물로부터 나오는 긍정적인 감정상태인 거래상의 만족satisfaction of previous outcome은 장기지향성의 핵심요인이 되고 있다. 또한 효율적인 커뮤니케이션은 안정된 거래관계를 지속하는데 매우 중요하며, 기회주의적 행동이 없는 경우에 장기지향성이 강화된다. 기회주의 행동이란 상대방을 속이면서 개인의 이익을 추구하려는 이익추구행동이다.

셋째, 업체 담당자의 특성 요인에는 담당자의 전문성, 담당자의 인간관계 능력 등이 있다. 담당자의 전문성의 경우, 인적자원의 의존도가 높은 산업에서 특히 중요하며, 전문성은 지식에 근거하여 영향력을 미치는 요인으로 볼 수 있다. 인간관계 능력은 다른 사람과의 상호작용 과정에서 산업조직의 목표달성에 효율적으로 기여할 수 있는가에 대한 생산 및 행정 능력 향상을 전제로 하는 사회학적인 성향을 띤다. 마지막으로 기업간의 효익을 들 수 있는데, 심리적 효익, 사회적 효익, 경제적 효익, 부가적 효익 등이 발생할 때 장기지향성이 강화된다.

그러나 제조업자/공급업자들과 그들의 도 · 소매상간의 장기관계는 각각이 투입한 높은 수준의 투자와 비용 때문에 유지되기도 한다. 기술적인 비용과 판매훈련비용, 테스트 장비, 전자문서교환 하드웨어와 소프트웨어 등의 거래특유투자 투입은 실제로 많은 비용을 필요로 하는 것임에는 틀림이 없다. 전환비용은 경로구성원들이 그들의 파트너를 대체할 때 발생하는 비용을 일컫는 것으로 판매 및 기술 인력을 고용하고 훈련하는 데 드는 비용과 생산적인 판매시기를 놓쳤을 때 따르는 비용, 새로운 물적유통시스템을 구축하는데 드는 비용, 그리고 관계를 단절하는 데 있어 심리적 비용뿐만 아니라 신제품의 코드넘버를 전환하고, 판매원을 새롭게 훈련시키며, 새로운 제품 계열을 적용하는 데 드는 비용 등이 있다. 이렇게 형성된 높은 전환비용은 새로운 관계를 맺는 것에 대한 장벽이 되고 기존의 유통경로구성원과의 파트너십을 장기적으로 가져가게 만든다.

CHAPTER

# 10

# 유통경로의 힘과 전략

1. 유통경로의 힘
2. 영향전략

# 1 유통경로의 힘

## 1.1 힘의 개념

사회적 힘social power은 변화의 주체가 객체에게 영향을 미칠 수 있는 능력이다. 혹은 힘은 강제 없이는 하지 않을 행위를 하게 하고 개인이나 집단에게 영향을 미칠 수 있는 능력이다. 힘이 강제력이나 상대방의 저항을 필수적으로 수반하는지에 대한 견해가 엇갈리고 있지만 강제력이 없는 경우는 힘이라고 보기 어렵다. 강제력이 없어도 영향을 미칠 수 있는 경우에는 힘을 행사할 필요성이 없기 때문이다. 유통경로에서 힘power은 한 구성원이 다른 구성원의 의사결정에 영향을 주거나 그 의사결정을 변경시키는 능력이다.

힘과 유사한 용어들의 혼동이 많은데, 힘은 개인이나 조직이 목표달성을 위해 조직의 의사에 상관없이 영향력을 행사하는 것임에 비해 권한authority은 합법적인 힘이며, 조직 내의 지위에서 발생하고, 수직적 계층구조에서 공식적 명령체계를 따르므로 부하에 의해 자발적으로 수용된다. 또한 힘은 상대방이 따르지 않으면 제재를 가하는 것이지만 영향력influence은 남의 행위에 영향을 미치지만 제재를 가하지 않는 경우이다. 정치politics는 힘을 획득하고 유지하여 사용하는 일련의 과정을 말한다.

보통 힘은 행동유발, 저항정도, 행동변화, 잠재적 영향력 등으로도 설명이 가능하다. 힘을 행동유발로 인식하는 입장에서는 "B가 하려 하지 않은 것을 A가 하도록 한다면 그렇게 할 수 있는 정도가 A가 B에 대해 가지는 힘이다"라고 정의하게 된다. 이는 사람의 행동을 유발시킨 양으로 힘을 측정한다는 뜻이다.

힘을 저항정도로 인식하는 입장에서는 힘을 "행위자 B에 대한 행위자 A의 힘은 A에 의해서 잠재적으로 극복되어질 수 있는 B의 저항정도이다."라고 정의한다. 이때, 주목할 것은 B의 저항정도이지만 A가 극복할 수 있는 저항 수준까지라는 점이다. 이것은 행위자 B의 행위에 변화를 초래하는 행위를 A가 할 때 B가 저항한다는 것은 A가 B에게 영향을 미친다고 보기 때문에 A가 B에게 대하여 힘을 가지고 있다고 정의하였다.

힘을 상대방의 행동을 변화시키는 정도로 보는 입장에서는 "힘은 한 사람의 행동변화가 다른 사람의 행동을 변화시키는 대칭관계"와 "힘은 어떤 사람이 다른 어떤 사람에게 통제를 가하고 그것을 계속하는 행위" 혹은 "힘은 한 기관이 다른 기관의 의사결정이나 명백한 행위에 영향을 미치는 능력으로 볼 수 있다." 등으로 정의되고 있다. 이것들은 행위자가 다른 행위자가 하려고 하지 않는 것을 하도록 하는 능력이라는 파워의 본질을 규정한 것이다.

힘은 한 기업이 다른 기업 구성원의 지각, 행동, 또는 의사결정에 영향을 미치는 '잠재적 영향력'이라는 정의도 있다. 이는 하나의 기업이 다른 기업의 신념이나 행동에 실제적인 영향을 미치는 것과는 구별된다. 이 시각은 힘을 결정하는 요인을 권한과 의존성으로 보았다. 권한은 두 기업간의 관계에서 특정의 행동에 영향을 미칠 수 있는 권리로서 목표기업이 다른 기업의 지도에 자발적으로 응하게 하는 영향력은 상대 기업의 권한에서 생기는 것이다. 권한을 가지고 있다고 해서 항상 영향력을 행사할 수 있는 것은 아니고 이는 단지 잠재적 영향력의 원천이 되는 것이다. 이러한 권한의 생성은 사업상의 합의와 경로 내에서의 상대적 위치에 의존한다. 의존은 필요한 목표를 달성하기 위한 거래관계를 유지할 필요성의 존재를 의미한다.

이처럼 힘에 대한 다양한 관점과 분석 수준이 존재한다. 첫째, 힘을 구조적 현상structural phenomenon과 사회적 상호작용social interaction 중 어떤 의미로 이해하느냐에 따라 해석이 달라질 수 있다는 점이다. 거래당사자 A와 B의 관계에서 A가 가진 자금과 정보를 B가 가진 그것과 비교하는 것은 힘을 구조적 현상으로 보는 것이고, A의 자금과 정보에 B가 대응하는 태도를 중시한다면 이는 사회적 상호작용으로 힘을 이해하는 것이다. 둘째, 맥락이라는 현상과 의사결정이라는 현상 중 어떤 측면으로 인식해야 하는지에 대해서도 고민할 수 있다. 거래 당사자 A와 B의 관계에서 평소의 상호간의 경로 분위기를 말하는 것은 전자의 입장이고 중요한 대안 선택에 대한 상호간의 입장을 분석하는 것은 후자의 측면으로 힘을 인식하는 것이다. 힘을 분석하는 수준에 있어서도 개인, 집단 혹은 조직 등으로 다양하기 때문에 일반적인 논의가 어렵고, 사회심리학, 사회학, 조직론, 정치학 등의 제학문영역에서 연구가 되고 있다. 이러한 정의와 관점에서 찾을 수 있는 뚜렷한 공통점은 '다른 사람의 행위에 변화를 초래하는 능력'으로 힘을 정의한다는 점이다.

유통경로에서는 힘을 측정하는 것이 경로분석을 위한 선행조건이기 때문에 대부분의 유통 관리자들은 힘으로 유통경로를 관리하려고 한다. 힘에 대한 연구는 이상의 다양한 관점을 기반으로 유통경로에서 힘의 수준, 힘의 사용, 그리고 힘 사용의 방식 등에 관한 이론적 구조를 형성하는 것이다. 유통경로에서 힘(영향력)을 행사하는 입장에 있는 기업을 원천기업source firm이라 하고 힘(영향력)을 받아들이는 입장에 있는 기업을 목표기업target firm이라 한다. 만약 목표기업의 의존이 정도가 높으면 원천기업의 힘의 크기가 클 것으로 기대된다. 유통경로에서 의존성이 생기는 원인은 기업간의 임무분화와 마케팅 경로상의 기능적인 차이점들이다. 한 기업의 역할 수행의 정도가 높으면 관련 기업의 목표달성에 공헌하게 되며 그 결과로 그 기업에 대한 의존성이 커지게 된다. 제조업자가 발생시킨 제품의 수요, 거래 당사자의 문제에 대한 제조업자의 협조 정도, 제품의 할당 및 배달, 제조업자가 제공하는 정보의 질, 경로구성원 간의 협조, 제품보증의 이행 등 제조업자의 역할이 많다고 인식되면 의존성이 커지게 되고 제조업자의 힘도 커지는 것으로 본다.

그림 10-1은 시소seesaw 유추에 의한 유통경로구성원들의 다양한 능력을 서술하고 있는데, 그림에 따르면 시소 받침대(화살표)는 각 상대방이 이용 가능한 수익 및 마진, 최종사용자의 상표선호를 유지하는 공급업자의 능력, 그리고 도매상과 소매상의 다른 원천선택 등과 같은 요소에 의해 좌우된다. 이러한 변수들은 모두 경로 힘에 관련된 것으로 이는 한 경로구성원이 같은 경로의 다른 단계에 있는 구성원의 마케팅 전략을 통제하는 능력을 말하는 것이다. 예로서 도매상이 높은 수익마진을 가

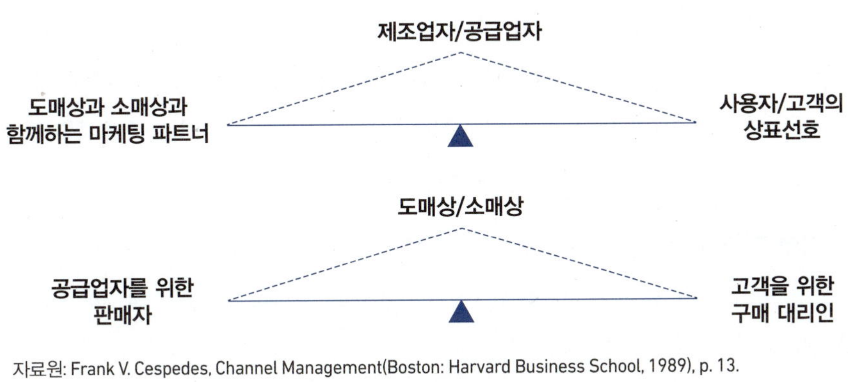


자료원: Frank V. Cespedes, Channel Management(Boston: Harvard Business School, 1989), p. 13.

그림 10-1 유통경로구성원들의 다양한 역할과 힘

지게 하고 최종 고객의 상표충성도가 높은 제품을 공급하는 것은 제조업자의 경로 힘에 공헌하는 것이다. 반대로 도매상이 다른 원천으로부터 상대적으로 유리한 제품을 공급받는 것이 가능하다면 도매상에게 경로 힘이 제공되는 것이다.

## 1.2 힘의 원천

지금까지의 유통경로 시스템의 힘의 원천을 힘의 원천power source 혹은 힘의 기초power base로 쓰면서 그 개념을 명확히 구분하지 않은 경우가 많았다. 개스키Gaski는 힘의 기초는 힘을 가진 자가 보상을 베풀거나 처벌을 실행할 수 있는 능력이라고 한다면 힘의 원천은 힘을 가진 자가 보상을 베풀거나 처벌을 실행할 수 있는 능력을 가지고 있다는 것을 힘을 받는 자가 지각할 때 존재하는 것이며, 이 때 힘은 대상의 행위를 변화시킬 수 있는 능력이라고 정의하였다.

### 1) 힘의 원천의 기본유형

힘의 원천에 대한 초기의 대표적인 연구인 프랜치French와 라븐Raven의 연구에서는 힘의 원천을 다섯 가지 종류로 분류하였는데 이를 요약적으로 제시하면 표 10-1과 같다. 이들은 구체적으로 보면 다음과 같다.

#### (1) 보상적 힘의 원천reward power source

보상적 힘의 원천은 B가 자신에 대한 보상을 중재하는 능력을 A가 갖고 있다고 지각하는 경우이다. B가 귀하게 여기는 자원을 A가 가지고 있을 때 할 수 있는 물질적 보상과 B의 어려운 부분을 위로해 줄 수 있는 심리적 보상이 있다. 제조업자가 도매상에게 높은 마진을 허용하거나 판매독점권 제공이나 특별할인이나 리베이트 등을 허락하는 것은 물질적 보상이고, 계속적인 거래 유지와 사업보증을 하거나 감사의 표현을 하는 것은 심리적 보상에 해당한다.

**판매영역 및 입지 보호** 경로구성원은 주어진 영역에서 판매활동을 독점적으로 수행할 수 있다. 계약적 유통경로에서 이러한 조항을 계약에 넣음으로써 계약주체는 가맹점에서 보상적 혜택을 준다.

**표 10-1 힘의 원천 사례**

| 힘의 원천 | 사 례 |
|---|---|
| 보상적 | 거래유지, 가격할인 허용, 판매지원, 영업활동지원, 관리기법, 시장정보 제공, 금융지원, 신용조건, 마진폭의 증대, 특별할인, 리베이트, 광고지원, 판촉물 제공, 신속한 배달, 빈번한 배달, 감사패 제공, 지역독점권 제공 |
| 강압적 | 배달 시간 지연, 유사 제품 배달, 상품공급의 지연, 대리점 보증금의 인상, 마진폭의 인하, 대금결제 기한의 단축, 전속적 지역권의 철회, 인접지역에 새로운 점포의 개설, 끼워 팔기, 밀어내기, 기타 보상적 힘의 원천의 행사기피, 계약에 새로운 강제 조항 삽입 |
| 합법적 | 거래 당사자의 관행, 상식, 계약에 따라 당연하게 인정되는 권리, 상표등록, 특허권, 프랜차이즈 계약에 따른 프랜차이저의 힘의 원천(여러 가지 비용을 부담시키고 경영지도를 하는 행위), 기타 법률적 조항에 따라 발생하는 힘의 원천 |
| 준거적 | 유명상표를 취급한다는 소매상의 긍지와 보람, 유명업체 또는 관련 산업의 선두주자의 소매점에 유통시킨다는 긍지, 상호간 목표의 공유, 상대방과의 관계 지속, 상대방의 신뢰 및 결속, 자신의 거래업체가 경쟁사보다 우월하다는 생각 |
| 전문적 | 오래도록 동일 사업을 경영한 경험을 통한 지식, 오랜 경영관리에 대한 상담과 조언, 영업사원의 전문지식, 종업원의 교육과 훈련, 상품의 진열 및 전시 조언, 경영 정보, 시장 정보, 우수한 제품, 다양한 상품, 신제품 개발 능력 |

**성과-책임 보호** 경로구성원에게 성과 요구수준을 조정해 줄 수 있다. 일정한 할인을 허용하기 위해 필요한 매출 수준을 낮추어 주거나 경로구성원이 해야 할 제품 광고, 고객에 대한 기술지원 및 창고 기능 등을 면제해 준다. 이러한 보상을 하기 위해서는 규모나 재정적 능력에 여력이 있어야 한다.

**고객 보호** 경로구성원을 대신하여 경로구성원의 고객과 직접 협상 및 접촉함으로써 경로구성원의 고객을 경쟁자로부터 보호해 준다. 법적인 지식과 관련된 문제해결 경험이 풍부한 제조업자는 중간상의 대리인 역할을 해 준다.

### (2) 강압적 힘의 원천coercive power source

B가 자신에 대한 처벌을 중재하는 능력을 A가 갖고 있다고 지각하는 경우에 A가 가진 힘의 원천이다. 마진폭 인하와 판매 독점권의 철회 등이 좋은 예인 바, 단기적으로는 효과적일 수 있지만 장기적으로는 부정적인 효과를 낳을 가능성이 크다. 어쩔 수 없이 목표 기업인 B가 따를 수밖에 없는 경우에는 효과가 있을 수 있지만 시간이 흐르면서 B는 여기에 대항하려고 할 것이다. 대항힘countervailing power이란 A가 B의 의사결정변수에 영향을 미치는 것을 B가 금지시키는 능력을 의미하며 이것

은 B가 A의 의사결정변수를 변동시키는 능력이 아니다. 그러나 B가 A로 하여금 어떠한 행위를 하지 못하도록 하는 힘은 결국 B의 힘이라고 할 수 있다. 그러므로 유통경로 내에 대항힘이 존재한다는 것은 경로 내의 갈등을 증가시키고 대항힘을 가진 목표기업의 만족에도 부정적인 영향을 미치게 될 것이다.

이처럼 장기적으로 부정적인 결과를 낳을 수 있는 강압적 힘의 원천은 때로 원천기업을 곤경에 빠뜨릴 수도 있다. 플로리다의 오렌지 경작자들은 식료품 체인의 강압적 활동에 대항하기 위해 조합을 결성했으며, 패스트푸드, 석유, 자동차 산업 등의 프랜차이지들은 종종 프랜차이저의 강압적 힘의 원천 행사에 대항하기 위해 모임을 만드는 일이 있다. 강압적 힘의 원천의 행사는 다른 경로구성원을 자극하게 되고 결과적으로는 스스로에게도 유익하지 못하게 되고 만다. 일반적으로 재무적인 불균형이 경로구성원간에 큰 경우와 소비자의 상표충성도가 높은 브랜드를 취급하는 경우에 생산자는 강압적 힘의 원천을 갖기 쉽다.

### (3) 합법적 힘의 원천legitimate power source

경로구성원 B가 자신의 행위에 대한 규제를 할 수 있는 합법적인 권한이 A에게 있다고 지각하는 경우에 A가 가진 힘의 원천이다. 또한 이것은 B 스스로가 A의 영향력을 받아들여야 하는 의무가 있다고 생각하는 경우이다. 이러한 힘의 원천은 유통경로 내에서 분명하게 인지되는 상황에서 나타나게 된다. 계약형의 VMS의 경우에 계약 본부가 가질 수 있는 힘의 원천은 대부분 여기에 속한다. 그러나 경우에 따라서는 전통적 마케팅 경로에서도 존재할 수 있다. 특정 대기업이 다른 경로구성원들에게 경로리더로 인정된다면 그 기업은 원천기업으로 합법적 힘의 원천을 가지는 것이다. 그렇지만 계약형의 유통경로인 프랜차이즈 시스템에서는 프랜차이저가 공급원재료의 수량, 가격, 가맹점의 매출 할당액, 점포의 넓이, 판매 지역 등에 대해 프랜차이지가 의무적으로 따르도록 하고 있다.

### (4) 준거적 힘의 원천referent power source

준거적 힘의 원천은 경로구성원 B가 A와 일체감을 가지려고 하는 경우이다. 이것은 B가 일체감identification을 소망하는 경우에 발생하므로 일체적 힘의 원천identification power source이라고도 한다. 도매상이나 소매상이 특정 상표(선매품이나 전문품)를 취급하는 것을 자랑스럽게 생각하는 경우나, 제조업자가 자사제품이 특정점포(유명

전문점이나 유명 코너)에서 판매되는 것을 자랑스럽게 생각하는 경우에 제조업자나 제품의 공급자는 준거적 힘의 원천이 있는 것이다. 제조업자의 입장에서도 자사 제품이 유명 점포, 이를테면 롯데 백화점이나 현대 백화점에서 판매되거나 점포안의 유명 코너인 명품관, 신제품 코너 등에서 전시되는 것을 자랑스럽게 여길 수 있다. 이 때 제조업자는 그 소매상이나 제품 취급 코너의 지시나 방침을 기꺼이 준수하게 된다.

#### (5) 전문적 힘의 원천expert power source

경로구성원 A가 특별한 지식이나 전문성을 갖고 있다고 B가 지각하는 경우에 A가 가진 힘의 원천이다. 의약품, 식품 관련 도매상이 소매상에게 종업원의 판매 교육이나 점포 디스플레이에 관한 조언 등을 하는 경우 소매점은 그 도매상에게 의존하게 된다. 전문적 힘의 원천을 행사하는 기업은 주로 전문적인 업종이거나 전문품을 장기간 취급한 기업이다. 전문적인 지식을 가진 원천기업은 목표기업에게 계속적인 유인incentive의 역할을 할 수 있는 새로운 가치를 생산해야만 전문적 힘의 원천을 가질 수 있다.

### 2) 기타 힘의 원천

#### (1) 정보적 힘의 원천information power source

프랜치French와 라븐Raven의 분류에 정보적 힘의 원천과 법률적 법 및 전통적 법에 근거한 힘의 원천을 포함시킨 연구가 있다. 이들의 연구에서 합법적 힘의 원천은 법률적인 법과 전통적인 법의 힘의 원천으로 구분되고 정보적인 힘의 원천도 도입한 경우이다. 법률적인 법은 프랜차이즈 계약에 나타나는 것이고 전통적인 법은 상거래의 관례에 나타나는 내용에 준한다.

정보적인 힘의 원천은 과거에 B가 이용할 수 없었던 정보나 알지 못하던 정보를 A가 제공하거나 지적할 수 있을 때 A가 B에 대하여 가지는 힘의 원천이다. A의 정보적 힘의 원천은 A의 전문성보다는 A의 주장의 논리성을 B가 수용함으로써 발생되는 영향력이기 때문에 전문적 힘의 원천과는 다르다. 따라서 B의 수용을 유도하는 논리성이라는 측면에서 보면 이는 설득persuasion이다. 유통현장의 정보를 수집 분석하여 관련 유통경로구성원에게 제공함으로써 계속적으로 원천기업으로 남을 수 있다.

### (2) 경제적 힘의 원천economic power source

과거 힘의 원천을 경제적인 힘의 원천과 비경제적인 힘의 원천non-economic power source으로 구분한 바 있는데, 후에 이러한 구분을 새로이 하여 보상적, 강압적, 합법적 힘의 원천은 경제적인 힘의 원천으로 규정하고, 준거적, 전문적, 정보적, 전통적으로 법적인 힘의 원천은 비경제적인 힘의 원천으로 보기도 하였다. 전통적으로 법적인 힘의 원천은 규모가 큰 제조업자가 유통경로 내에서 마케팅 정책결정에 관여하는 것이 정당하다고 인정되는 경우에 존재한다.

### (3) 직접적 힘의 원천direct power source

힘을 가진 자가 결과를 직접적으로 통제하는가의 여부에 따라 직접적 힘의 원천과 간접적 힘의 원천indirect power source으로 구분하였다. 직접적 힘의 원천에는 강압적, 보상적, 합법적인 법 등의 힘의 원천이 포함되고 간접적 힘의 원천에는 정보적, 전통적인 법 등의 힘의 원천이 포함되며 그 중간의 성격을 갖는 힘의 원천에는 준거적, 전문적 힘의 원천이 있다고 한다.

### (4) 상황적 힘의 원천contingent power source

상대방에게 영향을 미치는 주체의 노력이 외적수단에 의존하는가에 따라 상황적 힘의 원천과 비상황적 힘의 원천non-contingent power source으로 구분한 연구도 있다. 상황적 힘의 원천에는 처벌과 보상이라는 외적 요인에 의존하여 영향을 행사하는 강압적, 보상적 힘의 원천이 포함되고, 비상황적 힘의 원천에는 상대방의 가치기준과 의견에 호소하여 영향을 미치는 전문적, 준거적, 합법적 힘의 원천을 포함시켰다.

## 4) 지위적 힘의 원천

지위적 힘의 원천은 기초적으로 개인의 직무명, 직무명세, 그리고 규정된 책임의 조합으로 이루어진다. 부하의 선발, 평가, 보상, 심지어는 해고까지의 과업이 지위적 힘의 원천의 핵심적인 요소들이다.

이러한 지위적 힘의 원천은 자원의 분배, 승진의 기회제공, 작업할당, 그리고 휴가책정 등을 내포하므로 지위에 의해 발생하는 합법적 힘의 원천에 근거하면서 보상적 힘의 원천과 강압적 힘의 원천을 포함하고 있다.

### 5) 개인적인 힘의 원천

개인적인 힘의 원천은 직무자체보다는 특정의 능력과 경험에 관련된 힘의 원천이다. 그러므로 이 원천은 경영자가 자리를 이동할 때는 같이 옮겨 갈 수도 있는 것이다. 개인적인 힘의 원천을 구성하는 요소는 지식, 개성, 그리고 타인의 지원이라는 세 가지로 요약되는데 이러한 다양한 원천의 분류는 베버의 카리스마, 앞서 설명한 이론, 그리고 부분적으로는 심리학적 혹은 사회학적 이론을 기초로 한 것이다.

#### (1) 지식

지식을 수단으로 운영되는 조직의 경영자들은 모두 이 힘의 원천의 영역에 있다고 할 수 있는데 이를 결정하는 것은 전문성, 정보, 그리고 전통이다. 전문성은 정형의 학문적인 훈련이나 직무경험 모두를 통해 습득되는 지식의 구체적인 실체를 소유함을 의미한다. 정보란 정보를 가짐으로써 타인에게 영향력을 행사할 수 있는 경우인데 정보의 창조뿐만 아니라 단절시키거나 왜곡시키고 때로는 선택된 수신자에로만 방향전환을 함으로써 파워원천의 기능을 한다.

조직에 속한 개인이 그 조직의 역사적 지식을 습득하거나 조직에서의 장기간의 경험으로 부하의 행동을 통제할 수 있는 얘기와 신화를 만들어내는 것은 전통이다. 반대의 증거가 없이는 신화가 적절하다고 주장하는 행위에 반대할 수가 없다. 그러므로 전통은 변화를 극복하기 위한 방어전략을 이끌어 낼 수 있는 강력한 힘의 원천이 된다.

#### (2) 개성

개성의 내용은 그 범위가 넓지만 카리스마, 명성 그리고 직업상의 신용을 들 수 있다. 카리스마적 기질을 가진 경영자는 공식적 시스템을 쉽게 마련할 수 있는데 이는 타인의 헌신과 열정을 유발시킬 수 있는 능력 때문이다. 명성은 특정한 하나의 성과로 생기는 것은 아니고 계속적인 작업 성취에 따라서 여러 타인으로부터 호의적인 의견을 얻게 될 때 생기는 힘의 원천이다. 직업상의 신용을 얻게 되면 조직 외부에서의 지위와 명성이 상승하고 그 결과로 조직에 대한 의존도는 감소할 수 있다.

#### (3) 타인의 지원

작업 단위 내부와 외부의 타인의 지원은 종종 힘의 원천의 필수적인 요소가 된다.

이는 첫째, 조직 내에서 여러 가지 의사소통의 네트워크에 접하거나 직접적으로 의사결정자와 의사소통을 함으로써 비공식적으로 개발되는 정치적 접근법과 둘째, 참모의 지원을 개발함으로써 획득 가능한 자원과 힘(영향력)을 확보하는 방법이 있다.

정치적 접근은 통상 함께 작업하지 못하는 구성원들과의 접촉할 기회를 만들기 위해 스포츠 프로그램, 기업 내 경영훈련 과정, 식사, 모임 등의 방법을 통해 이루어진다. 정치적 접근을 개발하기 위해, 정보 수신을 위해, 그리고 상황에 적절한 전문성을 지니기 위해 필요한 것이 참모의 지원이다. 유통경로에서 참모의 역할을 가장 많이 수행하는 사람은 경로관리자boundary person이다. 경로관리자는 각각의 경로구성원들을 접촉하면서 시장정보, 경쟁자의 전략, 소비자의 욕구 등을 쉴새 없이 수집하여 분석한 결과를 경영자에게 보고하는 것이다. 그렇기 때문에 경영자는 경로관리자와 같은 참모에게 개방적이고 정직하면서 참모 스스로가 작업에 전념할 수 있도록 해야 힘의 원천으로 유용할 수 있는 참모의 지원을 얻을 수 있다.

### 6) 부서별 힘의 원천

부서별 힘의 원천은 작업단위에 직접 관련된 힘의 원천으로 각 부서의 힘은 조직에 따라 다양하다. 판매부서의 힘이 강력한 조직이 있는가 하면 R&D부서가 힘이 있는 조직도 있다. 이러한 힘의 원천은 경제적인 여건, 기술의 변화, 그리고 정부의 입법 등에 따라 변화하는 것이다. 그러므로 개인적인 힘의 원천만큼 동적이고 개발 · 사용 · 유지할 필요가 있으며, 그렇지 않으면 자신의 힘을 확장하려는 다른 부서장에 의해 힘의 원천이 침해당할 수 있다.

부서별 힘의 원천을 결정하는 세 가지의 영역을 불확실성에 대처하는 능력, 대체 가능성, 그리고 기업의 작업 흐름의 중심 등의 요인으로 요약할 수 있다.

#### (1) 불확실성에 대처하는 능력

조직의 환경은 항상 불확실하므로 불확실성에 효과적으로 대응하는 부서는 조직 내의 파워를 증가시킬 수 있다. 불확실성에 효과적으로 대응하는 방법은 첫째, 불확실성을 최소화하거나 둘째, 불확실성을 감소시키거나 셋째, 불확실성을 흡수하는 것 등이 있다.

조직의 생존에 가장 큰 관심사인 신제품 판매 가능성이 불확실한 경우에 판매부서가 주문을 보장할 수만 있다면 그 부서는 불확실성을 최소화하면서 가장 강력한 힘을 가지게 된다. 최근 새롭게 나타나고 있는 소매업태는 미래를 내다보는 전략적 정보를 보유하기 때문에 시장에서 경쟁자와 소비자에게 상대적으로 우월한 힘을 가질 수 있다. 카테고리 킬러나 대형 할인점들은 경쟁자가 가질 수 없는 시설과 규모라는 하드웨어적인 장점을 가졌거나 소비자가 미쳐 꿈꾸지 못했던, 한번 들러서 모든 제품을 다 접할 수 있는 욕구를 개발해 줌으로써 새로운 불확실성에 대한 위험을 상쇄시킨다.

만약 조직이 미래의 추세에 대한 더 많은 지식을 필요로 한다면 경제의 예측이나 시장조사를 하는 부서는 불확실성을 감소시키면서 힘이 커지게 된다. 불확실성을 최소화하거나 감소시키는 것이 불가능한 상황에서는 조직의 구조 속에 불확실성을 흡수시키는 방법을 찾아야 한다.

### (2) 대체가능성

조직 내의 다른 어떤 부서도 특정 부서를 대신해서 기능과 행동을 수행할 수 없으면 그 특정 부서는 낮은 대체가능성을 가지는 부서가 된다. 이 때 그 특정 부서는 대체가능성이라는 측면에서 부서별 힘의 원천을 가지는 셈이다. 과거 컴퓨터 자료처리가 일반화되지 않았던 때의 컴퓨터 지원부서는 경영자에게 결정적인 정보를 제공했기 때문에 이러한 유형의 힘의 원천을 가졌다. 지역적 특징이 강한 지역에 위치한 판매부의 영업사원들은 그 지역의 전통적 관습, 문화적 가치, 의례적 의식 등에 관한 사회적 학습으로 다른 사원들이 대체하기 어려운 낮은 대체 가능성을 나타내기 때문에 힘의 원천을 가진다.

### (3) 작업 흐름의 중심

작업의 흐름에서 어떤 작업 단위에 다른 부서가 의존하고 있다면 그 작업 단위는 작업 흐름의 중심이라는 힘의 원천을 가지게 된다. 보험회사의 사고처리나 배상 부서가 업무를 멈추게 되면 다른 단위의 많은 구성원이 기능을 할 수 없을 것이다.

## 1.3 힘의 원천의 분류와 힘의 행사

### 1) 유형적/무형적 힘의 원천

힘의 원천을 유형의 유인물을 제공하는가의 여부에 따라 유형적 힘의 원천mediated power source과 무형적 힘의 원천non-mediated power source으로 나눈 연구가 있다. 유형적 힘의 원천은 행동의 변화를 유발하기 위해 거래 당사자에게 유형의 유인물을 제공하는 것으로서 강압적, 보상적, 합법적 힘의 원천이 이에 해당하며, 무형적 힘의 원천에는 유형의 유인물이 개입되지 않는 정보적, 전문적, 전통적, 준거적 힘의 원천이 있다. 이런 까닭에 유형적 힘의 원천은 매개된 힘의 원천으로 무형적 힘의 원천은 비매개된 힘의 원천으로 부르기도 한다. 이들 힘의 원천의 행사 결과를 요약하면 표 10-2와 같다.

유형적 힘의 원천은 낮은 수준의 협동심을 유발하고, 높은 수준의 갈등을 초래하고, 순응을 얻기 어렵고, 성과를 통제할 필요성이 높고, 단기적인 반응을 얻기가 쉽다.

반면 무형적 힘의 원천은 높은 수준의 협동심, 낮은 갈등, 높은 수준의 순응도, 낮은 성과통제 필요성, 장기적 반응 등의 결과를 낳을 것이라고 예측된다.

### 2) 강압적/비강압적 힘의 원천

힘의 원천을 강압적 힘의 원천coercive power source과 비강압적 힘의 원천non-coercive power source으로 구분하고 보상적, 합법적, 준거적, 그리고 전문적 힘의 원천을 비강압적 힘의 원천으로 보는 분류는 과거 전통적으로 유통경로 연구에서 모형으로 이

**표 10-2 유형적 힘의 원천과 무형적 힘의 원천의 행사 결과**

| 유형적/무형적 | 힘의 원천 | 결 과 |
|---|---|---|
| 유형적 | 강압적<br>보상적<br>합법적 | 낮은 수준의 협동<br>높은 수준의 갈등<br>순응을 유발하기 곤란<br>성과를 통제할 필요 발생<br>단기적 반응 |
| 무형적 | 정보적<br>전문적<br>준거적 | 높은 수준의 협동<br>낮은 수준의 갈등<br>순응을 유발하기 용이<br>성과를 통제할 필요 없음<br>장기적 반응 |

용되고 있던 프랜치French와 라븐Raven의 5가지 힘의 원천 구분을 대치할만한 모형으로 등장하였다. 실제로 유통업에 종사하는 사람들이 자신과 거래하고 있는 다른 경로구성원의 힘의 원천을 다섯 가지로 구분하여 이해하기는 쉬운 일이 아니었다. 그래서 이를 목표기업의 입장에서 크게 긍정적인 원천과 부정적인 원천으로 나누고 보니 실무자들이 이해하기 편하고 두 구분 간에는 뚜렷하게 차이나는 점이 많은 구분이 되었다. 이러한 헌트Hunt와 네빈Nevin의 분류는 후에 유통경로의 연구에서 흔히 사용되는 모형이 되었다.

보통은 강압적 힘의 원천을 처벌로 인식하고 비강압적 힘의 원천을 보상으로 보기 때문에 강압적 힘의 원천을 행사하는 경우에는 경로내의 만족은 감소시키고 갈증을 증가시키며, 이와 반대로 비강압적 힘의 원천의 행사는 만족과 성과를 높이며 갈등은 감소시킨다. 그런데 이러한 힘의 원천을 보유하고 있다고 하더라도 그것을 행사하지 않고 유보하는 경우에는 다른 결과가 나타날 수도 있다. 처벌로 인식하는 강압적 힘을 행사하지 않는 경우에는 목표기업이 오히려 배려라고 생각하기 때문에 갈등은 감소하고 만족이 증가하게 된다. 만약 비강압적 힘을 행사하지 않는 경우에는 갈증이 증가하고 만족이 오히려 감소하게 되는데 이는 배려의 박탈 또는 보상의 유보라고 여겨지기 때문이다.

## 1.4 힘에 대한 반응

힘의 행사에 대한 반응은 다음과 같이 세 가지로 요약할 수 있는데, 이러한 결과는 경로의 타구성원의 반응을 정확히 기대하여 의도하지 않은 반대 효과를 감소시키는데 참고할 수 있다.

**순응Compliance** 단지 경로구성원 A로부터 좋은 반응을 기대하는 이유만으로 B가 A의 지시를 따르는 것을 의미한다. B의 행동이 A에 의해 감시된다고 믿고 행동하는 변덕스러운 B의 반응이다.

**동일시Identification** B가 바람직한 관계를 A와 맺거나 유지하기를 원할 때 B가 A를 따르는 것을 의미한다. B가 자신을 A와 동일시할 때 일정 기간 동안 지속되는 예측가능한 B의 반응이다. B는 A처럼 보이거나 A의 일부로 귀속되고 싶은 희망을 가진 경우이다.

**내재화**Internalization A의 요구가 B의 판단과 일치하기 때문에 B가 A의 의도에 따르는 것을 의미한다. 상호간의 유사한 견해에 근거하여 장기간 지속되는 반응이다.

이처럼 힘에 대한 반응은 힘의 원천과 관련이 되는 것으로 지적되었다. 첫째, 강압적 혹은 보상적 힘의 원천을 우월한 경로구성원이 사용하면 다른 구성원이 '순응'을 할 것이라고 했다. 이는 보상이나 처벌과 같은 힘의 원천을 따르는 것은 스스로가 바라는 대로 한다기보다는 외적 요인에 따르는 것으로 생각하기 때문이다. 둘째, 우월한 경로구성원이 준거적 혹은 전문적 힘의 원천을 행사하면 타구성원의 '동일시'를 유발할 것이다. 이는 보상이나 처벌을 분명히 집행하지는 않는 덜 강력한 수준의 힘의 원천을 행사하기 때문에 협동의 수준이 높아진 것이다. 셋째, 우월한 경로구성원이 합법적인 힘의 원천이나 정보적 힘의 원천을 행사하면 비교적 높은 수준의 협동을 가져오는 '내재화'를 유발할 것이다. 이는 영향을 주려는 경로구성원의 지시에 관계 없이 의무감을 갖고 경로에 임하는 상태에 있기 때문이다.

# 2
# 영향전략

어떤 한 기업이 다른 기업에게 영향을 미치기 위한 의사소통을 하는 형태를 영향전략influence strategies이라 한다. 경로구성원이 힘의 원천을 가지고 있다는 것은 영향을 미칠 수 있는 잠재력을 가지고 있다는 것을 의미한다. 영향전략은 경우에 따라서는 힘을 실행하는 대안적 방법이기도 하다. 그러므로 다른 경로구성원의 행동을 변화시키기 위해서는 다양한 수단의 영향전략을 펼쳐야 한다. 영향전략은 힘을 적용시키기 위해 사용하는 의사소통의 수단, 즉 언급인 셈이다.

영향전략을 사용할 때 원천기업이 목표기업의 인식을 변경하려고 의도하는 경우와 그렇지 않은 경우가 있다. 원천기업이 목표기업의 신념과 행동에 영향력을 행사하려는 동기는 크게 세 가지로 요약될 수 있는데 ① 기업간의 협력과 마케팅 전략의 실행, ② 경로상의 목표가 상충될 때, ③ 경로담당자의 영역에서 수행목표에 부합하려는 욕구가 발생할 때 등이다.

목표기업의 인식을 변화시키려고 의도하는 경우의 영향전략으로는 다음의 두 가지가 있다.

**정보교환information exchange** 목표기업이 최고의 수익을 낼 수 있도록 목표기업의 일반적인 인식을 고쳐 주기 위해 원천기업이 사용하는 토론과 같은 방법이다.

**충고recommendation** 만약 목표기업이 원천기업이 제시하는 구체적인 행동을 따르면 수익성이 좋아질 것이라고 분명하게 말해 주는 전략이다.

한편 목표기업의 인식을 변화시키지 않고 목표기업이 관심 없던 부분에 대한 행동을 유도하는 경우의 영향전략으로는 네 가지가 있다.

**약속promises** 목표기업이 원천기업의 요구에 따르면 구체적인 보상을 하겠다고 약속하는 전략이다.

**위협**threats 기대되는 행동을 목표기업이 수행하지 못하면 원천기업이 목표기업에게 부정적인 제재를 가할 것이라는 의사를 전달하는 전략이다.

**법적 호소**legalistic pleas 형식을 갖춘 법적인 계약이나 비정형의 합의사항으로 목표기업의 확실한 행동을 요구하거나 제안하는 전략이다.

**요구**request 원천기업이 목표기업에게 수행할 행동을 단지 알려 주기만 하고 목표기업의 수행여부에 따르는 결과를 언급하거나 직접 암시해 주지는 않는 전략이다.

이러한 영향전략을 크게 강압적 전략과 비강압적 전략으로 구분하여 위협, 법적 호소, 약속은 강압적인 전략으로 보고, 요구, 충고, 정보교환은 비강압적인 전략으로 분류한 경우도 있다. 이러한 구분은 목표기업이 지시에 불응할 경우에 원천기업이 부정적인 제재를 행사할 수 있는 정도를 기준으로 삼았다.

제조업자가 강압적인 영향전략을 사용하면 딜러가 지각하는 친근감이 사라지고 당사자들간의 관계에 부정적인 영향을 미치게 되며 딜러도 강압적인 전략을 사용하게 된다고 지적하였다. 따라서 제조업자의 강압적인 영향전략의 사용은 경로 내의 만족과 역의 상관을 갖는다고 한다. 영향전략을 힘과 깊게 관련된 것이라 하며 이를 크게 간접영향전략, 직접영향전략, 그리고 행동조정전략으로 구분하기도 했는데, 정보교환 전략을 간접영향전략이라 했고, 약속이나 위협 등의 전략을 직접영향전략으로, 법적 호소를 목표 기업의 행동에 대한 보상이나 처벌을 가하는 것으로 보고 행동조정전략으로 분류했다.

# 대형 유통업체들의 힘 행사

읽을거리

무소불위無所不爲와 안하무인眼下無人 사이에서 위험한 줄타기를 해 오던 국내 대형 유통업계가 사정당국의 서슬 퍼런 칼날에 떨고 있다. 공정거래위원회는 2013년 11월 21일 롯데백화점과 홈플러스, 롯데마트가 우월적 지위를 이용해 입점업체나 납품업체에 비용을 전가하는 등 불공정 행위를 한 사실을 적발하고 시정명령과 함께 과징금 총 62억 500만원을 부과키로 했다고 발표했다. 매번 10억원 미만에 머물렀던 솜방망이가 갑자기 박달나무가 됐다. 이번에 과징금 폭탄을 피한 대형 백화점이나 유통업체들도 시기만 문제일 뿐 직격탄을 맞을 가능성은 매우 높아졌다.

'절대 갑甲'의 위치에 있는 유통업체가 납품업체를 이용해 경쟁사의 영업계획이나 영업비밀 이외에 불공정 행위, 찌라시 수준의 기업정보까지 취합해 가는 경우가 비일비재하다는 것은 이미 잘 알려진 사실이다. 대형 유통업체들은 힘없는 납품업체를 닥달해 세일기간 경품비 대납행위는 물론 자사나 그룹사의 행사에 협찬을 강요하거나 자사 PB상품을 강매하기도 했다. 명절 성수기에는 유통업체가 발행한 상품권을 구매토록 종용하는 등 수많은 불공정행위가 현존한다. 하지만 납품업체는 좋은 제품을 생산해도 판매경로(판로)가 없어질 경우 회사 자체의 존폐로 이어지기 때문에 '울며 겨자 먹기 식'으로 유통업체의 요구를 들어줄 수밖에 없었다.

이런 사항들은 이미 여론을 통해 수없이 논란을 불러 일으켰다. 국정감사에서도 단골 메뉴로 등장했다. 정부 기관은 당시에만 '솜방망이' 처벌로 일관하며 유통업체에 내성만 키웠다. 이로 인해 대형 업체들은 쏟아지는 소나기만 피했을 뿐 달라진 것은 없었다. 이렇게 '안하무인'격이던 유통업체들이 공정위 발표에 바짝 긴장하고 있다. 그동안 공정위가 유통업체에 부과한 과징금이 10억원을 넘는 경우는 거의 없었다. 롯데쇼핑이 지난 2005년 5월 부당 지원 행위로 받은 과징금이 9억 4,800만원, 롯데홈쇼핑이 거래상 지위 남용으로 2008년 12월 받은 과징금 7억 2,800만원 등이 고작이다. 그러던 공정위가 롯데백화점에 45억 7,300만원, 홈플러스 13억 200만원, 롯데마트 3억 3,000만원이라는 거액의 과징금을 각각 부과한 것이다. 물론 이 과징금은 재심의나 법원 판결 등으로 조정될 수 있다.

이번 조치는 공식적으로 유통업계의 불공정 거래 관행을 근절하기 위해 지난해 초부터 시행에 들어간 '대규모유통업법'에 따른 첫 제재 사례다. 단순한 첫 사례라고 하기에는 과징금의 규모가 심상치 않다. 대규모유통업법과 관련 시행령, 고시는 불공정 거래행위에 대한 과징금 상한을 납품대금 또는 연간임대료의 60%로까지 두고 있다. 통상 공정거래법상 불공정 거래행위에 대한 과징금 상한이 관련 매출액의 2%인 것과 비교하면 '과징금 폭탄'이 사실상 처음으로 적용했기 때문이다. 이로 인해 당초 관련 업계에서는 이번 공정위의 과징금 부과액이 수백억원대에 이를 것이라는 추측이 나오기도 했다.

실제로 공정위 사무처는 지난 20일 열린 전원회의에서 롯데쇼핑, 신세계백화점, 현대백화점, 이마트 등 '유통업계 빅4'를 대상으로 세일기간 중 납품업체에 과도한 비용을 물렸다는 이유로 총 217억원의 과징금을 부과할 것을 요구한 것으로 알려지고 있다. 그러나 공정거래위원들은 이를 받아들이지 않고 처음부터 다시 조사하라는 명령을 내렸다. 사무처의 의견을 그대로 받아들이기엔 증거와 법리가 부족하다는 이유 때문이다.

21일 발표에 이름을 올린 롯데백호점, 롯데마트, 홈플러스 등 3개 업체의 입점업체에 경쟁 백화점의 매출 자료 요구 및 활용, 자사 골프대회 협찬금 제공, 자사 직영 판촉사원의 인건비를 전가 등의 사항만이 위법이라고 판단한 것이다. 대규모유통업법에 따른 세일기간 중 판촉비 과다지원 심사가 원점으로 돌아가면서 향후 조사 결과에 이목이 집중되고 있는 것이다.

한편, 공정위의 결정에 대해 해당 업체들은 과징금 액수가 지나치다며 아우성을 치고 있다. 롯데백화점 측은 "과징금 금액이 너무 과도하다"며 "경쟁업체의 매출이나 시장점유율 파악 등 일상적인 경영활동에 이 같은 과징금을 부과하는 것은 지나치다"고 토로했다. 홈플러스는 "파견 직원의 처우개선을 위해 실시한 조치가 불공정거래 행위로 제재를 받았다"면서 "또 공정위가 인건비를 전가했다는 혐의로 제재 조치를 했는데 이미 사실이 아니라고 소명을 했는데도 13억원의 과징금을 받았다"고 당혹감을 나타냈다고 한 언론이 전하기도 했다. 또한 롯데백화점은 내부 법률자문을 거쳐 행정소송을 검토 중이다. 홈플러스도 회사 내부적으로 이번 결정을 검토한 뒤 대응할 것으로 알려지고 있다.

이제 사정의 칼을 꺼내든 공정위가 얼마나 제 역할을 다하고 칼을 집어넣을지에 관심이 집중되는 것도 이 때문이다. 소비자 단체의 한 관계자는 "이번 공정위의 조치에 대해 환영한다"면서도 "유통업계에 만연한 불공정 행위가 완전히 뿌리 뽑히지는 않겠지만 업계 나름의 자정과 선순환적인 유통 구조 향상에 이바지하려는 움직임이 일어나길 바란다"고 강조했다.

자료원: 메트로신문 보도자료(2013. 11. 21) 참조

CHAPTER

# 11

# 경로리더십과 경로파트너십

1. 경로리더십
2. 경로리더십의 행사
3. 경로리더
4. 경로파트너십

# 1 경로리더십

## 1.1 경로리더십의 개념

경로리더channel leader, channel captain는 다른 경로구성원의 마케팅 의사결정을 통제할 수 있는 경로구성원이다. 제조업자, 도매상, 소매상, 소비자로 이어지는 전형적인 수직적 유통 구조에서 누가 경로리더인가는 그 유통경로의 분위기와 힘의 방향을 결정짓는 중요한 사항이다.

역사적으로 미국의 경우는 처음부터 중간상이 경로리더인 경우가 지배적으로 많았다. 이는 광활한 대륙에 제품과 서비스를 제공하고 긴 수송 경로를 관리하기에는 제조업자의 힘으로는 감당하기 어려웠기 때문이다. 이와 달리 일본의 경우에는 제조업자가 경로리더인 경우가 많았다. 이는 일본의 제조업 성장과정에서 오래도록 가문이나 세대를 이어서 기술을 이전하고 기술에 대한 애착으로 기업경영을 하기 때문에 제조업자가 유통업을 주도하고 스스로가 직접 유통하는 방식을 많이 택했던 것이다. 그러나 이제는 독립 유통업자가 많이 등장하여 유통산업 전반으로 볼 때는 제조업자와 중간상의 경로리더 비중이 변화하고 있다. 우리나라도 일본과 비슷하게 제조업이 발달하고 후속산업으로 유통산업이 성장하였기 때문에 대부분의 경우 제조업자가 경로리더이다. 아직도 우리나라에서는 제조업자가 리더인 경우가 더 많지만 이제 유통산업의 개방과 신업태의 균형의 변화가 이루어지고 있다.

경로리더가 다른 경로구성원에게 영향력을 행사하기 위해서 꼭 모든 마케팅 기능에 대해 통제해야 하는 것은 아니다. 일반적으로 특정 유통경로 내의 개별구성원은 특정 기능에 대해서만 전문성을 가지므로 경로리더는 몇 가지의 마케팅 기능에 대해서만 힘을 행사하더라도 효과적으로 경로구성원을 통제할 수 있다. 이러한 경로리더십과 경로통제가 이루어지는 과정은 그림 11-1과 같다.

이 그림에서 제시된 상황은 구체적으로 다음과 같은 의미를 담고 있다. ① 힘의 원천은 환경적 요인의 결과 나타나기 때문에 경로구성원들에 따라 다를 것이고 경

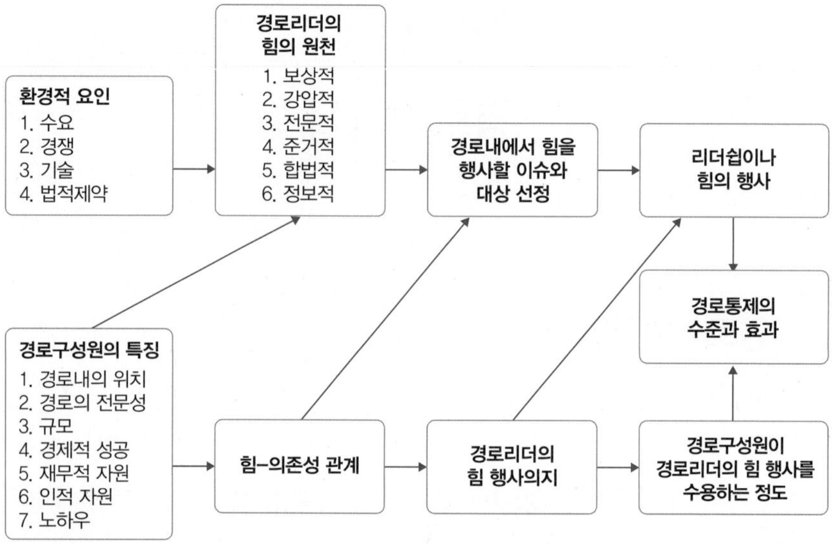


자료원: Michael Etgar, "Channel Environment and Channel Leadership," Journal of Marketing Research, Vol. 14 (Feb., 1977), p. 70.

그림 11-1 **경로리더십과 경로통제가 이루어지는 과정**

로구성원의 구체적인 특성을 반영할 것이다. ② 힘을 행사할 이슈와 대상은 경로구성원이 축적한 힘의 원천의 함수이다. 즉 경로구성원이 가진 힘과 의존성과 관련된 경험에 따라 다르게 나타날 것이다. ③ 리더십이나 힘의 행사는 경로구성원이 힘을 가지고 있고 그 힘을 행사하기를 원할 때만 발생할 것이다. ④ 경로통제의 수준이나 효과는 리더십의 질적 수준, 힘의 유형과 크기, 다른 경로구성원이 수용하는 힘 등의 함수이다.

## 1.2 경로환경과 경로리더십

경로구성원이 경로를 통제하는 능력은 힘의 원천에 의해 결정된다. 힘의 원천은 유통경로를 둘러싼 환경요인(경쟁, 기술, 법적 제약, 수요)들과 이들을 활용하는 능력을 반영하고 있다. 힘의 원천을 가진 경로구성원이 다른 경로구성원을 통제할 수 있는 통제력은 다음과 같은 환경 하에서는 일반적으로 증가하게 된다.

- 수요가 계속적으로 감소할 때: 수요의 감소는 경로구성원들 간의 응집력을 떨어뜨리므로 어떠한 형태로든 힘의 원천을 행사할 것이다.

- 수요가 안정적이지 않을 때: 수요에 대한 예측을 할 수 없으므로 계속적인 거래 관계를 위해 힘의 원천을 행사하여 수요를 유지시키려 한다.
- 인적판매와 판매 후 서비스가 중요한 시기: 사람의 노력으로 마케팅 성과를 제고할 수 있는 상황에서는 힘의 원천을 행사하여 필요한 인력투자를 권유할 것이다.
- 경로간의 경쟁이 심할 때: 경로 내의 경쟁이 아니라 경로 간의 경쟁은 한 경로의 타 구성원에게도 영향을 미칠 수 있는 결과를 낳을 수 있기 때문에 통제가 필요하다.
- 다양한 환경 요인이 경로리더십에 영향을 미칠 때: 환경의 영향을 많이 받을수록 인위적인 통제의 필요성은 증가한다.

# 2
# 경로리더십의 행사

## 2.1 유형적 힘의 원천과 무형적 힘의 원천의 행사

어떤 경로구성원이 다른 경로구성원을 통제하기 위해서는 힘의 원천을 가지고 있어야 한다. 힘의 원천은 상황에 따라 그 효과가 달라진다. 이를테면 경로리더는 단기적인 통제를 원하는가 혹은 장기적인 통제를 원하는가에 따라 필요한 힘의 원천이 달라진다. 유형적 힘의 원천(강압적, 보상적)은 무형적 힘의 원천(정보적, 전문적, 준거적)보다 단기적 경로통제에 더 효과적이다. 그 이유는 첫째, 유형적 힘의 원천은 각 경로구성원의 입장에서 개별적으로 구체적인 경로구성원에 대해 행사될 수 있기 때문이다. 둘째, 유형적 힘의 원천은 경로구성원의 구체적인 성과와 연관될 수 있기 때문이다. 반면, 무형적 힘의 원천은 유형적 힘의 원천에 비해 이를 행사하는 리더 입장에서는 유연성flexibility이 떨어지는 단점이 있다. 또한 이는 특정 마케팅 과업에 대한 다른 경로구성원의 성과와는 관련이 없는 경우가 많으므로 단기적 통제를 위해서는 유용하지 못하다. 그러나 유형적 힘의 원천을 행사하면 경로구성원 간의 갈등을 야기하고 그 결과로 장기적으로도 경로구성원 간의 관계를 불안정하게 만들 수 있음을 유의해야 한다.

경로조직의 유형이 전통적 유통경로인지 VMS인지에 따라서도 경로관리자는 선택할 힘의 원천의 유형을 달리 고려하여야 한다. 전통적 유통경로의 리더는 주로 제조업자일 것이고 그는 주로 제품 관련 부분에서 힘의 원천을 행사할 것이다. 제조업자가 활용할 부분은 제품 선택의 폭, 즉각적인 배달, 신제품의 개발 및 도입, 배달의 빈도, 제품의 전문성 등이 될 것이다. 한편 VMS의 리더는 계약형 VMS의 계약 본부가 될 것이고 그는 전자의 제조업자에 비해 더 다양한 유형 및 무형의 힘의 원천을 보유할 것이다. 계약 본부는 주로 판매원 교육, 점포관리 및 배치, 새로운 판매기법의 전수 등과 같은 부분과 관련된 힘의 원천을 행사할 것이다. 기업형 VMS와 계약형 VMS의 경로리더는 전통적 유통경로나 관리형 VMS의 경로리더보다 더 많은 합법적, 준거적, 전문적 힘의 원천을 가질 것이다.

## 2.2 경로구성원의 힘의 원천 수용 정도

경로구성원 A가 B에 대해 리더십을 행사하는 능력의 크기는 B의 마케팅 활동에 대한 A의 통제를 B가 수용하는 정도에 달려 있다. B가 선택할 수 있는 대안이 적을수록 혹은 B가 A로부터 독립하는 것을 원하지 않을수록 B는 A의 통제를 더 잘 수용할 것이다.

또한 B의 기대 수준에 따라 A의 통제를 수용하는 정도도 달라질 것이다. 만약 B가 특정 부분의 마케팅 흐름을 통제하면 성공할 확률이 A보다 높다고 믿으면 B는 스스로 그 흐름을 통제할 것이다. 그런데 만약 어떤 A와 B 중 누가 마케팅 흐름을 통제하더라도 성공할 수 있다고 믿는다면 B는 A와 공동으로 통제하게 될 것이다. 반대로 A가 마케팅 흐름을 통제하는 경우에 B가 A만큼 성공적이지 못하다고 믿으면 B는 A에게 통제를 맡길 것이다. 그런데 만약 그 누구도 마케팅 흐름을 성공적으로 통제할 수 없다고 믿으면 B는 현재의 상태를 그대로 유지할 것이다.

경로리더가 경로를 통제하거나 조정하는 능력은 크게 다음과 같은 세 가지 요인의 영향을 받게 된다.

- 경로구성원들이 자신이 속한 유통경로를 하나의 시스템으로 보는가 아니면 단지 자신의 공급자와 고객과 관련되어 있다고 보는가라는 시각의 문제이다. 만약 경로구성원이 자기 자신을 전체 시스템의 구성원으로 인식하지 않고 있다면 조정하는 것은 더욱 어려울 것이다.
- 경로구성원들이 경로 내의 통제 과정에 대한 인식의 차이가 존재하는가에 대한 문제이다. 경로구성원들이 통제 과정에 대해 서로 다르게 인식하고 있다면 비슷한 상황에서 구성원들의 반응은 제각기 다른 형태로 나타나는 문제가 발생할 것이다.
- 경로구성원들이 누가 어떤 마케팅 활동을 통제하고 있다고 인식하는 부분에서 통일된 공감대를 갖느냐의 문제이다. 모든 마케팅 과업에 대해 리더십을 발휘하거나 통제할 수는 없기 때문에 경로구성원들이 통제의 주체와 대상에 대해 비슷하게 인식하지 않고 있다면 통제는 바람직한 조정을 낳지 못하고 오히려 혼란스런 결과를 낳을 수 있다.

# 3
# 경로리더

누가 경로리더가 되어야 하는가라는 문제는 특정 유통경로에서 어떤 조직이나 기업이 힘의 균형을 유지해야 하는가라는 문제와 직결된다. 이제 일반적으로 경로리더가 될 수 있는 제조업자, 도매상, 소매상, 물류기업 등의 수준에서 각각이 어떤 능력을 가질 수 있는지 살펴보자.

## 3.1 제조업자

흔히 제조업자를 경로리더라고 생각하고 중간상을 경로 추종자들이라고 가정하곤 한다. 그러나 제조업자가 항상 경로리더인 것은 아니다. 대규모의 제조업자는 규모와 시장 지배력으로 인해 항상 경로리더가 될 가능성을 가진다. 제조업자의 힘은 대부분 풍부한 자금력에 기인하는데 이를 기반으로 우수한 제품 개발, 다양한 형태의 촉진 활동을 통한 많은 프랜차이지 확보, 계속적인 시장 정보 흐름 관리, 중간상에게 높은 마진과 지원 제공, 최종소비자가 구매할 때까지 제품에 대한 통제 등을 할 수 있다.

반면 소규모의 제조업자도 제한된 재정적 자원을 갖고 있지만 좋은 제품으로 힘의 원천을 삼아 승부를 할 수도 있다. 경쟁력 있는 제품을 제공하기 때문에 판매방식이나 양을 제한한다든지, 다른 제품과는 다른 독창적인 제품 컨셉트 관련 이미지를 부각시키거나, 자사제품과 관련된 시장 정보 등으로 특권을 누릴 수 있다.

제조업자가 주도하는 유통경로는 기본적으로 제조업자가 제품을 생산하고 유통라인을 구축하기 때문에 스스로가 마케팅 정책을 타 경로구성원에게 제시하고 유통경로의 활동을 지시한다고 볼 수 있다. 수많은 제조업자 주도의 유통경로가 이러한 이유로 제조업자가 리더가 되지만 다음과 같은 더 많은 요인들을 고려해야 경로관리를 할 수 있다.

- 제조업자라고 해서 항상 경로관리에 적극적인 것은 아니다. 제조업자의 일차적인 관심은 직접거래가 닿는 공급자나 유통업자이지 재판매업자나 원공급자는 아니다. 마케팅 관리능력의 한계나 제한된 마케팅 지원 때문에 제품과 관련된 연구개발에만 노력을 쏟을지도 모른다.
- 제조업자가 다른 유통경로구성원들이 자사의 정책을 따르게 할 만큼 충분히 힘을 가지지 못한 경우도 있다. 중간상이 상대적으로 대규모인 경우에는 대체 상품을 유통시킬 가능성이 크기 때문에 특정 제조업자의 제품 취급을 중단하고 회전이 빨라서 진열이나 창고 관련 비용을 줄일 수 있는 제품으로 전환할 수 있다.

결과적으로 제조업자가 경로리더로 인식되기 위해서는 소비자의 수요가 크거나 제품 사용과 관련된 독특한 서비스를 제공하는 경우여야 한다. 그렇지 않다면 중간상이 취약하여 자원이 빈약하거나 거래처를 전환할 여력이 없는 경우에만 가능할 것이다.

제조업자가 경로를 리드하는 방법은 최종소비자에 대한 매력성을 개발하거나 제품에 대한 충성도를 유도하는 것이 가장 중요한 방법일 것이다. 이것은 특정 판매지역에서 점포의 선택 대안이 없고 인적 판매가 거의 없는 지역에서 편의품점에서 판매되는 제품의 경우에는 특히 주목할 점이다.

광고를 통해서 강력한 상표 이미지를 제조업자가 구축할 수 있는 경우라면 첫째, 소매상의 입장에서는 소비자의 구매 의사결정에 거의 영향을 미칠 수 없다. 둘째, 제조업자의 강력한 상표 이미지는 그 제품에 대한 소비자의 수요를 창조하고 그 결과 소매상의 이익을 확실히 보장해 주므로 소매상은 그 제조업자와의 거래를 거절할 수 없게 만든다.

제조업자는 강압적 방법이나 정책을 사용할 수도 있는데, P&G는 자사의 제품을 매번 협상을 통해서만 사려는 중간상에게는 팔지 않고 있다. 뿐만 아니라 제조업자는 재판매지역의 제한, 전속적 유통, 거래 협약 등을 요구하기도 한다. 중간상이 제조업자의 제품을 취급하려는 의지가 강하거나 대체 가능한 경쟁상표가 별로 없다든지 제품 취급에 따르는 보상이 많은 경우에는 강압적 수단이 효과를 거둘 수 있다.

제조업자가 전문적, 준거적, 합법적 힘의 원천을 보유하고 있다면 오랜 시일동안 중간상과의 관계를 통해 시장 정보를 확보할 수 있고 거기에다가 계속적인 제품 개발과 경영혁신으로 오래도록 리더의 역할을 수행할 수 있다. 그 결과로 다른 경로구성원들은 제조업자를 리더로서 인정을 하게 된다.

## 3.2 도매상

한 때 중요시됐던 도매상의 역할은 이제 많이 감소되었다. 미국에서 1800년대 중반까지는 상인도매상merchant wholesaler이 소규모 제조업자와 소규모 소매상 사이에서 자연스럽게 경로를 주도하였다. 그러던 것이 1800년대 후반에 급격한 경제 성장으로 대규모 제조업자와 소매상이 도매상에게 압력을 가해오기 시작했다. 제조업자는 이제 증가된 생산 능력으로 스스로가 중간상을 배제하고 시장 활동을 할 수 있다는 것을 깨닫게 되었다. 소매상도 규모가 증대되면서 제조업자로부터 직접 구매함으로써 지금까지 도매상들이 가졌던 할인혜택을 누리게 되었다. 이렇게 되고 보니 도매상이 경로를 주도할 수 있는 경우는 제한적으로 적어지게 되었다. 구매자와 생산자의 규모가 작은 산업, 지역적으로 많이 떨어져 있는 산업 등인데 그러한 경우에는 제조업자가 재무적으로 빈약하고 마케팅 전문성이 떨어지는 산업이다.

불과 몇 가지 산업을 제외하고는 이제 그러한 부분은 더 이상 존재하지 않는다. 이제 도매상이 경로 주도자로서 역할하기 위해서는 변화하는 환경에 맞게 변신하는 노력이 필요하게 되었다. 최근 급성장한 도매상인 벤더의 경우에는 기존의 도매상이 중점적으로 제공하지 않던 시장정보관리와 제품구색의 전략적 제공에서 차별화하면서 편의점 등에 공급하는 중요한 역할을 하고 있다. 소매상 못지않게 자신의 PB를 개발하여 공급하는 도매상도 있다. 도매상이 오늘날 고도로 발달된 산업 부분에서 불과 몇몇 산업재 영역을 제외하면 경로리더의 위치에 서지 못하고 있지만, 도매상의 장점은 상품구색을 창조하는 역할, 제품구색개발, 고객들에게 신뢰할만한 제품 공급자의 역할 등으로 다양하므로 차별적 혜택을 더욱 개발하여 위축되고 있는 입지를 늘려가야 할 것이다.

## 3.3 소매상

상당히 많은 소매상들이 규모면에서 대규모의 제조업자의 경쟁상대 혹은 오히려 능가하는 수준에 이르고 있다. 이러한 소매상들은 그들이 속한 경로에서 다른 구성원들을 통제하려고 할 것이다. 대규모의 소매상들은 도매 기능을 통합했고 그 중 상당수는 후방으로 제조 기능까지 통합했다. 대규모의 제조업자처럼 그들은 상당한 정도로 강압적, 보상적, 그리고 전문적 힘의 원천을 가지고 있어서 경로 통제에 이용할 수 있다. 소매상의 경로 통제는 다음과 같은 유형으로 나타나고 있다.

첫째, 소매상들은 지역시장에 밀착하여 있으므로 정보력을 축적하여 지역사회에서 소비자의 욕구에 계속적으로 부응할 수 있다. 경로의 다른 구성원들이 정보수집 작업을 하는 동안 그들은 그 정보를 활용할 방안을 찾을 수 있다. 둘째, 이마트나 롯데백화점 같은 대규모의 소매상들은 제조업자가 닿으려고 노력하는 거대한 시장에 이미 연결되어 있다. 사실 그들은 정보를 제한하거나 통제하는 문지기gate keeper인 셈이다. 그들이 감당하는 시장이 크면 클수록 그들은 제조업자에게 더욱 중요한 기업이 되고 그 결과 리더십이 잠재적으로 더 커지게 된다. 셋째, 이러한 소매상들에게 다른 대안적인 공급자가 존재하는 한 제조업자는 더욱 의존적일 것이고, 특정 제품군에서 포괄적인 수요가 형성되어 있는 경우는 특히 그러하다.

대규모의 소매상들이 경로관리를 할 힘을 이미 갖추고 있으면서도 실행하지 않는 경우도 있다. 그들은 가끔 신제품 개발이나 촉진 및 재고 정책 등과 같은 측면에 강력한 영향력을 행사하는 것보다는 구체적인 형태의 양보를 얻어내는데 관심을 가지고 있다. 넓은 지역의 시장에서 소매하는 결과로 대규모 소매상의 경영자들은 재고의 선택과 유지와 함께 그러한 제품을 제공하거나 포장하는 방법에 신경을 곤두세우고 있다.

경로리더에게 중요한 두 가지의 기능은 제품 개발과 수요 예측인데 크게 보면 대규모 소매상의 경우 제품 개발에는 별로 관심이 없다. 궁극적인 소비자와 가깝고 연계되어 있다는 점 때문에 소매상은 소비자가 선호하는 것을 정확히 발견할 수 있는 가장 좋은 위치에 있다. 그러나 소매상들은 점포관리에만 집중하고 있어서 경로 전체 수준에서 이러한 기능들을 어떻게 수행할 것인가를 고민할 여유가 없다. 그렇기 때문에 소매상이 차지하여야 할 리더의 역할이 쉽게 제조업자에게 넘어가기도 한다.

### 1) 대규모 소매상이 경로를 주도하는 방법

대규모의 소매상이 자신이 속한 유통경로에서 경로를 주도할 수 있는 방법은 다양하다. 제조업자의 경우처럼 가장 흔한 방법은 광고, 판매촉진, 그리고 상표개발 등으로 소비자 호응을 얻는 것이다. 유명한 거대 소매상들은 목표시장에 맞는 제품을 결합하여 그러한 구색을 촉진하고 관련되는 부대 서비스를 제공하면서 충성스런 소비자 계층을 형성하게 된다. 제조업자가 마케팅 믹스의 다양한 요소를 결합하여 시장에서 승부하는 것처럼 소매상이 효과적인 소매믹스요소를 전략적으로 계획하여 성공적으로 목표를 달성할 수 있다.

대규모 소매상들은 자사상표를 도입하여 소비자의 충성도를 유발하고 촉진시킴과 동시에 경로를 통제하게 되었다. 그러나 도매상의 경우와 마찬가지로 이때도 시장에서 이미 그 제품이 널리 보급된 후에야 소매상의 상표가 효과적일 수 있다. 한편으로 만약 포괄적인 제품 수용이 존재하는 경우에는 대규모 소매상은 자신의 상표로 시장에 뛰어 드는 의사결정뿐만 아니라, 어떤 선두 상표를 택해서 취급할지를 정해야 한다. 이렇게 되면 소매상이 여러 공급자들 중에서 하나의 제품을 선택하여 유통시켜 주므로 한 점포에서 공급자들이 서로 경쟁하는 꼴이 된다. 그러므로 이러한 과정에서 소매상은 공급자들간에 경쟁을 붙여서 다양한 양보를 얻어내는 것이 가능할 수 있다.

제조업자가 자신의 제품에 대한 소비자의 강력한 호응을 얻지 못하면 대규모의 소매상에게 힘이 실리게 되는 것은 당연한 결과이다. 그러나 앞서 지적한 것처럼 이러한 소매상들이 항상 리더십을 발휘하려고 하지는 않는다. 이 경우 다양한 경로 시스템의 자원을 통제하는 과업은 다른 구성원에게 넘어가게 된다. 이러한 경우에 경로구성원들은 어려움에 처하게 되는데 그 이유는 다음과 같다. 첫째, 가장 많은 힘을 가진 구성원이 역할을 구체화해주고 경로 과업을 조정하는 데 적극적인 역할을 하려 하지 않을 수 있기 때문이다. 둘째, 경로 전체에 힘을 재할당하려는 다른 구성원들의 시도에 거부권을 행사할 만큼 구성원들의 힘이 클 수 있기 때문이다. 즉 서로간에 조정이 되지 않을 정도로 팽팽한 힘의 분산이 존재할 수 있는 경우이다. 예를 들면 편의품 제조업자가 광고를 통해 상표 이미지를 개발할 수 없는 경우, 소매상이 중요한 판매지원을 하고 중심적인 위치에 서게 됨으로써 경로리더가 되기도 한다.

### 2) 소규모 소매상이 경로를 주도하는 방법

전체적으로 볼 때 소규모 소매상은 경로 활동에 상당한 압력을 행사하는 것으로 알려져 있다. 소매상은 경쟁에 제약이 되거나 변화에 걸림돌이 되는 것을 제거하기 위한 입법을 위해 지방정부, 자치단체, 정부 등에 다양한 방법으로 영향력을 미치고 있다. 이러한 활동을 통해서 소매상은 경로의 마케팅 전략에 가끔은 영향을 미치게 되어서 시장침입 제한, 허가 제한, 방문 판매법, 자동판매기 사업 관련법, 요일 영업 제한법, 광고 제한 등과 관련된 법률 및 규정을 철폐 및 완화시키는 결과를 가져왔다. 분명 이러한 부정적인 경로리더십은 바람직한 것만은 아니다. 그 결과들이 오히려 유통산업의 장기적인 혁신과 발전에 저해요인이 되는 경우가 많기 때문이다.

한편 소규모 소매상들은 소매상 주도의 협동조합을 결성하면서 긍정적인 경로리더십을 보인 경우도 있다. 소매상 협동조합은 개별 소매상이 규모와 그에 따른 구매 불이익을 극복하기 위한 분명한 노력이다. 그러나 소매상 협동조합은 매우 다양한 문제들에 직면하게 된다. 그 조직 안에서는 힘이 분산되기 때문에 기업형이나 자발적 체인과 경쟁하여 성공하기 위해 강력한 통제 메커니즘이 필요하다. 그렇기 때문에 중앙 조직에 자율성과 독립성의 일부를 제한할 수 있는 힘을 허락해 주는 전략이 필요할 때도 있다.

## 3.4 물적유통업자

경로 관련자들에 대한 잠재적 경영자들을 모두 고려해 보지는 않았지만 운송업자가 힘의 원천을 더욱 효과적으로 이용한다면 그런 역할을 수행할 수도 있다. 거의 모든 유형의 물적유통업자는 제조업자, 도매상, 그리고 소매상의 주된 관심 사항이 되는 여러 가지 경로 정책 및 활동과 관련하여 중립적인 위치에 있다는 점은 부인하기 어렵다. 제조업자, 도매상, 소매상 등은 그들과 직접 거래하는 공급자와 고객의 관점에서 벗어나서 보기 어렵지만 물적유통 기구는 경로의 문제를 보다 폭넓은 시각에서 볼 수 있다.

경로리더십은 각각의 마케팅 흐름을 개별적으로 보거나 함께 모아야만 정상적으로 발휘될 수 있다. 그러기에 운송업자는 물적 소유의 흐름이라는 관점에서 경로를 주도할 수 있지만 나머지의 흐름과 관련된 영향력은 최소가 될 것이다.

다시 말해서 운송업자의 힘의 영역은 그가 직접 관여하는 부분과 관련된 활동으로 제한된다는 뜻이다. 그림 11-2는 일반화된 경로 배치에서 운송업자가 차지하는 위치를 나타내고 그가 가질 수 있는 힘의 원천을 몇 가지 제시한 것이다. 운송업자가 지금까지 그래왔고 실제로 가질 수 있는 몇 가지 보상적 힘의 원천과 전문적 힘의 원천은 다음과 같다.

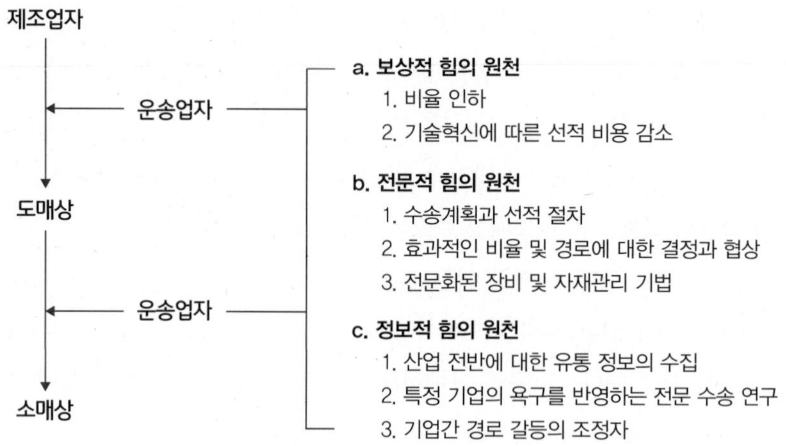


**그림 11-2 운송업자의 힘의 원천**

- 하주에게 부과되는 요금의 요율에 대한 인하이다. 경쟁적 반응으로 인해 이러한 인하는 장기적으로는 제한적인 효과만을 가져올 것이다.
- 멸실 및 파손과 관련된 클레임, 특별한 스케줄, 그리고 최소 중량 요구 등을 제거함으로써 전체 수송 경비를 감소시키는 방법이다.
- 특별한 고객에게 제공하기 위해 특수 제작한 장비를 임대해 주는 차량 임대 등의 방식으로 특별한 임무를 수행한다. 특별한 장비를 제공해 주게 되면 하주가 그 운송업자에게 더 많은 의존성을 갖게 된다.
- 특정 산업 부분의 요금 요율, 수송 경로, 그리고 기타의 부대 서비스 등에 대해 전문 직원을 고용하여 상담 서비스를 제공하면서 조언한다. 전통적으로 운송업자는 자신의 업무 지역에서 입지와 관련하여 조언해 왔다.
- 선적과 관련된 정보를 전체 유통경로의 의사소통 시스템에 제공하기 위해 운송업자의 대형 컴퓨터 설비를 이용할 수 있도록 허용한다.
- 다른 경로구성원의 요구에 부응하기 위해 수송 및 재료관리와 관련된 정보를 제공한다. 그러므로 운송업자는 경로구성원들 간의 물적 및 정보 교류를 효율적으로 조정할 수 있는 시스템을 경로구성원들에게 제안할 수 있다.

이러한 물적유통 기구와 마찬가지로 유통센터도 전문성과 정보적 자원을 활용하여 경로관리에서 중요한 역할을 수행할 수 있다. 유통센터의 관리자는 고객, 고객의 고객, 운송업자, 그리고 유통경로의 다른 기관들의 유통 목표와 형태를 잘 인식하고 있다. 그러므로 그들의 욕구, 분위기, 영업 부문을 잘 이해할 기회를 가질 수 있는 장점이 있다. 결과적으로 유통센터의 관리자가 이러한 이해를 바탕으로 적절한 서비스를 제공하게 되면 이용자들은 더욱 의존하게 되고 유통센터는 더 큰 힘을 가지게 된다.

# 4
# 경로파트너십

경로파트너십channel partnership은 유통경로 구성원 간에 서로 협의한 일정한 기간 동안 이익과 부담을 공유하는 연계를 의미하며 상호의존성을 토대로 협력을 강화하여 경로 내 위치를 개선시키거나 공유된 목표를 성취하기 위한 공동의 시스템이다. 또한 유통경로 파트너십은 경로 구성원 간에 제품의 주문과 유통을 위해 유통경로의 목적, 정책, 그리고 절차에 동의하여 지속적으로 협력하는 것이다. 상호신뢰성, 개방성, 위험 및 보상의 공유에 근거한 원만한 경로파트너십은 경쟁우위를 가져오고, 개별 경로구성원들에 의해서 얻을 수 있는 것보다 더 큰 경로성과를 가져올 수 있다.

이와 같이 경로파트너십은 경로구성원들 사이에서 지속적인 거래를 하는 하나의 거래 유형에 해당되며, 일회적인 거래에서와 같이 단속적이고 단기적인 거래가 아닌 당사자의 협상이나 의사교환에 의하여 상호이익을 극대화하기 위한 장기적이고 반복적인 거래가 이루어지는 것을 의미하고 있다.

최근 많은 유통업체들이 경로 내 파트너십 및 협력을 강화하고 있는데, 이는 유통경로 파트너십을 통해 경로구성원 간의 경쟁우위를 향상시킬 수 있다는 전략적인 측면에 주목하고 있기 때문이다. 전통적인 유통경로에서 변화된 유통경로 파트너십을 비교해 보면 표 11-1과 같다. 먼저, 전통적인 유통경로관리에서는 공급자와 경로구성원 간의 관계적 측면에 대해 주목하고 있는 반면 경로파트너십에서는 보다 강력해진 결속력을 강조하고 있는 것을 볼 수 있다. 전통적인 유통경로 관계에서는 유통 비용을 절감할 수 있는 것에만 초점을 두고 가격중심으로 경로구성원을 선정하였으며, 단기적으로 다수의 공급자와 계약 관계를 형성하고 있으며 제품이나 판매에 대한 여러 정보들을 단독으로 보유하고 의사결정에 활용하였다.

그러나 경로파트너십의 관점에서는 비용 외에 고객서비스의 향상이나 고품질의 서비스 제공, 협력 수준 및 정보화 수준 등 여러 기준에 따라 공급자를 선정하

**표 11-1 전통적인 유통경로 관계와 경로파트너십**

| 전통적인 유통경로 관계 | 경로파트너십 |
|---|---|
| 비용 및 가격 중심의 공급자 선정 | 다수의 기준에 의한 유통경로 구성원 선정 |
| 공급자와의 단기적 계약 | 공급자와의 장기적 제휴 |
| 계약자체에 대한 평가 | 파트너의 부가가치 평가 |
| 다수 공급자와 계약하여 활용 | 적정 수의 핵심 공급자 활용 |
| 정보 독점, 기업중심의 의사결정 | 정보 공유, 유통경로 중심의 의사결정 |
| 권력 중심의 문제해결 | 상호주의적인 문제해결 |

자료원: Michael. J. M. and Benton, W. C.(1997), "Supply Chain Partnerships: Opportunities for operations research," European Journal of Operational Research, Vol. 101, p. 419-429.

고 있으며, 핵심적인 소수의 공급자와 파트너십을 맺고 장기적으로 유지해 나가고 있음을 볼 수 있다. 또한 정보를 공유하면서 전체 유통경로 차원에서 의사결정하고 상호주의적인 문제해결의 관점을 가지고 있다는 차이를 볼 수 있다.

유통경로 간의 관계는 독립적인 거래관계인 수평적 통합에서 두 조직 이상의 수직적 통합에 이르기까지 다양하다. 가장 많이 볼 수 있는 통합 중 하나인 수평적 통합의 거래관계에서 판매업자는 표준화된 제품 및 서비스를 표준화된 거래조건에 따라 고객에게 제공한다. 독립적 거래관계에서도 장기간에 걸쳐 여러 차례의 거래가 이루어지기도 하지만 공동의 자원투입과 공동운영은 존재하지 않고 당장의 거래가 끝나면 모든 거래가 끝맺음되는 단기계약이라 볼 수 있다. 이러한 독립적이고 단기적인 계약관계가 중요한 경우도 많지만, 유통경로 파트너십이라고 할 수 있는 보다 긴밀하고 통합적인 관계가 요구되는 경우가 늘고 있다.

대부분의 유통경로 파트너십은 공통의 요소와 특징을 갖고 있지만 모든 상황에 적합한 단일의 이상적인 유형은 존재하지 않는다. 각 유형은 그만의 독특한 환경과 동기요인들을 가지고 있기 때문에 파트너십의 목적, 존속기간, 범위, 강도, 긴밀성 등은 사례별로 그리고 시간의 흐름에 따라 다양한 양상을 띠게 된다. 유통경로 파트너십의 구축목적에 따라 파트너십 유형을 분류하면 경쟁적 파트너십, 협력적 파트너십, 전략적 파트너십으로 구분할 수 있다.

먼저 경쟁적 파트너십은 유통경로 구축 시 비용감소 및 거래비용감소에 그 목적을 두고 있다. 유통경로 내에서 발생하는 비용 및 거래로 발생하는 비용을 감소시키기 위한 프로세스 구축에  목적이 있다. 파트너에게 제품을 납품하거나 공급받을 때 파트너간 정보공유 및 상호조화를 통하여 프로세스를 구축하여 비용을 감소시키는 유형으로, 이때에 한 기업을 대상으로 한 파트너십을 구축하는 것이 아니라 최소 2개 기업 이상을 대상으로 다수의 파트너십을 구축함으로써 파트너간 경쟁적 파트너십을 구축하여 추가적인 비용 및 거래비용을 감소시키기 위한 유형을 말한다. 이러한 경쟁적 파트너십을 형성하면 객관적인 공급 및 비용감소에 이상적인 알맞은 형태가 된다.

두 번째 유형은 협력적 파트너십으로 기존의 공급체인을 지원해 파트너의 성과 개선을 위해 지원활동을 하고, 친밀한 관계를 가지며, 공동 문제 해결팀joint solving team을 구성해 지속적으로 협력한다. 이처럼 협력적 파트너십은 유통경로를 구축하면서 문제해결 및 상호협조체제에서 주력하는 유형이기 때문에 공동으로 직면하는 문제에 관해 파트너와 함께 긴밀하게 대처함으로써 위험 및 수익을 공유하고 파트너간 협조체제를 강화하기 위한 파트너십 유형이다.

마지막으로 전략적 파트너십은 유통경로를 구축하면서 신제품개발 및 프로세스 혁신에 주력하는 형태의 유통경로 파트너십 유형이다. 유통경로 구성원간 파트너십을 형성하면서 상호보완적인 장점을 장기적으로 신제품개발 및 프로세스혁신을 통하여 경쟁적 이점을 얻기 위해 전략적 제휴를 취하는 형태이다. 기술적 측면 및 업무프로세스 측면에서 파트너십을 형성함으로써 전략적 제휴를 통하여 경쟁력을 향상시키는 형태이다. 이와 같이 파트너십의 유형에 따라 협력 및 경쟁적 구조가 다르기 때문에 파트너십의 유형은 경로파트너십의 구조와 성과를 결정짓는 중요한 요인이라 할 수 있다.

CHAPTER

# 12

# 유통경로의 갈등관리

1. 갈등의 개념
2. 갈등의 원인과 결과
3. 갈등의 해결

# 1 갈등의 개념

갈등conflict은 둘 혹은 그 이상의 실체들이 실제적으로 보이는 반응이나 기대하는 반응이 상호불일치하는 경우에 발생하는 긴장이다. 일반적으로 경로구성원은 자원의 제한성과 부족한 기능들로 인해 자신들이 상호의존적이라는 사실을 알고 있지만 독립적인 기업인 경우에는 자사의 경영에 대해 어느 정도의 독립성을 가지려고 애쓸 것이다. 상호의존적인 상황에서 자율성을 찾으려는 이러한 노력 때문에 경로구성원들은 여러 가지의 동기를 가지게 된다. 경로구성원들은 한편으로는 경로 전체의 효율성과 협동을 바라고 다른 한편으로는 자신들의 개인적인 목표달성을 희망한다. 경로구성원들 간에 상호의존성이 클수록 그들의 개인적인 목표를 지키기 위해 서로의 능력을 방해해야 하는 경우가 많아질 것이다. 이러한 까닭으로 경로의 갈등은 증가되게 된다.

갈등이 실제로 발생하려면 경로구성원들이 우선 불일치가 발생할 수 있는 이슈들, 이를테면 총마진의 크기, 협동광고비 할인폭, 재고수준과 구색 등에 대해 인식을 하고 있어야 한다. 의견불일치는 일반적으로 경로구성원들이 자신의 과업을 기대 수준만큼 수행하지 못할 때 발생한다. 성과가 기대에 못 미치는 이유는 다양한데 주로 소매상권에서의 가격전쟁과 같은 상황적 요인과 양립할 수 없는 목표, 경로구성원들 간의 분명하고 공개된 의사소통 흐름 그리고 경로구성원들 간의 예상의 차이 등이 있을 것이다.

경로구성원들이 갈등을 알아차리고 나면 그들은 일반적으로 갈등을 수용하고 다른 경로구성원에 대해 감정을 가지게 된다. 그리고 나면 서로가 어떻게 행동할 것인지 결정하게 되는데 공공연하게 서로를 반대하거나 서로의 영향력에 대해 소극적으로 대하거나 갈등 상황을 무시한다든지 그들 간의 차이를 해결하려고 노력할 것이다. 어떠한 행동을 취하게 되든 몇 가지의 결과가 도출되게 된다. 결과는 아무런 해결이 되지 않는 것, 부분적인 해결, 갈등을 완전히 해결하는 것 등이다.

유통경로에서 발생하는 여러 가지의 갈등은 크게 수평적 갈등, 경로형태 간의 갈등, 그리고 수직적 갈등으로 분류할 수 있다. 수평적 갈등horizontal conflict은 미시경제학에서 다루어지는 경쟁과 관련된 갈등으로서 유통경로의 동일한 수준(도매상들 간이나 소매상들 간)이나 유사 기업간에 발생하는 경우가 많기 때문에 수평적 갈등이라 한다. 이를테면 동일한 고객 집단을 대상으로 하는 동일업종의 도매상이나 제조업자들 사이에 빚어지는 갈등의 형태이다. 남대문 시장의 도매상이 청계천의 도매상과 같은 소매상들에게 제품을 공급하는 경우에 이들 도매상 간에는 갈등이 생길 것이다. 수평적 갈등 중에서 유통경로 내의 동일한 수준에 있는 서로 다른 형태의 중간상들 간의 경쟁으로 생기는 갈등은 경로형태 간의 갈등intertype conflict이라 한다. 즉 동일한 고객 집단을 대상으로 경쟁하는 서로 다른 기관들 간에 생기는 수평적 갈등이다. 예를 들면 동일한 가전제품을 판매하는 대리점과 백화점의 갈등이 있다. 갈등 발생의 또 다른 원인은 신제품을 개발한 제조업자가 기존 유통경로 외의 새로운 경로를 이용하여 판매를 하는 경우이다. 이를테면 미국의 유명 패션기업인 헤인즈Hanes에서 개발한 스타킹의 유통경로를 결정하는 과정에서 기존의 백화점과 여성의류 전문점이 아닌 슈퍼마켓을 경로로 결정한 적이 있는데 이러한 경우에 유발된 갈등은 경로형태 간의 갈등이다. 최근 온라인 경로가 활성화되면서 기존의 오프라인 경로와의 갈등이 많아지는 것도 이에 해당한다.

수직적 갈등vertical conflict은 특정 유통경로 내의 서로 다른 수준에 있는 구성원들 사이에서 생기는 갈등을 의미한다. 앞의 헤인즈사의 예에서처럼 제조업자가 새로운 경로를 채택하는 결과로 수직적 관계를 맺고 있던 기존 경로구성원이 심한 갈등을 느끼게 하는 경우이다. 수직적 관계를 맺고 있는 경로구성원 간의 이러한 갈등은 상호간의 협동적 교환 관계에 심한 손실을 미칠 수 있다. 이러한 수직적 갈등은 최근의 기업들의 경영혁신 과정에서 비즈니스 리엔지니어링business reengineering의 목표인 시간단축, 비용감소, 하청업체 관리, 간접비 감축, 문제점의 해결, 조정과 업무 연계, 대고객서비스 등과 관련하여 빈번히 발생하고 있는데, 이는 경쟁에서의 우위를 지키기 위한 프랜차이저들의 노력이 남다른 패스트푸드 산업에서 특히 중대한 문제이다.

# 2
# 갈등의 원인과 결과

## 2.1 갈등의 원인

갈등의 원인을 지적한 연구는 많지만 궁극적으로는 경로구성원 간의 상호의존성이 여러 가지 갈등의 원인을 설명할 수 있는 중요한 변수이다. 경로구성원 간의 경제적 목적과 이념의 차이가 갈등의 원인이라고 지적한 연구도 있고, 갈등의 원인을 경로구성원 간의 목표의 양립 불가능, 활동영역과 지위 및 역할의 불일치, 부적절한 의사소통, 현실에 대한 인식의 차이, 이념적 차이 등이라고 하기도 한다.

갈등의 발생 근거를 기준으로 경제문제 갈등economic issue conflict, 목표 갈등goal conflict, 그리고 역할 갈등role conflict 등으로 나누어 볼 수 있다.

첫째, 경제문제 갈등은 협상력이 강한 경로구성원이 자신이 원하는 구매가격을 협상력이 상대적으로 약한 타구성원에게 강요하거나 생산자가 소매업자에게 일정한 수준의 판매가격을 유지하도록 강요하는 경우에 생기는데 이러한 갈등의 발생은 경제적인 이해관계에서 비롯되는 것이다.

둘째, 목표 갈등과 역할 갈등은 경제문제 갈등과 비교하면 비가격 갈등으로써 경로구성원들이 지향하는 목표가 불일치하거나, 한 구성원이 타구성원에게 기대하는 바가 실현되지 않을 때 발생하는 것이다. 예로써 생산자가 새로운 경로구성원을 선정하려고 하거나 소매상에게 일정한 판매기법이나 판촉방법을 강요하는 경우가 있다.

이외에도 희소자원에 대한 경쟁, 목표의 차이, 그리고 경로에서 차지하는 임무에 대한 경쟁적 입장 등이 구성원들 간의 갈등을 유발할 수도 있는데, 이들 원인을 종합해서 설명하기에는 에트거Etgar의 연구가 적절한데 그가 주장한 갈등의 원인은 목표불일치, 희소자원 확보를 위한 경쟁, 역할, 기대, 자치권에 대한 욕구, 지각, 의사소통으로 요약되는데 이를 크게 경로구성원의 태도에 기인하는 원인과 구조적인 원인으로 분류하여 다음과 같이 소개하고 있다.

표 12-1 갈등의 원인

| | |
|---|---|
| 목표의 불일치 | 구성원 사이의 목표가 서로 다르고 이들 목표를 동시에 달성할 수 없음 |
| 역할-영역의 불일치 | 각자의 역할과 영역이 서로 합의되지 않으면 구성원간 제품, 시장, 기능의 세 가지 영역에서 불일치가 발생함 |
| 지각의 불일치 | 동일한 상황에 대해서 서로 다른 반응을 불러일으킴으로 인해 갈등을 유발함 |
| 상호의존성 | 상호의존성이 커질수록 서로의 목표달성이 방해될 가능성이 커지고 거래당사자 사이의 불균형이 발생함 |
| 이념의 차이 | 대기업과 소기업 간의 사업확장, 유지에 관한 이견과 같은 경영이념의 불일치는 갈등이 유발됨 |

### 1) 태도에 기인하는 원인

태도에 기인하는 갈등의 원인은 경로 및 환경에 대한 정보처리 방법에 연유하는 것으로 역할, 기대, 지각, 의사소통의 불일치와 관련된 갈등을 말한다.

**역할roles** 역할에 대해 경로구성원 간의 일치된 합의가 없을 때 발생할 수 있는 갈등이다. 역할이란 경로구성원이 위치한 특정의 지위에 따라 당연히 수행해야 하는 것으로 기대되는 행위를 말한다. 이는 기대되는 행위를 해야 할 의무와 타구성원의 특정한 행위를 기대할 수 있는 권한을 결정한다. 따라서 이러한 역할을 제대로 수행하지 못하거나 역할의 정의가 구성원 간에 명확하게 정의되어 있지 않으면 갈등을 초래하게 된다. 이를테면 제조업자는 대리점에서 일정 수준의 매출을 달성할 것으로 기대하여 판매량을 할당하지만 대리점의 입장에서는 제조업자가 판촉지원이나 판매원 교육 등을 통해 충분한 지원을 해야 한다고 서로간의 기능에 대한 역할을 다르게 인식하는 경우에 갈등이 발생할 수 있다.

**기대expectations** 경로구성원 간에 서로 상대방의 능력에 대해 일치된 합의가 없을 때 발생할 수 있는 갈등이다. 사용가능한 정보의 보유 정도, 정보처리 능력, 경험 등에 따라 그 구성원의 성과 및 전략수행에 따르는 이익에 대한 기대가 다를 수 있다. 한 구성원이 타구성원의 성과가 실제보다 크리라고 기대하는 경우에 타구성원에게 어떠한 형태의 압력이 작용할 수 있으므로 갈등이 발생할 것이다.

**지각perceptions** 주로 특정 사건이나 실체에 대해 경로구성원 간에 서로를 지각하는 정도가 다르기 때문에 갈등이 발생할 수 있다. 환경과 경로 자체에 대한 경로구성원의 지각은 서로 상이할 수 있는데, 대리점의 입장에서는 그들의 영역내의 수요나 경로내의 경쟁에 관심이 많지만 제조업자는 경로 간의 경쟁이나 전체적인 경로의 수요에 더 많은 관심을 가질 것이므로 상호간에 갈등의 소지가 있다. 이를테면 대리점의 재고부족을 본사는 대리점이 안전재고를 미리 확인하지 않은 탓으로 돌리는 반면 대리점은 본사가 출고시기를 지키지 못한 탓으로 돌리는 경우의 갈등이다.

**의사소통**communications 신제품과 관련된 정보전달의 지연, 메시지의 잘못된 해석, 효율적인 정보제공 능력이 결여된 판매원 등은 딜러의 갈등을 유발시킬 수 있는 요인이다. 또한 시장 상황에 대한 정보순환의 지체나 부족, 주문의 지연 및 취소가 생산자로 하여금 갈등을 느끼게 할 수 있다.

### 2) 구조적 원인

구조적인 원인으로 발생하는 갈등은 이해의 상충에 연유하는 것으로 목표의 불일치, 자치권에 대한 욕구, 희소자원 확보를 위한 경쟁으로 나누어 볼 수 있다. 태도에 기인하는 원인에 비해 보다 본질적이고 근원적인 부분에서 갈등의 원인을 일으키는 것이다.

**목표 불일치**goal divergence 경로구성원 간에 행위에 대한 의견의 일치가 이루어지지 않거나 상이한 목표를 추구할 때 유발되는 갈등이다. 예를 들면 생산자는 이익의 극대화를 경영철학으로 하는 반면에 딜러는 위험의 극소화를 목표로 할 수도 있다. 또한 대리점은 공급자와의 관계에서 독립된 위치를 차지하기를 원하는데 공급자는 통합을 희망할 수 있다. 경로구성원들 간의 성장성과 수익성 목표에 대한 의견불일치는 흔히 일어난다. 대규모의 제조업자는 신속한 시장 침투로 시장확대를 꾀하려 하는데 소규모의 소매상은 수익성 증대라는 목표를 가질 수 있다. 이때 제조업자는 저가 정책을 주장하고 소매상은 고가 정책을 지향할 수 있기 때문에 갈등이 발생할 수 있다.

제조업자와 산업재 유통업자 간에 빈번히 발생하는 갈등으로는 첫째, 대규모의 거래량을 수송하는 문제, 유통업자에게 적절한 재고의 수준, 유통업자의 경영의 질적 수준, 유통업자들 간의 중복되는 담당 지역, 유통업자의 마진의 크기, 그리고 유통업자의 필수적인 임무와 로열티가 고객을 위한 것인가 제조업자를 위한 것인가라는 철학적 문제 등이다.

**자치권에 대한 욕구**drive for autonomy 경로구성원의 한 쪽이 다른 구성원의 고유영역이라고 생각되는 행위를 통제하려 하거나 그러한 시도에서 벗어나려고 할 때 생기는 갈등이다. 제조업자가 소매상의 가격정책을 간섭하려고 하거나 소매업자가 제조업자의 제품결정에 영향력을 행사하려고 할 때 이러한 갈등이 유발된다.

**희소자원 확보를 위한 경쟁**competition for scarce resources 경로 내의 자원의 수요가 공급을 초과하는 경우에 이러한 유형의 갈등이 생긴다. 따라서 딜러와 도매상은 특정 시장에 대한 독점적 권한을 유지하기 위해 희소 자원을 계속적으로 획득하려고 경쟁할 수도 있다. 신제품을 공급하는 제조업자는 생산량이 주문을 당해내지 못해 고민하게 되고 그 결과 유통업자를 선별적으로 이용하게 되는데 이때 유통업자가 서로 더 많은 공급물량을 확보하려는 과다한 노력이 갈등을 낳을 수 있다.

## 2.2 갈등의 진행과정

갈등의 진행과정이란 앞서 지적한 바와 같이 일련의 과정을 거치면서 갈등을 경험하는 경로구성원이 진보하게 되는 갈등 에피소드를 설명하는 모형이다. 갈등은 심리적인 단계와 행태적인 단계에서 모두 나타날 수 있는 것으로 갈등이 잠재적 갈등 → 지각된 갈등 → 감정적 갈등 → 명백한 갈등 → 갈등 후유증의 단계를 거치는 것으로 구체적인 과정을 설명할 수 있다.

**잠재적 갈등** 이 단계에서는 갈등이 내부적으로 발생하고 있지만 아직 갈등의 존재를 모르는 상태이다.

**지각된 갈등** 갈등이 존재한다는 사실만을 알고 있는 상태이다.

**감정적 갈등** 갈등에 대해 싫어하거나 긴장하는 등의 감정을 느끼고 있는 상태이다.

**명백한 갈등** 갈등이 서로간에 어려움을 야기하는 행동으로 드러나는 상태이다.

**갈등 후유증** 갈등이 행동으로 드러난 이후 그 결과로 갈등이 없어지거나 서로 양보하는 상태이다.

유통경로와 관련한 갈등의 연구를 보면 경로 내의 갈등의 과정을 갈등의 원인 → 갈등 행동 → 갈등 결과의 세 단계로 보는 시각이 있는가 하면 갈등을 변화의 과정으로 간주한 연구는 그 이후에도 계속 되는데, 갈등의 원인이 갈등의 수준을 결정하고 그 수준이 결과를 낳는 것으로 보아야 한다는 주장도 있다. 이때 갈등의 결과는 다시 갈등의 원인에 영향을 주는 것으로 드러났다.

한 쪽이 자신의 관심사가 상대방에 의해 좌절되었거나 좌절되려 한다고 지각할 때 시작되는 과정인 갈등은 좌절 → 개념화 → 행위 → 결과의 단계로 이행된다고 보기도 했다. 이때 행위에 따른 타인의 반응이 개념화의 과정에 영향을 미친다고 했다. 갈등을 갈등 잠재력 → 갈등 지각 → 결과적 행동 → 갈등 여파의 과정을 보고, 갈등여파 이전의 각 단계에 의존성이 영향을 미치는 것으로 지적한 연구도 있다.

이러한 과정적인 성격을 갖는 갈등은 크게 세 단계로 구분할 수 있는데 첫째는 갈등의 잠재적 상태로 역할 불이행, 목표 불일치, 불충분한 의사소통과 자치권의 추구 등에서 생기는 가장 최초의 갈등 상태이다. 둘째는 감정적 상태로 스트레스, 긴장, 적대감 혹은 불안감을 느끼는 상태이며, 셋째는 공공연한 행동으로 표시되는 명백한 갈등의 상태이다.

갈등의 원인을 태도적 원인과 구조적 원인으로 구분하고 두 가지의 원인으로 생기는 갈등이 인지적 혹은 감정적 갈등에 영향을 미치고 그 결과로 갈등이 명백해지며 명백한 갈등은 갈등 결과로 이어진다고 한다. 이때 갈등의 결과에 이르기 전의 각 단계에서 갈등의 해소가 있을 수 있는 것으로 파악했다.

결론적으로 갈등의 개념을 종합해 보면 갈등이란 자신의 욕구가 좌절되거나 목표달성이 방해를 받고 있다고 경로구성원이 지각하는 상황에서 나타나며 그 결과로는 불만족, 긴장, 마찰 등이 빚어지는 현상이다. 이는 경로구성원들 간의 상호의존성 때문에 필연적으로 발생하며 그것이 경로구성원에게 미치는 영향은 순기능적일 뿐만 아니라 역기능적이기도 하다.

## 2.3 갈등의 결과

갈등이 어떠한 형태로 해결되든지 그 갈등의 결과로 나타나는 적응행위는 갈등의 결과가 순기능적이거나 역기능적임을 보여줄 것이다. 갈등이 경로구성원 간의 안정적인 관계유지를 저해하므로 역기능적인 것이라는 주장이 있으나 갈등으로 인해 유통경로의 구성원들이 갈등해소를 위해 서로 협동하고 노력하는 점이 인정되므로 순기능적이라고 할 수도 있다. 원론적으로는 갈등의 결과가 첫째, 완벽하게 갈등을 해결하거나, 둘째, 갈등을 부분적으로 해결하거나, 셋째, 경로구성원 간의 관계를 해체시키는 것으로 나타날 수 있다.

따라서 긍정적인 결과를 낳을 수 있다면 적당한 수준의 갈등은 경로의 유지를 위해서 뿐만 아니라 경로구성원의 성과를 극대화시키기 위해서도 필요할 수 있는데, 어느 정도의 갈등의 수준이 목표달성을 위해 도움이 되는 정도인지는 알기 힘들다. 이에 갈등의 결과가 갖는 순기능적인 측면, 역기능적인 측면, 그리고 중립적인 측면을 요약해 보면 다음과 같다.

### 1) 순기능적 측면

경로구성원들이 현재 공유하는 목표가 충족되기 어려운 상황이거나 더 이상의 목표설정이 불가능하다고 구성원들이 판단한다면 이 때 발생하는 갈등의 결과는 순기능적인 측면을 갖는다. 갈등의 결과가 성과를 개선시키는 방향으로 나타난다면 순기능적인 것인데 경로구성원들이 목표달성과 경로구성원과 고객의 욕구를 충족시키는 노력을 하는 경우에는 가능하다. 갈등이 성과와 어떤 관계를 갖는가를 알기 쉽게 표시하면 그림 12-1과 같다. 이 그림에서 순기능적인 갈등은 $C_1$에서 $C_2$ 사이의 갈등으로 이때는 갈등이 강력할수록 성과를 증가시키게 된다. 이처럼 갈등이 경로의 성과에 긍정적인 영향을 미치는 것은 경로구성원이 다음과 같은 노력을 할 때 가능할 수 있다. 첫째, 과거의 사례를 조사하고 자료를 수집하여 갈등의 근본원인을 발견하여 적절한 조치를 취한다. 둘째, 경로구성원들 간의 효과적인 의사소통을 통해 각자의 고충을 토로하는 창구를 구축한다. 셋째, 경로구성원들이 개별구성원보다는 전체 경로의 이익을 중시하는 방향으로 경로 자원을 균등하게 배분하는데 합의한다. 넷째, 갈등을 해소할 방법을 공식화함으로써 구성원들 간의 관계를 안정시킨다. 다섯째, 특정 경로구성원에 의한 무차별적인 힘의 남용을 제한하고 자원의 균등한 배분을 보장할 뿐만 아니라 분쟁이 없다는 점을 경로리더가 안심시킨다.

### 2) 역기능적 측면

갈등이 존재하는 유통경로에서는 각 구성원들의 노력이 전체 시스템의 차원에서 보면 중복되거나 낭비가 되는 결과가 발생할 가능성이 많다. 이러한 갈등은 새로운

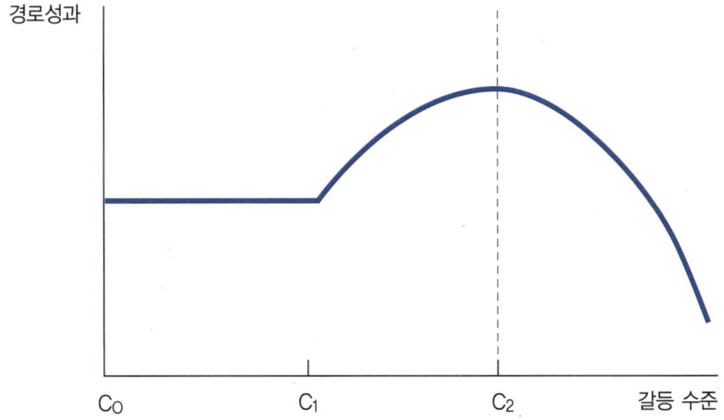


그림 12-1 갈등과 성과의 관계

갈등으로 연결되거나 소모적인 측면을 가질 수 있는데 이는 다음과 같은 상황에서 찾을 수 있다. 일반적으로 경로갈등은 역기능적인 측면을 가지고 있기 때문에 비생산적이고 경로의 성과에 부정적인 영향을 미친다고 인정된다.

그림의 $C_2$보다 오른쪽에 위치하는 갈등으로 이는 성과를 감소시키게 된다. 갈등이 역기능적인 효과를 낳을 것이라는 주장의 근거는 크게 세 가지로 요약할 수 있다. 첫째, 갈등이 존재하면 경로구성원들이 서로 협동하는 수준이 떨어지고 그 결과 다른 구성원이 대신 수행해 주던 마케팅 과업을 각자가 수행하게 되므로 각 단계마다 유통기능이 중복되어 경로 내에 비능률이 발생하게 된다. 둘째, 갈등이 심화되면 서로 불신하게 되므로 정보의 전달이 왜곡되고 정보공유가 불가능하게 된다. 셋째, 갈등이 생기면 경로구성원들은 일상적인 업무에 많은 시간과 노력을 쏟아야 하므로 독창적이고 혁신적인 경영활동을 할 여유가 없어진다. 따라서 갈등이 해결되더라도 경로 성과에 부정적인 효과를 오래도록 미칠 수 있다.

### 3) 중립적 측면

갈등은 그 자체로서 역기능이나 순기능적인 것이 아니라 중립적이어서 경로 성과에 아무런 영향도 미치지 않는다는 관점이다. 경로구성원들이 매우 상호의존적이어서 그들이 분쟁을 일으켜서 경로 성과에 영향을 일으키지 않아야 된다고 학습한 경우이다. 그림의 $C_0$에서 $C_1$까지의 갈등이 여기에 해당된다.

# 3
# 갈등의 해결

갈등을 해결하는 방법은 크게 두 가지로 분류하여 볼 수 있는데, 경로리더에 의한 시스템화된 방법으로는 공동대표 설정, 대표기구 구성, 구성원 상호교환 등의 프로그램을 실행하는 것이 있고 한편으로는 행동과학적인 메커니즘을 이용하는 방법이 있다. 이러한 행동과학적 메커니즘은 갈등해결에 관련된 경제적, 물질적, 사회적 비용을 위험으로 상정하고 문제해결, 설득, 협상, 정치 등의 방법을 제시하고 있다.

## 3.1 행동과학적 갈등해결

### 1) 문제해결problem solving

두 집단의 공통의 목표가 존재하고 높은 위험상황 하에 있을 때 이용하는 방법인데 이때 문제해결은 신뢰와 협동을 바탕으로 새로운 대안을 찾는 것이라 하였다. 문제해결은 두 집단의 의사결정기준을 모두 충족시키는 해결책을 찾는 통합적인 과정이다. 상호간에 정확한 사실 관계를 확인할 수 있는 올바른 정보 교환으로 상호 공동체 의식을 가지고 양보하는 자세가 필요하다.

### 2) 설득persuasion

상대방의 의사결정기준이나 시각을 바꾸려는 시도로써 공통의 상위목표가 존재하지만 하위목표는 상호간에 상이한 경우에 이용된다. 이때는 문제해결보다는 다소 높은 수준의 위험이 존재하고 협동을 필요로 한다. 힘의 원천이 있거나 강력한 리더십을 거래 당사자 중 한 쪽이 상대방의 인식을 바꾸려는 시도를 하는 것이다.

### 3) 협상bargaining

집단간의 공통의 목표가 없고 목표의 불일치가 명확하고 협상 결과에 대한 기대와 제약이 많은 경우에 이용된다. 낮은 수준의 위험을 취하고 상호간의 양보가 부족하고 협박이나 경직성이 있을 수 있는 갈등 해결방법이다. 더 이상 갈등이 커지지 않도록 노력하는 것으로 상호간에 조금씩 양보하여 타협점을 찾게 되고, 그 결과 본질적인 의견 불일치는 사라지지 않을 수도 있다.

### 4) 정치politics

집단 상호간에 확실한 목표불일치가 존재하는 것을 전제로 영합zero-sum지향적인 방법이다. 갈등의 중재를 위해 제3자의 개입이 따르게 되고 낮은 수준의 위험을 수반하지만 가장 비협조적인 갈등해결의 단계이며 조정과 중재가 있다. 조정conciliation and mediation은 경로구성원들이 판사, 교수, 경영자문가 등을 고용하거나 소속 협회를 통하여 의견 불일치를 조정한다. 해결안을 수용하는 것은 당사자들의 판단에 맡기며 구속력은 없다. 중재arbitration는 중재위원회, 공정거래위원회 등의 정부 기관이나 법원의 판결에 의해 갈등을 해소하는 방법이다. 그러나 이러한 방법은 근본적인 해결책이 되지 못하며 또 다른 경로 갈등을 발생시킬 가능성이 있다. 중재 결과에 대해서 당사자들은 수용해야만 한다. 이러한 조정과 중재는 경로구성원 간의 상호의존성이 높은 경로, 이를테면 수직적 마케팅시스템VMS에서 적절히 이용될 수 있다.

## 3.2 경로리더의 시스템적 갈등해결

경로리더가 갈등을 체계적으로 해결하는 방법으로는 경로구성원 간의 상호의존성의 수준에 따라 크게 세 가지로 나뉠 수 있다. 상호의존성이 높은 경우에는 고차원적인 수준에서 해당 조직의 입장을 초월하여 공동의 상위목표를 설정하는 방법을 이용하고, 상호의존성이 보통인 경우에는 상호침투하는 입장에서 상호선출, 인적교류, 공동위원회, 교육과 선전 등의 방법을 이용하며, 상호의존성이 낮은 유통경로에서는 경로관리자를 이용한 대외교섭이라는 방법을 이용하는 것이 적절할 것이다.

### 1) 상위목표superordinate goals

경로구성원 전체의 이익과 관련되는 높은 수준의 공동목표를 설정하는 것으로 구성원간의 이해를 도모하여 갈등을 해소하는 방법이다. 그렇기 때문에 경로구성원 중 한 기업의 노력으로는 목표를 달성하기 어렵고 전체 경로구성원이 동의할만한 공동의 목표를 설정하는 일이 필수적이다. 마케팅 수행자는 전문적인 지식이나 계약에 근거한 합법적인 힘의 원천 등에 의지하여 공동목표를 마련해야 할 것이다. 상위목표를 설정하여 갈등을 해소하는 방법은 경쟁사의 위협과 같은 외부의 위협이 존재할 경우에는 효과적일 것이다. 외부의 위협에 대처하다 보면 경로구성원은 서로의 목표, 영업방식, 사업상의 문제점 등을 더 잘 이해하게 될 것이다. 외부의 위협이 있기 전에 발생했던 갈등은 외부의 위협에 대항하는 힘을 쏟다보면 점차 사라지게 될 것이기 때문이다. 그런데 만약 외부의 적에 의한 위협에도 불구하고 경로구성원들이 단결하지 못하게 되면 앞서 나타났던 갈등이 다시 생기게 될 것이다. 상위목표를 설정하는 것이 경로구성원 간의 상호의존성이 높을 때 효과적이지 않는 경우가 있는데 그 주된 이유는 경로구성원들이 현재의 목표에 동의하지 못하기 때문이다. 그런 경우에는 부가적으로 상위의 목표를 설정하는 것이 갈등해결에 필수적이다.

### 2) 상호선출cooptation

경로구성원들이 자신들이 구성한 대표기구에 관련자들의 대표도 포함시킴으로써 공동체의식을 갖고 의사결정 함으로써 갈등을 해결하려는 방법이다. 이렇게 함으로써 각자 서로의 주장을 하기보다는 거래당사자의 입장에서 문제를 볼 수 있는 시각을 가지게 된다.

### 3) 인적교류exchange-of-person

경로구성원 간의 인력 상호교환 프로그램은 일정기간 동안 상대방의 기업에서 자사 종업원들이 일하도록 하는 제도이다. 일시적으로나마 상대편의 업무를 담당해 봄으로써 상대방의 역할과 역할수행의 어려움을 이해하게 하여 본질적으로 상호이해를 달성할 수 있다는 장점이 있다. 그러나 서로가 어느 부서에 종업원을 파견할지 결정하기 위해서는 서로의 갈등 발생처를 정확히 발견해야 할 것이다. 인적교류가 효과를 거두기 위해서는 교류에 참가한 종업원이 경로관리자로서 역할을 충실히 수행할 수 있어야 하는데 미흡할 경우에는 종업원들이 자사로 돌아가서 계속적인 의사소통의 원동력이 되지 못할 수도 있다. 그저 개인적인 접촉으로만 그친다든지 하위 일선의 의견으로 머물러서 의사결정가가 그들의 교류효과를 정책에 반영하지 못하는 것도 한계점으로 지적된다.

### 4) 공동위원회joint membership

유통경로구성원들이 관련된 협회나 위원회에 함께 가입함으로써 공동의 문제 해결에 접근하는 방식이다. 제조업자들이 중간상이 결성한 협회에 가입하거나 중간상들이 제조업자의 위원회에 가입함으로써 갈등을 해소하는 방법이다. 회원 활동을 효과적으로 조정할 수 있고 회원들 간의 우호를 증진시킬 수 있다. 그러나 협회의 모임이 있을 때에만 산발적으로 의견을 교환하기 때문에 일상업무상의 의견불일치나 목표 대립을 적기에 해결하기는 어려운 점이 있다.

### 5) 교육과 선전education and propaganda

정보를 교환하거나 교육활동을 통해서 갈등을 해결하려는 방법이다. 대체적으로 이러한 활동은 첫째, 상호간에 지식을 축적하고 이해를 증진시키며, 둘째는 경로구성원 간의 우의를 다지고 경쟁자나 경쟁적인 입장에 있는 유통경로의 우의를 무너뜨리기 위한 것이고, 셋째로는 경로구성원들 간에 서로의 경영방침을 따르지 말 것인지에 대해 분명한 태도를 결정하는 것이다. 제조업자와 도매상은 소매상들을 대상으로 수익성을 제고하는 방법이나 수익성에 대한 새로운 인식을 갖도록 교육하는 예가 흔히 있다. 이러한 교육 프로그램을 통해 경로구성원들이 직접 만나 일상 업무에 대한 정보교환이 이루어지면 그들의 규범과 가치관이 쉽게 변할 수 있다. 이러한 변화를 의도적으로 주도함으로써 갈등의 발생을 사전에 차단할 수 있다.

### 6) 대외교섭diplomacy

경로내의 특정 구성원의 경로관리자가 타 경로구성원의 위치에 있는 조직에 대해 경로관계를 지시하고, 조정하고 관리하는 방법이다. 이것은 수직적으로 통합되지 않은 유통경로에서 힘이 있는 기업이 다른 조직을 관리하기 위해 취하는 갈등 해결 방식이다. 이를테면 다음과 같은 활동들이 여기에 해당한다. 첫째, 자동차 제조업자가 유통을 담당하는 딜러를 대상으로 경영자문을 수행하면서 자사의 제품을 이해시키고 마케팅전략을 전달함으로써 갈등을 해결한다. 둘째, 공장건설 전문회사는 전기 장비 유통업자를 지원함으로써 갈등을 줄인다. 셋째, 식품회사의 경로관리자가 도매상이나 소매상에게 정책을 설명하고 이해를 돕기 위해 적절히 해명해 줌으로써 갈등을 미연에 막을 수 있다.

# 식품·유통업계 '밀어내기'

읽을거리

2013년 5월3일 유투브에 남양유업 영업직원과 대리점주가 3년 전에 나눈 대화가 담긴 녹취 파일 하나가 올라왔다. 식품 · 유통업계에 만연한 밀어내기 수법에 대한 불공정성과 아들뻘인 영업직원이 아버지뻘의 대리점주에게 퍼부은 폭언은 네티즌의 공분을 사며 삽시간에 사회관계망 서비스SNS를 통해 퍼졌다. 여론이 악화하자 남양유업은 5월4일 홈페이지에 대표이사 명의의 사과문을 올리고 해당 영업직원은 사표를 냈다. 하지만 남양유업이 대리점주 일부를 허위사실 유포로 고소한 사실이 알려지자 여론은 더 나빠졌다.

악화한 여론이 급기야 불매운동으로 번지고 대형 할인점과 기업형 슈퍼마켓SSM에서 매출이 감소하자 결국 남양유업은 대표와 영업상무, 지점장 등 임직원 10명이 참석한 가운데 대국민 사과문과 함께 상생 방안을 발표했다. 우선 대리점에 대한 지원을 두 배로 늘려 연간 500억 원 규모의 상생기금을 운영하겠다고 했다. 대리점주 자녀에 대한 장학금 지원 제도도 마련하겠다고 약속했다. 논란의 중심이 됐던 밀어내기에 대해서는 앞으로 공동목표 수립제와 반송 시스템을 만들어 원천 금지하겠다고 다짐했다. 대리점 고충 처리 기구 운영 의지도 분명히 했고 갈등의 진원인 대리점피해자협의회에 대한 경찰 고소도 취하하고 나섰다. 그러나 대리점주는 남양유업의 사과가 진정성이 없다며 여전히 반발하고 있다. 오히려 비슷한 피해 사례가 재발하는 것을 방지하고 본사의 횡포를 상시적으로 감시하기 위해 대리점주들이 전국 점주를 대표하는 단체로 확대하는 방안을 논의하기 시작했다. 사정 당국도 업계의 밀어내기 관행에 대해 조사에 나섰다. 공정거래위원회는 남양뿐 아니라 서울우유, 한국야쿠르트, 매일유업 등 우유업계에 대한 조사를 시작했으며 검찰도 불공정 거래 행위 전반으로 수사를 확대하겠다는 입장이다.

한편 이번 남양유업 사태는 단지 한 식품업체와 대리점주 사이에서 일어난 일로 그치지 않았다. 그동안 억지로 참아왔던 을의 눈물이 남양유업 사태 이후 봇물 터지듯 쏟아지기 시작한 것이다. 중소 철골공사 전문업체인 A사의 경우 2010년 대기업에 철골 제작 하도급 계약을 맺었지만 원청 기업의 잦은 설계 변경과 계약 후 자재비의 급격한 인상이 이어지자 대금 증액을 요청했다. 그렇지만 도면 수정에 의한 제품 수정과 자재비 단가 변경을 하지 않기로 한 계약 내용 때문에 이 같은 요청은 받아들여지지 않았다. 결국 50억 원의 손실이 발생해 A사는 부도 처리되고 말았다. 자동차 부품업체인 B사는 대기업 사업자로부터 자사의 원가 절감을 위해 B사를 포함한 4개 수급 사업자에 납품 단가를 최고 24.4%까지 인하하겠다는 얘기를 들었다. 울며 겨자 먹기로 납품단가를 내리기로 했지만 원청 업체가 적용 시점을 일방적으로 합의일보다 23개월 앞당겨 적용하는 바람에 손해를 입게 됐다.

본사의 강압을 견디지 못하고 결국 대리점주가 자살하는 사례도 발생했다. 한 식품업체의 지방 대리점주는 본사가 해당 지역의 대형 할인점 납품도 맡기자 밀어내야 할 물량이 늘어난 데다 그에 따라붙게 되는 빚을 감당하지 못해 작년 11월 스스로 목숨을 끊었다. 업계 관계자는 "대형 유통업체 영업은 물량이 많고 부담이 커 대부분의 식품업체는 본사에서 담당한다. 그러나 이 업체는 대형 할인점도 대리점주에게 맡기다 보니 결국 그 부담에 괴로워하다 자살을 한 듯하다"고 전했다. 이처럼 을의 눈물이 쏟아지자 갑의 횡포를 개선해야 한다는 목소리가 높아졌다. 특히 남양유업 사태가 터진 식품 · 유통업계를 중심으로 윤리경영을 강조하며 내부 단속에 나섰다.

빙그레는 대표이사가 최근 사내 인트라넷에 글을 게시하며 직원들에게 윤리경영을 강조했다. 특히 협력업체와 대리점에 대한 불공정 거래 행위를 비롯해 재판매와 가격 유지 행위에 대해 지위 고하를 막론한 일벌백계 방침을 새로 세웠다. 빙그레 관계자는 "우리는 기본적으로 대리점의 반송 시스템을 이미 갖춰 놓고 있다"며 "상황을 지켜보고 추가로 대리점 관련 제도를 보완할 부분은 보완하자는 입장이지만 당장은 윤리경영을 강조하면서 내부 단속에 나서는 분위기"라고 설명했다. 다른 식품업계도 기존에 진행해 온 윤리경영 · 상생 제도를 강화한다는 입장이다. 공정위 조사가 진행 중인 한국야쿠르트의 경우 '야쿠르트 아줌마'와 계약을 할 때 회사를 '을'로 표시해 오고 있다. 이 회사 관계자는 "2008년부터 야쿠르트 아줌마와 계약할 때 아주머니가 갑, 회사가 을로 표현된 계약서를 작성하고 있다"며 "회사 성장의 동반자로 예우하고 예의를 지키기 위한 차원"이라고 설명했다. CJ제일제당은 대리점주가 문제를 제기할 수 있는 직통 게시판을 운영 중이다. 대리점에서 건의사항이 올라오면 본사 담당이 24시간 안에 해결해야 하는 시스템을 운영 중이며 앞으로 관련 제도를 강화할 방침이라고 밝혔다.

정치권에서는 갑의 횡포를 방지할 관련 법안 마련에 나섰다. 새누리당 전 · 현직 의원 모임인 '경제민주화실천모임(경실모)'도 5월14일 국회에서 '대기업-영업점 불공정 거래 근절 정책간담회'를 열고 불공정한 갑-을 관계의 해결 방안을 모색했다. 경실모는 이른바 '갑질'에 대해 집단소송제 전면 도입, 사인의 행위금지 청구 제도 도입, 공정위 결정에 대한 고발인(신고인)의 불복 기회 부여, 내부 고발자 보호 및 보상 강화 등을 공정거래법에 담기로 의견을 모았다.

자료원: 월간마이더스 (2013년 6월호) 참조

PART

# 4

# 유통경로 운영전략

CHAPTER

# 13

# 유통정보시스템

1. 유통경로 의사소통
2. 유통정보시스템
3. 유통정보시스템의 기술
4. 유통정보시스템과 유통관리

# 1
# 유통경로 의사소통

## 1.1 유통경로 의사소통의 개념

유통경로에서 의사소통 시스템은 경로의 기능과 활동을 경로환경에 맞게 조정하는 수단이다. 이론적인 관점에서 보면 유통경로의 의사소통과정은 다음과 같은 수많은 사실들을 포함하고 있다.

- 내용: 의사소통의 내용은 제품, 촉진, 가격, 성과 정보와 같은 메시지를 담고 있다.
- 형태: 의사소통의 형태로는 면대면, 인적, 의사소통기술을 이용한 비인적 의사소통과 같은 형태가 있다.
- 방향: 경로의 결과물을 만들어 내는 의사소통은 경로구성원의 반응과 만족 및 불만족과 관련하여 일방향 혹은 양방향의 의사소통이 있다.
- 결과: 의사소통의 효과는 경로 조정과 경로구성원의 성과를 개선하는 것으로 나타날 것이다.

경로구성원들이 이러한 측면을 조정하고 통제함으로써 효과적인 의사소통을 하게 되는데 이를 통해 경로시스템의 성과의 효율성을 증대시킬 것이다. 오해 혹은 정보전달의 지연은 효율적으로 업무수행을 하지 못하게 하므로 경로구성원들 간의 불화를 만들게 된다. 그것이 경로 내의 갈등의 주된 근원 중의 하나이다.

유통경로는 피라미드를 닮아서 제품의 상업적 경로에서 제조업자가 피라미드의 꼭대기를 구성하게 된다. 제조업자, 도매상, 소매상 각각은 하나의 경로구조에서 별개의 계층을 형성하게 된다. 실제로 이들 각각의 경로 기관들은 복수경로 시스템을 구성하게 된다. 이것들은 최종적인 고객과 물적유통경로, 고객 서비스 경로, 그리고 시장 정보를 수집하는 경로 등을 통해 연결된다. 의사소통은 모든 측면에 스며들고 피라미드 구조를 통해 수직으로 이동할 뿐만 아니라 동일수준의 기업들 간에 수평적으로 이동하게 된다. 정보는 각각의 수준에 있는 구성원들 간에도 교환되고 수준 간에도 교환된다.

## 1.2 유통경로 의사소통전략

표 13-1은 경로의 여건과 의사소통의 방향간의 관계를 보여 주고 있다. 경로구조의 두 가지 유형은 관계적 구조와 시장 구조이다. 관계적 구조는 장기적 교환관계를 의미하며 시장구조는 수시로 발생하는 교환관계이다. 경로 분위기는 지원적 분위기와 비지원적 분위기 두 가지가 있는 데 전자는 조직간 관계에서 상호 신뢰와 지원을 하는 분위기이고 후자는 그 반대의 분위기를 의미한다. 힘의 상태가 균형적인 것과 불균형적인 것으로 이분화 되었는데 전자는 각 부서 간에 힘이 균형을 이루고 있는 것이고 후자는 그렇지 못한 상황을 의미한다.

의사소통의 내용이 직접 혹은 간접이라는 구분은 전자가 의사소통 전략이 목표기업의 행위를 변경시키기 위한 직접적 영향전략과 같은 요구전략, 권고전략, 약속전략 등이라는 의미이다. 후자는 목표기업의 태도와 신념을 바꾸려는 영향전략으로 특정 행위를 요구하지 않는 보편적인 영향전략으로 정보교환 전략과 같은 의사소통을 펼치는 경우이다.

의사소통의 형태로서 공식적인 것과 비공식적인 것으로 나누고 있는데 전자는 문서화된 것 혹은 공식적인 회의 등과 같은 방식으로 이루어지는 것을 의미하고 후자는 개인적인 의사소통으로 구전word-of-mouth과 같은 유형이다.

표 13-1을 구체적으로 살펴보면 경로구조가 관계적일 때 의사소통이 양방향으로 활발하게 일어나며, 분위기가 지원적인 경우가 역시 의사소통을 증가시킬 것이

**표 13-1 경로여건과 의사소통의 방향간의 관계**

| 경로의 여건 | 의사소통의 여러 측면 | | | |
|---|---|---|---|---|
| | 빈 도 | 방 향 | 내 용 | 형 태 |
| **경로구조** | | | | |
| 관계적 구조 | 높음 | 양방향 | 간접 | 비공식 |
| 시장구조 | 낮음 | 일방향 | 직접 | 공식 |
| **분위기** | | | | |
| 지원적 | 높음 | 양방향 | 간접 | 비공식 |
| 비지원적 | 낮음 | 일방향 | 직접 | 공식 |
| **힘** | | | | |
| 균형 | 높음 | 양방향 | 간접 | 비공식 |
| 불균형 | 낮음 | 일방향 | 직접 | 공식 |

| 경로여건 \ 의사소통 전략 | 협동적 전략 | 자율적 전략 |
|---|---|---|
| 관계적 구조<br>지원적 분위기<br>힘의 균형 | 산출물 증가 | |
| 시장 구조<br>비지원적 분위기<br>힘의 불균형 | | 산출물 증가 |

**그림 13-1 의사소통 전략과 경로여건의 상호작용**

고, 힘이 균형을 이룬 상태가 의사소통을 더 많고 비공식적인 것으로 유도할 가능성이 크다는 것을 알 수 있다.

한편 의사소통 전략과 경로구조, 분위기, 그리고 힘 등은 경로의 산출물output의 수준을 결정하기 위해 상호작용을 하는 것으로 그림 13-1과 같이 표시할 수 있다. 여기서 자율적 의사소통 전략autonomous communication strategy은 낮은 빈도, 일방적, 직접적, 그리고 공식적 의사소통으로 특징지어지는 것을 의미한다. 반면 협동적 의사소통 전략collaborative communication strategy은 높은 빈도, 양방적, 간접적, 그리고 비공식적 의사소통으로 특징지어지는 의사소통이다.

이 그림에서 대각선 방향으로 산출물이 증가하는 조합이 나타나고 있는데 이는 의사소통 전략이 경로의 여건에 맞는 상황이라는 뜻이다. 그렇지 않은 두 개의 칸은 산출물이 증가하지 않은 상황으로 이는 의사소통 전략이 경로 여건에 맞지 않는 경우를 나타내고 있다. 산출물의 증가는 초기에는 질적 측면에서 나타나다가 시간이 흐르면 양적인 산출물 증가로 전파될 것이다.

## 1.3 유통경로 의사소통의 본질

### 1) 정보의 적시성

경로 흐름과 활동의 수직적인 조정이 이루어지려면 경로의사소통은 적시에 이루어져야 한다. 경로시스템 내의 의사소통의 적시성timing은 메시지의 조정과 해석에 직접적인 영향을 미친다. 정보가 너무 일찍 접수되면 접수자가 관련성을 알지 못하게 되어 간단히 간과되기 쉽다. 너무 일찍 알고 있던 사실은 시간이 지나고 나면 흔히 「아하 그것이 그 정보였구나」하는 식의 후회를 만들어 내는 법이다. 정보전달이 지연되면 전체 경로에 재고불균형, 서로간에 조율되지 않은 촉진 내용 등과 같은 역기능적인 결과들을 낳게 된다.

적시성은 차례에 따르는 순차적인 것과 동시적인 것이 있다. 순차적인 흐름에서는 메시지는 경로구성원의 몇몇에게 전달되고 나면 그들이 다른 구성원에게 그것을 이어서 전달하게 된다. 이와는 대조적으로 동시적인 의사소통은 메시지의 영향을 받게 되는 경로의 모든 구성원이 동시에 그 메시지를 접수하게 된다.

이들 두 가지의 흐름 중에서 동시적인 흐름이 더 나은데, 이는 메시지가 늦게 전달되어서 생길 수 있는 역기능적인 갈등의 발생소지를 없애 주기 때문이다. 만약 신제품 촉진 캠페인을 효과적으로 조정해야 제품을 성공적으로 마케팅 할 수 있는 경우에 동시적인 메시지의 흐름은 조정을 가능하게 한다. 제품이 소매상의 선반에 없을 때 제조업자의 광고비용을 낭비하지 않기 위해서 촉진 및 재고 흐름은 조정되어야만 한다. 따라서 유통경로에서 조정은 의사소통 시스템의 적시성에 따라 움직이게 된다.

컴퓨터를 이용한 정보시스템과 전자적인 의사소통 매체의 발달은 경로구성원 간의 정보 흐름을 가속화시키면서 동시에 정확도를 높여 주면서 경로의 의사소통에 영향을 미쳐 왔다. 경로구성원은 주문을 접수하고, 처리하고, 주문을 내는 경로구성원과 직접 연결되어 있다. 시장 여건과 판매율에 대한 적시의 정보는 재빠른 가격정책과 촉진 정책의 수정을 통해 시장 여건에 맞추어 나갈 수 있게 해준다. 경로 의사결정에서 적시성의 결정적인 역할은 이러한 영역에 사람들이 더 많은 관심을 가지게 했다는 것이다.

### 2) 정보인식

경로구성원들 간에 다양한 의사소통 흐름을 통한 빈번한 상호작용은 서로의 행위를 이해하게 만들어 주기 때문에 서로의 역할을 이해하고 미래의 행위를 예측할 수 있게 해준다. 경로구성원들이 다른 구성원의 행위가 자신의 성과, 자율성, 목표달성에 방해가 된다고 생각할 때 갈등이 발생하게 된다. 그러한 갈등은 유통경로에서 불가피하게 발생하고 있다.

경로 내 갈등의 원천은 두 개의 주된 영역으로 나누어지는데 하나는 태도적인 갈등이고 하나는 구조적인 갈등이다. 태도적인 갈등은 경로구성원이 경로와 그 환경에 대한 정보를 접수하고 처리하는 방법에 기인하는 것이다. 구조적인 갈등은 경로구성원 간의 관심사의 차이로서 목표 불일치, 자율성에 대한 욕구, 그리고 자원에 대한 경쟁 등을 반영하는 것이다. 의사소통과 관련된 여러 요인들이 태도적인 갈등의 생성에 크게 기여하는 셈이다. 이것들은 역할에 대한 인식, 비밀에 대한 욕구, 그리고 의사소통 방해 등과 같은 것이다. 정보와 관련된 의사소통이 갈등을 만들어 낼 수 있다는 사실은 경로의 의사소통 방식과 의사소통할 정보의 내용에 대해 고민해야 한다는 점을 일러 주고 있다.

### 3) 정보의 비밀성

경로구성원들은 중요한 정보를 서로에게 알리지 않는 경우가 있는데 이는 메시지를 변경하여서 경쟁적 자료가 새는 것을 막거나 다른 경로구성원이 대항힘countervailing power을 가지는 것을 막기 위한 까닭이다. 예로 소매상은 협상력을 가지기 위해 공급자들에게 제품이동률에 대한 정보를 제공하지 않는 경우가 있다. 제조업자는 소비자나 최종소비자와의 직거래를 원하는 경우에는 비밀성secrecy을 요한다. 그러므로 효율적인 조정을 할지 아니면 경쟁적인 자료를 특정 경로구성원에게 주지 않아야 할 것인가라는 두 가지 중 어떤 것을 택할지 고민하게 된다.

비밀성을 완화시킨다는 것은 제조업자가 유통업자에게 더욱 의존하게 되었다는 뜻인데 이는 산업재의 유통에서 특히 그러하다. 직접매출비용, 재고유지비, 국내 및 국제 경제의 증가, 그리고 고객이 원하는 서비스 수준의 상승 등과 같은 요인들은 제조업자가 산업재 유통업자에게 더욱 의존하게 되는 몇 가지 이유들이다. 이 같은 현상으로 인해 경로구성원 간의 보다 강력하고 협동적인 파트너십이 형성되게 되었다. 새로운 관계의 주된 측면은 양자 간의 공동의 목표를 위해 신뢰와 결속을 통해 성공적이고 효과적인 파트너십을 형성하기 위해 시장 정보를 공유하며 이용하는 것이다. 이러한 파트너십은 경로에서 정보가 꽉 차 넘쳐나는 경향을 막게 된다.

### 4) 정보의 잡음

메시지를 잘못 이해하게 하는 주된 요인은 잡음noise이다. 상세한 정보가 풍부한 경우에는 정보 수용자의 처리 능력을 초과할 수 있기 때문에 오해될 가능성이 있다.

의사소통시스템에서 정보과부하를 막기 위해 정보교환은 수신자가 필요로 하는 정보에 국한되어야 한다. 이는 뒤에서 제시될 유통경로의 정보시스템 설계 단계에서 보듯이 순서적 절차가 전체 의사소통시스템의 정보량을 감소시키게 되어 잠재적인 잡음을 줄이게 된다.

메시지의 잡음, 비밀성, 그리고 오해를 줄일 수 있는 효율적인 방법 중의 하나는 자동인식auto ID: automatic identification을 이용하는 것으로, 이는 전문화된 컴퓨터 언어를 이용하여 수작업으로 키보드를 치지 않고도 수많은 재고품목에 대한 자료를 수집하여 저장할 수 있다. 자동인식은 제조업, 도매상, 소매상에서 이용되고 있고 이제는 건강센터, 수송, 재무적 서비스 산업에도 이용되고 있는 실정이다.

자동인식방법으로는 자기선magnetic stripe, 광학문자인식기OCR: optical character recognition, 스마트 카드smart card, 라디오 주파수 부착기radio frequency tagging, 머신 비젼machine vision, 음성 인식기voice recognition 그리고 바코딩bar coding 등의 기술이 있다.

자기선은 많은 자료를 입력할 수 있고 자료의 수정이 용이하지만 바코딩에 비해 비용이 비싸고 원거리 판독 불능이라는 한계가 있다. 플라스틱 카드에 부착되어 개인 ID나 은행 등에서의 재무적 거래에 많이 이용된다. 광학문자인식기는 재고 파악을 위해 사람의 수작업으로 바코딩처럼 코딩하는 것이지만 바코딩에 비해 속도가 느리고 정확도도 떨어진다. 스마트카드는 컴퓨터 칩을 내장하고 있어서 상당히 많은 양의 정보를 저장할 수 있는 장점이 있다. 라디오 주파수 부착기는 장거리의 정보 인식이나 환경이 나쁜 상황에서의 정보 판독에 용이한데 제품 속에 부착하는 것으로 송신기와 수신기를 이용하여 자료의 송출이 가능하다. 라디오 주파수 부착기는 장거리의 정보 인식이나 환경이 나쁜 상황에서의 정보 판독에 용이한데 제품 속에 부착하는 것으로 송신기와 수신기를 이용하여 자료의 송출이 가능하다.

바코딩은 유통경로 전체에서 재고의 위치를 확인할 수 있고 언제든지 실시간의 정보를 제공해 준다. 재고 흐름과 관련된 계획수립을 가능하게 해주기 때문에 효과적인 재고관리를 가능하게 하고 재고와 관련된 창고비용 등을 감소시켜 줄 수 있는 방법이다.

바코드bar code는 국가, 제조업체, 제품 품목 등에 대한 정보를 담고 있다. 상품의 식별과 상품정보의 교류를 위한 국제표준상품코드를 관리하고 보급을 전담하는 기관으로서 세계 100개국 이상이 가입한 국제기구인 GS1Global Standard No.1에서 국가번호를 부여하는데, 우리나라는 1988년 가입, 880을 부여받았다. 제조업체코드는 대한상공회의소 유통물류진흥원이 부여한다. 원래 북미지역에서 개발된 UPCuniversal product code와 유럽중심의 EANeuropean article number 코드 중 우리나라는 EAN 코드체계에 가입하고 따르고 있었지만 2005년 UCP와 EAN의 통합으로 GS1이라는 통합명칭이 사용되면서 우리나라도 GS1-13코드를 사용하고 있는 것이다. 제조업자가 생산하면서 부착한 바코드를 생산자마킹source marking이라 하고 이러한 마킹이 없는 경우 소매상이 유통효율을 꾀하기 위해 자체적으로 부착한 것은 점포별마킹instore making이라 한다. 이 마킹은 표준화가 되지 않기 때문에 효율성이 떨어지지만 점포에서 포장되는 제품에 마킹에 유용한 방법이다.

이러한 바코드는 판매시점의 정보를 이용하여 경영활동에 반영하는 POS시스템의 운영에 필수적인 수단이다. 뿐만 아니라 고객의 요구를 정확하게 파악하고 서비스의 질적 수준을 증가시켜서 온라인으로 자동발주를 하는 EOSelectronic ordering system시스템을 가능하게 하는 근거가 된다. 이 자동수발주 시스템은 컴퓨터단말기에 「A제품 10개 요구」라고 입력하면 즉시 본사와 공장에 온라인으로 연결된 통신망을 통해 제품이 자동적으로 주문되는 시스템이다.

## 1.4 경로 잡음의 원천과 극복 방법

### 1) 잡음의 원천

유통경로 의사소통의 생략omission과 왜곡distortion은 잡음의 특징적인 두 가지 형태인데 이는 다양한 원천으로부터 생기는 것이다. 잡음의 원천으로는 정보 과부하, 비밀성, 의사소통 시간의 부적절성, 그리고 경로구성원 간의 인식 차이 등이다.

#### (1) 정보 과부하information overload

의사소통 메시지를 처리하고 반응할 수 있는 능력은 경로구성원 누구에게나 한정적인 수준에 있는데 정보가 너무 많이 제공되게 되면 다 처리할 수가 없어서 생략할 수도 있고 똑같지 않은 정보가 있는 경우에는 자연히 어느 것은 다른 정보에 맞게 왜곡되어서 의사결정자는 하나의 결론에 도달할 수 있을 것이다. 정보는 수신자가 적당한 수준으로 환기되어 있어서 주의를 집중할 수 있는 시기에 한두 가지만 제공하는 것이 효과적일 것이다. 적당한 수준으로 환기된 상태가 정보처리능력이 가장 뛰어날 수 있는 시기이기 때문이다.

#### (2) 비밀성secrecy

경로의사결정자는 중요한 의사결정을 하는 경우에는 비밀스럽게 정보송수신을 하게 될 것이다. 그런데 너무 비밀스럽게 되면 의사소통의 문제와 갈등을 유발하게 된다. 만약 어떤 가전제품 회사가 TV광고로 자사의 신제품을 광고하는 경우, 신제품이나 광고와 관련된 정보는 도매상과 소매상들에게도 중요한 뉴스일 것이다. 만약 이 회사가 비밀스럽게 정보관리를 해서 도매상과 소매상이 충분한 제품 정보를 갖고 있지 않다면 광고를 보고 소매점을 찾는 소비자들의 실망은 상당할 것이다.

#### (3) 의사소통 시기의 부적절성poor timing of communication

너무 빨리 접수된 정보는 수신자가 간과할 가능성이 크고 너무 늦게 도착된 정보는 가치가 없어진다. 정보시스템이 낙후되어 있던 제품이 도착하고 나서야 그 제품의 촉진 캠페인 기간이 막 시작되었음을 알리는 정보가 접수된다면 제품과 관련된 재고계획과 재고관리가 어려울 것이다. 한편 수많은 부품 공급자로부터 부품의 선적 시기를 알리는 정보를 본사의 공장에 실시간으로 접수시킨다면 경우에 따라서 본사의 정보관리자는 아주 오래전에 접수한 정보의 의미를 간과할 가능성이 생길 수도 있다.

#### (4) 경로구성원 간의 인식 차이perceptual differences among channel members

경로구성원들이 정보를 다르게 해석하는 이유는 크게 세 가지로 볼 수 있다. 첫째, 의사소통에 이용되는 언어가 표준화되지 않을 수 있다는 점과 무형이라는 데 가장 큰 원인이 있다.

둘째, 경로구성원들이 서로 다른 준거의 틀을 가지고 있다는 점이다. 유통경로 구성원들은 서로 다른 목표를 지니기 때문에 의사소통의 잡음을 발생시키게 된다. 예로써 자동차 산업에서 자동차 생산자는 경제적인 생산규모를 유지하기 위해 적절한 수준의 판매량을 중시할 것이지만 딜러는 판매와 자동차 서비스를 통해 수익성을 달성하는 데 많은 관심을 가지고 있을 수 있다. 딜러는 전체 매출만 적절한 수준으로 달성할 수 있다면 개별 브랜드 각각의 판매량에 크게 집착할 필요는 없을 것이다. 그러나 제조업자는 비용 부담으로 공장 가동의 어려움을 겪지 않기 위해서 특정 모델의 제품 혹은 주력 제품에 대해 딜러가 보다 관심을 가져 주기를 기대할 것이다. 이와 같은 준거 기준의 차이는 메시지가 부정확하게 입력되거나 부적절하게 출력되게 할 수 있다.

셋째, 정보원천의 신뢰성과 적법성이 의사소통의 효과에 영향을 미칠 수 있다. 만약 소매상이 진실을 말하지 않는 경향이 있다면 공급자는 소매상의 메시지를 의도와는 다르게 해석하려 할지도 모른다. 똑같은 정보라도 전문성, 신용성, 적법성 등을 지닌 사람이나 매체를 통해서 듣게 되면 수신자는 이를 훨씬 신빙성 있는 정보로 이해하게 된다는 뜻이다.

### 2) 잡음 극복 방법

유통경로 내의 잡음을 제거하거나 줄이는 방법들은 여러 가지가 있다. 그 중 특별히 강조할만한 것들은 피드백, 특수한 언어 사용, 기술 변경, 순서와 차례 기다리기, 중복과 반복, 정보 수요 예측 등이 있다.

#### (1) 피드백

의사소통의 잡음을 줄이는 가장 간단한 방법 중의 하나가 수신된 메시지가 의도된 메시지였는지를 알아낼 수 있는 피드백 장치를 마련하는 것이다. 경로로부터 피드백을 얻기 위한 몇 가지 방법이 있다.

첫째, 판매원들이 유통기관에 전화를 거는 것은 경로 내의 의사소통이 효과적으로 이루어지고 있음을 확인할 수 있는 가장 간단한 방법이다.

둘째, 기업이 입수하게 되는 판매량이나 주문 크기 등과 같은 일상적인 정보는 자신의 마케팅 프로그램의 효과에 대한 직관적인 안목을 갖게 해 준다.

셋째, 소비자를 대상으로 하는 설문조사, 점포 감사, 혹은 딜러를 대상으로 하는 조사 등은 피드백을 얻는 또 다른 방법이다.

넷째, 제조업자는 피드백을 얻기 위해 제조업자가 선발하거나 다른 딜러가 추천한 12~25명 정도의 딜러로 구성된 딜러 자문회를 활용하기도 한다. 자문회 구성원들은 경로관계에 대한 자신들의 의견을 제조업자에게 전달하게 된다.

다섯째, 경로 내의 여러 가지 활동에 대해 유통기관들이 정보를 피드백 받을 수 있는 방법으로 회의나 전시회 등에 참석하는 것도 좋은 기회가 될 것이다.

여섯째, 피드백을 얻는 또 다른 방법은 유통기관의 경영자가 다른 경로기관의 관리자들과 비정형적인 대화의 시간을 갖는 것을 생각할 수 있다. 구체적인 대화의 목적이나 소재 및 주제를 정하지 않고 이런 시간을 가짐으로써 기대하지 않았던 정보를 획득할 수도 있을 것이다.

### (2) 특수언어

기술적으로 만들어낸 뜻을 금방 알아볼 수 없는 말이나 정부의 관청용어를 이용하면 몇 가지의 상징물로서 송수신자는 엄청난 양의 정보를 서로 교환할 수 있게 된다. 이러한 특수언어의 대표적인 예가 바코드로, 제조업자, 도매상, 소매상들이 보다 정확하게 의사소통할 수 있는 의미를 나타내면서 전자적인 문서교환방식을 따르게 되면 그 효과는 엄청나게 증가한다.

### (3) 기술변경

메시지를 송수신하는 형태를 변화시킴으로써 기업은 유통경로에서 발생하는 잡음의 양을 줄일 수 있다. 일반적으로 다른 기술을 이용하게 되면 의사소통의 품질과 속도를 개선할 수 있다. 그것은 의사소통시스템의 개발에서 경로구성원이 메시지의 순서와 시기를 고려하게 만든다.

### (4) 순서와 차례 기다리기

앞서 살펴본 것처럼 유통경로의사소통의 잡음은 종종 수신자가 너무 많은 메시지를 한꺼번에 처리하려 한다는 이유만으로도 발생하는 경우가 있다. 이러한 과부하는 메시지가 수신자에게 한 묶음으로 도착하게 될 때 발생하게 된다. 이때 의사소통의 잡음을 제거하는 방법으로는 메시지에 순서를 정하게 되면 수신자는 그 메시지를 정확하게 처리할 수 있는 적절한 시간을 갖게 될 것이다. 경로 의사소통의 잡음은 메시지가 순서 없이 도착할 때도 발생할 수 있다. 이때 메시지가 적절한 순서로 처리될 수 있도록 정상적인 순서를 정하는 일이 필요하다.

### (5) 중복과 반복

송신자가 같은 메시지를 여러 가지 의사소통 매체를 통해 여러 번 보내게 되면 이것은 경로 의사소통에서 생략과 왜곡을 줄이기 위해 중복redundancy을 하고 있는 셈이다. 이러한 잡음 제거 메커니즘은 두 가지 방향으로 작동하고 있다.

하나는 서로 다른 의사소통 매체를 이용함으로써 송신자는 수신자가 그것들 중 어느 것에 대해서 가질 수 있는 편견을 없앨 수 있다. 예로써 업계지에 실린 광고는 흔히 별로 자랑스러운 것으로 생각되지 않지만 신뢰하는 판매원을 통해서 그 내용을 들은 경우에는 더욱 가치 있는 정보로 생각하게 될 것이다.

다른 하나는 반복을 함으로써 최초의 전송에서 유실된 일부 메시지가 수신될 수 있을 것으로 기대하는 경우도 있다. 포화광고를 하는 이유도 바로 이러한 이유 때문이다.

### (6) 정보수요예측

이제 유통경로가 조직간 시스템으로서 성공적인 업무를 수행하려면 모든 마케팅 흐름에 대한 의미 있는 의사소통이 불가피하다는 것이 명백해졌다. 경로정보 및 의사소통 시스템 개발의 중요한 단계는 마케팅 기능을 효과적으로 수행하려면 어떤 유통기관이 어떤 정보를 필요로 하는 지를 이해하는 일이다. 이러한 이해가 있을 때 비로소 유용한 메시지만이 의사소통 시스템을 통해 전송될 것이다. 진정으로 정보를 필요로 하는 경로구성원만이 그것을 수신하게 될 것이다. 따라서 다른 경로구성원들은 건너뛰게 되는 셈이다. 이렇게 하게 되면 유통경로에서 불필요하거나 무관한 정보가 전송되거나 수신되는 경우가 크게 줄 것이다.

하나의 유통경로구성원이 시장 수요 정보와 같은 가치 있는 정보를 수집하고 해석하여, 다른 경로구성원에게 전송하는 이른바 불확실성의 흡수uncertainty absorption는 경로 의사소통 시스템을 통해 이동되는 정보의 양을 줄일 수 있는 또 다른 방법이다. 이 과정으로 불필요한 정보를 제거함으로써 원래의 자료에서 나온 정보들만 전송할 수 있게 된다.

### (7) 잡음 제거의 문제점

의사소통의 잡음을 줄이려는 시도가 가끔 좋지 않은 부작용을 낳기도 한다. 다시 말해 잡음을 없앤다는 것이 잘못되어 추가적인 잡음을 불러 올 수 있다는 뜻이다. 이를테면 반복과 피드백은 송수신해야할 정보의 양을 증가시키기 때문에 결과적으로 의사소통의 과부하를 가져온다. 또한 피드백은 그 자체가 의사소통의 잡음을 만들기 때문에 문제를 더욱 복잡하게 하고 만다. 메시지를 특수 언어에 맞추는 과정에서는 송신자가 메시지의 맥락에 관한 가치 있는 정보를 생략하게 될 수도 있다.

불확실성의 흡수는 원자료로부터 추론을 하는 경로구성원이 편견을 가지고 있을 경우에는 메시지를 왜곡 혹은 생략할 수가 있다는 한계가 문제가 된다. 기술변경은 의사소통의 속도를 개선하는데 이는 메시지 송신과 수신간의 시간을 단축시켜 준다. 이렇게 되면 유통경로관리자는 실수를 할 여지가 적어지게 되는 혜택이 있다.

그런데 중요한 것은 유통경로 의사소통의 잡음을 제거하려는 시도는 잡음 제거 메커니즘을 실행하는 비용과 그것으로 인해 얻는 것 사이에는 균형을 유지해야 할 것이다. 금전적인 비용과 혜택뿐만 아니라 잡음 감소의 절대량을 평가하여야 한다. 너무 비용을 많이 들여서 잡음을 제거하게 되었다면 옛날 돌팔이 의사가 「곱추는 고쳤는데 사람이 죽었군요」라고 하는 우스개 소리의 교훈을 되새겨야 할 것이다.

# 2
# 유통정보시스템

## 2.1 유통정보시스템의 정의 및 중요성

유통경로구성원 간의 다양한 형태의 의사소통을 통해서 경로의 업무가 원활히 진행되고 필요한 경우에 서로 조정을 하면서 성과를 높여갈 수 있다. 의사소통이 적거나 부적절한 경우에는 경로구성원 간의 역할에 대한 조정이 어렵기 때문에 경로관리자는 이러한 의사소통의 원활화와 효율성을 막는 장애 여부를 확인하려는 노력을 계속해야 한다. 그럼에도 불구하고 정보의 전달 과정에서의 생략이나 왜곡으로 인한 장애가 발생하곤 한다. 부적절한 의사소통이나 잘못된 정보 전달은 역기능적인 경로갈등을 만들어내게 된다.

그래서 경로 내에서의 효과적인 의사소통을 위한 방법론은 중요하게 다루어져야 할 주제이다. 효과적인 의사소통을 가로막는 이유는 행위적, 구조적, 그리고 기술적 이슈와 관련된다. 행위적 이슈에서는 구성원간의 입장과 상황에 맞는 행위를 맞추고 이해 · 조정하는 것에서 의사소통이 시작된다는 것이며, 구조적 이슈는 조직 내부 및 조직 간의 구조가 의사소통을 원활하게 진행할 수 있도록 설계 · 운영되는 것과 관련되는데 이러한 행위와 조직적 의사소통을 지원하는 기술의 도입은 그 성과를 급격히 향상시킨다는 점에서 중요하다.

그래서 제조업자 및 유통업자들은 자신들의 유통정보를 정리하고 서로 의사소통을 하기 위한 다양한 기술들을 도입하게 되는데, 이처럼 기업의 유통활동 수행에 필요한 정보의 흐름을 전사적으로 통합하여 저장하고 관리할 수 있도록 지원하는 시스템을 유통정보시스템이라 한다. 이 시스템은 자료를 수집 · 분석 · 처리하여 경로의사결정을 하는데 필요로 하는 정보를 제공해 줄 수 있는 인간과 컴퓨터시스템의 구성요소들로 이루어지게 되는데, 구매관리시스템, 주문처리시스템, 실적관리시스템, 수 · 배송관리시스템, 출하 · 재고관리시스템, 대금관리시스템, 고객데이터베이스, 수요예측시스템 등등의 다양한 시스템 중에서 기업의 필요와 특징에 맞는 시스템을 선택하여 구성하게 된다. 이러한 시스템에 저장되는 데이터에는 기업 내부의 판매 · 영업 관련 데이터, 상품 · 생산 관련 데이터, 판매 · 조달물류 관련 데이터, 고객서비스 관련 데이터 등이 있으며, 기업 외부의 기술정보, 경쟁사 정보, 경제 · 정치환경정보, 사회문화정보 등의 환경정보 등도 함께 수집 · 저장되어 전략적 의사결정을 지원하게 된다.

이러한 유통정보시스템의 도입은 정확한 정보교환, 속도 및 정확성 향상, 인건비 절감 등으로 고객과 공급업체 간 협력활동이 가능해지고 고객만족도를 높이는 성과까지 기대할 수 있다. 예를 들어 1990년대 이전만 해도 유통업체들은 재고조사를 위해 창고에 있는 제품을 일일이 수작업으로 세어 정리해야 했지만 1990년대 POS시스템이 도입되면서 유통업체들은 재고조사의 부담을 덜고 실시간으로 판매정보까지 확보하게 되었고, 날씨 및 판매데이터와 결합되어 수요예측까지도 가능해졌다. 이러한 정보가 제조업체의 생산 및 재고 운영전략에 필수적인 자료가 되면서 유통업체의 힘이 커지기도 하였다. 소비자들은 계산대에서 기다리던 시간이 줄어들게 되었고, 필요한 제품의 재고를 바로 확인할 수 있게 되어 만족도도 향상되었음을 볼 수 있다.

## 2.2 유통정보시스템의 설계

유통경로의 정보시스템을 설계하는 과정을 그림 13–2에서와 같이 다섯 가지의 단계로 나누어 볼 수 있다.

| 1단계 → | 2단계 → | 3단계 → | 4단계 → | 5단계 |
|---|---|---|---|---|
| **경로시스템의 주요 의사결정영역 확인**<br>• 최소주문량<br>• 제품구색<br>• 가격 및 할인<br>• 협동광고 | **각각의 의사결정을 수행할 각 수준의 담당자 결정**<br>• 제조업자<br>• 도매상<br>• 소매상 | **의사결정에 필요한 정보 파악** | **누가 누구에게 어떤 방식으로 정보를 제공할지를 결정** | **불확실성을 흡수할 수 있는 방안과 현재의 정보를 보충할 수 있는 방안 마련** |

그림 13–2 유통경로 정보시스템 설계 과정

### 1) 주요 의사결정 영역의 확인

유통정보시스템을 통해 어떠한 기능을 효율적인 것으로 만들 수 있는지를 가늠해 보는 단계이다. 궁극적으로 왜 유통정보시스템을 구축하려는지 가장 기본적인 질문을 던져 보는 시점이다. 결국 유통경로구성원의 공통의 관심사 중 주문 처리, 지불 수단, 촉진 등과 같은 업무 영역의 효율성을 제고하는 것이 가장 큰 의사결정이 될 것이다.

### 2) 의사결정 담당자의 결정

경로 관련 의사결정을 수행해야 하는 수준이 제조업자, 도매상, 소매상 중 누구인지를 결정하는 단계이다. 각각의 경로구성원이 어떤 구체적인 역할을 책임지고 담당하는지 혹은 전체 경로의 공동의 역할인지를 결정하는 시기이다. 재고관리의 책임이 전체 경로구성원의 것이기도 하지만 의류산업의 경우에는 제조업자가 맡는 경우가 많고 전자산업의 경우는 소매상이 책임을 지는 경향이 있다. 자신의 경로에서는 구성원 중 누가 이러한 특정 업무를 책임져야할지를 결정하는 것이 이 단계의 과업이다.

### 3) 의사결정에 필요한 정보의 파악

경로 전체의 정보시스템을 효율적으로 운영하기 위해 각 유통 단계에서 필요로 하는 경로 정보를 목록으로 만들어 보는 과정이다. 제조업자, 도매상, 소매상 각각이 필요로 하는 정보 목록이 다를 수 있다. 제조업자가 원료 공급자의 재고와 소비자의 구매패턴의 변화와 관련된 정보를 필요로 한다면, 도매상은 제조업자와 소매상의 재고현황을 필요로 할 것이며, 소매상은 소비자 구매패턴의 변화와 경쟁상의 제품 구색에 관한 정보 등을 필요로 할 것이다.

### 4) 정보 수집자, 사용자, 정보제공 방식의 결정

유통 정보시스템을 구성하고 있는 경로구성원 중 누가 정보를 수집하고, 누가 이용하며, 이를 어떤 방식으로 전달해야 하는지를 결정해야 한다. 시장의 경쟁이나 구매자의 소비패턴의 변화, 제품 구매와 관련된 만족, 불만족, 제품 구매후의 불평 행동 등에 대한 정보는 소매상이 가장 필요로 하고 수집도 소매상이 하는 것이 효율적이다. 제조업자의 입장에서는 전체적인 시장의 수요 변화와 경쟁자의 신제품 개발 관련 정보 등을 수집할 수 있는 능력을 가졌기 때문에 거시적인 정보 수집을 해야 할 것이고 이러한 정보는 경로구성원 모두에게 유용할 것이다. 이렇게 수집된 정보는 사용자에게 되도록 실시간으로 전달되는 것이 잡음을 줄이고 가장 효율적인 전달 방식이 될 것인데 이제는 전자적인 정보교환 방식이 이러한 기능을 수행하고 있다.

### 5) 경로 불확실성의 제거 및 정보 보충

경로구성원들이 수집하고 전달하는 정보가 경우에 따라서는 잘못 전달되거나 전달되지 않는 경우도 발생한다. 경로에 잡음이 생기게 되면 정보의 가치나 정보전달의 효율성은 줄게 될 것이기 때문에 되도록 전자적인 정보전달로 실시간의 정보교환을 가능하도록 해야 하고 POS시스템을 가동하여 불확실성의 제거는 물론 필요한 경우 경로구성원이 새로운 정보를 보충적으로 입력하여 이를 다른 구성원들이 활용하도록 해야 할 것이다.

# 3
# 유통정보시스템의 기술

정보시스템과 원거리통신telecommunication은 경로전체에 의사소통망을 형성하게 하는 중요한 기술적 수단이다. 여러 가지 정보 및 텔레커뮤티케이션의 종류와 그 적용 사례를 표 13-2에 제시하였다.

정보혁명은 유통경로의 구조와 경쟁에 커다란 영향을 미치게 되었고 컴퓨터의 사용이 증가되면서 시장은 급속도로 변하게 되었다. 전자시장electronic marketplace이 생겨나서 컴퓨터의 위력을 거듭하여 보여 주고 있는 실정이다. 전자적인 공간을 주무대로 하여 공급자와 수요자가 컴퓨터를 통해 만나는 전자시장은 수요와 공급 간의 시간과 비용을 엄청나게 절감시켜 주었다. 이제는 수직적 통합이나 수평적 통합과는 또 다른 차원의 경로구조가 실질적으로 존재하는 것과 같은 시대가 되었다. 이름하여 모든 방향으로의 통합allward integration을 이룬 경로구조라고 할 수 있겠다.

이러한 정보기술은 이제 경로구성원 간의 힘과 의존성의 균형을 좌우하는 실체로서의 역할을 하기에 이르렀고 무엇보다도 JITjust-in-time 재고 배치를 가능하게 해주었다. 경로구성원들은 정보기술을 체계적으로 관리하여 효과적으로 이용할 수 있게 된다면 경로에서 경쟁적 위치를 확보할 수 있을 것이다. 정보기술과 정보시스템의 개발은 다음과 같은 다양한 혜택을 가져다 줄 것이다.

- 비용 절감: 전자판매경로는 주문처리, 영수증 처리, 제품추적, 수송 그리고 회계정보의 처리에 있어서의 서류작업과 종업원의 수작업을 줄여 주는 것으로 경로 전체의 비용을 절감시켜 준다.
- 비용 이전: 전문가시스템을 활용함으로써 제품전문가의 비용을 경로의 제조업자나 유통업자의 판매원에게로 이전시킬 수 있다. 텔레마케팅을 하는 초보판매원과 고객서비스 관리자까지도 소프트웨어에 저장된 제품지식을 쉽게 인출할 수가 있다.

**표 13–2 여러 가지 정보 및 텔레커뮤니케이션의 종류**

| | 관련 유통 기능 | | | |
|---|---|---|---|---|
| 정보 기술 | 판매와 마케팅 | 구매 및 재고관리 | 물적유통 | 일반관리 |
| 온라인 데이터베이스on-line database | 온라인 주문<br>시장분석<br>PC활용<br>생산성 측정 | 자동구매주문<br>재고통제<br>PC활용 | 운송경로계획<br>창고에서 상차<br>PC활용 | 회계<br>경영정보<br>계획<br>LAN |
| 스캐닝scanning | 가격 정책<br>대금 청구<br>카탈로그<br>주문<br>판매원 방문<br>보고 | 재고통제<br>반품 관리 | 출고<br>입고<br>창고 이동 | 보안<br>종업원 추적<br>현금수납 |
| 텔레커뮤니케이션telecommunication | 화상회의<br>고객 접촉<br>이동 통신 | 공급자 목록<br>EDI | 수송차량 위치<br>확인 | 화상회의 |
| 사무자동화office automation | 전자 우편 | LAN | 최종사용자료<br>입력 | 워드프로세스<br>광파일 |
| 비디오텍스videotex | 카탈로그 제작<br>종업원 훈련 | 카탈로그 제작<br>종업원 훈련 | 운송 정보 | 종업원 훈련 |
| 인공지능artificialintelligence | 가격 결정 | 주문 | 거래 일상화<br>운송계획 | 전략적 모델링 |
| 인출과 저장 시스템<br>retrieval and storage system | | | 창고 이동 | 자료 관리 |
| 로봇 공학robotics | | | 출고<br>포장 | |

- 수입 증가: 만약 판매원이 컴퓨터를 이용한 사업계획서 작성에 숙달되어 있다면 더 많은 일거리를 처리함으로써 수입을 증가시킬 수 있을 것이다.
- 비용 회피: 주문, 제조, 그리고 수송 등을 가속화함으로써 고객의 클레임을 피하게 되어서 결과적으로는 비용을 부담하지 않아도 될 수 있다.
- 성과 개선: 과거에는 소수의 고객들에게만 서비스 할 수 있는 몇 명의 설계 기술 전문가를 보유하고 있었다. 그런데 이제 전문가 시스템 소프트웨어인 「Packaging Advisor」 등이 개발되면서 다수의 고객들에게 기술을 제공하는 의사소통을 할 수 있게 되었다.

- 위험 감소: 한 기업에서는 판매원들의 복잡한 견적을 종합적으로 판단하고 주문의 정확성을 높여 줄 수 있는 전문가 시스템을 운영하고 있다. 이 시스템은 초기에는 평균 30분 걸리고 70%의 정확성을 가졌지만 이제는 3분 밖에 안 걸리고 98%의 정확도를 갖추게 되었다.
- 관계의 새로운 설계: 공급자와 고객 간의 직접적인 의사소통은 몇몇 중간상과 서비스중간상을 제거시키는 역할을 하게 되었다.
- 경쟁시장에서의 혜택: 판매원이 생산관련 일정에 대해 직접 의사소통하는 시스템을 사용하는 능률적인 물류시스템으로 도요타 자동차 회사는 분해검사시간을 6일로 단축시켰다. 이것이 시장점유율을 유지할 수 있게 해주었다.
- 경쟁에서의 생존: 기술이 경쟁의 기초를 바꾸어 놓았기 때문에 정보기술을 급속히 혁신하고 개선할 필요성이 생기게 되었다.

## 3.1 전자문서교환과 유통경로

전자문서교환EDI: electronic data interchange 시스템은 그림 13-3과 같이 유통경로구성원을 전자적으로 연결하여 상호간의 신속하고 정확한 의사소통이 가능하게 해준다. EDI는 직접적으로는 보다 정확한 의사소통을 통해서, 간접적으로는 빠른 의사소통을 통해서 경영과 관련된 비용을 줄여 주고 있다. 실질적으로 종업원 수를 줄이는 것으로 줄이는 비용감소와 정보처리에 필요한 종이 사용을 줄이는 것으로 발생하는 비용감소는 엄청날 수도 있다. 전자적인 주문을 하게 됨으로써 수송의 리드타임lead time을 줄이게 된다면 이는 곧 비용감소로 이어지게 되는 셈이다.

EDI 시스템을 산업 부분에서 처음으로 개발하는 기업은 분명한 경쟁적 이익을 취할 수 있다는 전략적 효과를 노릴 수 있다. EDI 시스템은 현재의 경쟁자가 더 어

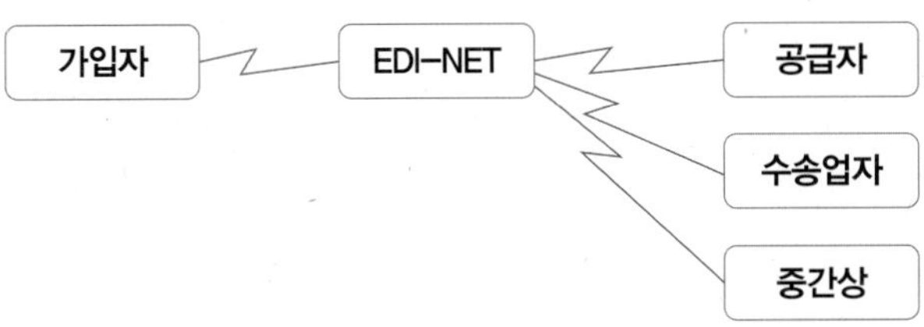


그림 13-3 EDI

려워지게 할 뿐만 아니라 잠재적인 신규 진입자에게는 진입장벽을 치는 효과도 가져다준다.

미국항공American Airlines이 업계에서 처음으로 운송업자와 중간상을 연결하는 주문시스템인 EDI 네트워크를 개발하게 되었다. 항공 산업에서 여행사는 항공수송업자와 고객 간의 중간상의 역할을 수행하게 되는데, 새로운 주문시스템은 세계의 모든 주요 항공사의 운항시간표를 미국의 자동화된 여행사에게 제공하였다. 여행사들은 이 새로운 주문시스템을 이용해서 다른 항공사를 예약하는 경우에 대해서는 건당 1.75불을 내야만 하게 되었다. 여행사들은 비자발급이나 호텔예약에도 이 네트워크를 이용할 수 있었다.

이 새로운 시스템에 접속한 여행사의 숫자뿐만 아니라 이 시스템이 취급하는 정보의 광범위성도 미국항공의 분명한 경쟁적 이점이 된 것이다. 사실상 이 새로운 시스템은 미국항공이 항공 여행시장의 점유율을 올리는 데 중요한 기여를 한 셈이다.

### 1) EDI의 특징

EDI의 특징을 다른 문서 송수신 수단과 비교해 보면 표 13-3과 같이 정리될 수 있다. EDI는 부가가치 통신망VAN: value added network을 경유해서 정보송수신이 이루어지고 있다. VAN이란 공중통신사업자의 통신회선을 임차하여 컴퓨터를 이용한 다양한 응용서비스를 제공하고 통신과 관련된 부가가치를 생산하기 위해 연결된 통신망이다. 이는 주로 기업간의 자료 및 정보 교환 시스템으로 표준화가 가능하기 때문에 불특정 다수 기업간에 효율적인 문서 교환을 가능하게 한다.

**표 13-3 EDI의 특징**

| 과업 형태/<br>송수신 방법 | Fax | E-mail | EDI |
|---|---|---|---|
| 자료 전송방식 | 당사자간 즉시 전송 | VAN 경유 | VAN 경유 |
| 자료 형태 | 문서판독(human-readable) | 문서판독(human-readable) | 기계판독(machine-readable) |
| 자료 구조 | 자유형식 | 모든 형태(문자, 그림, 서식) | 구조화된 표준 양식 |
| 자료 입력 | 수신자 데이터 추출 및 재입력 | 수신자 데이터 추출 및 재입력 | 응용프로그램 간<br>데이터 자동입력 |
| 자료 처리 | 개인간(person-to-person) | 개인간(person-to-person) | 프로그램 간<br>(application-to-application) |

### 2) EDI 실현과 장단점

EDI는 기업 내부에서는 다음과 같은 순서적인 과정을 거쳐 실현되는 것이 계획적일 것이며 이러한 계획과정을 통해 실현되는 것이 효율성을 극대화시킬 수 있는 방법이다.

- EDI 프로젝트 전담자를 선정: 프로젝트 전담자를 선정하게 되면 그는 조직관리자, 정보자원 제공자, 프로젝트 스케줄 관리자로서의 역할을 수행하게 된다.
- 프로젝트팀을 구성: 각 부서장의 지원으로 각 부서에서 프로젝트팀에 필요한 인원을 파견하여 팀 조직을 구성하게 된다.
- 현업 및 기술적 측면의 기초분석 실시: 프로젝트팀이 주축이 되어서 각 부서의 업무 현황 파악을 하고 이를 토대로 업무 흐름도를 작성한다.
- 프로젝트 추진범위 제안과 경영층의 사전 승인: 프로젝트팀의 사업계획을 경영층이 확인한 후 사전 승인을 내려야 한다.
- 구체적인 전략 계획 수립: 프로젝트와 관련된 예산, 추진 일정, 부서간 협조 사항 등에 대해 전략적 계획을 수립한다.
- 거래 상대방과 협의: 관련 업체의 추진 정도를 파악하여 서로간의 자료 및 정보 교환 계획을 협의한다.
- 프로젝트 지원을 위한 환경 마련 및 시스템 요구 조건 평가: 주고 받을 정보 내용과 수준을 결정하고 소프트웨어의 개발 및 구입 의사결정을 내린다. 이 단계는 최종적으로 프로젝트 수행을 결정하는 과정이다.
- 내부 프로그램 접속방식 및 VAN 서비스 선택: VAN 사업자를 파악하고 구체적으로 거래를 하게 될 사업자를 선정하는 단계이다.
- 문제 검토, 전송 스케줄 마련, 그리고 예비조사pilot study와 사전조사pre-test: 최종적으로 실행을 위한 점검을 하고 예비적으로 사전 리허설을 하는 단계이다.

앞에서도 EDI의 이점을 잠시 언급하였지만 제조업자와 유통업자에게 가져다주는 장점은 구체적으로 다음과 같다.

- 주문의 리드 타임 감소
- 높은 서비스 수준의 달성
- 재고 고갈 상태의 해소

- 딜러, 촉진, 가격 변화, 그리고 제품 획득 가능성 등에 대한 의사소통의 개선
- 낮은 재고 비용
- 주문, 선적, 입고 등의 정확성 제고
- 노동 비용의 감소

이러한 장점에도 불구하고 EDI로 인해 제조업자와 유통업자가 가질 수 있는 단점으로는 다음과 같은 것들이 있다.

- 주문이 전송되고 처리되어 선적되는 것이 너무 빠르기 때문에 주문을 변경하려면 어려움이 따르게 된다.
- 로지스틱스 기능을 수행할 충분한 여유 시간이 없다.
- EDI를 갖추지 못한 고객이나 공급자와의 거래를 충실히 수행하기 위해서는 종이와 EDI 두 가지로 의사소통해야 하는 번거로움이 따른다.
- 제3자 컴퓨터 서비스를 이용하는 때와 같은 경우에는 전송되는 정보의 안전과 통제가 어려울 수 있다.
- 메시지와 의사소통의 표준을 마련하기가 어렵다.
- 제조업자와 유통업자의 컴퓨터 시스템, 법, 회계, 재무, 구매, 판매, 그리고 로지스틱스 부분간의 상호 조정이 어려워진다.
- EDI 네트워크의 계약법과 불공정 거래관련 규정이 불명확한 경우가 많다.

### 3) EDI 제3자 서비스의 역할

제3자 서비스 담당자는 유통경로구성원으로부터 정보를 접수하여 전송해 주는 중간상의 역할을 하는 독립 조직이다. 제3자 서비스 담당자는 두 개 이상의 기업간의 의사소통 접속기로서의 역할을 하면서 송신자가 보낸 메시지를 수신자가 인식할 수 있는 형태로 해석하는 역할을 한다.

EDI-NET이 가입자를 공급자, 중간상, 그리고 수송업자 등과 서로간에 전자적으로 의사소통하도록 시간적인 불연속성을 해결해 주는 역할을 하고 있다. EDI-NET은 국내와 국제 시간의 불일치라는 시차와 영업 절차의 차이를 완충시켜 주고, 의사소통의 표준을 정해 놓고 운영하고 있으며, 다양한 의사소통 언어(컴퓨터 언어 등)로 의사소통하며, 8가지의 다양한 컴퓨터 시스템을 이용하여 상호 연계시키고 있다.

제3자 서비스는 유통경로구성원에게 몇 가지 혜택을 제공해 준다. 첫째, 정보중간상의 역할을 함으로써 경로구성원 상호간의 의사소통을 위한 접촉의 수를 줄여준다. 둘째, 경로구성원들이 시간 불일치, 의사소통 표준, 의사소통 언어, 컴퓨터 시스템 등의 다양성 하에서 경영해야 하는 위험을 흡수해 준다. 제3자 서비스 담당국은 제조업자, 도매상, 소매상, 그리고 로지스틱스 기업을 이러한 불일치로부터 해방시켜 줄 수 있다. 넷째, 마케팅 흐름의 성과 측면에서 전문화를 가능하게 하기 때문에 이러한 정보중간상들은 경로구성원이 직접 이러한 기능을 수행하는 것보다 더 경제적일 수 있을 것이다.

반면 제3자 서비스 담당국은 분명한 단점도 갖고 있다. 첫째, 경로구성원이 직접 이러한 기능을 수행하는 것보다는 비용이 비쌀 가능성이 크다. 둘째, 이 통신망은 공급자와 유통업자 간의 추가적인 연계이기 때문에 의사소통 시스템에 연계가 많을수록 잡음이 발생할 가능성이 커진다는 경험적인 우려를 하게 된다. 셋째, 유통경로구성원이 창업을 하는 경우에는 자신의 시스템뿐만 아니라 제3자 시스템까지도 알아야 하는 비용이 발생한다. 정보중간상을 이용하는 경우에는 안전의 문제도 우려되는 바, 이는 경쟁가가 정보를 확보하게 되는 것 말고도 전화선이나 기타 다양한 방법을 통한 해커hacker의 발생가능성이 커진다. 넷째, 제3자 서비스 담당국은 경로 내의 전문적인 지식과 정보를 축적함으로써 궁극적으로는 본의든 아니든 힘을 가지게 되어서 결과적으로 불필요한 갈등 발생 원인을 제공할 수 있다.

이제 EDI 시스템은 전자 메일 박스의 역할을 수행하게 되고 이 시스템이 보다 정교화 될수록 경로구성원은 온라인으로 연결되고 정보처리는 실시간으로 이루어질 것이다. EDI 시스템은 이제 다양한 관련 기능과 통합 및 조정되어 향후에는 다른 기능 분야에서도 엄청난 효율적인 장치로서의 역할을 수행할 것으로 기대된다.

## 3.2 POS시스템

POSpoint of sale시스템은 주로 소매점포에서 판매시점에서 수집한 자료인 POS데이타point of sale data를 전체 경로구성원들이 공동으로 온라인on-line시스템을 통해 이용함으로써 재고관리와 제품생산관리, 판매관리 등에 실시간으로 빠르고 정확하게 정보를 이용하는 정보 의사소통 방식이다. 이제는 백화점까지도 POS 자료를 이용한 고객카드를 만들어서 고객관리 업무를 보다 체계적으로 수행할 수 있게 되었다.

### 1) POS의 자료 유형

POS 자료의 두 가지 유형은 점별 자료store data와 고객별 자료pannel data이다. 전자는 점포별로 수집된 판매 제품의 품목명, 수량, 가격, 판촉 등에 관한 자료이고 후자는 구매 가정별로 구매한 제품과 관련된 자료이다.

점별 자료 수집을 위해 전국의 표본 점포를 이용하여 시장조사한 자료를 지역별/품목별로 분류하여 유통업체나 생산자에게 공급해 주게 되면 이를 통해 타점포에서 인기 있는 제품, 타점포의 가격정책, 타점포의 판촉전략 등에 대한 정보를 얻을 수 있다.

고객별 자료는 표본 가정을 추출하여 표본 가정의 고객이 소비자 ID카드를 가지고 구매를 하게 되면 그 때마다 고객의 ID번호와 바코드의 제품고유번호가 동시에 입력되게 된다. 결과적으로 어떤 고객이 어떤 제품을 구매하는지를 분석하게 되어 점포경영전략에 활용할 수 있게 해 준다. 고객별자료를 활용하는 방식으로는 「ABC분석」이 대표적인데 이는 소매점포의 머천다이징 전략의 일종이다. 취급 품목을 판매성적에 따라 A, B, C로 등급화하여 C에 해당하는 품목은 자기 점포의 제품믹스에서 제외하는 방식이다.

이외에도 POS자료를 이용하여 제품별/시간대별 판매 기록과 같은 기초자료를 확보하고, 판촉분석, 진열효과분석, 재고회전율분석 등과 같은 제품기획에 활용하며, ID카드를 이용하는 경우에는 제품정보와 고객정보를 결합하여 고객별 대응전략을 펼칠 수 있다. 이러한 활용효과는 궁극적으로 소매기업의 마케팅 전략의 원천이 되는 셈이다.

### 2) POS의 운영

POS시스템을 운영하기 위해서는 판매시점의 정보를 즉시 입력할 수 있게 고안된 바코드가 제품에 부착되어 있어야만 한다. 바코드의 정보를 스캐너가 인식하여 이를 중앙컴퓨터에 입력하게 됨으로써 실시간 정보를 이용한 효율적인 재고관리와 판매관리가 효율적으로 수행될 수 있게 된다. 이러한 POS시스템의 자동입력 방식인 바코드는 자동입력방식과 수동입력방식 등 다양한 입력방식이 활용되고 있다.

POS시스템의 운영과정을 순서적으로 정리하면 다음과 같다.

- 바코드 리더bar code reader로 제품의 바코드 판독: 바코드 리더는 터치형과 레이저형 등 다양한 방식으로 제품에 부착된 자료를 판독한다.
- 판독한 자료 POS터미널에 입력: 터미널은 금전등록기와 통신기능을 갖춘 장비로 흔히 소매점의 계산대로 쓰이고 있다.
- POS터미널에서 호스트컴퓨터로 자료 송신: 호스트컴퓨터host computer는 대형컴퓨터로 제품 관련 자료가 이미 내장되어 있기 때문에 각 점포의 터미날에서 보내온 자료를 근거로 판매, 구매, 재고기록을 새롭게 기록하게 된다. 호스트컴퓨터는 말 그대로 점포관리자store controller의 기능을 하는 셈이다.
- 호스트컴퓨터가 제품 파일을 확인하여 POS터미널로 재송신함과 동시에 소매체인 본부로도 송신: 호스트컴퓨터는 제품파일의 품명, 가격, 제조원 등을 파악하여 터미널로 재송신해 주고 온라인으로 연결된 타 유통정보망으로도 자료를 송신한다.
- POS터미널의 영수증 발급: 호스트컴퓨터로부터 받은 자료를 토대로 터미널은 고객이 구입한 제품을 품목별로 계산을 하여 제품 명세와 함께 영수증을 발급하게 된다.

POS시스템의 이점은 다음과 같은 다양한 측면에서 나타날 수 있다.

- 계산과 영수증발급을 신속하게 할 수 있기 때문에 계산대가 줄어서 시간과 비용 절감 효과를 낸다.
- 판매원 교육의 시간과 비용이 줄고 계산과 입력의 착오가 없어진다.
- 제품별 판매 동향을 즉시 확인할 수 있다.
- 자동발주 시스템과 연계하여 주문관리, 재고관리, 판매관리의 과학화를 기할 수 있다.
- 계산과 관련하여 소비자의 신뢰감을 제고하여 점포이미지를 개선할 수 있다.

POS시스템은 소매 기업의 가장 핵심적인 경쟁력 제고 요인으로 부각되었다. 기계적인 장치나 전자적인 작동의 효율성이나 소프트웨어의 최신성 등도 중요하지만 무엇보다도 중요한 것은 이러한 시스템을 운영하는 관리능력일 것이다. 자칫 소매 점포가 POS시스템의 구축으로 시장, 경쟁자, 고객에 대해 할 바를 다한 것과 같은 그릇된 생각을 경계해야 하겠다. 그러기보다는 소매점포관리자나 정보관리자는 POS시스템을 어떻게 활용하는 것이 보다 시장지향적이고 고객지향적인 정보관리가 되는 지를 파악하도록 해야 한다.

**사례** **유비쿼터스 시대의 유통정보 변화**

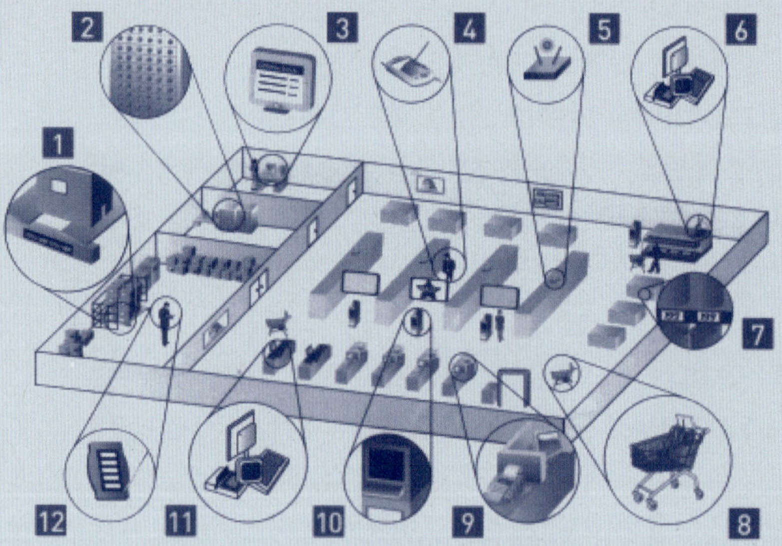


**1. RFID**
- RFID 태그
- 안테나 · 리더기

**2. 후방 작업장**
- 점포 서버
- 점포 내부 데이터 관리
- ERP/SCM 연동

**3. 전자식 게시판**
- 실시간 재고파악
- 재주문 알림 가능
- 점포 모니터링

**4. 포켓 PC**
- 대 고객 제품 서비스
- 재고정보 알림
- 실시간 이벤트 관리

**5. 무선 AP**
- 점포 내 무선 네트워크용
- 보안화된 네트워크

**6. POS**
- 고객/계산용 듀얼 터치 스크린
- ERP/SCM 연동

**7. 전자가격표시기**
- 정확한 가격을 실시간으로 표시
- POS 연동

**8. 지능형 쇼핑카트**
- 실시간 이벤트 정보 제공
- 제품에 대한 추가 정보 제공
- 고객동선 정보 제공

**9. 무인계산대**
- 계산 대기시간 절약
- 손쉬운 사용정보 안내
- ERP/SCM 연동

**10. 키오스크**
- 프로모션 정보 제공(동영상 등)
- CRM 연동

**11. 확장된 POS**
- 최소 교육으로 사용 가능
- 판매정보와 재고정보 체크
- ERP/SCM 연동

**12. 타블릿 PC**
- 무선 네트워크 연결
- RFID/바코드로 제품 이동 탐지
- ERP/SCM 연동

자료원: 유동 정보 기술의 진보(인텔사), 리테일 매거진(Retail Magazine, 2005.4) 참조

### RFID Radio Frequency IDentification

최근 IT분야 최대 화두는 혁명이라 불리는 유비쿼터스 환경으로, 이것은 모든 사물에 RFID칩을 부착하고 유비쿼터스 센서 네트워크USN: ubiquitous sensor network 인프라스트럭처가 이를 인식하는 방식이다. 현재 모든 상품에 붙어있는 바코드가 RFID칩으로 교체될 것으로 전망되어 RFID가 소매점포에 적용되면 적정량의 진열과 결품 방지, 창고진열의 효율성 증진, 고객의 신속한 제품정보 파악 가능, 계산대 효율성 강화, 결제의 편리 등 소매 점포 전반에서의 변화가 기대되고 있다.

### 키오스크 kiosk

키오스크란 본래 간이 판매대나 소형 매점을 가리키는 용어지만, 정보통신 분야에서는 공공장소에서 대중들이 쉽게 이용할 수 있는 무인단말기를 말한다. 은행 자동화 코너나 극장의 예매권 발급기, 철도이용권 무인 발권기, 할인점의 신선식품 매장에서 안정성을 확인해 주는 생산이력 시스템과 무인 마일리지 적립기, 푸드코트의 무인 주문 시스템 등이 있으며, 외국의 월그린Walgreen 등의 드러그 스토어에는 처방전 자동 발급기가 설치되어 있다.

### 셀프체크아웃시스템 self check out system

계산대는 작업효율성이 중요하며 고객의 불만도 많이 발생하기 때문에 첨단 시스템이 가장 많이 도입된 곳이다. 최근에는 전자서명을 통해 평균 계산 대기시간이 단축되었으며, 셀프체크아웃시스템을 도입하는 점포도 볼 수 있다. 이 시스템은 상품 스캔, 계산, 포장 과정을 고객이 스스로 해결하는 시스템으로 POS, 스캐너, 카드 단말기, 스크린 가이드, 로스방지를 위한 웹카메라와 중량 자동체크 기능이 있다.

### 모바일 결제 시스템

모바일 결제 시스템은 계산대에 도입된 또 다른 기술로 비접촉식 스마트카드 방식을 적용하여 카드나 휴대폰을 단말기에 대기만 하면 바로 결제되며 마일리지 적립, 할인 쿠폰 적용 등이 자동으로 처리된다.

### 전자가격 표시기

전가가격 표시기는 적외선 또는 RF방식을 사용하여 제품명, 인하된 가격, 정상가, 단위가격, 바코드 등의 정보를 포스와 서버로부터 실시간으로 전달해주는 기기다. 라벨 교체에 드는 비용과 시간을 절감하고 즉각적인 가격 변화에 실시간으로 대응하며 부정확한 재고와 가격에 의한 손실을 방지할 수 있고 고객에게 정확한 가격을 제공함으로써 가격 오류로 인한 불평을 감소시킬 수 있는 효과가 있다.

### 가격 체크기

가격 체크기는 매장 안에서 고객이 상품 바코드 부분을 기기 하단에 대면 화면에 가격이 표시되는 기기이다.

### 심플 체크아웃 시스템

내점객 수와 계산대 대기 고객 수를 파악해 계산대 운영에 반영하는 시스템이다. 예를 들면 현재 00명의 고객이 매장에 입점했으니 평균 쇼핑시간인 00분 후에 계산대 대기수가 00명이 되므로 계산대 운영수를 00대 늘리거나 줄이게 된다.

### 심플 서비스 콜

계산과정에서 문제가 발생한 경우 신속히 해결할 수 있는 방법으로, 계산대마다 문제 유형별로 번호를 붙인 번호표를 부여하고, 계산원이 해당 번호를 누르면 어시스턴트가 소지한 단말기를 통해 문제를 인식하고 바로 해결이 가능하도록 한다.

# 4 유통정보시스템과 유통관리

정보기술, 정보기술을 이용한 유통정보시스템, 유통경로구성원 간의 의사소통 등은 경로 흐름이나 경로 의사결정의 유형에 따라 그 의미와 유용성이 다를 것이다. 유통정보시스템과 관련된 변화가 영향을 미칠 수 있는 유통 관련 의사결정 영역은 다음과 같다.

## 4.1 재고관리

재고관리는 경로전반의 문제이고 경로구성원 모두의 의사소통을 필요로 하는 의사결정 영역이다. 제조업자, 도매상, 소매상이 서로 재고의 양과 위치의 변화를 알 수 있을 때 재고문제를 통제할 수 있게 된다. 재고량은 제조업자가 가진 것보다는 많아서 충분한 것이 좋고 창고의 재고량, 수송중인 재고량, 도매상에 진열된 재고량, 그리고 소매의 재고량 등을 모두 아는 것이 중요하다. 이러한 정보는 제조업자의 생산계획에 영향을 미치는 것은 물론이고 소매상과 도매상의 구매계획에도 영향을 미치게 된다.

경로 전체의 재고관리에 가장 큰 영향을 미치는 것은 EDI 시스템의 도입과 실행이다. 이러한 시스템을 이용함으로써 다른 경로구성원은 물론이고 제조업자, 도매상, 소매상은 최적의 자동 주문시스템을 구축할 수 있고, 생산, 가공, 선적, 수송 등을 체계화 할 수 있다.

EDI는 컴퓨터와 컴퓨터간의 직접적인 자료전송으로 종이의 역할을 전자적인 수단으로 대신하게 한 것이다. EDI는 기업과 경로구성원 간 혹은 각 부서간의 전자적 자료 교환 형태를 일컫는 말이다. 직접적인 효과는 종이를 사용하지 않게 되는 것이고 이는 궁극적으로 보다 일관성 있고 정확한 자료송신, 중복 작업의 감소, 실시간 자료의 증가, 관리비용의 감소 등을 가져오게 되었다. 간접적인 효과로는 경로구성원의 경영방식을 바꾸는 여러 가지의 변화를 가져오게 되었다.

전자적인 의사소통의 증가는 이제 기업과 기업 혹은 조직 간의 거래에서 중요한 의미를 가질 수 있는 모든 정보의 공유라는 정보소유의 공평성이 실현될 수 있는 필요조건을 유통경로시스템이 달성하게 된다. 전자적인 정보기술의 발달은 과거에는 불가능한 것으로 보였던 유통경로의 문제해결에 적절히 이용될 수 있는 가능성을 증가시켜 줄 것이기 때문에 전반적으로 새로운 경쟁 부분으로 등장하게 된 것이다.

## 4.2 수송관리

로지스틱스와 관련된 기술은 차근차근 발달해 왔지만 로봇 공학, 컴퓨터 소프트웨어, 그리고 재료관리 등의 기술은 일시에 비약적으로 발달하게 되었다. 컴퓨터는 주문, 재고조사, 재고유지 및 관리 등의 작업에 드는 시간을 줄여 줄 뿐만 아니라 유통경로의 수송비용과 시간을 상당히 감소시킨 공헌을 하게 되었다. 하역 및 선적 장소에 컴퓨터 터미널을 설치함으로써 선적 일정, 경로, 제품 수송 등의 자료를 토대로 한 데이터베이스database를 구축할 수 있게 되었다. 이러한 능력을 갖추게 된 기업들은 제품을 유통시키기 전에 의사결정을 체계적으로 분석해 볼 수 있게 되었다. 컴퓨터와 관련된 정보시스템을 구축하거나 개발하는 작업은 항상 커다란 비용을 수반하지만 접속서비스를 제공받거나 한가한 시간을 이용하여 서비스를 제공받는 방식으로 대형의 선적 및 수송회사는 상당한 비용을 줄일 수 있다.

영국의 철도는 컴퓨터를 이용해 자동화된 기차관리를 할 수 있도록 최초의 통합전자조정센터integrated electronic control center를 개발하였다. 이 센터는 기차의 위치에 대한 전자적 기계 모델과 기차의 향방을 수작업으로 할당하던 과업 등을 대체하는 인공지능과 완전 칼라 비디오 화면을 갖춘 전자신호박스를 갖추게 되었다. 이 센터는 영국에서 교통이 가장 복잡한 역에서 실행되었는데 표준화된 하드웨어와 소프트웨어의 이용, 낮은 설치비와 유지비, 규제 및 사고에 대한 대응의 개선, 그리고 영국 철도사업의 목표변화에 유연한 대응 등을 통해 효율성을 크게 개선하게 되었다. 이러한 예에서 우리가 관심을 가지고 주목해야 할 점은 이제 EDI는 수송업자에게 단순한 수송에 대한 통제 수단을 제공하는 것이 아니라 완벽한 로지스틱스 관리 프로그램을 제공하는 경로 전반관리 수단을 제공한다는 점이다.

## 4.3 머천다이징 관리

소매정보처리와 의사소통관리에서의 컴퓨터 사용의 증가로 머천다이징의 철학과 적용범위가 변화하고 있다. 새로운 적용 가능 영역으로는 상품계획과 의사결정을 용이하게 할 수 있게 되었고, 이익 기회를 확인하는데 도움을 주며, 제품의 주문, 수령, 취급, 그리고 배분과 관련된 활동을 세밀하게 관리할 수 있게 되었다는 점이다. 뿐만 아니라 POS의 컴퓨터터미널 덕택에 소매상들은 은행과 금융기관들을 소매점과 연결시켜주는 전자자금이체시스템을 통해 제품구매 시에 재무적 거래를 종이 없이 즉시 완결지을 수 있게 되었다.

소매정보시스템retail information system은 과거의 성과와 미래 판매예측치로부터 판매관리자료를 제공함으로써 경영자들이 주요 의사결정과 계획을 수립하는 데 도움을 준다. 이는 결과적으로 머천다이징과 판매 목표를 달성할 수 있는 재고관리, 점포계획, 그리고 부서계획 등을 수립하는 경영자의 능력 개선에도 유용하다.

전산화된 정보시스템이 갖고 있는 머천다이징과 보고 능력은 복수의 판매점의 주문, 취급, 수령, 배분, 그리고 판매 및 여러 점포의 재고보고 등과 같은 업무에 필요한 통제를 가능하게 해 준다. 전 세계적으로 소매 점포를 경영하고 있는 베네통은 자사가 만드는 옷을 각각의 매장에 공급할 때 지역의 계절이나 유행, 소비자의 구매패턴의 변화 경향 등을 고려하여 규격, 디자인, 색상 등을 맞추어서 구색을 만들고 있다. 흰색으로 생산되는 것을 기본 조합으로 하여 각 지역의 시장조사자료에 입각한 정보를 기준으로 지역의 점포의 주문에 따라 제품유형 각각의 수량을 결정하게 된다. 그래서 각각의 점포마다 전체적으로는 유사한 분위기로 소매경영전략을 계획하고 마케팅믹스 전략의 대원칙은 동일한 맥락을 유지하지만 개별 점포마다 독창성 있는 머천다이징을 하고 있는 셈이다.

이러한 머천다이징 전략은 기본적으로는 POS시스템과 관련된 정보기술과 유통정보시스템의 개발과 활용이라는 변화가 가져온 결과이다. 소매점포마다 설치된 POS터미널이 본사나 관리본부의 호스트컴퓨터에 정보를 송신하게 되고 이들 자료를 토대로 점포관리자나 머천다이저는 소매점포에 맞는 소매믹스전략을 도출할 수 있게 된다.

## 4.4 촉진관리

신기술의 개발과 기존 의사소통기술의 광범위한 발달은 유통경로의 촉진흐름과 촉진관리를 다양화시키게 되었다. 촉진가격의사결정과 집행에 비효율성이 있다는 것은 제조업자가 소매상에게 제공하는 다양한 형태의 가격할인을 보면 알 수 있다. 특히 제품산업의 제조업자는 소매상의 구매증가나 판촉지원을 유도하기 위해 다양한 단기적인 유인책을 쓰고 있다. 가장 흔한 가격촉진은 제조업자가 판매가격 자체를 미리부터 할인해 주는 경우이거나 특정 기간 동안의 구매액에 비례하여 가격을 할인해 주는 방법 등이 있다. 제조업자는 이렇게 함으로써 소매상이 소비자에게 할인혜택을 부여하여 단기적 매출증대를 달성하게 할 뿐만 아니라 할인받은 제품을 특별하게 진열하거나 광고를 할 수 있게 해 준다. 소매상의 입장에서는 그러한 거래할인을 통해 촉진된 제품의 판매량을 증가시켜 직접수익의 총계를 증가시킬 수 있을 것이다. 대부분의 경우 이러한 촉진은 양자 모두에게 별로 유익하지 못하고 오히려 유통경로 갈등의 발생가능성을 증가시킨다고 한다.

대단위의 소비자시장이 보다 세분화되고 기업이 미시마케팅지향의 촉진을 하게 되면 정보기술은 이러한 촉진이 더욱 효과적인 것으로 만들어 줄 것이다. 그 예들은 다음과 같은 것들이다.

- 세계적으로 유명한 기업인 P&G는 촉진 프로그램의 효과를 슈퍼마켓의 스캐너를 확보한 자료를 근거로 평가하고 있다.
- P&G는 월마트에서 팔리는 아기 기저귀용품의 판매량, 수요예측, 그리고 선적 등의 자료를 매일 위성을 통해 자동적으로 수집하고 있다.
- 슈퍼마켓에서는 고객이 쇼핑할 때 이용하는 카트cart에 소형 컴퓨터가 부착되어 있어서 위성을 통해 광고가 카트의 화면에 나타나고 소비자는 제품 정보를 읽을 수 있게 된다. 이 카트의 컴퓨터와 주컴퓨터는 무선통신으로 연결되어 있고 광고가 소비자의 구매에 어떤 영향을 미쳤는지를 전자현금등록자료로 확인할 수 있게 되어 있다.

촉진 프로그램 관리에는 이러한 방법 외에도 텔레커뮤니케이션 기술이 촉진과정 자체를 개선하기에 이르렀다. 이제 전자 매체는 점포 내에서 비인적인 의사소통을 가능하게 하는 다음과 같은 장치들을 개발하기에 이르렀다.

- 건축 자재 판매 체인은 소매상, 제조업자, 그리고 비디오 제작자와 연계하여 레이저 비디오디스크 판매점을 운영하면서 소비자들에게 소비자가 직접 만드는 제품DIY: do-it-yourself에 관한 혁신적인 방법을 화면으로 제공한 적이 있다. 90일 정도의 시험을 한 결과 16%의 고객이 그 시스템을 이용하였고 시청을 한 사람들이 보지 않은 사람들보다 점포 내에서 시간을 더 많이 보내며, 회사에 대해 긍정적인 태도를 가진다는 것을 알 수 있었다. 결과적으로 시청을 한 사람들이 11~15% 더 구매한 것으로 드러났다.
- 신발회사는 비디오터미널을 이용하여 다양한 제품을 보여 주고 고객의 선택을 하게하며 고객의 주문을 받는 상호 의사소통 시스템을 구축하여 소매 점포의 매상을 올리는 예도 있다.
- 정보 기술 개발회사는 부정확한 제품 보상을 줄이고, 보상과정 시간을 단축하고, 소매상과 제조업자들은 쿠폰 처리에 드는 비용을 줄일 수 있는 쿠폰이터coupon eater를 개발하게 되었다. 쿠폰을 한 번에 하나씩 기계 위에 올려놓으면 그 기계는 바코드화된 쿠폰을 검토하여 상환을 해주고 동시에 쿠폰에 기록되어 있는 마케팅 정보를 제공해 주게 된다. 그 기업은 또한 화상시스템을 구축하여 스캐너 체크아웃, 자동 인식, 자동 화면, 프린터, 컴퓨터 그래픽, 레이저 비디오 디스크 등을 갖추어서 촉진, 검토, 재무, 기능을 수행하게 해 두었다. 비디오 화면은 제품 가격, 명세, 할인, 제품군별 총계 등의 정보를 제공해 주게 된다. 이 시스템은 쿠폰을 인쇄하여 제공해 주고, 스마트카드를 점포 이용 고객마다 자신의 스마트카드를 이용하여 구매량 누계, 자동결제 등을 가능하게 해 준다. 이 시스템은 총괄적인 마케팅 프로그램을 수행하는 정보기술의 단면적인 사례이다.

# 유통 관련 정보시스템

읽을거리

### [자동발주시스템]

• **EOS** electronic ordering system, 전자주문시스템

단품관리시스템으로 발주단말기를 이용하여 발주 데이터를 수주처의 컴퓨터에 전화 회선을 통해 전송함으로써 수주처에서 납품, 매입전표를 발행하여 납품하는 발주방식. 소매점-체인본부-도매점이 전산으로 연결되어 있음

• **CAO** computer assisted ordering, 자동발주시스템

유통소매점포의 기반시스템으로서 상품 판매대의 재고가 소매점포에서 설정한 기준치 이하로 떨어지면 자동으로 보충주문이 발생되는 것(EOS+POS)

### [SCM의 분야별 명칭과 유통정보시스템]

**1) QR** quick response, 신속대응**: 패션/의류부문의 SCM**

상품개발의 짧은 사이클화를 이룩하여 소비자의 욕구에 신속대응하고 원자재조달과 생산, 배송에서 고객이 원하는 시간과 장소에 필요한 제품을 공급하기 위한 물류정보시스템. 1980년대 중반 미국 패션의류업계가 수입의류의 시장잠식에 대응하기 위하여 섬유/직물/의류제조/의류소매업계 간의 제휴를 바탕으로 리드타임단축과 재고감축, 상품의 적시적량 공급을 목표로 개발 · 도입

**2) ECR** efficient consumer response, 효율적 고객대응**: 식품부문의 SCM**

1990년대 들어 미국 슈퍼마켓의 매출신장률이 과거 40년 이래 최저를 기록하자 그 원인을 조사하고 슈퍼체인의 경쟁력을 강화하기 위해 보다 효율적인 생산성향상 방안을 모색하고 식품유통의 거래관행을 재검토하게됨. 1998년 월마트가 최초로 도입. 기업 내부 및 SCM전체 리스트럭처링 기법의 업무프로세스 개선. 내부 및 협력업체 간 업무 프로세스를 분해하고 재구성하여 불필요한 요소를 최소화(원가개념도입) 및 효율적 경로관리로 고객만족강화. 공급자와 소매상 간의 전략적 제휴관계의 협력, 협동이 필요함. QR이 신속 · 정확한 고객정보획득시스템을 기반으로 속도를 중시하는 것과 차이가 있음

• **CRP** continuous replenishment programs, 지속적인 상품보충

유통공급망 내에 있는 업체들 간에 상호협력적인 관행으로써 기존의 전통적인 관행인 경제적 주문량에 근거하여 유통업체에서 공급업체로 주문하던 방식(Push 방식)과 달리 실제 판매된 판매데이터와 예측된 수요를 근거로 하여 상품을 보충시키는 방식(Pull 방식)임. CRP는 최종 주문의 책임이 누구에게 있느냐에 따라 공급자일 때는 VMI, 유통업체인경우는 CIM로 나뉨

– VMI vender managed inventory: 소매업체의 재고관리를 공급자인 제조업체나 도매상이 대신하는 것. 유통업체가 재고정보를 EDI를 통해 제공하면 제조업체가 이를 토대로 과거 데이터를 분석하고 수요예측을 하여 상품의 적정 납품량을 결정해 주는 시스템. 유통업체는 재고관리에 소모되는 인력, 시간 등 비용절감효과를 기대할 수 있고, 제조업체는 적정생산 및 납품을 통해 경쟁력 향상

– CMI co-managed inventory: 한 쪽의 일방적인 관리로 생길 수 있는 문제점을 보완하기 위해 VMI에서 진보된 개념. 전반적인 업무처리 구조는 VMI와 같은 프로세스이나, CMI는 제조업체와 유통업체가 상호간 제품정보를 공유하고 공동으로 재고관리를 하는 것. 즉 VMI는 제조업체(공급자)가 발주 확정 후 바로 유통업체로 상품배송이 이루어지는 것이 비하여 CMI는 제조업체가 발주확정을 하기 전에 발주권고(주문제안서)를 유통업체에 보내서 상호합의 후, 유통업체가 수정, 확정하여 발주확정이 이루어지는 처리

• **CPFR** continuous planning & forecasting replenishment, **협업설계예측 및 보충**

제조업체와 유통업체 사이에 판매 및 재고정보 공유를 통하여 수요예측과 주문관리에 이용하고 효과적인 상품 출원과 재고관리를 지원하는 공급망관리. 2000년대 초반에 월마트가 사용화, 2006년 삼성전자와 이마트가 국내에서 첫 도입하여 주력 판매모델을 선정하고 판촉하면서 주간 판매물량을 예측/협의하여 생산과 재고 오차를 5% 이내로 줄임. 배송기간도 5-8주를 2-3주로 단축시켜 서비스 향상과 매출 30% 향상 효과를 달성함

• **CM** category management, **카테고리 매니지먼트**

기업에서는 매출이 저조하면 거래 유통업체를 대상으로 판촉을 시행하는데 대개 가격 할인이나 물량 할증의 형태로 단기적으로는 매출액을 늘릴 수는 있지만, 반대로 전체의 재고를 증가시키는 결과만을 가져오는 경우가 많음. 이러한 단기적 처방들로 인해 소비자 수요정보가 더욱 왜곡되고 최종소비자의 소비 속도에 따라 제품이 공급망 전체를 물 흐르듯이 흘러가는 동기화가 더 어려워짐. 따라서 수요의 창출은 공급망의 동기화를 저해하지 않으면서 궁극적인 소비자의 수요를 창출해야 한다는데 초점을 두어야 하며, 이와 같은 맥락에서 특정 제품군 Category를 중심으로 유통업체와 제조업체가 협력을 통해 공동의 수요를 창출해 내는 과정을 카테고리 관리라고 함. 유통업체와 제조업체 사이에 존재하는 벽을 제거함으로써, 신제품 도입, 제품구색, 각종 촉진 전략 등을 최적화하여 궁극적인 소비자 수요를 창출하고자 하는 것

### 3) EHCR efficient healthcare consumer response: 의료산업 SCM

의료공급체인을 효율적이고 효과적인 방법으로 관리함으로써 공급체인 내에서 발생하는 모든 비효율적인 요소들을 제거하여 관련 비용을 최소화하고 고객서비스를 극대화하려는 의료업계의 노력

### 4) EFR efficient foodservice consumer response: 신선식품/음식부문 SCM

신선하고 신속하게 공급체인을 관리하기 위해 도입된 신선식품과 음식부문의 SCM

CHAPTER

# 14

# 물적유통

1. 물적유통관리의 개념 및 기능
2. 물류의 영역과 수행
3. 물적유통의 총체적 시스템 개념
4. 물적유통시스템 설계

# 1
# 물적유통관리의 개념 및 기능

## 1.1 물류의 정의와 중요성

물적유통관리란 고객의 욕구를 충족시키기 위하여 제품을 적절한 장소로 적시에 이전시키는 물리적 흐름을 계획하고 실행하며 통제하는 모든 활동으로 구성된다. 물류관리를 통해 마케팅 비용을 크게 절감할 수 있다는 측면뿐만 아니라 보다 효율적인 물적유통을 통해 고객만족을 향상시키는 일도 중요한 측면을 가진다. 따라서 물적유통은 비용관리와 함께 새로운 수요를 창출하기 위한 훌륭한 잠재적 도구로 인식되어야 한다. 그러므로 유통경로를 설계하고 관리하는 제조업자의 입장에서 상류와 물류를 분리하여 인식하고 이를 어떻게 전략적으로 통합 또는 분리 할 것인가가 중요하다.

물적유통관리는 제2차 세계대전 중 적시에 원하는 장소로 필요한 군수물자를 공급하기 위한 병참관리logistics management에서 개발된 초기의 개념들을 응용하는 데에서 출발하였지만, 다음과 같은 현상들이 물적유통관리에 대한 관심을 더해 주고 있다.

- 에너지의 비용이 급속히 상승하고 수송에 사용될 연료의 부족으로 인하여 재래식 물적유통 방법은 많은 비용을 수반하게 되었다. 제품의 운송, 보관, 재고통제 등의 물류분야는 관리의 혁신을 통하여 대폭적인 비용절감을 기대할 수 있으나 관심 부족으로 타 분야에 비하여 미개척분야로 남아 있기도 하다.
- 생산 및 여타 부문의 효율성을 추구함에 있어서는 상당한 진보를 가져왔기 때문에 더 이상의 효율개선이 곤란한 상태에 도달해 있지만 물적유통분야는 아직도 효율개선의 여지가 많이 남아있다. 기업활동에 있어 제품, 가격, 판매촉진, 유통경로 등은 마케팅믹스marketing mix의 발전을 통하여 상당한 진전을 가져왔으나 제품의 물적 흐름에 관해서는 단지 기업활동의 보조나 지원수단으로 인식하여 왔다. 그러나 기업활동에서 제조 부문에서의 원가절감은 기계화 및 원가

- **협의의 개념 : 물적 유통** physical distribution

  생산지점으로부터 소비되는 이용지점까지 재화의 이동을 관리하는 것으로서, 상적유통(거래활동)을 지원하는 개념이 강하다.

- **광의의 개념 : 로지스틱스** logistics

  원자재의 조달 및 제품의 생산을 거쳐 최종 소비자에게 이르기까지 일련의 과정에서 물리적 재화 및 관련 정보가 효율적이고 효과적으로 흐르도록 계획, 실시 및 통제하는 것.

**그림 14-1 물적유통의 개념**

관리의 합리화 그리고 자본의 고정화에 따른 고정자산의 증대로 인하여 어려운 것이 현실이다. 그러나 기술혁신에 의하여 운송, 보관, 하역, 포장기술이 발전되었고 정보면에서는 그 발전 속도가 현저하게 높다.

- 재고통제방법의 발달로 인하여 유통경로 내의 재고가 도매상에게 집중되는 경향이 있으며, 다단계 유통구조의 집중저장의 원리는 신뢰 가능한 물적유통을 전제로 한다.
- 제품계열 확장에 따른 품목의 다양화는 재고관리와 수송 등 물적유통의 문제를 가중시킨다.
- 고객의 요구는 다양화, 전문화, 고도화되어 고객서비스 향상이 특히 중요시되고 있다. 물류 서비스를 개선하고 물류비 절감을 통하여 기업은 고객에 대한 서비스 수준을 높일 수 있으며 이는 높은 수요를 창출할 수 있다. 기업 간 경쟁에서 승리하기 위해 물류면에서 우위를 확보하여야 한다.

이러한 추세들은 유통비용을 절감하고 고객서비스를 개선하여 마케팅 개념을 실천하려는 마케터들에게 물적유통관리에 대한 관심을 크게 불러 일으켰다. 물적유통이란 단순히 제품의 물리적 흐름을 의미하지만, 물적유통관리PDM: physical distribution management란 효율적인 물자흐름체계의 개발과 운용을 의미한다. 이러한 의미에서 생산자의 물적유통관리는 원재료를 공급자로부터 생산라인에 이르게 하는 흐름과 완제품을 고객이게 이전시키는 흐름까지를 모두 포괄하여 관리할 필요성이 높아졌다.

이러한 물류의 중요성에 대하여 미국의 드러커Drucker 교수는 '경제의 암흑대륙'으로 그리고 파커Parker 교수는 '비용절감을 위한 최후의 미개척분야'로 표현하고

• **초기 단순수송 단계**

소형 자가용 위주의 단순수송이 중심이고, 운송업체는 영세하여 대부분 지입 차량에 의존한다. 편도 위주이므로 공차율이 높고 사업도 일정지역에 머무르는 경향이 있다.

• **개별물류 관리 단계**

기업별로 물류체계가 형성되고 택배업이 등장한다. 아직도 편도 위주의 소형차 운송이 지배적이기 때문에 공차율이 높지만, 서비스 제공지역은 국내 전역으로 확대되어 수송의 시대에서 물류의 시대로 전환된다.

• **공동물류 관리 단계**

경쟁은 매장에서, 수 · 배송은 공동으로 한다는 공동물류와 이를 위한 물류 제휴가 활발해진다. 물류업체의 전문화, 대형화에 따라 물류 전문업체에 의한 서비스가 중요한 위치를 차지하고, 수송차량은 대형차 위주로 바뀌며, 운송 횟수, 운송 시간 조정 등으로 공차율을 줄이기 위한 왕복 물류가 시도된다. 그리고 종합물류기지의 구축과 사업영역의 국제화가 시도되는데, 현재 일본 · 싱가폴 등이 이에 해당된다고 할 수 있다.

• **계획 물류 단계**

제조 · 유통 · 물류업체가 상호 유기적으로 연계되어 물류가 기업경영 전반에 걸쳐 전략적 차원에서 계획 · 실행된다. 사업영역의 국제화로 복합운송업체forwarder와 무선박 운송업체NVOOC: non-vessel operating common carrier에 의한 복합상품의 집단배송 및 왕복물류가 실현되고, 물류의 스피드화로 소화물 특송업체들이 전세계를 대상으로 영업망과 첨단 택배 시스템을 구축한다. 이 단계에서는 기업간의 경쟁이 아니라 물류활동을 매개로 한 전략 제휴의 활성화 및 체인간의 경쟁이 가속화된다. 현재 구미 선진국이 이 단계에 속한다고 볼 수 있다.

**그림 14-2 물류산업의 발전단계**

있으며, 일본에서도 1965년부터 물류에 대하여 '제3의 이윤원', '비용절감의 보고', '암흑대륙' 등으로 물류의 중요성을 표현한 바 있다.

## 1.2 물류의 기능

물류는 상품을 생산자로부터 소비자에게 옮기는 역할을 하는 것으로 다음과 같이 세 가지 기능을 담당하고 있다. 첫째, 물류라는 기본적인 기능으로서 수요충족기능이 있다. 이는 고객에 대한 상품공급활동을 뜻하며 또한 수요에 대한 충족활동이다. 생산된 상품을 소비에게까지 도달시키는 과정에 관련된 제반활동으로 필요한 물품을, 필요한 장소에, 적정한 가격으로 전달하는 일련의 과정을 말하는 것이다. 이러한 과정을 통해 생산자로부터 생산된 재화가 일반 소비자에게 전달되는 것이다.

둘째, 물류는 상품력으로서의 기능을 담당하고 있다. 고도화된 생산기술로 인해 상품의 품질이나 가격의 차별화가 쉽지 않게 되었다. 이런 상황에서 다른 기업과 차

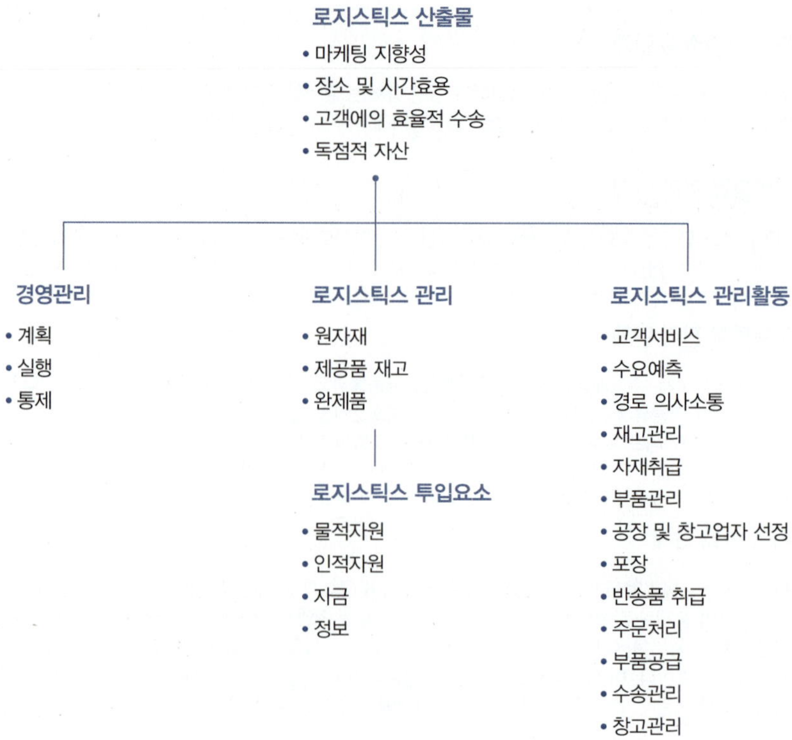


그림 14-3 물류의 기능

별화를 갖기 위해서는 물류 측면에서의 차별화가 이루어져야 한다. 즉 물류서비스를 타사와 차별화함으로써 판매경쟁수단으로 활용할 수 있다는 기능을 갖고 있다.

마지막으로 수급조절을 통한 재고율의 최소화를 이룰 수 있다. 이는 각 점포에서 재화의 판매정보(실수요정보)와 재고정보(품절이나 과잉재고)를 파악하여 기업이 재고를 최소화 할 수 있도록 수요와 공급을 원활히 연결하여 주는 기능을 담당한다.

## 1.3 물류의 목적과 역할

### 1) 국민경제적 관점에서의 물류의 역할

국민경제적 관점에서 살펴보면 물류의 목적은 '원가절감과 이를 통한 물가상승억제'에 있다. 이러한 목적은 물류 합리화와 물류 생산성 제고를 통하여 이루어진다. 물류의 합리화는 상류의 합리화를 가져와 상거래의 대형화를 유발하고, 유통 효율의 향상으로 물류비를 절감하여 기업의 체질 개선과 소비자 및 도매 물가의 상승을 억

제한다. 또한 정시배송을 통한 서비스 향상에 이바지하여 수요자들에게 양질의 서비스를 제공하게 되며 자재와 자원의 낭비를 방지하여 자원의 효율적인 이용을 가능하게 하고 지역경제발전의 기회를 주게 되어 인구의 지역적 편중을 해소할 수 있게 해준다. 물류 합리화를 위해서는 사회 자본의 증강과 각종 설비 투자를 필요로 하게 되는데 이것은 결과적으로 국민경제개발을 위한 투자를 늘려준다.

### 2) 사회경제적 관점에서의 물류의 역할

물류는 유 · 무형을 불문하고 모든 경제재의 흐름을 말하는 것으로 산업구조상 커다란 비중을 차지하고 있다. 사회 경제적 입장에서 본 물류 활동은 물리적 흐름에 관한 경제 활동으로 그 범위는 운송통신활동과 상업활동을 주체로 하며 이들은 지원하는 제 활동을 포함한다. 물류가 잘 발달되어 있는 미국이나 일본 등지에서 GNP의 20% 정도가 물류비로 지불되는 등 사회 경제적으로 물류가 미치는 영향은 매우 크다.

### 3) 개별기업적 관점에서의 물류의 역할

기업적 관점에서 물류의 목적은 '최소 비용으로 고객 서비스를 극대화'하는 데 있다. 영리를 목적으로 하는 개별 기업 입장에서의 물류는 최소의 비용으로 소비자를 만족시키는 서비스의 질을 높임으로써 매출신장을 꾀하는 역할을 하게 된다. 개별기업은 마케팅 분야에서 상품을 제조 또는 판매하기 위한 원재료 구입과 제품 판매와 관련된 물류의 제업무를 종합적으로 총괄하는 물류관리에 중점을 두게 된다. 앞으로는 개별 기업의 입장에서 볼 때 서비스의 경쟁 특히 고객의 욕구를 만족시킬 수 있는 물류 서비스가 판매 경쟁에 있어 중요한 역할을 하게 될 것이다.

특히 물류는 제3의 이익원이다. 기업의 이익을 높이기 위한 첫 번째 방법은 매출의 증대이며, 두 번째는 원가를 절감시키는 것이다. 물류는 이익을 높일 수 있는 세 번째 방법이 될 수 있다. 예를 들어 매출액 대비 순이익률이 5% 이고, 물류비가 매출액의 20%를 차지하고 있을 때(예: 매출액 100억, 물류비 20억, 순이익 5억), 물류비를 10% 절감하면(20억 → 18억) 순이익이 40% 증가하는 결과가 된다(5억 → 7억).

물류합리화를 실현하면 적정재고의 유지로 재고비용 절감에도 기여한다. 재고는 유동자산으로 평가되기 때문에 재무비율에는 긍정적인 영향을 미치게 된다. 그러나 과다한 재고의 보유는 재고유지비용을 증가시킴은 물론 현금과 달리 유동성이 부족하기 때문에 불황일 경우 자칫 흑자도산의 원인이 되기도 한다. 그러나 물류합리화를 이루게 되면 불필요한 재고를 보유하지 않아도 되므로 재고비용을 절감할 수 있다. 또한 상품과 상거래의 표준화, 즉각적인 정보전달이 가능한 물적유통정보시스템을 도입하여 상물분리를 실현한다면 유통합리화 실현이 가능하다.

## 1.4 물류의 7R 원칙

물류는 마케팅의 절반을 차지한다. 물류가 마케팅 기능으로서 간주되기 시작한 것은 미국의 경우 1950년대부터이다. 특히 마케팅학자 컨버스Converse가 '물류는 마케팅의 절반이다The other half of marketing'라고 발표하고 나서부터 물류는 마케팅의 중요한 요소로 취급되어 왔다. 지금은 고객조사 · 가격정책 · 판매조직화 · 광고만으로는 마케팅을 실현하기 힘들고, 결품방지나 즉납서비스 등의 물리적인 고객서비스가 수반되지 않으면 안 되는 시점이라고 할 수 있다. 또한 물류는 판매기능을 촉진한다. 물류는 고객서비스를 향상하고 물류비용을 절감하여 기업이익을 최대화하는데

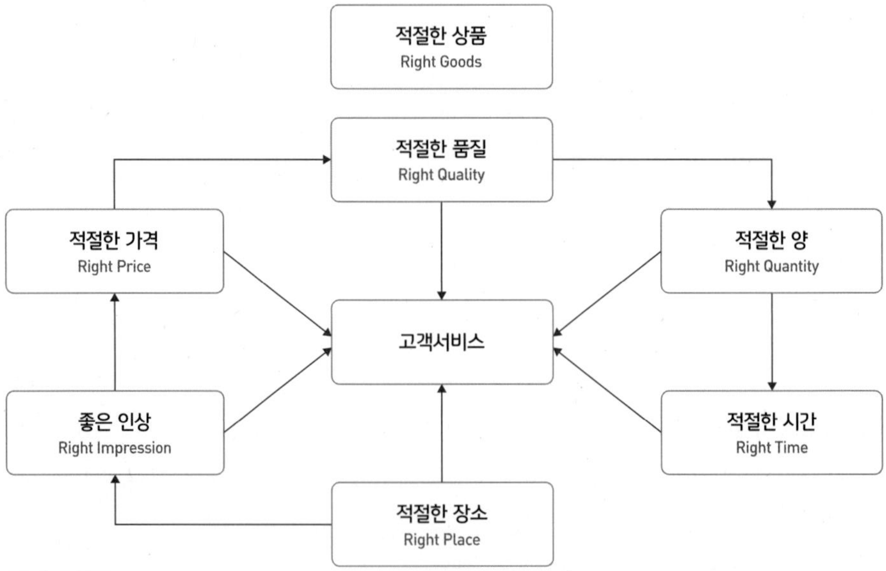


그림 14-4 물류의 7R 원칙

목표가 있다. 판매기능은 물류의 7R 기준을 충족할 때 비로소 달성될 수 있다.

종합적으로 보면 물류는 서비스 향상과 물류비용 절감을 추구하되 인간을 노동으로부터 해방시키고 인간의 생활수준을 향상시킨다는 인간중심에 목적을 두고 있다고 할 수 있다. 적절한 상품right commodity을 적절한 품질right quality로써, 적절한 양right quantity만큼 적절한 시기right time에 적절한 장소right place에 적절한 인상right impression을 주면서, 적절한 가격right price으로 거래선에게 전달하는 것이 물류이다. 여기서 적절하다는 말은 바로 고객이 요구하는 서비스의 수준을 뜻한다.

# 2 물류의 영역과 수행

## 2.1 물류 영역

물류는 일반적으로 로지스틱스logistics와 동의어로 사용되고 있지만, 로지스틱스가 물류보다 광의의 상위 개념이라고 말할 수 있다. 물류활동에 따라 영역별로 다음과 같이 분류할 수 있다. 여기서 물류는 생산된 제품을 판매하는 과정에서 소유권의 이전과 함께 발생하는 물건의 흐름을 뜻하는 것으로 판매물류를 칭하는 것이다. 로지스틱스는 완제품이 만들어지기 이전의 단계에서 발생하는 조달 · 생산 · 사내물류도 포함하는 개념으로 이해하면 된다.

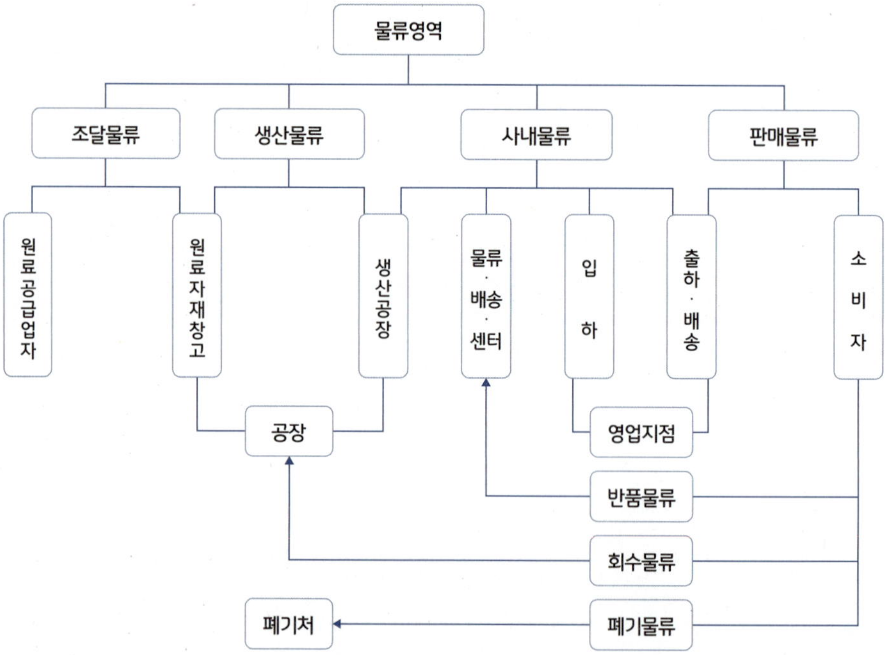


그림 14-5 물류영역

**표 14-1 물류영역과 활동**

| 물류영역 | 활동 |
| --- | --- |
| 조달물류 | • 포장의 표준화, 규격화<br>• 임시 보관장소 폐지<br>• 팔레트나 용기 등의 표준화, 규격화<br>• 협력업체와의 공동화<br>• JIT납품<br>• 공차율 감소<br>• 수송루트 적정화<br>• 차량 회전율 증대 |
| 생산물류 및 사내물류 | • 작업교체 및 생산사이클 단축<br>• 중간품, 반제품 등의 그룹화<br>• 공정재고의 제로화<br>• 흐름화 및 평준화<br>• 외주의 적정화 |
| 판매물류 | • 수배송시스템화를 위한 수배송센터의 설치<br>• 팔레트풀시스템의 이용<br>• 유통가공에서의 콜드체인화<br>• 공동물류센터 구축 |
| 반품물류 | • 물류거점별 품질보증체계 확립<br>• 매출예측정밀도 향상으로 반품 감소<br>• 반품에 대한 페널티제도 실시 |

### 1) 조달물류

물류의 시발점으로 물자가 조달처로부터 운송되어 매입자의 물자 보관창고에 입고, 관리되어 생산공정(또는 공장)에 투입되기 직전까지의 물류활동을 말하며, 기업이 필요로 하는 각종 원자재를 구두나 전화 등의 수단을 통하여 도착하기까지의 전과정을 관리하는 것으로, 협력업체의 입장에서는 판매(납품) 물류가 되고, 구입처의 입장에서는 조달물류가 되는 양면성을 가지고 있다. 조달물류는 전체물류의 출발점으로서 조달물류의 양부는 후속되는 모든 물류과정에 영향을 미치므로 신중하게 관리해야 한다. 즉 바로 다음에 이어지는 생산부서에 대응하기 위해 협력회사의 조건을 충분히 검토하여 결품방지나 적기납품을 달성하는 것이다. 조달된 물품은 원가 구성상 재료비에 해당되므로, 재료비의 구성 비율이 70~80%에 이르는 조달 관련 비용의 절감에 관심을 기울어야 할 것이다.

### 2) 생산물류와 사내물류

생산물류는 물자가 생산공정에 투입될 때부터 완제품의 생산에 이르기까지의 물류활동을 말한다. 조달된 원자재를 고객에 대한 판매가 최종적으로 확정되기까지의 전과정을 관리하는 것이다. 조달된 원자재를 일시에 한꺼번에 처리할 수 없기 때문에 제품생산과정에서 발생하는 원자재, 반제품, 재공품, 제품 등의 다양한 형태를 관리하는 것이다. 물자는 정지되어 있는 순간부터 보관비 등의 손실이 발생하므로 정확한 공정분석을 통하여 공정을 단축하고 재고를 삭감하도록 노력한다. 사내물류는 생산업자의 생산된 완제품 출하시부터 판매보관창고에 이르기까지의 물류활동을 말한다.

### 3) 판매물류

판매물류란 공장에서 생산한 제품을 소비자에게 전달하기까지 일체의 과정을 관리하는 것이다. 생산된 제품을 고객의 요구에 따라 제품창고에서 출고하는 과정과 배송센터 내에서 유통가공, 분류, 배송 등의 유통과정에서 발생하는 물류활동을 관리한다. 제품은 판매되어야 다시 돈으로 환산되어 기업에 돌아오게 되므로 되도록 창고에 머무는 시간을 줄여야 한다. 따라서 기업에서 만든 제품을 효과적으로 소비자에게 전달하는 모든 과정들이 관리대상이 된다.

### 4) 반품물류

소비자에게 판매된 제품이나 상품자체의 문제점(상품자체의 파손이나 이상)의 발생으로 상품의 교환이나 반품을 위한 물류활동이다. 반환된 물품을 회수, 운반, 분류, 정리, 보관, 처리하는 업무가 이에 해당되며, 최근에 확산되고 있는 리콜제와 함께 중요한 문제가 되고 있다.

반품은 판매자 실수에 의한 것, 구매자 실수에 의한 것, 관행상 팔고 남은 물품의 반환 등으로 발생한다. 물품이 반환되는 것은, 물품의 공급처로부터 소비자를 거쳐 다시 공급처로 돌아오는 물품반환의 과정에서 발생하는 물류경비가 과다하게 소요될 뿐만 아니라, 품질의 저하에 따른 부대비용의 발생으로 가격상승을 부채질하고 있는데도 불구하고, 실제 판매가격은 더 떨어지고 이익을 잠식하는 경우가 많기 때문이다.

반품은 처음부터 발생하지 않는 것이 바람직하지만, 환경 조건의 변화에 따라 다양한 형태의 반품이 발생하게 되므로, 회사의 전사적인 입장에서 고객의 요구를 파악한 후, 제품설계부터 관련 부문이 서로 협조하여 반품의 소지를 없애는 것이 바람직하다.

### 5) 폐기물류와 회수물류

파손 또는 진부화 등으로 제품이나 상품, 또는 포장용기 등이 기능을 수행할 수 없는 상황이나 기능을 수행한 후 소멸되어야 할 상황일 때 제품 및 포장용기 등을 폐기하는 물류활동이다. 제품 및 포장재, 수송용기류 등 각종의 물품에 의해 발생된 폐기물을 관리하기 위한 물류를 말한다. 이들은 조달, 생산, 판매 등의 과정을 거치면서 매일 대량으로 폐기되고 있다. 폐기물은 일반폐기물과 특정폐기물로 구분되는데, 물류와 관련된 사항으로는, 가정이나 기업 등에서 발생된 폐기물을 폐기물처리업자 등이 수집, 운반, 보관, 매립, 소각하거나, 재활용 등의 방법으로 처리하고 있다. 재활용을 위해 공장으로 회수되는 경우를 회수물류라 한다. 주로 물류에 이용된 포장재나 용기를 재사용하기 위해 이루어진다.

## 2.2 물류의 수행

기업의 물류를 직접 수행하는 수준에 따라 다음과 같이 분류된다. 제1자물류는 직접 물류업무를 수행하기 위해 자사에 물류조직을 갖추고 운영하는 것이며, 제2자물류는 자회사를 통해 물류서비스를 제공하는 것임에 비해 제3자물류**TPL 또는 3PL: third party logistics**는 기업의 물류기능 전부 또는 일부를 아웃소싱하는 것이다. 화주

**표 14-2 물류의 수행**

| 구분 | 내용 |
|---|---|
| 제1자물류1PL | 사내에 물류조직을 갖추고 직접 물류업무를 수행 |
| 제2자물류2PL | 자회사의 물류조직을 통해 물류서비스를 제공 |
| 제3자물류3PL | 외부 물류전문업체에게 물류서비스를 아웃소싱 |
| 제4자물류4PL | 전략적 관리를 위한 통합솔루션과 컨설팅을 통해 물류서비스를 제공 |

기업과 물류서비스 공급업체 간의 공동 목표인 물류효율화 달성을 위해 양자가 장기적인 계약 하에서 정보를 공유하면서 전략적 제휴를 맺는 관계를 말하는 것으로 단순히 비용절감을 위하여 물류기능을 외부에 위탁하여 실행하는 아웃소싱에 해당하는 낮은 수준에서부터 공급체인상의 물류시스템을 구축하고 운영하는 측면에 이르기까지 그 범위가 매우 다양하다고 볼 수 있다. 외주물류가 주로 운영측면에서 원가절감 효과를 확대하는 데 초점을 두고 있는 반면에 제3자 물류는 전략적인 관점에서 원가절감 그 이상의 성과인 경쟁우위의 획득을 위한 것이다. 제4자물류는 물류정보기술 및 고객서비스, 수주관리 등 보다 넓은 범위에서 공급사슬 전반의 전략적 관리를 위해 컨설팅과 통합솔루션을 제공하며 물류서비스 수행하는 것이다.

# 3
# 물적유통의 총체적 시스템 개념

물적유통 개념은 비용과 서비스의 관계에 대한 문제 해결방식이다. 통합적인 물적유통망을 구성하게 되면 특정 수준의 고객서비스를 달성하는 조건에서 전체 유통비용을 최소화하는 것을 목표로 하게 된다. 물적유통의 네 가지 주요 개념은 총비용관점, 비용 간의 상쇄 개념, 부분최적화의 제거, 그리고 전체시스템 관점 등이 있다.

## 3.1 총비용관점

총비용접근법의 핵심은 특정 수준의 고객서비스 수준을 달성하려면 물적유통의 각 요소의 비용을 가시적인 것과 숨겨진 부분을 모두 동시에 고려하는 것이 필요하다는 사고이다. 모든 물적유통 활동은 상호의존적이기 때문에 한 부분의 변화가 다른 부분에 영향을 미치게 된다. 각각의 요소의 비용을 최소화하기 보다는 물적유통의 전체 비용을 최소화하는 경영이 되어야 한다.

## 3.2 비용상쇄개념

비용상쇄의 개념은 서로 다른 활동의 비용 패턴이 경우에 따라서는 서로 간에 상충하는 경우가 발생한다고 인식하는 개념이다. 한 부분의 비용이 증가하더라도 다른 부분에서 그 만큼의 비용을 줄일 수 있다면 전체적인 물류비용은 제어할 수 있다는 입장이다. 그림 14-6에서 보는 것처럼 창고의 수가 증가하면 수송비는 감소하고 재고유지비와 주문처리비는 증가하게 된다. 따라서 창고의 수가 적을 경우에는 창고의 수를 늘리면 재고유지비와 주문처리비는 증가하지만 수송비의 감소분이 이를 상쇄시키고도 남기 때문에 전체 물류비용은 줄게 된다. 그렇다고 무작정 창고의 수가 늘어나서 엄청나게 많아진다면 수송비는 계속 감소하지만 재고유지비와 주문처

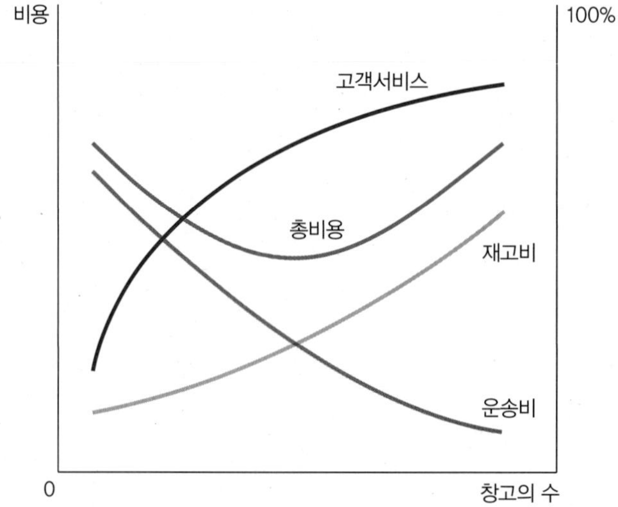


**그림 14-6 물류비용 상쇄**

리비가 수송비감소분을 상쇄시키는 수준보다 더 증가하기 때문에 총물류비용은 증가하게 된다.

## 3.3 부분최적화의 제거

한 부분의 유통 기능이 최적화되어 그 결과가 다른 유통 기능의 성과에 손실을 주게 된다면 이는 부분최적화suboptimization일 뿐이다. 유통망의 목표는 한 부분의 목표 달성을 통해서 다른 유통 부분의 목표를 달성하게 되고 결과적으로 전체 경로의 목표를 달성할 수 있는 구조가 되어야 한다. 부분최적화는 어느 일부분의 기능이 최적화 되는 것이 전체 경로에는 유익하지 못한 결과를 낳는 경우인데 다음과 같은 예가 부분최적화에 해당된다.

- 재고수준을 줄여 창고비를 감소시키면 고객서비스 수준을 저하시키거나 구매담당자가 대량구매로 할인을 받을 수 있는 기회를 박탈하기 때문에 효율적인 구매를 할 수 없게 만든다.
- 재고를 줄인다는 것은 구색의 수준을 저하시킨다는 의미가 되기 때문에 주문에 즉시 응하기 어려운 결과를 낳을 수 있다.

- 배달 속도를 증가시키는 것은 고객서비스의 수준을 증가시키지만 수송비를 높이기 때문에 총비용을 증가시키는 결과를 초래하게 된다.
- 고객서비스 수준을 높이는 정책은 재고량과 재고유지비의 증가라는 부정적인 효과를 낳을 수 있다.
- 낮은 수송비 수준을 유지하는 목표를 달성하는 것은 재고량의 증가와 고객서비스 수준의 저하라는 것과 맞물려 있을 수 있다.

물적유통 기능을 조정하고 통합하게 되면 시스템관리의 초점은 부분최적화를 최소화하거나 제거하는 방향으로 목표를 설정하게 된다. 이는 결국 로지스틱스나 물적유통은 기업조직의 하나의 하위시스템에 불과하기 때문에 기업의 다른 기능의 효율성을 잃으면서 물류기능을 최적화해서는 안된다는 맥락이다. 이는 각각의 기업이 전체 경로시스템에서는 하나의 구성원이기 때문에 전체 경로의 비용을 증가시키거나 효율성을 잃으면서 개별 기업의 최적화를 도모하지 말아야 한다는 뜻이기도 하다.

## 3.4 전체시스템 관점

전체시스템의 관점은 물적유통 개념을 확장한 것으로 물적유통 기능 관리의 핵심 부분이다. 이는 전체 유통경로를 통해 서로 다른 기능을 수행하는 비용을 상쇄시키는 데까지 물적유통의 개념을 확장한 관점이다. 이를테면 제품의 가격표를 붙이는 작업은 소매상의 몫이지만 그 작업은 시간 소모적이고 노동집약적이기 때문에 대형 소매점의 경우에는 생산라인으로 이 작업을 이전해주려고 공급자와 협의를 할 수 있다. 소매상이 최신의 가격 목록을 미리 공급자에게 전해 주면 소매상은 가격표가 붙은 제품을 공급받게 될 것이다. 물론 제고업자는 작업을 더하는 대신에 제품의 가격을 인상할 것이고 소매상은 비용을 줄일 수 있기 때문에 이러한 제품 가격 인상을 자연스럽게 받아들이게 된다. 이러한 일련의 의사결정의 결과는 전체 경로의 총유통비용을 줄이게 될 것이다.

물적유통 개념을 실행하기 위해 전체 시스템의 구성요인을 조정하여서 주어진 수준의 고객서비스를 달성하면서도 비용을 최소화하는 경영관리가 바람직한 모습일 것이다. 그림 14-7은 이러한 전체시스템의 관점에서 물적유통을 설명하고 있다. 이 그림에서는 우선 마케팅의 기능 영역을 제품, 가격, 촉진, 유통이라는 네 가지

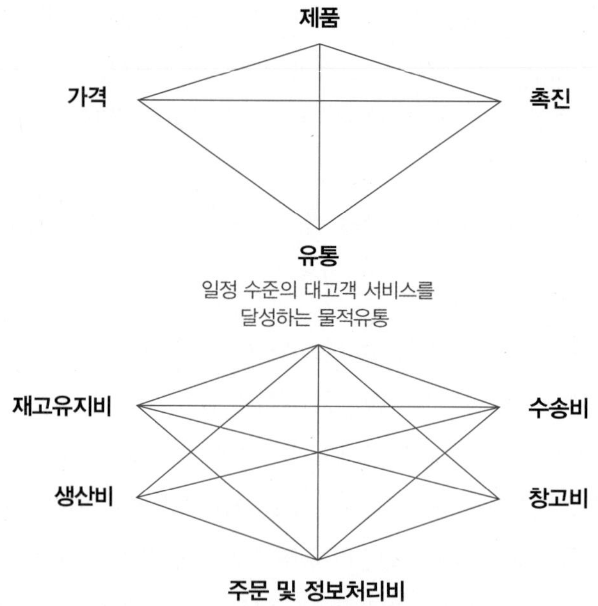


그림 14-7 **전체시스템 관점의 물적유통**

의 분류로 전통적인 입장에서 이해하고 있다. 이러한 기능 중에서 단지 하나의 영역으로 유통기능이 존재하는 것이고 유통 기능의 하위 영역이 물적유통이라고 표현되고 있다. 물적유통이 일정 수준의 경로가 기대하고 고객서비스 수준을 달성하는 것은 관련 업무 기능이 제 몫을 다할 때이다. 물적유통의 주요기능과 관련한 비용은 재고유지비, 생산비, 수송비, 창고비, 주문 및 정보처리비 등인데 이들의 총비용은 결국 목표로 정한 고객서비스 수준을 달성하기 위한 최소비용으로 관리하는 것이다.

# 4
# 물적유통시스템 설계

## 4.1 고객서비스 수준의 결정

경로전략의 수립은 서비스 산출물에 대한 고객의 기대와 요구 수준을 결정하는 것으로부터 시작된다. 고객서비스의 주된 요인은 그림 14-8에서와 같이 거래 전 요인, 거래 요인, 거래 후 요인 등으로 나눌 수 있다. 거래 전 요인은 물적유통과 직접 관련되지는 않지만 훌륭한 고객서비스를 제공해 줄 수 있는 분위기를 만들 수 있는 기회를 제공하는 항목들이다. 그렇기 때문에 이것들은 제품 판매에 커다란 영향을 미치게 된다. 거래 요인은 제품을 고객에게 이동시키는 과업과 직접 관련된 활동들이다. 따라서 고객은 이 과정에서 제공되는 서비스 수준의 직접적인 영향을 받게 된다. 거래 후 요인은 제품이 판매된 후에 영향을 발휘하게 되는 항목들이다. 고객들이 제품으로 피해를 입는 것을 막아 주고 무료로 포장을 수거해 주며 불평과 클레임을 해결해 주는 것과 관련된 활동이다. 이러한 서비스는 고객의 구매의사 결정에 중대한 영향을 미칠 수 있다.

고객서비스의 수준을 결정할 때 가장 먼저 해야 할 것은 어떤 요인이 고객들에게 가장 중요한지를 결정하는 일이다. 이러한 정보는 고객서비스에 대한 설문조사

| 거래 전 요인 → | 거래 요인 → | 거래 후 요인 |
|---|---|---|
| 1. 거래정책에 관한 문서 | 1. 재고부족 수준 | 1. 설치, 보증, 수리, 부품 |
| 2. 고객에 관한 문서 | 2. 반품 처리 능력 | 2. 제품추적 |
| 3. 조직 구조 | 3. 주문 사이클의 요소 | 3. 고객의 항의 및 불평 |
| 4. 시스템의 유연성 | 4. 적시성 | 4. 제품 포장 |
| 5. 기술적 서비스 | 5. 이동 적재 | 5. 수리기간 중 대체품 제공 |
| | 6. 시스템의 정확성 | |
| | 7. 주문의 편리성 | |
| | 8. 제품 대체 가능성 | |

그림 14-8 고객서비스 요인

를 통해 얻을 수 있다. 물적유통 서비스의 상대적 중요성을 알아 볼 수 있는 정보 같은 것이 유용할 것이다. 고객들이 중시하는 서비스 항목은 산업마다 다르겠지만 보통 식료품 도·소매점이 중시하는 물적유통 관련 서비스 항목으로는 적시 배달 가능성, 주문의 완결성, 제품의 구매 가능성에 대한 의사소통 가능여부, 수송의 안전성, 팔레트화 등이 있다. 고객들이 중시할 서비스 항목을 결정하는 것으로부터 조정작업까지의 과정을 설명하면 표 14-3과 같다. 서비스 표준은 경영층이 생각하는 수준의 것이 아니라 고객이 필요로 하는 수준으로 결정해야 한다. 실제적인 서비스와 서비스 표준과의 차이는 어떠한 차이가 나더라도 상세히 보고하고 이를 정확히 분석해야 할 것이다. 고객서비스 성과를 개선하려는 전략을 수립하는 마지막 과정은 기업의 장기적인 이익과 투자수익률 목표와 관련해서 고려해야 할 것이다.

**표 14-3 고객서비스 수준의 결정 과정**

1. 고객들에게 가장 중요할 것 같은 서비스 항목을 결정한다.
2. 각 서비스 요인의 성과에 대한 양적인 표준을 설정한다.
3. 각 서비스 요인에 대한 실제적인 성과를 측정한다.
4. 실제로 제공되는 서비스와 서비스 표준과의 차이를 분석한다.
5. 실제 서비스와 서비스 표준과의 차이를 줄이기 위한 조정작업을 수행해야 한다.

## 4.2 수송관리

부적절한 수송서비스와 불확실한 수송 소요시간은 계획보다 긴 시간 동안 재고를 보유하게 하기 때문에 전체 시스템의 운영에 손실을 초래하게 된다. 이러한 문제는 재고유지비를 증가시키고, 재고에 투자된 자본의 회전율을 떨어뜨리고, 고객서비스 수준과 촉진도 기대에 미치지 못하게 할 것이다. 결과적으로 적절한 수송수단의 결정과 수송관리에 적당한 노력을 투입하는 것은 유통의 목표를 달성하는 선행 조건이 된다. 수송은 장소효용place utility을 가장 많이 창출하는 과업 중의 하나이며 대량생산, 대량유통, 대량소비의 특징을 갖는 현대 마케팅 환경에서 효율적인 수송관리의 필요성이 날로 증대하고 있다. 과거에는 장소적 이동이 가장 큰 관리 요소였지만 이제는 주문의 접수, 포장, 창고, 하역, 유통 중 가공 등과 같은 업무와 관련되어 전체 경로의 비용을 최소화하는 수송의사결정을 주로 다루게 되었다.

**표 14-4 수송 형태**

| 수송 형태 | 비 용 | 성 과 | | | |
|---|---|---|---|---|---|
| | | 평균 소요시간 | 소요시간 편차 | 편차발생비율 | 분실/파손 |
| 기 차 | 3 | 3 | 4 | 3 | 5 |
| 트 럭 | 2 | 2 | 3 | 2 | 4 |
| 해상운송 | 5 | 5 | 5 | 4 | 2 |
| 파이프라인 | 4 | 4 | 2 | 1 | 1 |
| 항공운송 | 1 | 1 | 1 | 5 | 3 |
| 기 준 | 1 = 최고 | 1 = 가장 빠름 | 1 = 최소 | 1 = 최소 | 1 = 최소 |

대표적인 수송 형태로는 기차, 트럭, 해상운송, 항공운송, 파이프라인 등의 다섯 가지를 꼽을 수 있는데 이러한 운송 수단을 적절히 조합하는 복합수송 방식이 등장하여 단일 운송방식이 제공할 수 없었던 물류서비스를 제공하고 있다. 수송의 형태를 결정하는 데는 비용, 소요시간, 신뢰성, 분실이나 파손을 입을 가능성 등을 고려해야 한다. 표 14-4는 이러한 평가 영역에서 다섯 가지의 수송 형태의 성과를 비교해 본 자료이다.

### 1) 수송의 형태

우리나라 기업물류비용은 2011년 기준으로 총매출액의 8.03% 수준이다. 이는 1991년 14.7%에서 2001년 11.1%, 2005년 9.70%, 2009년 8.37%로 점차 감소 수준을 보이며 90년대 이후 최저치를 기록하였다(통계청 기업물류비). 2013년 국토교통부 통계에 의하면 국내 수송은 주로 공로운송(82%)에 의해 이루어지고 해상운송(13.4%), 철도(4.5%) 순이다. 국내 항공운송은 거의 이루어지지 않고 있다. 국제운송은 해상운송(99.7%)이 대부분이며 일부 항공운송(0.3%)을 통해 이루어진다. 우리나라 기업들이 수송 형태를 결정할 때 가장 많이 고려하는 요인으로는 납품시기(37.%), 수송비(24.8%), 안전성(15.1%), 화물중량(8.4%) 등으로 알려져 있다.

수송 형태를 결정하는 구체적인 사례로는 수송의 거리와 비용을 고려하여 보통의 경우에 300km이하 구간에는 트럭, 300~500km 구간은 철도, 500km 이상의 구간은 해상운송 수단을 이용하는 것이 경제적이다. 각각의 수송 형태의 특징을 상

표 14-5 수송 형태별 우위

| 수송 형태의 특징 | 철 도 | 트 럭 | 해상운송 | 파이프라인 | 항 공 |
|---|---|---|---|---|---|
| 속 도 | 3 | 2 | 4 | 5 | 1 |
| 이용가능성 | 2 | 1 | 4 | 5 | 3 |
| 신뢰도 | 3 | 2 | 4 | 1 | 5 |
| 수용능력 | 2 | 3 | 1 | 5 | 4 |
| 이용빈도 | 2 | 5 | 1 | 3 | 4 |
| 단위당 비용 | 3 | 4 | 2 | 1 | 5 |

호 비교하여 우위를 평가하면 표 14-5와 같이 나타낼 수 있다.

수송 형태를 결정할 때는 무엇보다도 다음과 같은 세 가지 측면에서의 의사결정을 해야 할 것이다. 첫째, 단일 수송을 할지 결합수송을 할지를 결정해야 한다. 둘째, 수송 형태를 결정해야 한다. 셋째, 수송 형태의 결합과 선택은 주요 수송 형태별 기능들을 비교하여 분석한 후 결정하여야 한다. 수송기술, 비용구조, 고객서비스 요구 수준 등의 변화는 다양한 수송 형태의 시장점유율을 계속적으로 변화시키고 있다.

### (1) 기차

다른 수송 형태의 발달로 상대적인 비중은 감소하였지만 절대적인 규모면에서는 계속적인 증가를 보이고 있으며 수송비용이 가장 저렴하다는 특징 때문에 중요한 수송 형태로 인식되고 있다. 아직도 석탄과 곡물등과 같은 원재료를 수송하는 데는 널리 이용되고 있다. 철도의 특징은 도착시간을 보증할 수 있는 정도가 다른 수송 형태에 비해 상대적으로 훨씬 높다는 것을 장점으로 들 수 있지만 화차를 이용하기 위해서는 화물량을 대량으로 만들어서 화차의 칸을 채워야 하는 경우도 있고 소량 수송시 출발할 때까지 상당 시간을 기다려야하는 것과 같은 단점도 있다.

### (2) 트럭

트럭을 이용한 수송은 기차운송과 함께 육상 운송수단으로 경쟁적 입장에 있다. 트럭운송은 기차에 비해 택배door-to-door서비스, 수송일정계획의 유연성, 기동성 있는 배달, 다양한 고객욕구에 맞는 배달, 운송단위의 다양성 등의 특징을 갖고 있다. 최근 우리나라에서 트럭운송이 급증하고 있는 이유는 신규 자금을 대규모로 투입하지 않고도 도심, 공업지대, 상가단지 등 목적지까지 운송이 가능하다는 점, 공차LCL: less than truckload로도 긴급한 화물수송이 가능하다는 점, 단거리 운송에서 기차보다 높은 경제성을 보유하고 있다는 점, 규모의 경제에서 얻는 이익이 거의 없기 때문에 소규모 투자로도 효과적인 결과를 얻을 수 있다는 점, 그리고 무엇보다도 직접 화주와의 접촉이 용이하기 때문에 고객이 원하는 서비스를 제공하는 고객밀착경영이 가능하다는 점을 들 수 있다.

### (3) 해상운송

해상운송은 기차나 트럭운송에 비해 대규모로 대량의 화물을 수송한다는 특징이 있다. 반면에 운송시기와 횟수에 있어서는 유연성이 낮기 때문에 화물운송을 의뢰하는 화주의 입장에서는 절차가 복잡하고 시기를 맞추기 어려운 점이 있다. 가격이 저렴하다는 특징 때문에 수출화물의 경우에는 다른 수송형태보다 인기 있는 수단으로 알려져 있다. 그러나 최종 목적지까지 수송하는 데는 한계가 있기 때문에 육상의 철도수송과 연계한 복합수송으로 피쉬백fishy back 서비스를 제공하게 되었다. 이는 기차와 해상수송이 연계된 수송방식으로 일정 지점까지 선박으로 수송한 화물을 기차가 최종목적지까지 운송하게 된다.

### (4) 항공수송

항공수송은 정기적으로 화물수송을 하는 화주에게는 갈수록 인기 있는 수송 형태가 되고 있다. 운임이 비싸기 때문에 수송 분담률은 낮지만 고객의 규모는 점점 증가하고 있다. 항공수송의 가장 큰 특징은 수송시간이 최대한으로 짧은 수송수단이라는 것인데 고객이 원하는 지점까지 수송하기 어렵다. 그 결과 최종목적지까지 수송하는 시간은 비효율적으로 낭비가 되는 경우도 있다. 이런 단점을 해결하기 위해 다른 수송 수단과 결합하는 수송방식으로 버디백birdy back이 이루어진다. 이는 트럭과 항공기가 결합하여 수송하는 복합수송방식으로 특정지점까지 항공기가 수송하게 되면 육로로 최종목적지까지는 트럭이 이어서 수송을 완료하는 방식이다.

### (5) 파이프라인

우리나라에서는 아직 파이프라인pipeline 수송이 극히 제한적으로 이용되고 있지만 국토의 면적이 넓고 인접한 지역이나 국가 간의 협조가 이루어지는 경우에는 시설이 가능하기 때문에 화물을 안전하게 이용할 수 있는 수송형태이다. 지금까지는 주로 가스나 액체로 된 화물을 수송하는 방식이지만 수송과정의 제품 파손과 분실 가능성이 가장 적은 수송형태라고 할 수 있다.

### 2) 복합수송intermodal transportation

앞에서 몇 가지의 복합수송 방식을 설명하였지만 실제로는 컨테이너를 이용한 복합수송이 다양한 형태로 이루어지고 있다. 컨테이너의 사용이 증가하면서 복합수송의 방식과 이용빈도가 증가하고 있는 추세인데 다음과 같은 수송 방식이 등장하였다.

#### (1) TOFCtrailer on flatcar

TOFC는 트레일러 수송 방식으로 트렉터tractor가 컨테이너container를 실은 트레일러trailer를 견인하여 일정 거리를 수송한 후 트렉터를 분리하여 컨테이너를 실은 상태의 트레일러를 철로의 무개화차flatcar에 실어 나르는 수송방식이다. 트레일러 수송은 견인을 하는 트렉터를 견인차로 이용하고 적하부분 또는 피견인차를 트레일러로 하여 수송하는 방식을 지칭하는 말이다.

#### (2) Trailer and tractor on flatcar

트레일러 수송 방식으로 트렉터가 트레일러를 견인하여 일정 거리를 수송한 후 트렉터와 트레일러를 모두 무개화차에 실어 최종 목적지로 수송하는 방식이다.

#### (3) Roadrailer

이는 혁신적인 복합 수송 방식으로 기술적인 개발을 통해 가능한 수송이다. 트레일러에 트럭 타이어와 기차 바퀴 두 가지 모두를 부착한 트레일러로 개조해서 이용하게 된다. 육로는 통상적인 트럭 타이어를 이용하여 트레일러를 이동시킨 후 철로에서는 무개화차 위로 옮겨 싣지 않고 트레일러에 부착되어 있던 기차바퀴를 내뻗어서 기차에 매달려서 트레일러 자체가 기차 선로 위를 달려서 운송하는 방식이다.

#### (4) COFCcontainer on flatcar

COFC는 트레일러 수송 방식을 이용하여 트랙터로 컨테이너를 트레일러에 싣고 일정 구간을 수송한 후 트레일러 위의 컨테이너만을 철로의 무개화차 위에 옮겨 싣고 최종목적지까지 수송하는 방식이다. 컨테이너 하단에 철판을 부착하는 방식으로

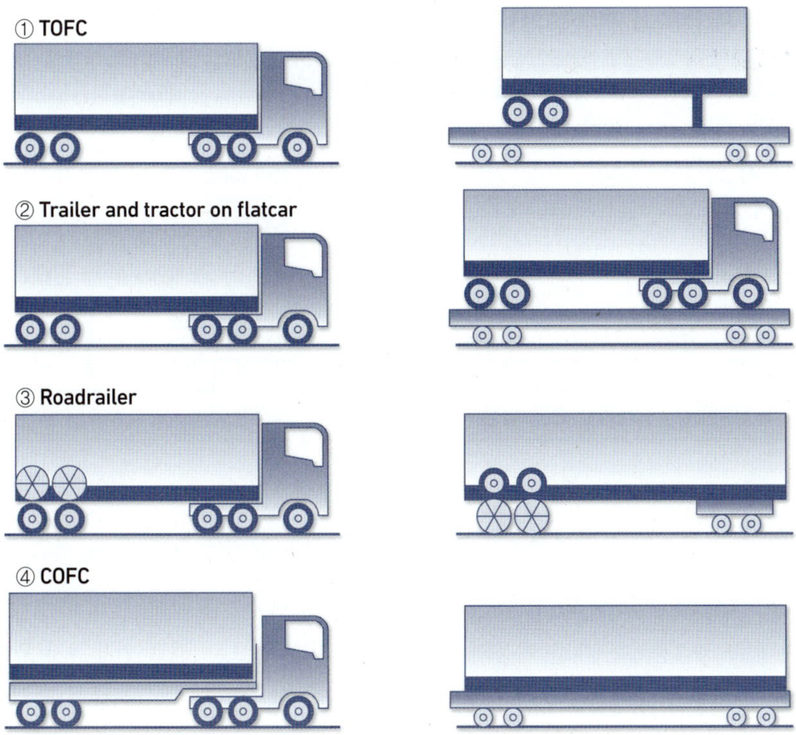


그림 14-9 복합수송

일부 개조하여 무개화차 적재를 가능하게 해야 한다.

#### (5) 피기백piggy back

피기백수송방식은 본래 무개화차와 트레일러를 이용한 수송방식을 일컫는 용어이다. 이는 육로 운송의 이점과 철로운송의 이점을 모두 취하는 복합 수송 방식으로 트레일러나 컨테이너를 무개화차에 싣는 방식인 TOFC와 COFC방식이 여기에 해당한다.

## 4.3 창고관리

경로구성원이 이용할 수 있는 창고의 유형으로는 창고의 운영형태에 따라 자가창고, 영업창고, 공공창고, 그리고 임대창고로 나눌 수 있다. 자가창고는 자사가 소유한 창고이고 영업창고는 소매상, 도매상, 제조업자 등이 임대한 창고이다. 일반적으

**표 14-6 자가창고와 영업창고의 비교**

| | 영업창고 | 자가창고 |
|---|---|---|
| 영업비용 | 고비용 | 충분한 물량이면 저렴 |
| 초기 투자 | 없다 | 설비, 창업, 장비, 교육에 투자 |
| 통제 | 통제가 유리 | 종업원 및 절차에 대해 직접 책임 |
| 위험 | 최소 | 기술적 진부화에 따르는 위험 |
| 세금 혜택 | 특정지역 세금 혜택 | 감가상각 허용 |
| 규모의 경제 | 여러 고객 상대로 가능 | 기업의 규모에 따라 가능 |
| 저장 및 유지비 | 정확한 요금 책정 | 추정만 가능 |

로 자가창고는 저장과 운영에 맞는 설계, 창고시설과 운영에 대한 통제, 정보의 피드백, 그리고 단위당 보관비용 등의 부분에 있어서 유리하다.

반대로 영업창고는 개별 이용자가 특별히 투자할 필요는 없고 언제든지 필요한 만큼의 공간을 이용할 수 있는 유연성을 제공해 준다. 한 계절을 온통 보관시켜야 하는 것과 같은 경우에는 비용을 절감시켜 주기도 하며 공공창고는 타 창고와의 경쟁에서 고객을 유치하기 위해 다양한 서비스를 제공해 주기도 한다. 공공창고와 임대창고도 엄밀한 의미로 보면 영업창고의 한 유형으로 볼 수 있다.

### 1) 자가창고

자가창고는 자사의 물품을 보관하기 위한 창고로 자재나 제품을 보관하는 공장지역에 있는 공장창고와 사무실 지역에 위치하고 있는 상업창고 등이 있다. 표 14-6에서 보는 것처럼 자가창고는 자사의 취급 품목의 특징에 맞게 창고를 설계할 수 있고, 인원을 줄이기 위한 기계화가 가능하며, 가장 효율적인 시간에 적정량으로 입출고를 할 수가 있다. 자가창고를 갖기 위해서는 초기 투자가 부담이 되고, 확장을 하기 어려운 경우가 많으며, 계절적인 수요에 탄력적인 대체가 어려운 단점도 있다.

### 2) 영업창고

제품을 제조하여 소비자에게 제공하기까지 다양한 단계를 거치게 되기 때문에 보관을 위해 필요한 창고의 형태도 다양하다. 영업창고는 다른 사람의 물품을 보관하고 그 대가로 보관료를 받는 창고이다. 우리나라에서는 물류정책기본법 시행규칙에서 창고별로 보관할 수 있는 물품의 종류와 창고에서 보관하는 물품을 분류하고 있는데 창고의 유형을 1급창고, 2급창고, 3급창고, 야적창고, 수면창고, 저장창고, 위험물창고, 냉장창고 등 8가지로 나눈다. 이들 각각의 창고가 보관할 수 있는 보관물품을 제1종물품부터 제8종물품이라 부르고 있다.

이제는 이러한 각각의 유형의 창고가 결합된 형태의 창고가 등장하고 있다. 이를테면 야적창고에는 제4종물품인 철재, 동판, 시멘트제품 등 야적이 가능한 물품을 보관하게 되어 있고 2급창고에는 밀, 보리, 사료, 제철류, 시멘트 등의 제2종물품을 보관하게 되어 있다. 그렇다면 2급창고에 야적장을 설치하게 되면 야적이 가능한 시멘트 등을 보관할 수 있을 것이다. 이것은 야적창고이면서 2급창고이다. 또한 1, 2, 3급 창고에 냉동저장고를 설치하여 냉동보관하는 8종물품을 보관하게 되는 창고도 결합형태의 창고이다.

영업창고는 위의 표에서 본 것처럼 창고보관면적을 탄력적으로 운영할 수 있고, 완벽한 관리와 요금체계로 효율성을 제고할 수 있으며, 시장변화에 대처할 능력이 있다는 것이 장점인데 현장에서 재고를 보충하거나 출하를 결정하기가 곤란한 경우가 많다는 단점이 있다.

### 3) 공공창고

관공서나 공익사업을 하는 기관이 공익을 목적으로 설치한 창고로 공공창고는 3가지 유형으로 나눌 수 있다.

- 공립창고: 창고의 부족을 해결하기 위해 정부와 지방자치단체가 항만지역 등에 설립하여 민간에게 그 운영을 위탁한 창고이다.
- 관설상옥**官設上屋**: 정부나 지방자치단체가 해상과 육지 연결용으로 부두 등에 설치하고 민간업자나 일반에 제공하는 창고이다.
- 관설보세창고: 관세법에 따라서 세관장의 허가를 받아 세관의 감독하에 수출입세를 미납한 상태의 화물을 보관하는 창고이다.

### 4) 임대창고

창고업으로 등록한 영업창고가 아닌데도 기업체나 개인이 자기 소유의 창고를 임대료를 받고 타인에게 제공하는 창고이다. 임대창고의 경우 그 운영과 요금은 임대창고의 소유주의 권한이지만 전문적인 영업창고가 아니기 때문에 고객과의 관계에서 제품의 파손이나 부패 등과 관련한 문제발생 소지가 있고 요금의 책정과 수금에서도 곤란한 점이 발생할 가능성이 많다.

### 5) 창고수의 결정

경로구성원이 자가창고를 이용할지 영업창고를 이용할지를 결정하는 문제는 몇 개의 창고를 어디에 입지시키느냐는 문제를 해결하는 것부터 시작해야 한다. 창고의 수와 입지를 결정하는 문제는 자사가 제공하려는 고객서비스의 수준과 창고가 수행해야 할 서비스 수준에 달려 있다.

높은 고객서비스 수준을 제공해야 할 경로구성원은 여러 개의 창고를 설립할 것이다. 만약에 창고 내의 물품이 가공해야 하는 것이라면 창고는 제조업자의 공장 근처에 위치할 것이다. 반대로 창고가 완성품의 보관을 위해 필요하다면 창고는 소비자시장 근처에 입지할 가능성이 크다. 모든 변수를 고려할 때 창고는 최소의 유통비용으로 기대되는 것만큼의 서비스 수준을 제공할 수 있도록 위치해야 한다. 최소의 비용을 내는 방법은 각각의 기업마다 고객서비스 표준, 재고유지비, 수송비, 기타 물류비용이 다르기 때문에 여러 가지 방법이 있겠지만 전체 시스템의 총비용은 창고 결정의 상쇄효과에서 설명한 것처럼 일반화될 수 있을 것이다.

유통시스템에서는 창고 수가 증가하면 수송비가 감소하게 되고, 재고유지비가 체증하고, 주문처리비가 일정하게 증가하게 된다. 따라서 비용상쇄 효과를 고려한다면 전체 물적유통시스템의 총비용의 최소값은 수송비와 재고유지비가 만나는 지점에서 발생하게 된다.

창고의 위치는 기업의 경쟁력이나 전체 유통경로의 경쟁력에 커다란 영향을 미치는 요인이다. 창고의 수가 기업과 경로시스템의 대고객서비스 능력과 물류비용에 직접적인 영향을 미치는 것처럼 창고의 위치가 미치는 영향도 그와 다름없을 것이다. 창고의 위치를 결정하는 모형과 최적해를 찾는 다양한 방식들이 만들어져서 이러한 의사결정을 도와주고 있다. 그런데 이러한 모형들이 중요하게 다루는 변수로는 창고로부터 멀기 때문에 고객을 잃게 되어서 매출액이 감소하는 비용, 창고유지비, 수송비 등이 있다.

## 4.4 재고관리

재고의 통제와 관리는 고객의 수요에 대응하기 위한 유통경로의 필수적인 업무 중의 하나이다. 재고는 생산시점에서도 존재하지만 도 · 소매상이 보유할 수도 있고 경우에 따라서는 이동 중에 있을 수도 있다.

재고문제를 다루지 않는다면 사실은 창고관리의 필요성도 거의 의미가 없을 것이다. 창고의 소유형태, 유형, 위치 등에 대한 의사결정이 중요하지만 재고관리 및 통제와 관련된 해답이 창고의사결정과 상관없이 모든 상적 유통경로구성원의 생존능력에 커다란 영향을 미치게 된다. 물류관리를 가장 잘하는 기업과 가장 못하는 기업간에는 평균 재고일자가 상당히 차이가 나게 된다. 평균 재고 일수가 긴 기업들은 상당한 대가를 지불하기 때문에 높은 이자를 오랫동안 지불하는 셈이다. 이는 이미 정해진 수준의 경쟁적 약점을 가지고 있는 꼴이다. 재고가 거의 모든 제조업자, 도매상, 소매상들에게는 자산 중 가장 큰 단일투자항목이라는 점을 생각하면 이러한 문제는 더욱 절실해 진다.

제조업자의 재고자산 투자는 총자산투자의 30%정도라면 도 · 소매상의 재고자산 투자는 50%를 넘을 것이다. 이처럼 재고를 다량으로 보유하려는 최근의 유통시장의 경향은 다양한 세분시장의 욕구를 충족시키려는 경쟁시장을 반영하는 결과이다. 뿐만 아니라 오늘날의 소비자는 다양한 제품구색에 익숙해져 있어서 여러 가지의 대안적 제품을 요구하는 경향이 있다. 이러한 욕구에 부응하기 위한 방편으로 재고보유 수준을 높이는 결과가 나타난 것이다.

일반적으로 재고통제이론은 미래의 수요에 대비하여 최적의 재고량을 획득하는 과정을 다루고 있다. 재주문의 시점과 양과 관련된 의사결정은 서로 상충하는 과정을 다루고 있다. 재주문의 시점과 양과 관련된 의사결정은 서로 상충하는 비용함수의 균형점을 찾는 문제이다. 이러한 작업의 목표는 수요와 서비스의 제약조건 아래서 총재고비용을 최소화하는 것이다. 균형점을 찾아야 할 기초적인 비용함수는 재고유지비, 주문비, 재고고갈 위험과 관련된 것들이다. 그림 14-10은 서로 관련되는 비용함수와 각각의 구성요소들 간의 상쇄효과를 보여 주고 있다. 모든 재고통제시스템의 기본적인 목적은 기업에게 ① 재주문량, ② 재주문 시점, ③ 최소의 비용으로 재고 고갈을 통제하는 방법 등을 알려 주는 것이다.

**재고 유지비**

- 재고품의 가치
- 재고 유지비
- 이자비용
- 창고비용
- 취급비용
- 보험
- 세금
- 진부화
- 매출채권 회수절차
- 외상매입금 지불절차
- 주문추가

**재고 부족비**

- 안전재고량
- 연간 주문횟수
- 주문주기마다의 수요
- 주문주기당 수행시간 변화정도
- 제품대체 가능성
- 각 제품 판매의 기여도
- 이월 주문에 의한 비용발생
  - 중복 주문처리
  - 추가 의사소통
  - 판매노력의 낭비
  - 놓치는 판매액

**주문비**

- 주문 횟수
- 매주문당 비용
- 매주문당 생산가동비용

그림 14–10 **재고관리**

### 1) 주문량과 주문 시기

고객들의 수요가 무작위로 발생하기에 정확하게 예측이 불가능한 경우에는 재고를 관리하는 전통적인 모형을 이용하게 된다. 이 모형은 기본적인 가정과 한계를 지니고 적정 주문량, 주문 횟수, 총재고비용을 구하는 방법을 설명하는 구조를 갖고 있다. 이 모형을 우리는 경제적 주문량EOQ: economic order quantity모형이라고 부른다. 이 모형에서는 총재고비용은 주문비와 재고유지비의 합이라고 가정하고 있다.

총재고비용 = 주문비 + 재고유지비

총재고비용 = (1회주문비 × 주문횟수) + (단위당재고유지비 × 평균재고)

이를 공식화하면 총재고비용 $TC$는 다음과 같다.

$$TC = C_o \times D/C + C_c \times Q/2$$

$D$ : 연간 수요량

$Q$ : 1회 적정 주문량

$C_c$: 단위당 재고유지비

$C_o$: 1회 주문비

적정주문량은 그림 14–11에서 보듯이 재고유지비와 주문비가 같아지는 지점에서 얻어질 수 있다. 따라서 주문비 = 재고유지비라 하면 다음과 같다.

$$C_o \times D/C + C_c \times Q/2$$

이 식을 $Q$에 대해서 풀게 되면, 1회 적정주문량 $Q$를 구할 수 있다.

$$Q = \sqrt{\frac{2C_oD}{C_c}}$$

주문횟수는 매년 필요로 하는 연간 수요량을 1회 적정주문량을 나누어서 계산하는 것이 상식적인 계산이 될 것이다. 따라서 연간 주문횟수 $N$은 다음과 같이 나타난다.

$$N = \frac{D}{Q}$$

예를 들어 한국 자전거 주식회사가 자전거 조립을 하는데 연간 부품을 1,000개 사용하고 1회 주문비가 200원이고 재고 단위당 40원의 유지비가 발생한다고 할 때 1회 적정 주문량, 연간 적정 주문횟수, 연간 총재고비용을 구해보면 다음과 같이 계산된다.

- 1회 적정 주문량 $Q = \sqrt{\frac{2C_oD}{C_c}} = \sqrt{\frac{2 \times 200 \times 1{,}000}{40}} = 100$개
- 연간 적정 주문 횟수 $= \frac{D}{Q} = \frac{1{,}000}{100} = 10$회
- 총재고비용 $= \frac{C_o \times D}{C} + \frac{C_c \times Q}{2} = \frac{200 \times 1{,}000}{100} + \frac{40 \times 100}{2}$
- 총재고비용 $= 2{,}000 + 2{,}000 = 4{,}000$원

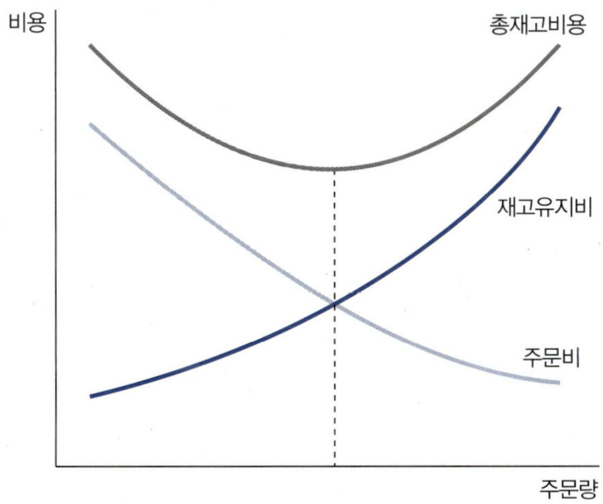


그림 14-11 재고비용 관리

EOQ의 기본적인 가정은 재고유지비와 주문비를 정해진 것으로 생각하지만 실제로는 변동하는 것인데 그렇다고 이를 고정비와 변동비로 구분하는 것도 쉬운 일이 아니다. 그렇기 때문에 재고관리자의 주관적 판단으로 정하게 되는 경향이 있다. 그런데 이 공식대로라면 하루에 10개를 사용하는데 10일에 한번 주문하는 주기를 가지는 경우에 주문 첫날은 100개의 재고를 가지게 된다. 그렇다면 90개의 재고는 불필요한 재고이고 그 다음 날도 80개의 과다재고를 가지는 셈이다.

뿐만 아니라 예상치 못한 고객의 과다 수요나 다음 주문시점까지 주문사이클이 길어지는 일이 발생하는 경우를 대비해서 보유하는 안전재고safety stock도 보유해야 하기 때문에 실질적으로는 엄청난 과다재고를 가질 수 있다.

재고에 대한 주문량을 결정하는 문제만큼이나 중요한 의사결정이 주문 시기를 결정하는 문제이다. 주문을 하면 금방 갖다 주는 것이 현실적으로 불가능하고 수요량도 정확한 예측이 되지 않기 때문에 주문 시기를 결정하는 문제가 더욱 복잡해진다. 주문 시기로는 정해진 일정한 시점에 주문하는 정기 발주와 필요할 때 주문하는 부정기 발주가 있다. 정기 발주는 주로 부정량 발주를 하게 되는데 이는 정기적으로 필요한 재고량을 파악하여 주문하는 방식이다. 반면 부정기 발주는 정량 발주를 하게 되는데 이는 재고량이 일정 수준이 되면 그때마다 발주하는 방식이다.

## 4.5 생산통제와 자재소요 계획

대부분의 기업에서 생산통제, 구매, 원재료관리는 자재관리기능에 속하는 것으로 되어 있다. 물론 이러한 기능들은 물적유통, 재료관리, 제조, 마케팅 등과 인접한 의사결정 영역이다. 자재관리자는 대개 ① 자재소요량의 예측, ② 자재 소요계획의 개발, ③ 자재의 원천확인과 획득, ④ 자재를 기업 내로 이동, ⑤ 현재 자산으로서의 자재의 위상 검토 등의 업무를 수행하게 된다. 자재관리자는 구매 및 획득, 생산통제, 내부수송, 창고 및 저장, 정보시스템에 대한 관리, 재고계획과 통제, 폐기물과 부산물 처분 등의 기능을 책임져야 한다. 자재관리 활동은 완성품의 유통과정에서 수행되는 활동과 유사하다. 자재관리는 재고통제, 창고 및 저장, 주문처리, 수송, 그리고 다른 거의 모든 유통활동이다. 자재관리와 완성품 유통의 주된 차이는 자재관리에서 취급되는 대상이 완제품이 아닌 원재료, 부분품, 재공품 등이라는 점이다. 또한 자재관리의 제품수령자는 최종소비자가 아닌 생산이나 제조관련 부서라는 점이다.

자재소요계획MRP: material requirements planning은 재고관리시스템의 성공적 운영에 결정적으로 중요한 부분이다. MRP는 재고를 최소화하면서도 생산을 정상적으로 수행하는 전산화된 생산 및 재고통제시스템이다. 제품의 생산 및 일정을 토대로 그 제품 생산에 필요한 원자재, 부분품, 공정품, 조립품 등의 소요량 및 소요 시기를 역산하여 자재조달계획을 수립하게 된다. 자재소요계획은 공급자와 내부의 생산과정을 연결하는 고리를 제공하는 것으로 생산을 위한 자재의 주문과 관련한 리드타임을 안정적으로 유지하고 믿을 만한 공급자와의 관계를 통해서 안전재고의 수준을 최소화하게 된다.

한편 비용의 증가, 재고로 인한 기회비용의 증가, 그리고 운영상의 문제 증가 등으로 인해 선진국의 물류시스템에는 혁신적인 접근법인 무재고생산JIT: just-in-time의 개념을 도입하게 되었다. JIT는 매우 간단한 개념으로 자재가 물류시스템을 통해 필요한 시간에 적절한 위치에서 사용될 수 있도록 이동되어야 한다는 접근이다. 이론적으로는 이 개념은 알맞은 재료를 적절한 시간에 적당한 양으로 제공하게 되고 그렇다면 재고가 필요 없다는 입장이다. 완성품은 적시에 판매되도록 생산되고 수송되며, 부분품은 적시에 완성품으로 조립되며, 부품은 적시에 부분품으로 조립되며, 그리고 재료는 적시에 부품으로 조립된다는 개념이다. 즉 미리 재고로 생산해 두는 것이 아니라, 주문이 들어오면 즉시 생산하는 것이다. JIT개념은 모든 부품과 재료가 생산과정품WIP: work-in-process이라고 보고 수송비를 계산하거나 징수하기 위해 멈추는 시간도 용납하지 않는 시스템이다. JIT교환의 관계는 공급자와 구매자의 엔지니어링, 구매, 생산, 자재관리, 그리고 마케팅시스템을 통합하여 부품과 재료의 원활한 흐름을 달성하게 된다. 따라서 JIT는 재료의 이동에 초점을 맞추고 물류에 재료자산이 투입되는 것과 관련한 생산성 극대화의 중요성을 인식하고 있다. JIT의 기본적인 목적은 경로의 생산과 운송 시스템 전반에서 낭비 요소를 제거하는 것이다.

## 4.6 포장관리

포장의 기능은 제품을 유지 보호하는 것뿐만 아니라 제품을 광고하고 차별적인 소구를 하는 촉진 수단으로써의 의미도 지니게 된다. 포장의 종류를 겉포장, 속포장, 낱포장으로 구분하는데 겉포장은 제품의 안전한 보호와 대량의 물량을 저장할 수 있도록 견고하게 만들 필요가 있다. 속포장은 충격을 완화하고 필요한 경우에는 특수한 재질로 내용물을 보호하는 설계가 요구된다. 낱포장은 제품의 수량을 구분하는 기초 단위의 역할을 하고 사용 중의 소비자와 인접한 의사소통을 하기 때문에 부담 없고 친근한 이미지로 설계되어야 한다.

포장이 매출을 제고시키는 역할을 함과 동시에 유통비용을 증가시키기 때문에 서로간의 상쇄효과를 고려한 효과적인 의사결정을 해야 한다. 포장의 표준화를 통해 효율적인 보관, 수송, 하역을 달성하는 것이 포장 의사결정의 중요한 영역인데 표준화되지 않은 포장은 컨테이너 적재의 효율성을 떨어뜨려서 비용을 유발시키는 결과를 초래하게 된다. 이러한 적재의 효율성을 높이기 위해서는 팔레트pallet를 표준화시키는 노력부터 선행되어야 하는데 각국의 표준 팔레트 규격은 다양하지만 우리나라에서는 KS규격으로 1,100 × 1,100mm와 1,100 × 800mm의 두 종류가 있다. 표준화된 포장 전략을 포장의 모듈module화라고 하는데 포장 표준화 전략의 이행 과정은 다음과 같다.

- 표준 팔레트 규격 결정: 통용되고 있는 여러 가지의 규격을 통일하여 기업 내부적으로, 동일 산업 내부적으로, 국가 전체적으로, 그리고 궁극적으로는 세계적인 표준 치수를 활용해야 한다.
- 낱포장 포장재 설계: 제품에 맞고 겉포장에 맞는 포장재로 낱포장의 포장재를 결정한다.
- 겉포장의 규격 설계: 낱포장을 고려한 겉포장의 재질과 치수를 결정하여 표준 규격의 포장 제품을 완성한다.
- 낱포장의 규격 결정: 겉포장의 표준 치수에 맞추어서 낱포장의 치수를 결정하여 낱포장을 완성한다.

## 4.7 하역관리

하역을 표준화하는 작업에는 유닛로드시스템unit load system이 필수적이다. 동일 제품을 여러 가지의 묶음으로 포장을 하면 하역 작업과정에서는 비효율이 발생하게 된다. 되도록 동일 제품은 가능한 한 큰 묶음을 만드는 것이 효율적인데 이처럼 동일 제품을 최대로 크게 하나의 묶음으로 만든 것이 유닛로드라고 하고 이 커다란 묶음, 즉 유니트로드를 하역하는 것을 유닛로드시스템이라고 할 수 있다. 유니트로드시스템을 위해서는 팔레트pallet를 표준화시켜야 한다. 그림 14-12에서 보듯이 팔레트는 기본형으로 만들어진 것이 평면 팔레트, 박스모양으로 된 것이 박스 팔레트, 그리고 팔레트 네 모서리에 기둥을 세운 것이 포스트 팔레트이다. 팔레트화의 범위는 크게 부분 팔레트, 일관팔레트, 팔레트 풀 시스템으로 구분할 수 있다.

부분 팔레트는 팔레트를 이용하는 범위가 특정 회사나 특정 작업현장이나 창고

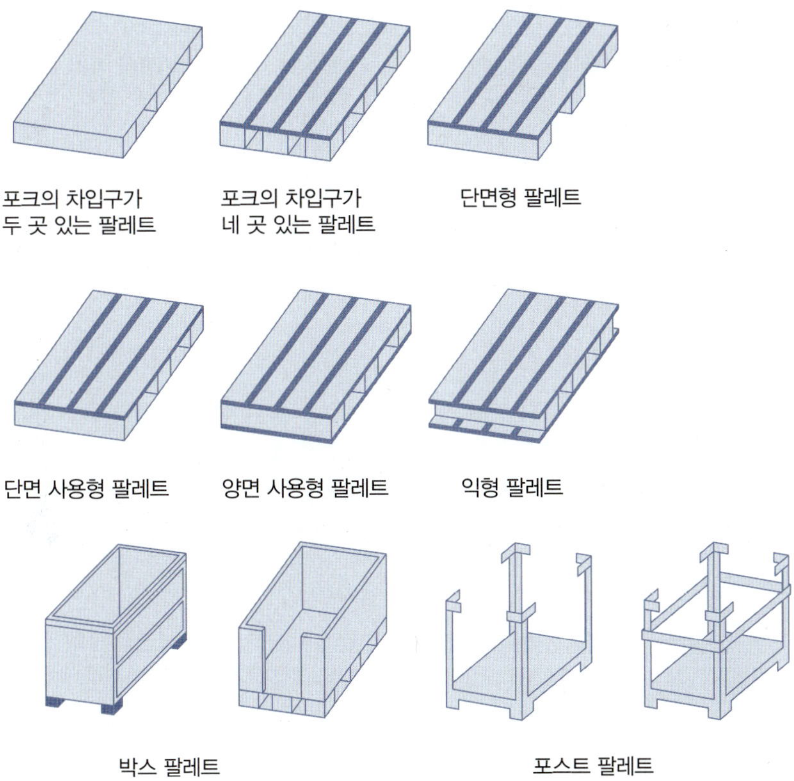


그림 14-12 팔레트의 유형

등에 한정적으로 이용되고 있는 상태이다. 일관 팔레트는 이에 비해 제품의 수송 과정 전체에 팔레트가 이용되고 있는 것으로 전제 경로에 일관되게 이용하기 때문에 일관 팔레트라 한다. 이는 스웨덴에서 발달되었기 때문에 스웨덴 운송방식이라고 한다. 여러 가지의 운송수단을 이용하는 경우에도 팔레트를 그대로 적하하고 적재하기 때문에 효율을 꾀할 수 있다. 팔레트 풀 시스템**pallet pool system**은 팔레트의 규격, 척도 등을 표준화하고 상호 교환이 가능하도록 하여 이를 서로 공동으로 사용하도록 함으로써 각 유통경로구성원의 물류합리화로 비용 절감과 전체 시스템의 효율성을 꾀하는 하역방식이다. 팔레트 풀 시스템을 이용하게 되면 경로구성원들은 일관 팔레트 수송이 가능해지기 때문에 더 큰 효율성을 확보하게 된다.

물류자동화를 달성하거나 이를 통한 물류생산성과 수익성을 제고하기 위해서는 팔레트의 규격을 표준화하려는 기업과 정부의 노력이 병행되어야 하고 이와 함께 하역작업을 수행하는 포크리프트**folklift** 등과 같은 장비의 개발과 보급이 널리 확산되어야 할 것이다. 뿐만 아니라 공장 내부의 환경이나 작업통로를 정비하는 것과 같은 일도 하역작업의 효율성을 제고하는 준비작업이 될 것이고 기업 내부나 기업간에 일관팔레트나 팔레트 풀 시스템에 대한 경영층의 이해와 실행이 동반되어야 할 것이다.

CHAPTER

# 15

# 상권분석

1. 상권의 정의
2. 상권의 특징
3. 지구시장 상권분석
4. 개별점포 상권분석

# 1 상권의 정의

상권trading area이란 특정 점포 혹은 점포들의 집단이 고객을 수용할 수 있는 지역의 한계 범위를 지칭하는 말이다. 상권은 세 가지 범주로 계층성을 이루고 있는데, 가장 큰 범주의 고객 수용력을 가진 것부터 지역상권general trading area, 지구상권district trading area, 그리고 개별점포상권individual trading area으로 나타낸다. 지역상권은 서울상권, 부산상권, 대전상권 등과 같이 부를 수 있는 개념이다. 행정구역과 비슷한 경계를 지니고 있고 하나의 지역 안의 모든 상업적인 유통업자들의 고객 유인 범주를 나타낸다고 할 수 있다. 지구상권은 지역상권 내의 구역별로 형성되는 여러 개의 상권을 나타낸다. 유통점포의 입지여부와 구매 고객의 인접성 등에 따라 지구상권의 모양과 크기가 결정된다. 특정 지구안에 대형 유통점포가 많은 경우에는 그 지구상권의 크기가 크게 형성될 것이다. 서울상권을 을지로상권, 영등포상권 등의 지구상권으로 나눌 수 있다. 개별점포상권은 각 점포가 형성하게 되는 고객의 유인 범위이다. 도심에 있는 점포일수록 개별점포상권이 클 것이고 점포의 규모가 클수록 상권의 크기도 커지게 된다.

모든 상권은 다시 세 부분으로 구분할 수 있는데 그림 15-1에 나타난 일차상권primary trading area, 이차상권secondary trading area, 한계상권fringe trading area 등이 그것이다. 개별점포상권의 경우 일차상권은 점포 고객의 60~70%를 포함하는 지역을 의미한다. 이 상권은 점포에 가장 가까운 지역이고 그 지역 인구 중 그 점포에 오는 고객의 밀도가 가장 높다. 일차상권 고객은 그 점포에 대한 일인당 매출액도 이차나 한계상권의 고객보다 높은 것이 보통이다. 이차상권은 일차상권 바깥 지역으로 점포의 나머지 15~25%의 고객을 포함하는 지역범위이다. 일차상권 외곽에 위치하고 있기 때문에 고객들은 흩어져 있는 셈이다. 한계상권은 나머지 모든 고객을 포함하는 지역으로 가장 멀리 흩어져 있다. 예를 들어 어떤 점포의 일차상권이 4km까지 형성되어 있다면 이차상권은 5km까지, 그리고 한계상권은 8km까지 널리 퍼

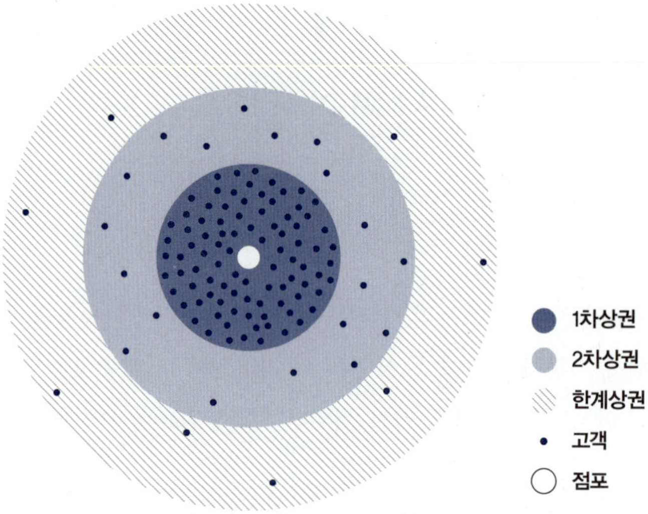


**그림 15-1 상권의 구분**

져 있을 것이다. 한계상권의 고객은 특정점포에 애착을 가지고 있어 멀리까지 이동하는 것을 마다 않는 원거리 고객일 가능성이 많다.

상권의 모양을 그림 15-1과 같이 나타낼 수는 있지만 실제로는 이러한 동심원의 모습을 하기 어렵다. 상권의 모양은 점포의 업태 유형, 점포의 크기, 경쟁자의 입지 등과 같은 다양한 요인의 영향을 받아서 결정된다. 또한 여기서 언급한 상권에 포함되는 고객의 비율도 상권을 설명하는 학자마다 조금씩 다르게 표시하기도 한다. 중요한 것은 일차상권의 고객은 기업의 매출액 대부분을 차지하는 고객이고 이차상권 고객은 여러 점포를 돌아보며 탐색적 구매를 할 가능성이 많을 것으로 예상되며 한계상권의 크기는 점포의 영향력의 한계를 가늠하게 한다는 점이다.

소매상은 지리 정보와 관련된 지리적 정보시스템 소프트웨어를 활용하여 상권을 분석하고 있다. 지리정보시스템GIS: geographic information system이란 인구의 지리적 특성, 고객구매, 현재 및 미래의 경쟁자와 관련된 정보 등을 체계적으로 제공해 주는 정보 원천이다. 그러므로 이러한 GIS 소프트웨어는 원하는 지역이나 점포의 상권을 그림으로 도식해 줄 수 있게 되었다.

# 2
# 상권의 특징

소매 상권의 특징을 살펴봄으로써 소매상은 목표고객과 자사점포가 얼마나 잘 어울리는지를 알 수 있다. 이를테면 자동차 수리점을 개점하려는 소매상은 개점하려는 지역의 자동차 등록대수를 조사할 것이며 보청기 판매상을 개점하려는 소매상은 그 지역의 65세 이상 인구수를 조사할 것이고 서점을 개업하려는 소매상은 그 지역 주민들의 교육수준을 고려할 것이다. 소매 상권 평가 시 고려해야 할 요인은 표 15-1과 같다. 소매상이 가장 크게 고려하여야 할 상권의 특징은 인구 규모와 구성, 노동력 획득 가능성, 공급원과의 근접성, 경제적 기반, 경쟁, 점포입지 획득 가능성, 그리고 규제 등이다. 여기서 경제적 기반은 그 지역의 산업 및 상업 구조를 의미한다. 그 지역에서 유망한 산업이 중요한 의미를 지니는 것은 만약 그 산업이 쇠퇴하게 될 때 지역의 많은 주민들에게 영향을 미칠 것이기 때문이다.

상권지역의 인구에 대한 분석에서 무엇보다도 중요한 것 중의 하나가 구매력인데 구매력에 대한 조사 결과를 미국과 같은 경우에는 매년 발간되는 판매 및 마케팅 관리sales & marketing management 등과 같은 잡지를 통해 인구 센서스에서 찾을 수 없는 중요한 정보를 제공해 주고 있다. 다만 이러한 자료도 개별 점포가 개점하려는 관심 지역의 상권보다는 훨씬 큰 영역에 대한 자료를 싣고 있다는 아쉬움이 있다. 표 15-2는 판매 및 마케팅관리에서 제공하는 구매력 조사survey of buying power자료의 일부이다. 이는 자동차 시장과 관련된 구매력에 대한 조사자료로 이 표에서 중요하게 보아야할 부분은 효과적 구매소득EBI: effective buying income과 구매력지수BPI: buying power index이다. EBI는 개인소득에서 정부 및 자치단체에 내는 세금과 사회보장 등에 대한 비세금 종류의 지출을 뺀 값이다. 개인소득은 임금, 봉급, 이자소득, 배당금, 임대소득, 연금소득 등과 같은 수입을 합한 것이다. 즉 EBI는 보통 개인의 가처분 소득과 같은 의미이다.

**인구 규모와 특징**
총 인구수 및 인구 밀도 / 연령 분포
주택소유자 비율 / 총가처분 소득의 크기
일인당 가처분 소득 / 직업 분포 / 변화 추세

**노동력 획득 가능성: 고졸 및 대졸자 분석, 전국 평균 임금 대비한 지역임금 분석을 통한 예측**
경영자 / 예비 경영자 / 종업원

**공급원천과의 근접성**
수송비용
적시성
제조업자와 도매상의 수
제품라인의 획득 가능성과 신뢰성

**촉진**
매체 획득 가능성과 노출빈도
비용 / 유실된 촉진

**경제적 기반**
우월한 산업 / 다양화 정도 / 성장 예측치
경기 변동/계절적 변동과의 무관성
신용/금융기관 획득 가능성

**경쟁 상황**
기존 경쟁자의 수와 규모
모든 경쟁자의 장단점 평가
단기 및 장기 예측
포화 수준

**점포입지 획득 가능성**
예정지의 수와 유형 / 수송 활용 가능성
소유 대 임대 기회
입점 제한 규정 / 비용

**규제**
세금 / 면허 / 생산 / 최소 임금 / 입점

**그림 15-2 소매 상권 평가 시 고려 요인**

BPI는 EBI, 소매판매, 인구 규모를 그 지역의 판매 잠재력, 즉 전국판매 중의 비중(%)에 단순가중치로 측정한 값이다. 따라서 특정 지역의 BPI공식은 다음과 같다.

**BPI(%) = 0.5(전국 EBI 중 그 지역의 EBI 비중(%))**
**+0.3(전국 소매판매 중 그 지역의 소매판매 비중(%))**
**+0.2(전국 인구 중 그 지역의 인구 비중(%))**

이 공식에서 BPI를 도출하는 각각의 변수에 0.5, 0.3, 0.2 등으로 가중치를 준 것은 그 각각의 상대적 중요도를 평가한 것이다. 표 15-2에서 A도시의 BPI는 B도시의 세 배 이상이고 C도시보다도 60%가 더 크다. A도시는 총인구와 18세 이상의 인구수와 비중 모두 B와 C도시보다 크다. A도시의 인구중 EBI가 35,000원 이상인 인구의 비중이 73.2%로 B도시의 64.7%와 C도시의 73.0%에 비해 크다. 또한 자동차 판매액은 세 도시 A, B, C 각각이 19억 7천만원, 5억 8백만원, 15억 2천만원이다. 이 구매력 조사자료를 근거로 분석해 보면 고가 자동차 딜러는 A도시를 선택하고 저가 자동차 딜러는 B도시를 선택할 것으로 보인다. 아울러 표 15-1의 하단 부분에서는 조사자료에 나타난 세 도시 A, B, C의 BPI를 계산하는 과정과 각 도시의 BPI를 적고 있다.

**표 15-1 구매력 조사자료의 예(단위: 천 원)**

| | 도시 | | |
|---|---|---|---|
| | A | B | C |
| 총 인구 | 827,500 | 339,300 | 550,500 |
| 18세 이상 인구 | 606,600 | 236,800 | 396,900 |
| 18세 이상 인구 비중(%) | 73.3 | 69.8 | 72.1 |
| 가구 수 | 296,100 | 113,900 | 185,300 |
| EBI 총계 | 18,958,202,000 | 5,892,344,000 | 13,352,026,000 |
| 중간 가구의 EBI | 55.351 | 45,641 | 54,745 |
| 일인당 EBI | 22.910 | 17,366 | 24,254 |
| EBI가 35,000–49,999에 해당하는 가구의 비중(%) | 17.8 | 20.6 | 17.8 |
| EBI가 50,000이상인 가구의 비중(%) | 55.4 | 44.1 | 55.2 |
| 총 소매 판매액 | 11,325,584,000 | 2,656,928,000 | 5,644,141,000 |
| BPI(%) | 0.4795 | 0.1423 | 0.2996 |
| 전국 EBI중 지역의 EBI 비중(%) | 0.4840 | 0.1504 | 0.3409 |
| 전국 소매판매중 지역의 소매판매 비중(%) | 0.5767 | 0.1353 | 0.2874 |
| 전국 인구 중 지역 인구 비중(%) | 0.3223 | 0.1322 | 0.2144 |

**BPI(A) = 0.5(0.4840) + 0.3(0.5767) + 0.2(0.3223) = 0.4795%**
**BPI(B) = 0.5(0.1504) + 0.3(0.1353) + 0.2(0.1322) = 0.1423%**
**BPI(C) = 0.5(0.3409) + 0.3(0.2874) + 0.2(0.2144) = 0.2996%**

# 3
# 지구시장 상권분석

점포의 입지를 결정하기 위해서는 제일 먼저 광역 시장 입점 예정지를 분석해야 한다. 보통은 지구상권에 대한 분석을 실시하여 각 지구의 고객, 경쟁, 지방자치단체의 규제 등에 대해 예정 지구의 시장잠재력의 크기를 측정하게 된다.

무엇보다도 중요한 지구상권의 분석 대상 요인은 고객 요인이다. 고객요인의 평가 부분은 지구상권 내 인구의 인구통계적 특성, 가구의 특성, 사회경제적 특성 등이 될 것이다. 이러한 자료는 정부나 정부 산하 기관의 연구소의 간행물이나 사설 연구소의 보고서 등의 2차 자료를 참고하면 비용을 줄일 수 있다. 조사를 실시하는 소매 점포는 자사의 업종이나 업태, 기업 규모 등을 고려하여 조사항목의 범위를 결정하게 된다.

지역시장이나 지구상권의 수요 잠재력을 상권포화trading area saturation라고 하고 지구상권내의 개별점포상권의 수요잠재력은 점포포화store saturation라고 한다. 이 모두는 소매포화retail saturation를 나타내고 있다. 포화가 많이 진행되어 있을수록 새로운 점포의 진출 기회는 적어질 것이다.

상권포화를 측정하는 개념에는 소매 점포당 인구수, 소매 점포당 평균 매출액, 소매 업태별 평균 매출액, 일인당 혹은 가구당 점포 평균 매출액, 판매 영역 평방미터당 평균 매출액, 종업원 일인당 평균 매출액 등이 있다. 이러한 비율들은 절대값이 가지는 의미보다는 상대적인 크기로 의미를 해석해야 한다. 특정 후보지의 비율의 크기를 표준적인 점포나 경쟁 후보지의 그것과 비교하여 우월성을 가늠해 보아야 할 것이다. 표 15-2는 슈퍼마켓 업태의 상권포화를 측정한 예를 보여주고 있다. 이 자료에서 상권포화를 측정하기 위해서는 여러 가지의 기초자료를 활용하고 있음을 알 수 있다. 상권포화 측정 부분에서 C지구가 다른 두 지구에 비해 총 인구수/슈퍼마켓수 비율이 높게 나타나서 슈퍼마켓 수에 비해 인구가 상대적으로 많은 것으로 보이기 때문에 슈퍼마켓의 진출 기회가 클 것으로 기대했다. 그러나 일인당

**표 15-2 지구상권의 상권포화 비교 사례**

| 자료유형 | A | B | C |
|---|---|---|---|
| (기초자료) | | | |
| 슈퍼마켓 총판매액(백만 원) | 8,457 | 5,749 | 4,489 |
| 총 인구(1,000명) | 6,840 | 4,802 | 4,512 |
| 총 가구수(1,000가구) | 2,589 | 1,751 | 1,544 |
| 슈퍼마켓 총 수 | 853 | 524 | 431 |
| 슈퍼마켓 총 평방미터(1,000) | 24,721 | 15,835 | 11,348 |
| 전체 슈퍼마켓의 종업원 수 | 47,811 | 35,030 | 26,268 |
| 슈퍼마켓당 평균 평방미터 | 28,981 | 30,219 | 26,329 |
| 슈퍼마켓당 종업원 수 평균(상권포화의 측정) | 56 | 67 | 61 |
| 총 인구수/슈퍼마켓 수 | 8,019 | 9,164 | 10,469 |
| 슈퍼마켓 평균 매출액(천원) | 9,914 | 10,971 | 10,415 |
| 일인당 슈퍼마켓 평균 매출액 | 1,236 | 1,197 | 995 |
| 가구당 슈퍼마켓 평균 매출액 | 3,267 | 3,283 | 2,907 |
| 평방미터당 슈퍼마켓 평균 매출액 | 342 | 363 | 396 |
| 종업원 일인당 슈퍼마켓 평균 매출액(천원) | 177 | 164 | 171 |

슈퍼마켓 평균 매출액은 가장 낮은 수준이어서 이 지역은 슈퍼마켓의 수는 적지만 주민들이 슈퍼마켓을 이용하는 정도 또한 낮은 것으로 풀이된다.

한편 소매점포의 점포포화를 나타내는 지표는 공식화된 소매포화지수IRS: index of retail saturation로 나타내기도 하는데 이 지수는 지구상권내의 특정 업태의 매장 면적 단위당 잠재 수요의 크기를 나타낸다.

**IRS = 수요/특정업태의 총 매장 면적**
**= 지역의 총 가구수 × 가구당 특정업태에 대한 지출/특정업태의 총 매장 면적**

이러한 IRS를 이용하여 특정 지구상권내에 새로운 소매상을 개점하려는 시점에서 소매상 자신의 업태의 시장 기회를 가늠할 수 있다. 만약 IRS값이 크다면 공급보다 수요가 많은 상황이므로 시장의 포화가 낮은 것으로 풀이한다. 따라서 이때는 상대적으로 시장진출기회가 크다고 볼 수 있다.

소매포화지수가 기존 시장의 수요와 공급을 반영하는 현재의 시장매력성을 평가하는 지표라면 미래의 지구상권 내의 특정 업태의 매력성을 측정하는 지표로

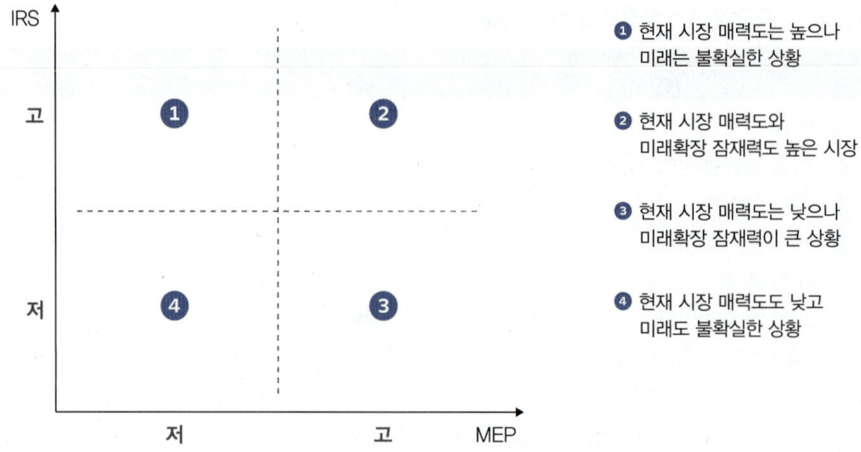


그림 15-3 IRS와 MEP

시장확장잠재력**MEP: market expansion potential**이라는 개념이 있다. MEP는 특정 지구상권 내의 주민들이 타 지구상권에서 구매하는 지출의 정도로 예측해 볼 수 있다. 특정 지구상권 내 주민들이 다른 지구상권에 가서 구매하는 정도가 높을수록 특정 지구상권의 시장확장능력이 크다고 할 수 있다. 이러한 논리로 본다면 광역시장 상권을 분석하는 경우에는 현재의 시장잠재력인 소매포화뿐만 아니라 미래의 매력성인 시장확장잠재력도 동시에 평가하여 반영하여야 할 것이다. IRS와 MEP를 함께 고려하면 그림 15-3과 같다. 이 두 지수값이 모두 클수록 매력적인 시장이 된다.

# 4 개별점포 상권분석

지역시장 후보지에 대한 매력성을 근거로 대체적인 입지 예정 지구상권을 결정한 후에는 개별점포 상권에 대한 분석을 실시하여야 한다. 개별점포상권 분석은 기존 점포를 대상으로 하는 것과 신설 점포를 염두에 두고 하는 것이 조금 다르다.

## 4.1 기존 점포 상권분석

기존의 점포나 쇼핑센터의 상권의 규모, 형태, 특징 등은 매우 정확하게 도출할 수 있다. 이러한 상권에 대한 보편적인 이차 자료나 특별한 연구로 수행된 자료를 활용하면 상권 측정이 용이하다. 점포를 이미 설립하여 영업을 하고 있기 때문에 신용카드를 이용하는 고객의 경우는 고지서 발송시의 주소로 거주지를 확인할 수 있고 현금사용 고객은 제품 배달주소나 수표의 배서 과정, 그리고 콘테스트 등을 통하여 주소를 확인할 수 있다. 대형점포인 경우에는 컴퓨터로 신용카드를 조회하는 시스템을 운영하고 있기 때문에 고객의 주소를 확인할 수도 있다.

일차상권, 이차상권, 그리고 한계상권은 여러 지역으로부터 온 고객들이 특정 점포에서 구매하는 빈도 측정, 주어진 지역의 고객들이 특정 점포에서 구매하는 평균 지출 측정, 특정 점포에서 구매하는 주어진 지역의 고객 중 신용카드 보유자 비율 측정 등의 방식으로 도출된다. 신용카드 고객들의 정보를 취득하기가 보다 용이하다고 해서 그들의 정보만 측정하고 현금사용자의 정보를 포함시키지 못하면 상권분석 결과의 의미는 반감될 것이다.

기존 점포에 대한 상권분석에 보다 신중한 경우라면 일차자료 수집을 수행하여 상권의 크기를 결정해야 한다. 설문조사 등의 소비자조사법을 이용하면 상권을 보다 정확하게 추론할 수 있다. 상권분석은 최소한 정기적으로 실시할 필요가 있는데 그것은 상권규모는 시간이 지남에 따라 달라지기 때문이다. 일정한 시간 간격을 두고 하는 종단면적 조사longitudinal study를 통해 상권의 변화를 측정해야 한다. 뿐만 아니라 상권규모는 요일별로 하루 중 시간대별로도 다르게 구성될 수 있음을 인지해야 할 것이다.

## 4.2 신설점포 상권분석

신설점포 상권분석 방법으로는 가장 많은 정보를 내포할 수 있고 다양한 추론을 가능하게 하는 보편적이고도 필수적인 방법으로 기술적 방법descriptive method이 있고, 상권의 크기를 결정하는 이론적 근거를 제시하는 모형으로 규범적 모형normative model이 있으며, 여러 가지 가정을 근거로 고객이 특정 점포에서 구매할 확률을 설명하는 확률 모형probability model이 있다.

### 1) 기술적 방법

#### (1) 체크리스트법

체크리스트법check list method은 상권의 크기와 형태에 영향을 미치는 다양한 요인들의 목록을 작성하여 각각에 대해 점검하고 이를 토대로 상권의 구조를 예측해 보는 방법이다. 이때 상권은 일차, 이차 혹은 한계상권의 범위일 수도 있다. 물론 소매 기업의 업태와 업종 그리고 고객과 시장의 경쟁상태에 따라 조사해야 할 목록의 내용은 달라질 수 있다. 체크리스트법에서 작성하게 될 목록의 내용을 표 15-3에 제시하였다.

여기서 보는 것처럼 체크리스트법에서 분석하는 부분은 크게 세 가지 영역인데 첫째는 상권 내 제반 입지 특성에 대한 분석이다. 이것들은 자연적인 환경과 인공적인 환경으로서 쇼핑의 편리성과 효율성을 가능하게 하는 항목들을 점검하는 과업이다. 둘째는 상권 내 고객 특성에 대한 분석으로 고객의 수, 남녀별 · 연령별 유형, 소득, 구매력 등을 점검하는 부분이다. 이와 함께 각 계층의 고객이 잠재고객, 구입가능 고객, 사용고객, 목표고객 중 어디에 해당하는지도 검토해야 한다. 셋째는 상권경쟁구조에 대한 분석이다.

자사가 소매업을 경영하려는 시장의 경쟁 정도와 양상 및 방향을 가늠하려는 분석이다. 경쟁의 수준을 세분화하여 업태별 혹은 업태 간 혹은 업태 내 경쟁 정도를 측정하는 것으로 소매 점포의 포지셔닝 방향을 정할 수 있을 것이다.

**표 15-3 체크리스트법의 평가 목록**

| 평가 부분 | 평가 항목 |
|---|---|
| 상권 내 제반 입지 특성 | 행정구역, 행정구역별 인구통계적 특징<br>자연 경계(강, 산, 개천) 특징<br>도로 및 교통 관련 특징<br>산업구조 소매시설 현황<br>도시계획, 행정 / 법적 규제 및 조치<br>대형 건축물, 교통유발시설물 |
| 상권 내 고객 특성 | 배후상권고객 : 상권 배후 경계안 거주자 특성<br>유통성배후고객 : 점포주변 직장인 및 학생 특성<br>유동고객 : 점포 주변 유동인구 특성 |
| 상권 경쟁구조 | 위계별 경쟁구조 : 동일 지역 및 지구 경쟁자 특성<br>업태별 경쟁구조 : 각 소매업태별 경쟁 현황<br>업태 내 경쟁구조 : 동일 업태 경쟁자 현황<br>잠재 경쟁구조 : 입점 예정 / 가능 경쟁자 특성<br>경쟁 / 보완관계 : 동종 소매점 간 경쟁 혹은 보완 여부 |

### (2) 유추법

하버드 비지니스 스쿨의 애플바움Applebaum이 제안한 것으로 그는 CST customer spotting 지도 혹은 CIT customer interview technique를 이용하여 상권을 결정하는 방법을 설명하고 있다. CST는 점포에 방문하는 고객 면접을 통해 고객의 주거지를 지도 위에 표시하는 방식이다.

이렇게 고객들의 거주지를 지도 위에 표시하여 동심원을 그림 15-4처럼 그리게 되면 자연스럽게 상권을 확인할 수 있게 된다. 점포에서 가까운 곳부터 반경 1km나

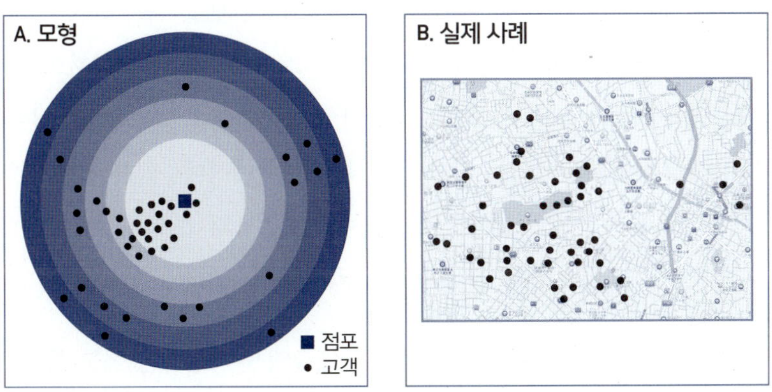


그림 15-4 CST 지도

5km 등의 동심원을 그리게 되면, 그 상권 내 고객들의 그 소매점포에서의 주간 매출액을 계산할 수 있다. 예를 들어서 반경 1km 안에 자기 점포 고객의 30%가 살고 있고 점포의 주간 매출액이 1백만원이라고 하자. 이때 반경 1km 내의 고객의 주간 매출액은 1백만원 × 30(%) = 30만원이라고 쉽게 계산할 수 있다.

이러한 CST를 이용하는 유추법analogue method은 자사가 신설하려는 소매 점포와 유사한 점포를 택하여 그 점포의 상권을 분석하여 자사 점포의 상권과 매출 예상액을 가늠하는 방식이다. 유추법에 의한 상권분석의 과정을 다음과 같은 과정으로 설명할 수 있다.

① 자사의 설립 예정 소매점포와 업태 및 업종, 고객 유형, 고객의 구매력, 시장의 경쟁 상태 등의 측면에서 가장 유사한 실존하는 유사점포를 택한다.
② 유사점포의 상권범위는 고객 유인 정도가 전체 고객의 75~80%를 포함하는 지역경계까지로 한다. 여기서 유사점포의 상권규모를 반경 몇 km씩으로 나누어 추정하는 것은 앞에 설명한 CST방식을 이용한다.
③ 전체 고객의 대부분을 포함하는 전체 상권을 반경 km에 따라 소규모의 간격으로 나누고 각 간격 내에서 유사 점포가 달성하는 매출액을 그 간격 내의 인구수로 나누어서 각각의 간격 내의 고객의 일인당 주간 매출액을 계산해 낸다.
④ 앞의 ①부터 ③까지의 과정을 신설 자사점포에도 그대로 적용하여 계산하면 각 간격 내의 고객의 일인당 주간 매출액을 도출해 낼 수 있다. 그러나 신설점포는 아직 영업을 하지 않은 상태이기 때문에 자료가 부족한 관계로 이제 유사점포의 자료를 이용한 결과를 활용하기로 하는 것이다. 그렇기 때문에 자사 소매점포가 기존 유사점포의 상권 크기와 특성이 같다고 보고 개점 예정인 신설점포의 각 간격 내의 인구수에 앞의 ③에서 계산된 그 간격의 유사점포의 주간일인당 매출액을 곱하게 되면 신설점포의 주간 예상매출액을 얻게 된다. 신설점포의 주간 총예상매출액의 크기는 각각의 간격의 주간 예상매출액을 모두 합하면 된다. 신설점포의 주간 총예상매출액을 모두 신설점포와 유사점포와의 차이가 있을 수 있는 부분, 즉 입지와 경쟁 특성을 고려하여 조정될 수 있다.

이제 유추법에 의한 신설점포의 주간 예상매출액을 계산하는 예를 들어 보기로 하자. 표 15-4에서 먼저 유사점포의 자료를 이용한 기초 자료를 계산하고 표 15-5

**표 15-4 유사점포의 매출액**

| a | b | c | d | e | f |
|---|---|---|---|---|---|
| 반경(km) | 고객비중(%) | 누적고객비중(%) | 주간매출액(천원) | 인구 수 | 일인당 주간 매출액(e/f(원)) |
| 0.5이내 | 35 | 35 | 1,200 | 5,000 | 240 |
| 0.5~1.0 | 21 | 56 | 960 | 4,700 | 204 |
| 1.0~1.5 | 10 | 66 | 840 | 6,500 | 129 |
| 1.5~2.0 | 5 | 71 | 300 | 3,500 | 86 |
| 2.0~2.5 | 3 | 74 | 150 | 2,700 | 56 |
| 2.5~3.0 | 3 | 77 | 110 | 2,500 | 44 |
| 3.0~3.5 | 2 | 79 | 80 | 3,000 | 27 |
| 3.5~4.0 | 1 | 80 | 60 | 2,600 | 23 |

에서는 이를 활용하여 신설 점포의 예상매출액을 계산하고 있다. 먼저 표 15-4에서 유사점포 고객의 35%가 점포로부터 반경 0.5km 내에 거주하는데 이들이 달성한 주간매출액은 1,200,000원이다. 이 간격 내의 고객의 수가 5,200명이기 때문에 일인당 주간매출액은 240원이 된다. 이 표의 나머지 칸도 이와 같은 방법으로 작성되었다. 유사점포의 고객의 80%가 반경 4km안의 거주자임을 알 수 있다. 이제 여기에 계산된 유사점포의 각 간격별 일인당 매출액을 신설점포의 같은 간격 내의 일인당 매출액에 잠정적으로 그대로 대입해 쓰게 된다. 애초에 신설점포와 가장 유사한 점포의 자료를 분석한 것으로 가정했기 때문에 이러한 대입을 하게 되었다.

신설점포의 각 간격별 예상매출액을 계산하는 과정도 기존점포와 같은 과정으로 점포에서 가까운 거리부터 동심원을 그리고 각 간격 내의 고객의 수를 이차자료로 확인하여 표 15-6처럼 간격별 인구수를 계산한다. 일인당 매출액 칼럼은 기존 유사점포 자료의 f칼럼의 일인당 매출액을 이용하여 그대로 대입하게 된다. 그렇게 되면 반경 0.5km 내의 주민들의 일인당 매출액은 240원이 되고 그 간격내의 주간 매출액 추정치는 인구수(5,200) × 일인당 매출액(240) = 1,248,000원이 된다.

이와 같은 방법으로 다른 모든 칸을 메우고 모든 간격의 주간 추정 매출액을 합하게 되면 주간 총 예상 매출액은 3,726,000원이 된다. 그런데 이 계산값은 반경 4km 밖의 고객들과 유동 고객의 구입 가능분을 계산에 넣지 않았다. 따라서 여

표 15-5 **신설점포의 예상매출액**

| 반경(km) | 인구 수 | 일인당 주간 매출액(원) | 간격별 주간 매출액 추정(천원) |
|---|---|---|---|
| 0.5이내 | 5,200 | 240 | 1,248 |
| 0.5~1.0 | 4,800 | 204 | 980 |
| 1.0~1.5 | 5,700 | 129 | 737 |
| 1.5~2.0 | 3,900 | 86 | 334 |
| 2.0~2.5 | 2,900 | 56 | 159 |
| 2.5~3.0 | 2,800 | 44 | 123 |
| 3.0~3.5 | 3,100 | 27 | 83 |
| 3.5~4.0 | 2,700 | 23 | 62 |
| 총 주간 매출액 추정치 | | | 3,726 |
| 총 주간 매출액 조정 추정치 | | | 4,026 |

러 가지 상황을 고려한 상권 분석 담당자의 안목과 경험으로 계산되지 않은 고객들의 가능 매출액을 추정하여 300,000원 추가로 합하여 총 주간 매출액 조정 추정치 4,026,000원을 구하게 된다.

유추법의 장점은 유사점포의 실제 자료를 이용하여 고객들의 구매패턴을 반영하는 방법이기 때문에 매우 현실적인 추정을 가능하게 해 준다는 것이다. 그러나 이 방법은 분석 담당자의 주관적인 판단이 개입하는 부분이 많기 때문에 자칫 오류를 범할 가능성이 있다. 유사점포를 여러개 선정하여 신설 점포의 경우와 비교하는 방식을 택한다면 보다 효율적이고 정확한 추론이 가능할 것이다.

### 2) 규범적 모형

개별점포입지를 결정하는 보다 이론적인 근거를 밝히려는 모형은 초기 상권분석의 도구로 주로 이용되었다. 여기서는 크리스탈러의 중심지 이론, 레일리의 소매인력법칙 그리고 컨버스의 분기점공식을 소개하기로 한다.

#### (1) 중심지 이론

##### 1) 중심지 개념

중심지central place는 배후지역에 제품과 서비스를 제공해 주는 기능을 하는 정주공간을 의미한다. 중심지는 배후지지역의 중심에 위치하고 거의 모든 도시는 사실상 중심지 기능을 수행하는 중심지이다. 중심지 기능central place function이란 일반적으로 3차산업의 기능으로서 서비스요인을 포함하는 기능이다. 그것들은 유통기능, 교통, 행정, 교육, 기타 모든 서비스 기능을 포함하는데 중심지가 가진 이러한 기능의 정도와 크기를 중심성centrality이라 한다. 인구 규모가 클수록 중심지 기능은 커지게 되며 배후지규모는 중심지규모가 클수록 커지게 된다.

중심지 개념을 이용하여 도시와 같은 주거지 상호간의 분포, 거리, 지역구조 등에 대해 설명하는 이론이 중심지 이론central place theory이다. 중심지 이론은 독일의 지리학자 크리스탈러Christaller가 1933년에 주장한 것으로 도시와 취락의 공간현상을 설명하는 기초 이론으로 자리 잡게 되었다.

중심지 이론은 몇 가지의 전제를 가정하고 있다. 첫째, 지표 공간은 균질적 표면isotropic surface이고, 공간 거리를 극복하기 위한 교통수단은 유일하고, 수송비용은 거리에 비례한다. 둘째, 인구는 공간 상에 균일하게 분포한다. 셋째, 주민의 구매력과 소비패턴은 동일하다. 넷째, 인간은 합리적 사고로 의사 결정하며 최소비용으로 최대의 이익을 추구하는 경제인economic man이다. 그런데 이러한 전제는 사실상 오늘날의 도시와 취락의 공간구조를 설명하는 데 있어서는 무의미한 전제인지도 모른다. 그것은 이러한 전제는 우리가 상식적으로 생각해도 지극히 당연히 그러리라고 공감할 수밖에 없는 가정이기 때문이다. 이제는 중심지 이론으로 설명할 수 없는 소비자의 구매행위와 유통경로구성원 간의 관계를 설명하는데 익숙해져 있기 때문이기도 하다.

### 2) 기본 구성

중심지 이론을 구성하고 있는 기본적인 세 가지 개념은 최소요구치threshold size, 최대도달점range of goods or service, 그리고 배후지hinterland 등이다. 상업중심지가 중심지로서의 역할을 다하려면 제품과 서비스를 제공하는 기능을 계속적으로 수행할 수 있도록 수요가 발생해야 한다. 중심지로서 유지되기 위한 최소한의 수요 혹은 그 수요를 발생시키는 상권범위를 최소요구치라고 한다. 최소요구치는 중심지 기능을 수행하는데 고객을 제공해주는 배후지의 범위를 의미하고 있다. 그림 15-5에서 중심지 이론의 기본 개념을 설명하고 있다.

최대도달점은 중심지 기능이 중심지로부터 미치는 한계점을 의미한다. 최대도달

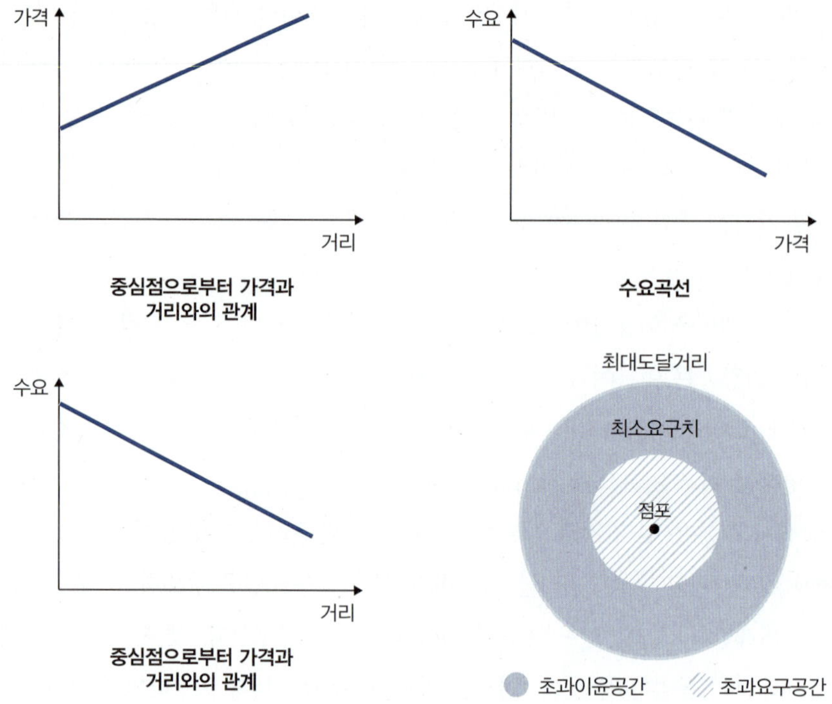


그림 15-5 중심지 이론

거리를 내기 위해서는 기본적으로 중심지는 최소요구치를 확보하고 있어야 한다. 중심지 기능의 가격과 그것을 확보하기 위한 이동에 드는 교통비가 최대 도달점을 결정할 것이다. 이론적으로 최대도달점이 최소요구치보다는 커야 상업적인 중심지가 존재 가능하게 된다. 제품이나 서비스의 가격이 낮으면 최대도달거리가 멀어지겠지만 수송비가 커지게 되면 무한히 먼 곳까지 공급될 수는 없을 것이다. 중심지로부터 최대도달점까지의 사이에 존재하게 되는 공간을 보완 구역이라 하는데 이 보완 구역이 결국 중심지의 배후지 역할을 하게 된다.

중심지의 배후지 모양의 변화 과정을 그림 15-6에 표시하였는데, 중심지가 특정 공간에 유일하게 하나만 존재한다면 가장 이상적인 배후지의 모양은 원처럼 둥글게 나타날 것이다. 그러나 동일한 수준의 중심지가 다수 존재하게 되면 중심지 상호간에는 시장과 고객을 확보하기 위한 경쟁이 발생할 것이다. 원형의 배후지가 서로 외접하게 되면 중심지 상호간에는 어떤 중심지의 중심지 기능도 받지 못하는 소외된 공간지역이 생긴다.

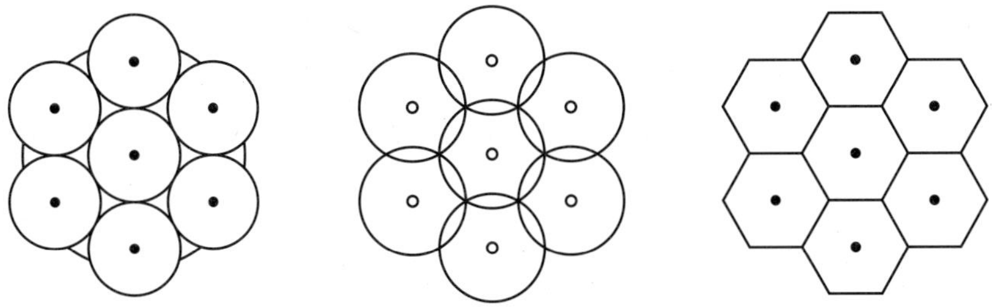


**그림 15–6 중심지의 배후지 변화 과정**

이때 인접 중심지는 이 소외된 공간지역을 확보하기 위한 배후지 확대 경쟁이 생기게 되어 결과적으로는 서로 중첩된 배후지를 확보하는 모습이 될 것이다. 중첩된 배후지 모습이 되면 중복된 지역에는 필요 이상의 마케팅 노력이 투하되는 비효율적인 기업 활동이 이루어지게 되고 이러한 손실을 알아차리게 되는 중심지의 점포는 서로의 경쟁에서 가장 효율적인 이익을 취할 수 있는 배후지의 모습을 찾게 될 것이다. 이러한 가장 이상적인 배후지의 모양은 6각형의 완결형이다. 이처럼 배후지가 완결형의 모습을 찾아가는 과정은 마치 생태계가 변화하는 것과 유사하다. 하나의 생태계에 새로운 침입자가 등장하게 되면 초기에는 경쟁을 통해 서로의 특징을 뚜렷하게 하거나 갈등을 겪게 되지만 일정한 시일이 지나면 새로운 생태환경으로 천이해 가는 경우도 생기게 된다. 이러한 침입, 경쟁, 천이의 과정이 배후지 확보 경쟁과정에서도 발생할 것이다.

### 3) 중심지 계층

중심지 계층이란 중심지 간에 중심성, 즉 중심지 기능 수행력의 차이를 의미한다. 일반적으로는 중심지나 배후지의 인구수가 많은 중심지가 중심성이 클 것이다. 중심성이 큰 기능들을 보유한 중심지를 고차중심지**higher order central place**, 중심성이 작은 기능들을 보유한 중심지를 저차중심지**lower order central place**라 한다. 중심지 상호간에 차수가 다를 경우에 고차중심지는 저차중심지가 가진 기능들을 다 가지고 또 자신만의 특징적인 고차중심지 기능을 가지게 된다. 고차의 중심지일수록 중심지 유지를 위한 최소요구치는 커야 되고 최대도달점도 저차의 중심지보다 클 것이다. 하나의 공간 상에서 고차중심지의 수보다는 저차중심지의 수가 많을 것이고 저차중심지간의 거리는 고차중심지간의 거리보다 가까울 것이다.

고차중심지와 저차중심지간의 공간 할당을 중심지 계층의 포섭관계로 볼 수 있다. 고차중심지의 배후지 안에 저차중심지의 배후지 몇 개가 어떻게 분할되어 포함되게 되는지를 보여 주게 된다. 중심지 계층의 공간포섭원리를 설명하기 위해 k값을 이용하고 있다. 그림 15–7과 같이 중심지 계층관계에서 고차중심지의 배후지에 저차중심지의 배후지가 몇 개 포함되는가를 설명하기 위한 것이 k값이다. 만약 어떤 공간구조가 k값이 3이라고 한다면 저차 중심지의 배후지 3개가 차상위 고차 중심지의 배후지에 포함되게 된다는 뜻이다. 이때 차상의 중심지간의 거리는 차하 중심지간의 거리에 $\sqrt{3}$배씩 증가하면서 중심지 계층 간의 공간구조가 이루어지고 있다. 이 그림에서 k값이 3인 공간구조를 보면 6개의 차하중심지와 그 배후지의 소비자는 이론상 가장 가까운 차상의 중심지 기능을 이용할 것이다. 그들은 3개의 차상 중심지로부터 같은 거리에 있기 때문에 결국 가장 효율적으로 1/3씩 나누어져서 가장 가까운 거리의 차상위 중심지를 이용하게 된다. 그러므로 고차 중심지 6각형

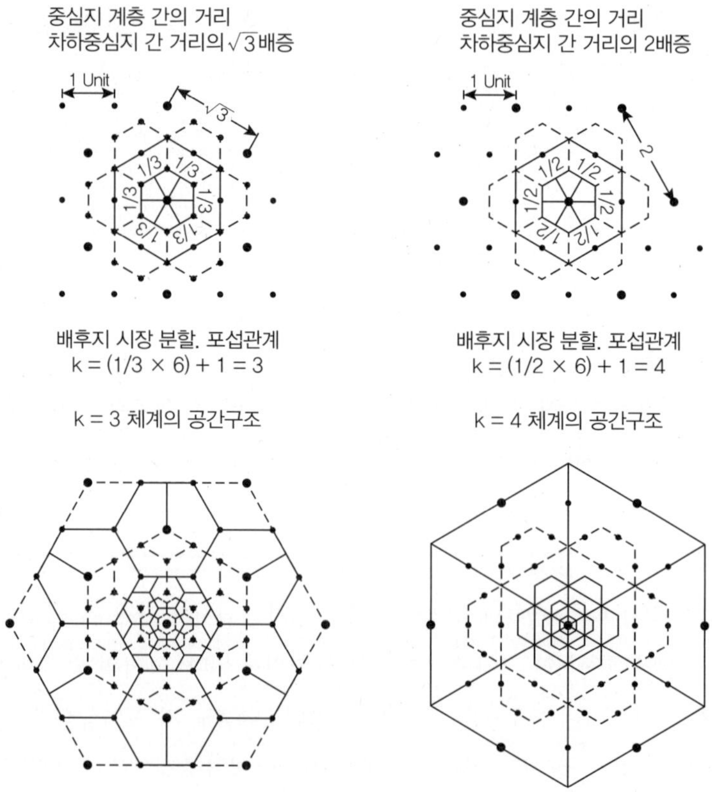


**그림 15–7 중심지 계층의 공간포섭원리**

안에는 1/3씩 분할되어 포섭된 차하의 배후지 6개와 온전한 차하 배후지 1개가 들어가게 된다. 그러므로 차상의 중심지와 배후지에 들어가는 차하의 중심지와 배후지 수는 (6 × 1/3) + 1 = 3이 된다. 따라서 이 공간구조의 k값을 3이라 하는 것이다. k값이 3인 경우의 공간구조에서는 고차중심지 기능이 가능한 한 가장 짧은 거리에 있는 주변의 저차배후지에 공급되는 성향이 있기 때문에 크리스탈러는 k = 3의 공간포섭원리를 특별히 마케팅원리marketing principle라고 한다.

그리하여 크리스탈러는 k값을 3, 4, 7 등과 같이 제시하였는데, 저차중심지의 배후지가 고차중심지의 배후지에 포섭되는 개수는 k값이 3이면 3개, 4이면 4개, 7이면 7개가 된다. 따라서 k값이 클수록 그 상업지의 공간은 고차 중심지 간의 간격이 큰 경우이고 이때는 중심지의 상권의 크기가 큰 것이다.

### (2) 소매인력법칙

레일리Reilly의 소매인력법칙law of retail gravitation은 도시들 간 혹은 점포들 간의 상권규모를 결정하는데 이용되는 법칙이다. 이 법칙은 도시의 상권규모에 기본적으로 도시의 인구수와 점포(도시)까지의 거리가 중대한 영향을 미친다는 가정에서 출발하였다. 이 법칙의 기본 원칙은 「경쟁 관계에 있는 두 도시 A와 B로부터 거리상으로 중간 지점에 위치한 도시 C에서 A와 B로 유인할 수 있는 상권규모는 A와 B 각 도시의 인구에 비례하고 각 도시와 C의 거리제곱에는 반비례 한다」이다.

이제 예를 들어 A도시와 B도시의 중간에 C도시가 위치하고, A와 B의 인구가 423,000명, 92,000명이라 한다. A와 C간의 거리는 80.4km이고 C와 B 간의 거리는 61.8km라고 한다면 이 공식은 다음과 같이 계산된다.

$$\frac{R(A)}{R(B)} = \frac{P(A)}{P(B)} \times \left[\frac{D(B)}{D(A)}\right]^2$$

$R(A)$ : 도시 A의 상권규모

$R(B)$ : 도시 B의 상권규모

$P(A)$ : 도시 A의 인구

$P(B)$ : 도시 B의 인구

$D(A)$ : 도시 A로부터 중간도시까지의 거리

$D(B)$ : 도시 B로부터 중간도시까지의 거리

이 계산에 의하면 C에서 A도시로 유인되는 구매력의 크기는 73.1%이고, B도시로 유인되는 구매력은 26.9%가 된다. 이는 2.7 대 1의 비율로 A도시로 유인되는 구매력이 훨씬 크다는 것을 알 수 있다. 이 법칙에 의하면 더 많은 인구를 가진 도시의 구매력 유인이 크기 때문에 선매품 구매에 대한 구매력의 유인에는 상당한 설명력이 있는 것으로 간주되어 실제에 많이 이용되고 있다. 그러나 실제로 소비자들은 이 법칙에서 기준으로 삼고 있는 것과 같은 도시 중심 도로로 이동하지 않을 수도 있고 또 실제로 공간상의 거리보다는 시간거리 개념이 보다 정확히 수송의 비용을 계산해 줄 것이다.

### (3) 분기점 공식

컨버스Converse의 분기점 공식breaking-point formula은 소매인력법칙을 수정하여 도출된 공식이다. 이 공식의 의미는 두 도시 혹은 지역간에 무차별점point of indifference을 설정함으로써 두 집단 각각의 상권을 자연스럽게 설정할 수 있다고 보는 것이다. 이 무차별점은 소비자가 양쪽 지역을 쇼핑할 가능성을 같게 하는 분기점이 되는 셈이다.

$$D(B) = \frac{d}{1 + \sqrt{\dfrac{P(A)}{P(B)}}}$$

$D(B)$ : $B$도시의 상권의 한계점(=작은 도시로부터 분기점까지의 거리)

$d$ : $A$도시와 $B$도시 간의 거리(=$D(A)+D(B)$)

$P(A)$ : $A$도시의 인구

$P(B)$ : $B$도시의 인구

이 공식을 이용하여 실제로 두 도시 간의 상권을 나누어 줄 무차별점을 찾아보도록 하자. A도시의 인구는 80,000명이고 B도시의 인구는 20,000명이다. 이때 두 도시 간의 거리가 30km라고 한다면 두 도시간의 무차별점을 구하여 보면 다음과 같다.

$$D(A) = \frac{30}{1 + \sqrt{\dfrac{20{,}000}{80{,}000}}} = 20\ , \quad D(B) = \frac{30}{1 + \sqrt{\dfrac{80{,}000}{20{,}000}}} = 10$$

따라서 A도시의 무차별점은 20km이고 B도시의 무차별점은 10km가 된다. 그러므로 A도시의 상권의 규모가 B도시의 2배가 된다고 하겠다. 컨버스의 분기점 공식도 소매인력법칙처럼 인구수와 거리를 근거로 상권을 구분했기 때문에 실제로는 상권을 정확하게 구분하기 어려운 점이 있다.

### 3) 확률 모형

확률 모형은 특정 지역 내의 다수의 점포 중에서 소비자가 특정 점포를 쇼핑장소로 선택할 가능성을 확률적으로 계산하려는 방법이다. 여기서는 루스의 선택공리와 허프의 법칙, 수정된 허프 법칙 등에 대해 설명하기로 한다.

#### (1) 루스의 선택공리

수학심리학에 근거를 두고 개발된 루스Luce의 선택공리choice axiom는 복수의 점포들의 고객 흡인력을 측정하는 단순한 개념을 공식화한 것이다. 이 공식은 특정 소비자가 동일 지역 내의 여러 개 중 어디를 선택하여 쇼핑할 것인가를 보여 주기 위해 다음과 같이 쓰고 있다.

$$P_{ij} = \frac{U_{ij}}{\sum_{j=1}^{J} U_{ij}}$$

$P_{ij}$ = 소비자 $i$가 점포 $j$를 선택할 확률

$U_{ij}$ = 소비자 $i$에게 있어서 점포 $j$의 효용(또는 매력도)

$J$ = 소비자가 고려하는 총 점포의 수

이 공식을 보면 소비자가 어떤 점포를 선택할 확률은 대안적 점포에 대해 그가 느끼는 효용(매력)의 총합 중에서 점포에 대한 효용의 크기가 차지하는 비율로 나타나 있다. 만약 소비자가 특정지역 안에서 세 개의 점포 대안 A, B, C 중 어느 곳을 쇼핑할지 고민하고 있고 A, B, C 점포의 효용이 각각 8, 6, 5라고 한다면 그가 A점포를 선택할 확률은 8/(8 + 6 + 5) = 0.42가 되어 42%라고 말할 수 있다.

그런데 중요한 것은 여기서 중요한 변수로 이용되고 있는 효용을 어떻게 조작적으로 정의하며 그것을 또 어떻게 정확히 측정할 것인가라는 문제가 남게 된다. 효용은 말 그대로 소비자가 특정 점포를 방문할 때 느끼는 매력을 말하는데, 소비자

개인이 느끼는 매력을 명확히 조작화하고 계량화하는 것은 쉬운 작업이 아니다. 보통은 소비자가 소매점포에 대해 느끼는 효용을 다음과 같이 계산할 수 있다.

$$U_{ij} = A_j^a D_{ij}^b$$

$U_{ij}$ = $i$ 소비자의 점포 $j$에 대한 효용

$A_j$ = 점포 $j$의 매력

$D_{ij}$ = 소비자가 점포까지 가는 거리

$a$ = 점포에 대한 매력에 대해 소비자가 느끼는 민감도(= 1.0)

$b$ = 점포까지의 거리에 대한 소비자의 민감도(= −2.0)

이 공식을 이용하여 어떤 소비자가 특정 지역에서 A, B, C 세 점포에 대해 느끼는 효용을 계산해 보도록 하자. 소비자가 A, B, C 세 점포에 대해 느끼는 매력도는 각각 8, 6, 10이고 세 점포까지의 거리는 각각 1km, 1km, 2km이다. 그러므로 A점포에 대한 소비자의 효용은 UiA = 81.0 × 1 − 2.0 = 8 × 1 = 8이다. 이런 식으로 타 점포에 대한 효용도 계산할 수 있다. 이를 요약하면 표 15−6과 같다. 이 표에서 보면 점포 C의 점포 자체의 매력성은 A나 B점포보다 크지만 점포까지의 거리가 2배로 먼 까닭에 점포의 효용은 타 점포에 비해 훨씬 떨어지고 말았다.

그런데 여기서는 소매인력법칙을 근거로 하여 점포매력도에 대한 민감도 a는 1.0으로, 거리에 대한 소비자의 민감도 b는 −2.0으로 고정하였다. 그러나 만약 거리에 대한 소비자의 민감도가 크거나 작아지면 점포 C의 효용도 크게 달라질 수 있음을 명심해야 하겠다.

### (2) 허프의 법칙

허프의 법칙Huff's law 혹은 허프의 모형 역시 특정 지역 내의 복수 점포 중에서 소

**표 15−6 루스의 선택공리의 효용 계산**

| | A | B | C |
|---|---|---|---|
| $A_{tt}$(점포 매력도) | 8 | 6 | 10 |
| $D$(거리) | 1 | 1 | 2 |
| $U_{ij}$(각 점포의 효용) | 8 | 6 | 2.5 |

비자가 특정점포를 선택할 확률을 계산하는 공식을 제시하고 있다. 그래서 이를 구매자 유인의 법칙Huff's law of shopper attraction이라고도 한다. 허프의 법칙은 소비자가 특정 점포에 대해 느끼는 효용은 점포의 면적과 점포까지의 시간 또는 거리라는 두 가지 요인에 의해 결정된다고 보고 있다. 점포의 크기가 클수록 효용은 증가하고 거리가 멀수록 효용은 감소한다고 본다. 또 하나의 원칙은 특정 점포를 소비자가 쇼핑할 확률은 전체 대안적 점포들의 총 효용 중에서 특정 점포의 효용이 차지하는 비중으로 계산하고 있다. 이러한 근거로 허프 모형은 다음과 같이 공식화된다.

$$P_{ij} = \frac{S_j^a D_j^b}{\sum_{k=1}^{i} S_k^a D_{ik}^b} = \frac{\text{점포 } j\text{에 대한 효용}}{\text{모든 대안적 점포 효용의 총합}}$$

$S_j^a D_j^b$ = $i$ 소비자가 점포 $j$에 대해 느끼는 효용

$P_{ij}$ = $i$ 소비자가 점포 $j$를 선택할 확률

$S_j$ = 점포 $j$의 매장 넓이

$D_{ij}$ = $i$ 소비자가 점포 $j$까지 가는데 걸리는 시간

$a$ = 점포 크기에 대해 소비자가 느끼는 민감도

$b$ = 점포까지의 거리에 대해 소비자가 느끼는 민감도

$j$ = 소비자가 고려하는 대안적 점포 총수

만약 A지점에서 소비자가 각각 다른 방향의 점포 B, C, D로 쇼핑하러 갈 확률을 이 허프 모형을 이용하여 계산하여 보자. B점포의 매장 면적은 5,000$m^2$이고 거리는 15분 거리에 있고, C점포의 매장 면적은 4,000$m^2$이고 거리는 10분 거리에 있고, D점포는 매장 면적은 1,000$m^2$이고 거리는 15분 걸리는 곳에 있다고 하자. 이때 $a$와 $b$는 각각 1.0과 −1.0이다. $a$와 $b$는 각각이 점포 크기와 거리에 대해 소비자

**표 15-7 허프의 법칙에 따른 확률**

| 점 포 | 매장 면적($m^2$) | 걸리는 시간(분) |
|---|---|---|
| B | 5,000 | 15 |
| C | 4,000 | 10 |
| D | 1,000 | 15 |

가 느끼는 민감도인데 이러한 수치로 가정한 것은 민감도를 거의 고려하지 않은 것으로 볼 수 있다.

이때 A에서 B점포로 쇼핑하러 갈 확률 $P_{AB}$를 계산해보자.

$$P_{AB} = \frac{\frac{S_B}{D_{AB}}}{\frac{S_B}{D_{AB}} + \frac{S_C}{D_{AC}} + \frac{S_D}{D_{AD}}} = \frac{\frac{5}{15}}{\frac{5}{15} + \frac{4}{10} + \frac{1}{15}} = 0.417$$

이런 방식으로 B, C, D 점포로 쇼핑하러 갈 확률을 계산하면 각각 41.7%, 50%, 8%가 된다.

### (3) 수정된 허프 법칙

앞에서 살펴본 허프의 법칙은 복수의 도시, 상업 시설, 점포의 고객 유인 정도를 나타내는 매우 유용한 모형이다. 그러나 공식에서 $a$와 $b$라고 표시되는 점포 크기와 점포까지의 거리에 대한 고객의 민감도는 사실상 깊이 있는 시장 조사를 실시해야만 정확하게 측정할 수 있는 모수이다. 따라서 현실적으로 이 법칙을 적용하기가 용이하지 않은 경우가 많다.

이제 이 문제를 해결하기 위해 수정된 허프 법칙**adjusted huff's law**을 고안하게 되었다. 우리는 레일리의 소매인력법칙 중 '유인할 수 있는 상권규모는 거리 제곱에 반비례한다'는 부분을 중시하여 허프의 법칙을 일부 수정하기에 이르렀다. 그래서 이 공식의 모수 $a$의 값을 1.0으로 하고 $b$의 값을 −2.0으로 표준화하기에 이르렀다. 그래서 수정된 허프 법칙은 '소비자가 점포를 애고하는 확률은 그 점포의 매장 면적에 비례하고 도달하는 데 걸리는 시간 또는 거리의 제곱에 반비례한다'고 정리되었다. 이 법칙에서 복수의 점포 중 특정 점포를 쇼핑할 확률을 계산하는 공식은 다음과 같다.

$$P_{ij} = \frac{S_j D_{ij}^{-2}}{\sum_{k=1}^{i} S_k D_k^{-2}} = \frac{\text{점포 } j\text{에 대한 효용}}{\text{모든 대안적 점포 효용의 총합}}$$

$P_{ij}$ = $i$ 소비자가 점포 $j$를 선택할 확률

$S_j$ = 점포 $j$의 매장 넓이

$D_{ij}$ = $i$ 소비자가 점포 $j$까지 가는데 걸리는 시간

$a$ = 점포 크기에 대해 소비자가 느끼는 민감도

$j$ = 소비자가 고려하는 대안적 점포 총 수

이제 앞의 허프의 법칙 사례를 다시 한 번 수정된 모형으로 풀어보기로 하자. 이는 앞의 허프의 법칙에서 민감도 모수만 고정된 것으로 보고 풀이하면 된다.

$$P_{AB} = \frac{\frac{S_B}{D^2{}_{AB}}}{\frac{S_B}{D^2_{AB}} + \frac{S_C}{D^2_{AC}} + \frac{S_D}{D^2_{AD}}} = \frac{\frac{5}{15^2}}{\frac{5}{15^2} + \frac{4}{10^2} + \frac{1}{15^2}} = \frac{1}{3}$$

이는 B점포에서 쇼핑할 확률이 1/3로 계산된 것이다. 이 수정된 허프 모형에서 중시할 것은 점포를 쇼핑하러 갈 확률에 크게 영향을 미치는 모수가 a와 b라는 사실이다. 만약 거리에 대한 민감도를 나타내는 모수 b가 −3.0, −4.0 등으로 커지게 되면 소비자는 조금만 거리가 멀어도 쇼핑하기를 매우 꺼리게 된다는 상황을 나타내게 된다. 점포 크기에 대한 민감도 a는 양의 값만 갖게 되어 있기 때문에 a가 2.0, 3.0 등으로 커지게 되면 소비자는 점포의 매장 면적이 조금만 더 커져도 그 점포를 매우 선호하게 된다는 뜻이다. 따라서 상권분석을 실시하는 경우에는 이러한 고객들의 소비패턴이나 만족 및 불만족 요인에 대한 깊이 있는 고찰 과정을 거쳐서 보다 정확하고 적절하게 수정된 모형을 활용하여야겠다.

CHAPTER

# 16

# 유통경로 성과평가

1. 유통경로의 성과평가 기준
2. 유통경로의 성과평가의 체계성

# 1 유통경로의 성과평가 기준

## 1.1 경로시스템의 효과성

마케팅 흐름의 기능은 물적 소유, 소유권, 촉진, 협상, 자금 조달, 위험관리, 시장정보, 주문, 지불과 같은 것이다. 이러한 기능들은 상업적 마케팅 경로를 구성하는 구성원들이 필요한 시간 안에 필요한 양을 공급해 줌으로써 수행하고 있다. 다양한 제품과 서비스는 수많은 장소에서 수많은 형태로 목표시장의 고객욕구에 맞게 제공되고 있다. 그러므로 특정 유통경로의 결과물은 최소 단위, 배달시간, 장소적인 편의성, 그리고 구색의 정도 등이 될 것이다. 가정 소비자와 산업 소비자는 직접 마케팅 흐름에 가담하기 때문에 주요 구성원이다. 그러나 그들이 마케팅 흐름에 더 적게 참여할수록 상업적 경로구성원들이 결과물을 제공하기 위해 할 일이 더 많아지게 된다. 결국 개별 소비자의 가담이 적어질수록 제품과 서비스의 가격은 더 비싸지게 될 것이다. 개별 소비자가 더 많은 마케팅 기능을 직접 수행할수록 그들이 지불하는 가격은 더 인하될 수 있다는 논리이다.

이러한 맥락에서 본다면 유통경로 시스템의 효과성effectiveness은 상업적 경로구성원과 경로의 목표시장 모두를 포함하는 전체 경로 차원에서 평가되어야 한다. 여기서 상업적 경로구성원은 조성기관(보험, 금융기관, 시장조사기관, 광고 대행사)과 유통기능을 대행해 주는 사업자를 포함하는 개념이다.

표 16-1에서 보는 것처럼 전체 경로시스템의 효과성을 평가하는 일은 목표시장이 상업적 경로가 제공해 주기를 원하는 서비스를 평가하는 것으로 부터 시작된다. 구매자의 기호와 선호가 변하기 때문에 최근의 시장조사자료를 근거로 이를 확인할 수 있어야 한다. 최근의 소비자 구매패턴의 변화 중 하나는 구매 단위가 커졌다는 것이다. 이는 소매상들에게도 대량구매를 가능하게 해줌으로써 도매상의 서비스가 필요 없게 될 수 있다. 이는 결과적으로 상업적 경로서비스를 줄이게 되어 비용을 감소시키고 궁극적으로는 소비자가 저가 구매를 할 수 있게 만들었다.

그런데 이는 일반적인 흐름일 뿐 모든 시장 부분에 그대로 반드시 적용되는 원칙은 아닌 것이다. 구체적인 목표시장에 대한 시장조사야 말로 경로서비스를 가장 적절히 제공하는 데 필요한 고객의 기호와 선호를 알게 해 줄 것이다.

예를 들면, 한 자동차 회사는 딜러와의 계약에서 자기가 판매한 신차에 대해 보증 및 수리 업무를 해주기로 하였다. 그러나 많은 수의 자동차들은 그들 딜러의 점포가 아닌 곳에서 서비스를 받고 있는 것으로 드러났다. 그 이유는 다른 점포에서는 주유소, 독립 정비공장, 타이어 수리점, 차량 특수서비스점도 함께 운영하기 때문이었다. 그렇다면 자사의 유통경로에서 이러한 점포들도 경로시스템의 성과 평가에서 고려되어야 할 것이다.

경로 효과성 평가의 두 번째 단계는 각각의 경로서비스를 책임져야하는 경로 구성원을 결정하는 것이다. 경로구성원들이 어떠한 기능을 수행하는지에 대한 정보는 경로관리자의 판매, 서비스, 구매와 관련된 보고서로부터 얻을 수 있다. 이러한 보고서는 판매 방문 기록과 같은 공식적인 문건과 우연히 관찰된 것과 같은 비공식적인 것이 있는데 필요한 경우에는 시장조사를 수행하여 얻을 수도 있다.

경로 효과성 평가의 세 번째 단계는 경로시스템에서 고객의 욕구가 얼마나 잘 충족되는가를 확인하는 작업이다. 이를 확인하기 위해서는 시장조사를 직접 실시하여 고객들의 평가와 반응을 측정해야 할 것이다. 이러한 정보는 모든 경로구성원을 통해 얻을 수도 있고 특정의 몇몇 경로구성원을 통해 얻을 수도 있다.

경로시스템의 효과성을 평가하는 과정의 네 번째 단계는 목표시장의 고객이 원하는 서비스를 분명하게 수행하기 위해서 필요한 어떠한 시정조치라도 수행하는 것이다. 시정조치의 유형은 크게 세 가지로 나눌 수 있다. 첫째, 경로구성원이 수행해야 할 과업을 명료하게 정의하는 과정이다. 과업이 요구되는 수준이 지극히 잘 이루어지고 있다고 착각하거나 경로구성원들이 간과하고 있는 것일 수 있다. 각각의 유통경로 기능에 대한 기대나 수행에 대한 필요성을 강조하기 위해 분명한 경로파워를 때에 따라서는 행사할 필요가 있다. 둘째, 경로 파워를 행사하여 각각의 경로구성원들이 수행하여야 할 과업을 다시 한 번 분명히 해 둘 필요가 있다. 경로구성원들이 더 많은 과업을 할당 받게 되었거나 더 적은 기능을 수행하는 것으로 상황이 바뀌는 경우에는 꼭 그러한 과정이 필요하다. 셋째, 경로시스템의 효과성을 개선시키는 가장 획기적인 과업은 상습적으로 목표시장의 고객의 욕구를 충족시키지 못하는 경로

**표 16-1 경로시스템의 효과성에 대한 평가 과정**

| 단 계 | 내 용 |
|---|---|
| 1단계 | 경로서비스에 대해 고객이 필요로 하는 욕구 결정<br>– 입지 편의성, 최소 주문단위, 배달 시간, 제품의 다양성 |
| 2단계 | 각각의 경로서비스에 책임을 져야하는 경로구성원 결정 |
| 3단계 | 고객의 욕구가 충족되는 정도 결정 |
| 4단계 | 필요한 시정조치 수행 |
| 5단계 | 효과적인 성과 강화 |

구성원을 제거하는 것이다. 이 작업은 기존의 경로구조를 수정해야 하고 법적인 소송과 관련될 수도 있기 때문에 최후의 수단으로 고려하는 것이 바람직하다. 이처럼 경로시스템과 경로구성원의 효과성을 평가하는 과업은 쉬운 일이 아니기 때문에 부단한 계획과 정확한 정보를 기반으로 했을 때 성공적인 수행을 기대할 수 있다.

그러므로 이러한 경로 효과성에 대한 평가를 근거로 효과적인 경로 업무를 수행한 것으로 드러난 부분은 강화기법을 이용하여 계속적인 성과를 낳을 수 있는 업무 부분으로 만들어야 한다.

## 1.2 경로시스템의 공평성

공평성equity은 유통시스템에 의해 제공되는 혜택이 여러 세분시장에 어느 정도 골고루 배분되고 있는 가를 의미한다. 열악한 상태에 있는 고객에게 경로 기능이 얼마나 공평하게 수행되고 있는지를 평가하는 일은 매우 어렵지만 경로관리자가 경로성과를 평가하기 위해서는 필수적으로 확인해야 할 과정이다.

수많은 도매상과 소매상이 존재하는 현대적 산업 사회에서 합리적인 가격에 제품과 서비스를 공급받지 못하는 특정 지역의 인구를 상상하기는 쉽지 않다. 그러나 아직도 도시의 빈민지역이나 농촌에서는 드물지 않게 이런 일이 존재하고 있다. 어떤 유통업자들은 가격정책과 신용정책을 통해 소수집단을 차별하는 경우도 있다. 이처럼 합리적인 가격으로 제품과 서비스의 다양한 구색을 제공하지 못하는 까닭은 인종차별이나 사회계층에 대한 차별이기 보다는, 지역의 상권구조에서 찾을 수 있다.

이러한 경우의 지역에는 경쟁이 없기 때문에 유통업자는 불공평한 공급을 하고 있는 것이다. 도시 빈민 지역과 도시 외곽의 식품점의 제품 가격은 비슷한 것으로 알려져 있다. 그러나 이 두 지역의 제품의 품질이 동일한가라는 문제를 생각하면 논쟁거리가 된다. 도시 빈민지역과 농촌 지역은 경쟁이 없을 뿐만 아니라 주민들의 이동도 제한되어 있기 때문에 그곳에 거주하는 소비자들은 같은 지역상권 안의 근교 거주자가 얻을 수 있는 혜택을 받지 못하는 것이다.

한편 유통업자 입장에서 보면, 경제적으로 열악한 계층에게 고가로 공급하고 신용거래의 비용을 매우 높게 부담시키지만 실상 그들의 수익성도 매우 낮은 것이라는 점이 사실이기 때문에 책임을 너무 일방적으로 떠맡을 수 없다고 대답해 올 것이다. 결국 그들의 유통비용이 너무 높기 때문에 이런 결과가 생긴 것이다.

이러한 고비용 구조의 이유 중의 하나는 빈민지역 거주자들이 교외지역의 거주자들보다 마케팅 기능을 더 많이 수행하기 때문이다. 이 점은 매우 중요한 사실인데 그들은 수송수단이 부족하기 때문에 집과 가까운 점포에서 작은 구매 단위로 쇼핑하는 것이 그들의 전형적인 구매패턴이다. 또한 빈민지역에 공급하는 유통업자들은 교외의 고객들과 상대하는 경우보다는 악성 부채의 위험을 더 많이 부담하기 때문에 위험부담이 큰 장사를 하고 있다는 것이 또 다른 이유이다.

식품 체인점, 백화점, 그리고 대형 쇼핑센터 등은 높은 입점 비용, 높은 범죄율, 그리고 입주자의 안정적이지 못한 소득 때문에 빈민지역과 가난한 농촌 지역에 진출하는 것이 내키지 않을 것이다. 이런 까닭으로 이러한 지역에 진출하는 소매점이 거의 없기 때문에 이 지역의 고객들은 인근의 풍요로운 쇼핑 환경에 사는 고객들보다 혜택을 받지 못하게 된다. 이런 상황이 지속되는 한 유통시스템의 불공평이 계속될 것이다. 현대적 의미에서 소비자 만족 요건이 공평성이라고 한다면 이러한 혜택을 받지 못한 지역의 소비자는 근원적인 불만족 요인을 가지고 있는 셈이다.

정부 담당자, 소매점 협회, 도매상, 제조업자, 다양한 조성기관(보험과 신용기관)들이 서로 조정하는 노력을 통해서 경로구성원들이 이러한 지역에 지출하도록 자극받게 되는 것을 기대해 본다. 한편으로는 혜택을 받지 못한 주민들이 소득 수준을 높이고 이동 가능성을 제고하여 유통시스템으로부터 공평한 혜택을 받도록 노력하는 것도 필요한 일이다.

## 1.3 경로시스템의 생산성

생산성efficiency이란 소매점, 소매 체인, 개별 유통업자, 제조업자, 조성기관, 전체 유통경로 등과 같은 조직이 토지, 노동, 자본 등을 이용하여 판매량, 총 마진, 부가 가치 등을 얼마나 효율적으로 창출해 내는가를 측정한 것이다. 자원을 보다 효율적으로 이용하는 유통경로가 비효율적인 경로보다 가격 경쟁력이 높을 것은 분명한 이치이다. 이러한 이유 때문에 생산성의 개념을 분명히 이해하는 것이 성공적인 유통경로시스템 구축에 필수적이다.

이제 유통경로의 거래에서 생산성의 측정, 도매와 소매의 높은 생산성과 관계되는 요인, 그리고 생산성 정보를 이용한 구체적인 경영 사례 등에 대해 살펴보기로 한다. 먼저 생산성의 일반적인 개념과 측정을 설명함으로써 유통경로 성과의 중요한 영역에 대한 기초적인 이해를 증진시키고자 한다.

유통에서 생산성의 측정은 결과물을 생산하는 데 들어간 자원에 대한 결과물의 비율로 계산하는 것이 전형적인 계산법이다. 따라서 생산성 공식은 다음과 같다.

$$\text{생산성} = \text{산출량}/\text{투입량}$$

이 비율을 유통경로구성원의 입장에서 계산하는 경우에는 판매량이 산출량으로 이용되고 노동량이 투입량으로 들어가게 된다. 만약 A라는 전자 회사가 매년 50명의 종업원으로 작업한다고 하자. 이때 모든 종업원은 휴가와 휴일을 제외하고 47주 근무를 하고, 매주 잔업을 포함하여 45시간 근무하고 있다. 지난해 이 회사가 80억원의 매출을 기록했다면 이 회사의 생산성은 시간당 76,650원이다.

생산성이 물리적 효율성(즉 어떤 자동차 회사의 구미 공장에서 그 공장에서 투입된 노동 시간당 생산된 차량 수)과 같이 계산되는 것이 가장 이상적이나, 사실 효율성을 물리적으로 측정하는 것이 매우 어려운 일이다.

유통경로구성원들이 결과물들을 측정하기 어려운 이유는 첫째, 유통의 중간상들이 제조업자가 창출한 형태효용에 장소, 시간, 그리고 소유효용을 추가시키고 이러한 유통경로서비스의 크기는 제조업자가 생산한 유형재만큼 측정이 쉽지 않다. 둘째, 유통 기관들이 만들어낸 제품과 서비스의 양과 질은 모든 거래에서 동질적인 것이 아니기 때문이다.

다음의 예는 이러한 문제를 시사하고 있다. 한 할인점에서 고객 A는 5만원 어치의 식료품을 구입하고 구입한 물건을 자신의 집까지 배송해주기를 요구하였다. A가 구입한 것들 중에는 사과 한 꾸러미와 식빵 한 봉지도 포함되어 있었다. 그런데 2주일 후, 슈퍼마켓에서 배송 서비스를 없앴기 때문에 고객 B는 5만원 어치의 식료품을 구입하고도 배송서비스를 받을 수 없었다. B도 식빵을 구입했지만 제빵 코너에서 갓 구운 빵을 B가 원하는 모양으로 잘라서 포장하여 A보다 조금 비싸게 지불했다. B는 오렌지도 한 꾸러미를 샀다.

위 예에서 두 고객이 지불한 비용은 같지만 할인점에서 받은 산출물은 분명히 차이가 난다. A는 추가 비용 없이도 배송 서비스를 받았고 B는 추가지불을 통해서 조금 신선하고 예쁜 모양으로 자른 빵을 구입할 수 있었다. 이처럼 서로 다른 서비스 결과물을 측정할 수 있는 통일된 척도를 만드는 것이 필요하다.

이러한 문제에서 적절한 해답은 경로구성원의 결과물을 경로구성원의 매출액으로 통일해 측정하는 것이다. 인플레이션과 디플레이션을 감안하여 일반적인 가격수준을 적용하여 이렇게 매출액으로 측정하게 되면 이질적인 결과물들이 하나의 결과물측정 방식으로 통일되어 측정될 수 있을 것이다. 물리적 결과물 관점에서 보면 앞의 예에서 B는 식빵을 조금 더 비싸게 구입했기 때문에 A보다 더 많은 결과물을 받은 것으로 해석해야 하지만 매출액 척도로 보면 A, B가 식료품구입에 같은 값을 지불했기 때문에 똑같은 결과물을 제공받은 것으로 해야 한다.

이러한 결과물 측정방식에도 약점이 없는 것은 아니다. 첫째, 판매액 측정은 개별 유통경로구성원의 결과물과 앞선 단계의 경로구성원 산출물을 구별하기 어렵게 하고 있다. 앞의 예에서 식빵을 생산한 제빵부서와 할인점이 제공한 서비스를 구분하기 어렵다. 그렇기 때문에 이 방법이 전체 경로의 결과물을 산출하는 데는 용이하지만 개별 경로구성원의 결과물을 측정에는 부족한 면이 있다. 둘째, 매출액 측정 방식은 결과물의 질적 수준을 반영하지 못하고 있다. 앞의 예에서 A는 배송 서비스를 제공받았지만 B는 그렇지 못했다. 그렇지만 이를 매출액 방식으로 결과물을 측정하면 5만원의 결과물로 똑같이 기록될 것이다.

지금까지는 경로의 생산성을 측정하는 공식의 분자에 해당하는 결과물에 대해 논의하였다. 이제 이 공식의 분모에 해당하는 투입물에 대해 살펴보자.

유통경로의 물리적 효율성을 평가하는 데 있어서 또 다른 어려움은 투입 자원을 측정하는 문제인데 특히 생산성을 총 요인**total-factor**으로 평가할 때가 문제이다.

총 요인 생산성 측정total-factor productivity measure은 유통경로의 효율성을 측정할 때 투입된 모든 자원을 계산에 넣는 방식이다. 예를 들면, 전자도매상의 총 요인 생산성의 측정에는 재고 투자, 장비 사용, 창고 사용 등과 같은 자본의 총계와 에너지, 보험, 광고 등과 같은 다른 기관으로부터 구입한 서비스 총계 모두가 포함된다. 이러한 총 요인 투입 측정을 할 경우에는 다양한 투입물의 결합 방법(각 투입물의 가치를 적절히 가중치를 주어서 동일한 기준으로 평가하는 방법)이 매우 어렵고도 중요한 일이다. 이 방법의 적용 상의 어려움 때문에 생산성의 단일요인single-factor측정이 주로 쓰이고 있다. 단일요인생산성측정single-factor productivity measure은 투입 요소 중 하나만을 평가하는 방법이다. 단일요인생산성측정의 예는 종업원 일인당 매출액, 노동 시간당 매출액, 매장 면적당 매출액, 점포당 매출액, 창고 면적당 매출액, 트럭대당 수송톤 등이다.

## 1.4 경로시스템의 수익성

앞에서 생산성이 여러 다른 측면에서 논의된 것처럼 수익성profitability도 마찬가지로 논의의 측면이 다양하다. 다음에서는 유통경로의 수익성을 평가하는 기법인 ① 유통비용분석 ② 재무비율과 관련된 전략적 이익 모형 ③ 제품별 직접 수익 등을 다루고 있다.

### 1) 유통비용분석

유통비용분석은 유통경로구성원이 현재 가담하고 있는 경로의 수익성을 결정하는 것을 돕는 도구이다. 유통비용분석을 통해 현재의 경로에서 무엇을 변경하고 수정할지를 알 수 있다. 일반적으로 유통비용분석은 제품이나 서비스의 제조업자나 원공급자가 수행하는 것이다. 그 이유는 이들 경로구성원은 전체 경로를 통해 제품과 서비스의 성과에 가장 큰 관심을 가지고 있기 때문이다. 이 분석의 이점은 다음의 예에서 보는 것처럼 매우 오래 가는 것일 수 있다.

어떤 제조업자가 네 개의 유통경로에 대해 마케팅비용을 분석했다고 하자. 그런데 그 결과에 근거하여 유통경로 하나는 완전히 없애 버렸고 다른 하나의 경로에서는 수많은 소규모 고객들과의 관계를 단절하도록 하였다. 뿐만 아니라 남아 있는 다른 경로에 대해서는 마케팅 노력을 집중시켰다. 그 결과 1년 뒤에는 순이익이 거의 배로 증가하게 되었다.

다른 사례에서는 제조업자가 유통비용분석을 통해서 직접 판매하는 소매 고객 중의 2/3가 손실을 발생시키는 것으로 나타났다. 이에 제조업자는 그들 고객들을 도매상에게로 거래 관계를 이전해 줌으로써 마케팅비용을 줄여서 높은 수익을 달성할 수 있게 되었다.

그러므로 여러 개의 경로의 상대적인 비용을 분석함으로써 비용을 줄이고 수익을 증가시킬 수 있는 상당한 기회가 생긴다는 것을 알 수 있다. 유통비용분석은 크게 3단계로 이루어진다. 첫째, 수익과 손실로 구성되는 손익계산서상의 회계 자료가 마케팅 기능이나 마케팅 흐름의 영역에 따라 재구성되고 재분류되어야 한다. 둘째, 기능과 관련된 비용은 기업이 이용한 유통경로별로 할당하여야 한다. 셋째, 각 유통경로의 손익계산서가 준비되어야 한다. 유통비용분석과 추가적인 분석에 이어서 경로를 수정하는 것에 관한 의사결정이 이루어져야 한다.

### 2) 전략적 이익 모형

전략적 이익 모형SPM: strategic profit model은 여러 가지 재무비율들 간의 상호관련성을 탐색하는 방법이다. 그림 16–1에서 전략적 이익 모형의 구성요인을 보여주고 있다.

#### (1) 순이익률(순이익/순매출액)

이 비율은 제품과 서비스의 원가, 감가상각을 포함한 영업 비용, 차입 자금의 비용 등의 비용을 판매수익으로 감당할 수 있는 경영 능력을 나타낸다. 이는 기업주가 제공한 자본을 보상해 줄 수 있는 능력을 의미하기도 한다. 한마디로 이는 사업의

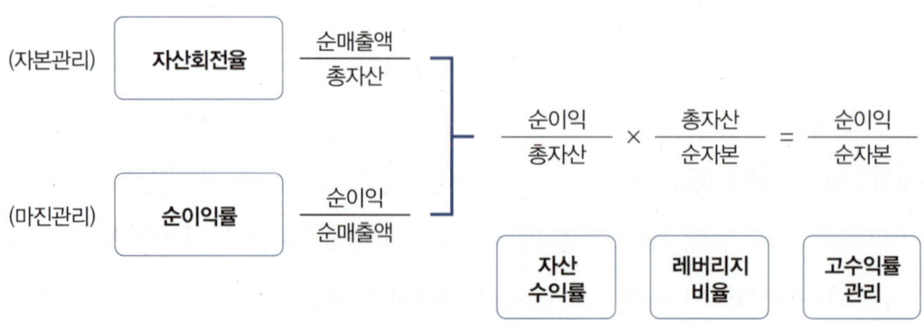


그림 16–1 전략적 이익 모형의 구성 요인

비용/가격의 효과를 나타내는 것이다.

순이익률은 기업이 경영을 얼마나 잘하는지를 나타내지만 주어진 매출 수준에서 그 기업이 얼마나 자원을 잘 활용하고 있는지를 보여 줄 수는 없다. 이러한 이유 때문에 순이익률은 재고와 매출채권회전율과 함께 평가되어야 할 지표이다. 재고와 채권의 회전이 빠른 것은 판매 가격의 하락과 현금할인 비율이 상대적으로 높은 데 따른 것일 수 있다. 그러한 상황에서 비용이 감소되지 않으면 판매수입이 적어져서 순이익을 감소시킬 것이다. 순이익이 낮은 것은 판매 및 일반 관리비의 증가 때문일 수도 있다.

### (2) 자산회전율(순매출액/총자산)

자산회전율asset tunover은 총자산에 대한 순매출액의 비율로 자본을 얼마나 잘 활용하는지를 보여 주는 지표이며 자산에 과잉 투자했는지의 여부를 보여 줄 수도 있다. 이는 도매상과 소매상의 재고와 매출채권의 경우에 적용될 수도 있다. 이 회전율은 주어진 수준의 매출을 달성하기 위해 필수적으로 필요한 자산의 규모를 의미하기도 한다. 반대로는 한 단위의 투자자금이 달성해 낼 수 있는 대략의 매출액 크기를 보여주는 의미도 있다.

### (3) 자산이익률(ROA: 순이익/총자산)

순이익률과 자산회전율 중 어느 것도 그 자체로는 경영 효율성을 측정하는 적절한 수단이 되지 못한다. 순이익률은 사용된 자산의 효율성을 간과하고 있으며 자산회전율은 매출액의 수익성을 반영하지 못하고 있다. 자산이익률ROA: return on asset or earing power은 이러한 단점을 해결해 준다. 기업은 기존의 자산이나 수익률 혹은 둘 중의 하나를 개선하게 되면 ROA를 개선할 수 있게 된다.

자산이익률, 순이익률, 그리고 자산회전율간의 관계는 다음과 같은 예를 통해서 이해될 수 있다. 만약 A라는 도매상의 자산회전율이 4이고 순이익률이 3%라고 한다면 자산이익률은 12%(4 × 0.03 = 0.12)가 된다. 그런데 B라는 도매상도 12%의 자산이익률을 달성하지만 8%의 순이익률과 1.5의 자산회전율을 기록하고 있다고 한다. 이때 두 도매상의 자산이익률은 똑같지만 이를 달성하는 경영스타일은 차이가 난다고 할 수 있다. A도매상은 비교적 낮은 이익률과 높은 회전율 정책을 펴는 반면 B도매상은 상대적으로 높은 수익률과 낮은 회전율 정책을 펴고 있다고 하겠다.

### (4) 레버리지 비율(총자산/순자본)

레버리지 비율leverage ratio은 기업이 장단적인 목적으로 자금을 얼마나 차입했는지를 나타내는 지표이다. 이 비율이 낮을수록 부채보다는 소유주 자본의 지원을 더 많이 받았다는 것을 알 수 있다. 이러한 낮은 비율은 지불 능력의 정도가 높을 뿐만 아니라 기업의 재무적 조달에서 자기자본에 의존하려는 성향을 반영하는 것이다. 이는 또한 경영이 매우 보수적이고 위험 회피적이라는 것을 반영하기도 한다. 반면 이러한 상황에서는 이사들 재량으로 배당이 이루어지고 자본 비용이 거의 없기 때문에 투자자본에 수익을 지불하는데 통제를 많이 하게 된다.

일반적으로 소유주의 자본은 부채보다 비용이 비싸기 때문에 만약 기업이 부채에 비해 소유주의 자본을 과다하게 보유하고 있다면 자본을 수익률이 높은 다른 용도로 활용할 기회를 잃게 되고 말 것이다. 이것이 자산의 레버리지 기회를 갖지 못하는 경영을 의미하게 된다. 레버리지 기회는 낮은 이자율로 자본을 차입하여 더 높은 수익률을 낼 수 있는 곳에 투자하는 경우에 발생한다. 결과적으로 공격적인 경영은 부채에 크게 의존하는 셈이다.

### (5) 투자이익률(ROI: 순이익/순자본)

기업 소유주의 주된 관심사는 경영을 통해서 달성하게 되는 수익일 것이다. 투자이익률은 소유주의 투자에 대한 이익률인데 이는 순자본(소유주의 자본, 주주의 자본, 혹은 수권 자본)에 대한 순이익의 비율이다. ROI return on investment가 낮으면 ① 비효율적이고 비효과적인 생산, 유통, 재무 혹은 일반 경영, ② 일반적인 경영 상황의 불리, ③ 자산의 과잉 투자 등으로 인해 사업이 매우 성공적이지 못하다는 것을 의미하게 된다. 높은 ROI지표는 기업 경영, 호의적인 경영 상황 혹은 효과적인 레버리지 기회 활용 등의 결과일 수 있다.

전략적 이익 모형은 다음과 같은 네 가지의 중요한 경영 목표를 가지고 있다.

- 이 모형은 기업의 기본적인 재무적 목표가 '순자본 투자에 대한 적절하면서도 목표로 하는 만큼의 수익률을 얻는 것이다'라는 사명을 구체화하는 것이다.
- 이 모형은 기업이 얻을 수 있는 세 가지의 수익성 확보 방향을 제시하고 있다. 부적절한 수준의 투자이익률을 가진 기업은 자산회전율의 증대, 이익률의 증대, 혹은 경영의 레버리지 효과를 증대시킴으로써 성과를 개선할 수 있다.

- 이 모형은 기업내의 자본관리, 이익관리, 그리고 재무관리와 같은 의사결정 영역의 원칙을 제시하고 있다. 뿐만 아니라 자본, 이익, 그리고 재무적 계획을 서로 연관시켜서 고이익관리를 실현할 수 있는 모형이다.
- 이 모형은 순이익률의 목표치를 달성하기 위해 상이한 기업이 수행한 재무적 전략을 평가하는 데 유용한 기준을 제공하고 있다.

전략적 이익 모형 비율들을 분석함으로써 경영자는 자사의 수익성을 결정하는 주요 요인을 이해하는 데 도움을 얻을 수 있다. 경로관리자가 자사의 수익성을 제고시키는 다른 요인들을 이해하는 것과 경로전체의 수익성을 제고해 주는 요인을 이해하는 것도 물론 중요하다. 슈퍼마켓 체인의 경우 높은 자산이익률은 높은 시장점유율, 높은 판매성장률, 그리고 높은 유동성 등과 무관하지 않다.

전략적 이익 모형은 소매상이 자신의 수익성을 평가하는 데 이용할 수 있는 다른 몇 가지의 지표도 제시하고 있는데 재고투자 매출총수익률**GMROI: gross margin return on inventory investment**과 판매면적당 매출총수익률**GMROS: gross margin return on selling space**로는 소매점의 수익성을 평가하는 유용한 지표들인 바, 다음에서 설명하기로 한다.

### (6) 재고투자 매출총수익률(GMROI)

이 비율은 제품 재고에 대한 투자가 총이익을 얼마나 잘 달성하는가를 평가할 수 있는 지표이다. GMROI**gross margin return on inventory investment**의 두 가지 주요 요소는 다음에서 보는 바와 같이 총이익률과 재고회전율이다.

$$\text{GMROI} = \text{총수익률} \times \text{재고회전율}$$

$$= \frac{\text{총수익}}{\text{순매출액}} \times \frac{\text{순매출액}}{\text{평균재고액(원가기준)}} = \frac{\text{평균재고}}{\text{총이익}}$$

전략적 이익 모형에서처럼 총이익률은 사업을 하면서 발생한 비용을 매출액이 상쇄할 수 있는 능력을 나타낸다. 재고투자로부터 매출이익을 달성하는 소매상의 능력은 재고회전율이다. 이 재고회전율은 전략적 이익 모형의 자산회전율과 유사한 개념이다.

대부분의 경우 소매상은 높은 총수익**gross margin**과 높은 순이익**net profit**을 같은

표 16–2 GMROI

| 제품명 | 총수익률 | 재고회전율 | GMROI |
|---|---|---|---|
| A | 50% | 3 | 150% |
| B | 30% | 5 | 150% |
| C | 20% | 6 | 150% |

개념으로 보고 있다. GMROI는 이러한 관계가 반드시 그렇지만은 않다는 것을 보여 준다. 그 예로 낮은 수익률과 높은 재고회전율로 높은 순이익을 발생시키는 경우를 들 수 있다. 다음의 표 16–2에서 품목 C는 총수익이 A보다 낮지만 높은 재고회전율로 A와 똑같은 수준의 GMROI를 달성하였다.

가격경쟁은 총수익의 증가를 막게 되는 경우가 많다. 그러한 경우에는 재고회전율을 증가시켜서 재고투자수익률을 높일 수가 있다.

### (7) 판매 면적당 매출총수익률(GMROS)

GMROI의 결정적 약점은 소매상이 매장 면적과 같은 희소자원을 어떻게 수익성을 내면서 활용하는지를 측정할 수 없다는 점이다. 이러한 문제를 극복하기 위해서 판매 면적당 매출총수익률**GMROS: gross margin return on selling space**이라는 비율이 개발되었다. GMROS는 GMROI와 재고밀도**inventory intensity**라는 두 가지 요소로 구성된다.

$$\text{GMROS} = \text{GMROI} \times \text{재고밀도}$$

$$= \frac{\text{총수익}}{\text{평균 재고액}} \times \frac{\text{평균 재고액}}{\text{판매 공간 면적}} = \frac{\text{총수익}}{\text{판매 공간 면적}}$$

GMROS는 소매상이 자신의 제품재고투자에 대한 수익성과 재고를 수용하는 소매공간활용의 밀도를 평가하는 수단이 된다. 다음의 예에서 높은 재고밀도로 낮

표 16–3 GMROS

| 상품명 | GMROI | 재고밀도 | GMROS |
|---|---|---|---|
| A | 180% | 20,000 | 36,000원 |

은 GMROI를 극복할 수 있음을 보여 준다.

GMROI와 GMROS와 같은 지표들은 다음과 같은 몇 가지 이유에서 유용하다. 첫째, 어떤 제품을 추가하거나 제거하는 의사결정을 하는 데 도움을 준다. 둘째, 그것들의 구성요소들은 선택된 제품라인의 수익성을 개선하기 위해 어떤 머천다이징 전략이 사용되어야 하는지를 알려 준다. 셋째, 수익성 지표들을 이용하는 소매상들은 더 많은 마케팅 기능을 수행하라고 공급자들을 압박할 수 있다.

소매상들은 수익성 평가방법들을 이용하면 공급자들로부터 다음과 같은 것들을 얻을 수 있다. 첫째, 소매상들은 종종 도매상들에게 적절한 수익을 요구할 수 있다. 둘째, 그들은 공급자들에게 높은 재고회전율을 달성하기 위해 필요한 수준의 높은 매출액 달성을 위해 더 많은 촉진 활동을 요구할 수 있다. 셋째, 이러한 소매상은 수송시간을 개선하라고 요구함으로써 선반의 공간과 재고 투자의 필요성을 줄일 수 있다. 끝으로 소매상들은 언제든지 한 번에 공급할 수 있는 물량을 보관할 수 있도록 판매 면적당 재고량을 늘리라고 압박할 수 있다. 이러한 추가적인 경로서비스를 획득함으로써 소매상은 수익성을 개선할 수 있다.

그러나 GMROI와 GMROS는 두 가지 주요 약점 때문에 한계가 있다. 첫째, 이 두 가지는 장기적인 수익성이 아니라 단기적인 수익성을 측정하는 수단이다. 따라서 이 두 가지를 수익성 척도로 이용하는 소매관리자는 장기적으로 보다 높은 수익을 제공하는 투자를 선택할 것이다. 둘째, 또 다른 약점은 이것들이 제품 재고에 대한 실질적인 재무적 투자를 반영하지 못한다는 점이다. 더욱 구체적으로는 매출채권과 외상매입금과 같은 실질적인 차입 자금이 포함되어야 한다. 또한 자본비용, 공간 비용, 재고진부화 비용, 파손, 보험료, 세금 등과 같은 재고유지비용이 GMROI와 GMROS의 구성 요소에 포함되어 있지 않다. 이들 비율들은 제품재고 투자의 중요한 측면을 반영해야만 더 유용한 의미를 지닐 것이다.

이러한 약점에도 불구하고 GMROI와 GMROS는 소매상의 수익성과를 측정하는데 폭넓게 이용되고 있다.

### 3) 제품별 직접 이익

GMROI, GMROS와 함께 소매업 특히 슈퍼체인의 제품 성과를 평가하는 중요한 수단이 되어 가고 있는 측정법이 제품별 직접 이익DPP: direct product profit이다. 이 방

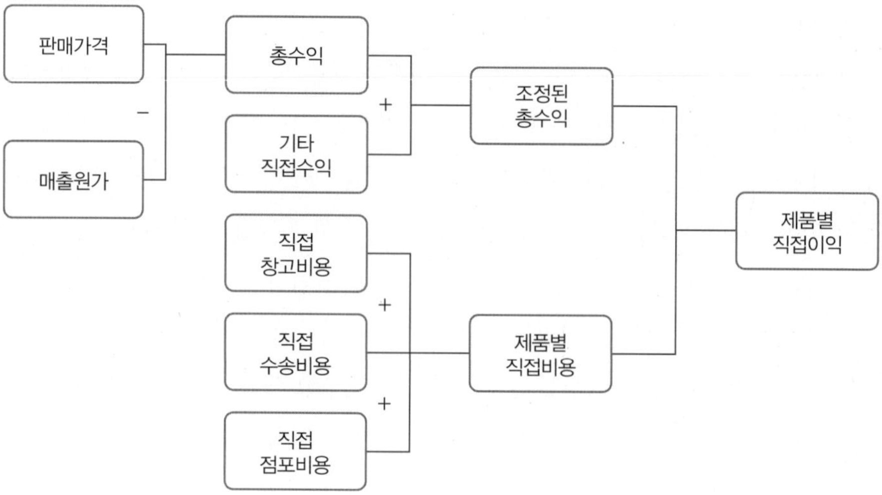


**그림 16–2 DPP 분석기법의 구조**

법은 경로구성원이 취급하는 제품의 수익성을 평가하는 측정법이다. 상세한 회계 자료를 통해 각 제품의 손익계산서가 다음과 같은 방법으로 작성된다. 첫째, 여러 가지의 할인을 반영하여서 기타 직접 수익을 만들어 각 제품의 총수익을 조정한다. 둘째, 노동, 공간, 재고, 수송들과 같은 제품을 마케팅하는 데 직접 귀속될 수 있는 비용을 측정하여 조정된 총수익에서 그것들을 감해 낸다.

DPP 정보는 개별 제품이 전체 수익에 기여하는 정도를 전통적인 수익성 측정 방식인 총수익, GMROI, 그리고 GMROS와 같은 방식보다 정확히 측정할 수 있다는 점에서 유용하다. DPP는 각 제품에 수반되는 영업 및 머천다이징 활동과 관련되는 직접 비용에만 초점을 맞추고 있다. 따라서 간접 노동과 같은 비용은 제외된다.

그림 16–2는 DPP 분석기법의 구조를 보여 주는데, DPP는 조정된 총수익에서 제품별 직접비용을 뺀 값이다. 조정된 총비용은 판매가격에서 총수익과 기타 직접 수익을 합하여 계산된다.

제품별 직접비용은 창고비, 수송비, 그리고 직접점포비용 등의 원천에서 나온 것이다. 첫째, 창고비는 제품 입고와 출고 시 발생하는 직접노무비와 재고유지비이다. 둘째, 수송비는 창고에서 소매 점포로 수송하는 데 드는 비용이다. 셋째, 직접점포비용은 특정 경로의 중간상이 제품을 수급하는 과정의 인건비나 공간이용 비용이다. 총수익에서 이러한 비용을 합한 값을 차감하면 제품별 직접이익을 구할 수

**표 16-4 DPP법의 적용 사례**

| | A제품 | B제품 |
|---|---|---|
| 판매수익(가격) | 100.0% | 100% |
| 매출원가 | 79.5 | 76.5 |
| 총수익 | 20.5 | 23.5 |
| 〈기타직접수익(+)〉 | | |
| 현금할인 | 1.6 | 0.0 |
| 촉진할인 | 2.0 | 1.0 |
| 선물구매 | 1.3 | 0.0 |
| 귀로할인backhaul revenues | 0.8 | 0.0 |
| 조정된 총수익 | 26.2 | 24.7 |
| 〈제품별직접비용(−)〉 | | |
| 창고비(노동) | 1.0 | 1.6 |
| 창고비(공간) | 1.0 | 1.2 |
| 수송비 | 1.2 | 1.5 |
| 점포비용(입출고노동) | 2.6 | 2.9 |
| 점포비용(재물조사노동) | 1.7 | 1.9 |
| 재고유지비 | 0.7 | 0.4 |
| 제품별 직접비용총계 | 10.5 | 12.2 |
| 제품별 직접비용 | 10.7 | 12.5 |
| 고정비(할당분) | 10.5 | 10.5 |
| 순이익 | 5.2 | 2.0 |

있다. 그런데 DPP법은 순이익을 비교하는 방식으로 균형점을 찾아보는 방법이기 때문에 개별 제품에서의 의미보다는 둘 이상을 비교하는 경우에 유용하다.

두 가지 식품에 대한 DPP법의 적용 사례를 표 16-4에 제시하였다. 여기서는 서로 다른 두 가지 품목이 기여하는 정도가 실질적으로 다를 수 있음을 보여 주고 있다. 또한 총수익이 실질적인 성과를 잘못 나타낼 수 있다는 점도 지적하고 있다. 사실상 높은 총수익을 보이는 제품이 낮은 총수익을 보이는 제품보다 적게 기여할 수

**표 16-5 DPP 개선을 위한 제조업자의 선택 대안 예시**

| | |
|---|---|
| • 소매 제품 규격의 통합과 조정 | • 포장단위의 규격화 |
| • 포장형태의 유선형화 | • 통합된 화물 상하차 프로그램 |
| • 귀로를 이용한 수송프로그램의 개발 | • 맞춤형의 혼합팔레트 주문 |
| • 제품라인의 감소 | • 사전에 주문하여 건조된 진열대 |

있다. 표 16-4에서 보듯이 B제품이 총수익은 A제품보다 높지만 순이익은 2.0으로 A제품의 5.2보다 낮은 것을 알 수 있다.

표 16-5는 제품별 직접 이익DPP의 B와 같은 제품을 개선할 수 있는 방법을 제시하고 있다. 이처럼 제품의 수익이 적은 경우에는 공급자가 생산성을 제고하거나 비용을 줄이도록 부추기게 된다. DPP분석을 통해 공급자가 있고 이동, 서류처리, 검수, 공간 이용 등과 같이 실제로 비용을 발생시키는 창고와 저장 기능들을 상세히 알 수 있게 되기 때문에 비용을 줄일 수 있게 된다. 적은 품목의 경우에는 선반 적재와 재물 조사비용을 꼼꼼히 따져 보아야 하며 큰 품목의 경우에는 선반 공간을 확보하는 것이 중요한 일이다. DPP관련 정보는 공간 관리를 개선하는 데 특히 유용하다.

이러한 DPP 개념은 1960년대 미국의 McKinsey사 등 여러 곳에서 처음으로 개발되었지만 컴퓨터 사용의 폭발적 증가와 스캐닝 시스템의 현대화로 최근에야 비로소 실제적인 이용이 가능하게 되었다. DPP의 활용으로 얻을 수 있는 주요 혜택으로는 다음과 같은 것을 꼽을 수 있다.

- DPP를 이용하면 제조업자와 유통업자간의 협동을 통하여 개선될 수 있는 고비용 제품과 활동을 찾아 낼 수 있다. 그러한 활동은 포장과 상자 규격의 표준화, 제품 용기의 디자인, 그리고 더 우수한 수송 방식의 개발 등이다.
- 제조업자와 유통업자는 제품 수송과 선반처리에 관한 시장조사정보를 보충함으로써 DPP자료로 점포의 선반계획, 점포 진열 방식과 입지에 관한 점검, 특정 제품 영역의 수익성 연구 등을 할 수 있다.
- DPP를 이해함으로써 제조업자의 판매전략과 프로그램에 필요한 자료를 구비할 수 있다. 유통업자의 비용과 행동 방식을 이해함으로써 제조업자는 도매상과 소매상이 수용할 수 있는 촉진 활동을 전개하기가 쉬워진다.

# 2

# 유통경로의 성과평가의 체계성

지금까지 논의한 유통의 성과 영역은 효과성, 공평성, 효율성, 그리고 수익성 등이다. 유통의 성과를 평가하는 데 의미 있는 변수들은 이외에도 많이 있다. 거시적 관점macro perspective에서 보면 유통경로와 유통경로구성원의 혁신성과 적응성이 경로 성과의 중요한 측면이다. 이는 기술 변화와 관련해서 특히 그 의미가 큰데, 만약 신기술을 수용하게 되면 유통경로와 경로구성원은 생산성과 수익성을 크게 제고시킬 수 있게 된다. 혁신성과 수익성뿐만 아니라 에너지 소비, 실업률, 그리고 환경의 품질 등에 대한 다양한 유통 실무의 효과를 평가할 필요도 있다.

미시적 관점micro perspective에서 보면 재고부족 횟수, 진부한 재고품, 손상된 선적품, 시간 경과에 따른 제품가치 감소 등과 같은 부분을 평가하는 것이 수익성과 생산성을 제고시킬 수 있는 구체적인 방안을 제시해 줄 수도 있다. 표 16-6에서는 미시적 성과에 대한 정량적 척도quantitative measures를 제시하였고, 표 16-7에서는 유통경로 미시적 성과의 정성적 척도qualitative measures를 제시하고 있다.

그런데 이러한 거시 및 미시 성과 변수에 대한 전반적인 척도를 구하기가 어렵고

**표 16-6 유통경로 성과의 정량적 척도**

1. 단위당 총 유통비용
2. 단위당 수송비
3. 단위당 창고비
4. 단위당 생산비
5. 재고부족방지를 위한 관련 비용
6. 재고부족 단위의 비율
7. 진부화된 재고 제품의 비율
8. 부실채권 비율
9. 제품별/세분시장 부분별 대고객서비스 수준
10. 판매예측의 정확도
11. 주문처리의 오류 횟수
12. 새로운 시장에 참입한 횟수
13. 새로운 참입시장에서의 매출액 비율
14. 가격인하 제품의 비율
15. 거래를 중단한 유통중간상들의 수와 비율
16. 새로운 중간상들의 수와 비율
17. 손상된 제품의 비율
18. 잘못된 주소지로 선적된 비율
19. 주문의 크기
20. 자료 전송과 같은 신기술의 도입능력
21. 공차 대 실차의 비율
22. 에너지 비용
23. 고객불평 횟수

**표 16-7 유통경로 성과의 정성적 척도**

1. 경로조정의 정도
2. 협동의 정도
3. 갈등의 정도
4. 역할에 대한 의견 일치의 정도
5. 최상위 목표에 대한 인식
6. 경로리더십의 개발 정도
7. 기능적인 중복의 정도
8. 경로에 대한 몰입의 정도
9. 힘의 개발 정도
10. 기능적 이전의 유연성
11. 다음의 정보획득 가능성
    1) 물적재고량
    2) 제품특징
    3) 가격 정책의 구조
    4) 촉진 자료
        ① 인적판매지원
        ② 광고
        ③ 구매시점 진열과 전시
        ④ 특별 촉진
    5) 시장 여건
    6) 획득가능한 서비스
    7) 조직의 변화
12. 신기술의 유입
13. 경로 내의 유통의 혁신
14. 상표 내 경쟁의 정도
15. 일상화된 경로과업의 정도
16. 적정 재고 표준의 사용 정도
17. 협회와의 관계
18. 소비자 집단과의 관계

거래의 일부 라인에 한정된 경우가 많다. 따라서 경로관리자는 유통 거래의 전반적인 성과를 평가하기 위해 이 장의 앞 부분에서 다룬 전체 시스템의 결과물, 비용, 효율성, 수익성, 그리고 공평성과 같은 정성적 정보에 의존해야만 한다.

경로 전체를 관리하여 성과를 높이기 위해 유통경로 전반의 상황을 이해하고 종합적인 평가가 필요하다. 이러한 과정을 체계적으로 진행하기 위해서 그림 16-3을 참고할 수 있다. 경로의 환경범위에 따라 결정되는 경로구성원의 행위, 경로구조, 경로정책에 대한 종합적인 이해와 분석을 근거로 경로의 특징을 도출하고, 그에 맞는 성과 평가를 위해 필요한 항목을 종합적으로 검토하여 선정하기 위한 모형이다. 이러한 접근의 기본적인 가정은 경로시스템의 성과가 여러 가지 요인에 따라 달라질 수 있다는 것이다. 첫째, 개별 유통경로가 직면 하고 있는 시장환경은 경로 성과에 일정한 영향을 미치고 있다. 둘째, 유통 기관들의 구조, 행위, 그리고 성과는 그 유통경로 내의 다른 경로구성원들에게 영향을 미치게 된다. 셋째, 개별 유통경로구성원의 성과는 전체 유통경로의 성과를 결정하게 된다. 그런데 이러한 요소들은 모두가 동적인 것이어서 개별 경로구성원이 마케팅 흐름과 기능을 기대만큼 수행하고 있는지 검토하기 위해서는 경로 환경, 구조, 그리고 정책에 대한 정기적인 분석과 이해가 필수적임을 명심해야겠다.

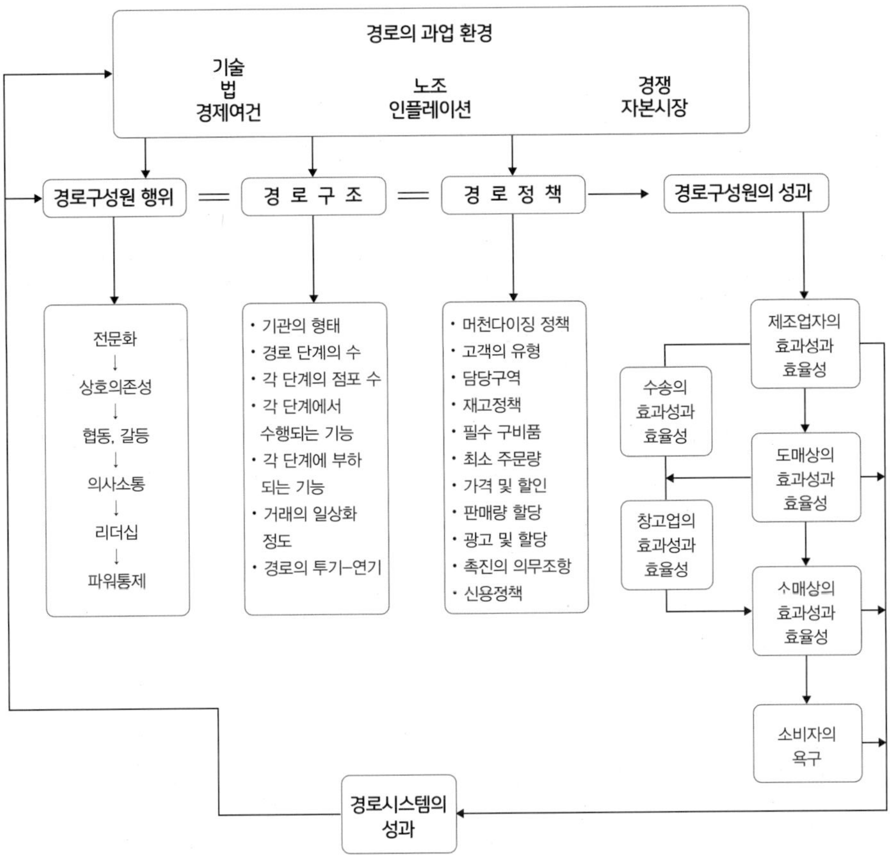


자료원: Adel I. EL-Ansary, "Perspectives on Channel System Performance, in Robert F. Lusch and Pael H.Zinzer(eds.), Contemporay Issues in Marketing Channels(Norman, Okia.: The University of Oklahoma Printing Services, 1979), p. 51.

그림 16–3 경로구성원 성과 감사의 기본적인 체계

REFERENCE

# 참고문헌

1. Adel I. El-Ansary and Louis W. Stern, "Power Measurement in the Distribution Channel," Journal of Marketing Research, 9(Feb.), 1972, pp.47-52.

2. Adel I. EL-Ansary, "Perspectives on Channel System Performance, in Robert F. Lusch and Pael H. Zinzer(eds.), Contemporary Issues in Marketing Channels. Norman, Okia.: The University of Oklahoma Printing Services, 1979, pp.47-54.

3. Alba Joseph, Lynch John, Weitz Barton, Janiszewski, Lutz Richard, Sawyer Alan, and Wood Stacy, "Interactive Home Shopping: Consumer, Retailer, and Manufacturer Incentives to Participate in Electronic Marketplaces," Journal of Marketing, 61(3), 1997, pp.38-53.

4. Anne T. Coughlan, Erin Anderson, Liuis W. Stern, and Adel I. EI-Ansary, Marketing Channels, Prentice-Hall, 2006.

5. Barry Berman and Joel R. Evans, Retail Management, 9th ed, Englewood Cliffs, NJ: Prentice-Hall, 2003.

6. Barry Brown, Marketing Channels, John Wiley & Sons, Inc, 1996.

7. Bert Rosenbloom, Marketing Channels, 8th Edition (International Edition), South-Western Cengage Learning, 2013.

8. Bertram H. Raven and Arie W. Kruglanski, "Conflict and Power," in the Structure of Conflict, Paul Swingle, ed., New York: Academic Press, 1970.

9. Charles A. Ingene, "Intertype Competition: Restaurants versus Grocery Stores," Journal of Retailing, 59, 1983, pp.49-75.

10. Daniel J. Sweeney, "Improving the Profitability of Retail Merchandising Decision," Journal of Marketing, 37, 1973, pp.60-68.

11. David L. Huff, "Defining and Estimating a Trade Areas," Journal of Marketing, 28, 1964.

12. Derek D. Rucker, Miao Hu and Adam D. Galinsky, "The experience versus the expectations of power: A recipe for altering the effects of power on behavior," Journal of Consumer Research, 41(2), 2014, pp.381-396.

13. Donald J. Bowersox, M. B. Cooper, Douglas M. Lambert, and Donald A. Taylor, Management in Marketing Channels, Singapore: Mcgraw Hill Book Co., 1987.

14. Douglas J. Dalrymple, Basic Marketing Management, John Wiley & Sons, Inc., 2000.

15. Douglas M. Lambert, The Distribution Channel Decision. NY: National Association of Accountants, 1978, p.37.

16. Dunne Patrick and Robert F. Lusch, Retailing, Third Edition, Dryden, 1999.

17. Edgar H. Schein, Organizational Psychology, Englewood Cliff, N.J.: Prentice-Hall, 1980.

18. Ernes R. Cadotte and Louis W. Stern, "A Process Model of Inter- organizational Relations in Marketing Channels," in Research in Marketing, 2, Jagdish N. Sheth, ed., Greenich, Conn.: JAI Press, 1979, pp.127-158.

19. Frank V. Cespedes, Channel Management. Boston: Harvard Business School. 1989, p.13.

20. Gary L. Frazier, "Interorganizational Exchange Behavior in Marketing Channels: A Broadened Perspective," Journal of Marketing, 47, 1983, p.69.

21. Gary L. Frazier, Advances in Distribution Channel Research, JAI Press INC., 1992.

22. Gary L. Frazier, ames D. Gill, and Sudhir H. Kale, "Dealer Dependence Levels and Reciprocal Actions in a Channel of Distribution in a Developing Country," Journal of Marketing, 53, 1989, pp.50-69.

23. J. F. Schar, Allgemeine Handelsbetriebslehre, 1923.

24. Jack J. Kasulis and E. Speckman, "A Framework for the Use of Power," European Journal of Marketing, 14(4), 1980, pp.180-191.

25. James R. Lowry, Retail Management, South-Western Publising Co., 1983.

26. James R. Stock and Douglas M. lambert, Strategic Logistics Management, 2nd ed. Homewood, 1987.

27. John F. Gaski and John R. Nevin, "The Differential Effects of Exercised and Unexercised Power Sources in a Marketing Channels," Journal of Marketing Research, 22(May), 1985, pp.130-142.

28. John F. Gaski, "Interrelations among a Channel Entitys Power Sources: Impact of the Excercise of Reward and Coercion on Expert, Referent, and legitimate Power Sources in a Marketing Channels," Journal of Marketing Research, 23(Feb.), 1986, pp.62-77.

29. Kuo-Hsiung Chang and Donald F. Gotcher, "Conflict-coordination learning in marketing channel relationships: The distributor view," Industrial Marketing Management, 39(2), 2010, pp.287-297.

30. Louis P. Bucklin, "Retail Strategy and the Classification of Consumer Goods," Journal of Marketing, 27, 1963, pp.50-55.

31. Louis W. Stern and Adel I. EI-Ansary, Marketing Channels, 5th ed., Englewood Cliffs, NJ: Prentice-Hall, 1996.

32. Louis W. Stern and Torger Reve, "Distribution Channels as Political Economies: A Framework for Comparative Analysis," Journal of Marketing, Vol. 44(Summer, 1980), pp.52-64.

33. Louis W. Stern, Adel I, El-Ansary, and James R. Brown, Management in Marketing Channels, Prentice-Hall, 1989.

34. Matti Tuominen, "Channel collaboration and firm value proposition," International Journal of Retail & Distribution Management, 32(4), 2004, pp.178-189.

35. Michael Etgar, "Channel Environment and Channel Leadership," Journal of Marketing Research, 14, 1977, p.70.

36. Michael Etgar, "Sources and Types of Interchannel Conflict," Journal of Retailing, 55(Spring), 1979, pp.61-78.

37. Michael Hammer and James Champy, Reengineering the Corporation: A Manifesto for Business Revolution, Harper Business, 1993, pp.7-10.

38. Michael J. Etzel, Bruce J. Walker, and William J. Stanton, Marketing, 13th ed., McGraw-Hill, 2004.

39. Michael J. Maloni and Benton, W. C., "Supply Chain Partnerships: Opportunities for operations research," European Journal of Operational Research, 101, 1997, pp.419-429.

40. Michael Levy and Barton A. Weitz, Retailing Management, Richard D. Irwin, INC, 1992.

41. Michael Levy and Charles A. Ingene, "Residual Income Analysis: A method of Inventory Investment Allocation and Evaluation," Journal of Marketing, 48, 1984, pp.93-104.

42. Morys Z. Perryy, "An Experimental Investigation of conflict response behaviour and performance consequences in manufacturer-dealer relationship: Do issue situations and resolution strategies matter?," Journal of Marketing Channels, 16, 2009, pp.101-130.

43. Nigel Piercy, Marketing Budgeting: A Political and Organizational Model, London: Croom Helm, 1986.

44. Nirmalya Kumar, "The Power of Trust in Manufacturer Retailer Relationships", Harvard Business Review, 74, pp.92-106.

45. Patrick Dunne and Robert F. Lusch, Retailing, FL: The Dryden Press, 2002.

46. Philip Kotler and Gary Armstrong, Marketing: An Introduction, 6th ed., Prentice-Hall, 2003.

47. Philip Kotler and Gary Armstrong, Principles of Marketing, Englewood Cliffs, NJ.: Prentice-Hall, 1991.

48. Philip Kotler, Marketing Management, 13th ed., Prentice-Hall, 2008.

49. Richard L. Nelson, The Selection of Retail Locations, NY: F. W. Dodge, 1959.

50. Robert F. Dwyer, Paul H. Schurr, and S. Oh, "Developing Buyer-Seller Relationships," Journal of Marketing, 51, 1987, p.21.

51. Rucker, D. D., Dubois, D. and Galinsky, A. D., "Generous paupers and stingy princes: power drives consumer spending on self versus others," Journal of Consumer Research, 37(6), 2011, pp.1015-1029.

52. Stephen A. Samaha, Robert W. Palmatier, Rajiv P. Dant, "Poisoning relationships: Perceived unfairness in channels of distribution," Journal of Marketing, 75(3), 2011, pp.99-117.

53. William M. Pride and O. C. Ferrell, Marketing, Houghton Mifflin Company, 1993.

54. 마아케팅관리론, 정순태, 법문사, 1991.

55. 유통관리, 이종호, 신종국, 법문사, 2004.

INDEX

# 찾아보기

## 한글 찾아보기

## 영문 찾아보기

## D



## E



## F

## G



## H



## I



## J



## L

## M



## N



## O



## P

## Q



## R



## S

## W